# 北平市政

## 1928 — 1948

北京市档案馆

\*

组织编写

北京出版集团

北京出版社

**图书在版编目（CIP）数据**

北平市政 ：1928—1948 / 北京市档案馆组织编写
. -- 北京 ：北京出版社，2024. 12
　ISBN 978-7-200-18652-9

　Ⅰ. ①北… Ⅱ. ①北… Ⅲ. ①城市史—研究—北京—
1928-1948 Ⅳ. ①K291

中国国家版本馆 CIP 数据核字（2024）第 079127 号


图书策划：高立志
责任编辑：王铁英　张　帅
责任印制：燕雨萌
装帧设计：田　晗
责任营销：猫　娘


北平市政：1928—1948
BEIPING SHIZHENG：1928—1948
北京市档案馆　组织编写

出　　版　北京出版集团
　　　　　北京出版社
地　　址　北京北三环中路 6 号
邮　　编　100120
网　　址　www.bph.com.cn
发　　行　北京伦洋图书出版有限公司
印　　刷　河北鑫玉鸿程印刷有限公司
开　　本　787 毫米×1092 毫米　1/16
印　　张　27.75
字　　数　440 千字
版　　次　2024 年 12 月第 1 版
印　　次　2024 年 12 月第 1 次印刷
书　　号　ISBN 978-7-200-18652-9
定　　价　98.00 元

如有印装质量问题，由本社负责调换
质量监督电话　010-58572393

# 《民国时期北平市长与北平城市发展》
## 课 题 组

组　长：程　勇

副组长：梅　佳

成　员：刘一皋　王元周　孙　刚　王海燕

　　　　黄钟燕　洪瑛璞　宋　湛　王一凡

# 前 言

刘一皋

　　当中国特色的社会主义现代化建设驶入快车道之后，伴随城市化的发展，中国的城市史研究渐次形成热潮，并不断推向深入。《北平市政：1928—1948》一书，即是此类研究之一种。

　　本书研究时段为民国时期的北平市，即国民政府定都南京后，改北京为北平，直到北平和平解放；又以抗日战争时期日伪统治阶段情况复杂，不宜一并讨论，故而去除此一阶段，另案研究。在内容方面，则以市政为主要内容，以主政者为研究市政之切入点，透过各项政务工作之演进，更清晰地观察北平城市发展的脉络与特征。

　　提及中国近代市政，通常以晚清政府光绪三十四年十二月二十七日（1909年1月18日）颁布之《城镇乡地方自治章程》为起点，规定地方自治以专办地方公益事宜，辅佐官治为主，受地方官监督办理，且施行须遵照钦定逐年筹备事宜清单办理。第一次世界大战后，中国经济、社会有所进步，新思想、新文化广泛传播，有关市政的各种议论陡增，内容多为欧美国家市政理论及实践之介绍，以图对中国市政建设有所裨益。然论及中国市政现状，又不免令人气短：

在过去的历史上看来，我们可以说，我们这个民族实在很少组织大城市的能力。远的我们且不说，就拿北京作个例吧。北京的市政全在官厅的手里，有能力的官僚，如朱启钤之流，确然也曾留下一点很好的成绩，但官僚的市政没有相当的监督是容易腐败的。果然十年以来的北京市政一天坏似一天。道路的失修，公共卫生的不讲究，是人人都知道的。电灯近来较明亮了，然装电表是非运动不可的。自来水的装置是要用户出重价的，并且近来有人发现自来水内"每十五滴含有细菌六百个，且有大肠菌"。近来更妙了，内务部和市政公所争先恐后地竞赛卖公产，不但卖地皮过日子，并且连旧皇城的墙砖也一块块地卖了。最奇怪的是北京市民从来没有纳税的义务，连警察和公立中小学的经费都由中央筹给。舞弊营私的官厅不敢向市民缴税，不纳税的市民也不敢过问官厅的舞弊营私！

前三年，政府有把北京市政改归市民自办的话了。于是三个月之中就发生了七八十个北京市自治的团体，大家开会，大家想包办北京的市政。一会儿，这七八十个想包办北京市政的团体又全都跟着京华尘土飞散了，全都不见了！ ①

之所以大段引用，只因胡适的上述言论，可以代表当时知识界对中国市政状况的一般认识：中国近代市政发端于外人控制之通商口岸②，以欧美国家市政为样板，具体实践则不伦不类，权力始终操于官厅手中，民间也只有三分钟热度。语言生动，且以北京市为例。不过，1925年7月广州国民政府成立后，即颁布《广州市市政委员会暂行条例》，借国民革命高涨之形势，推动市制改革；1928年7月3日，南京国民政府公布《特别市组织法》与《普通市组织法》，内容虽与革新市政鼓吹者的主张仍然存在较

---

① 胡适:《〈市政制度〉序》，载张慰慈编《市政制度》，上海：亚东图书馆，1928年再版，序第2–3页。
② 如董修甲称："我国向无市政可言，故市政名词，几有不知作何解者。迨至各口通商条约订定以来，如上海、天津、汉口等处，中外商民云集，感觉公共卫生、公共安宁、公共交通之不便，遂不得不创办市政，以谋居处之幸福。"《市政新论》，上海：商务印书馆，1925年再版，序第1页。

大距离，可还是燃起了一丝希望：

> 现在军政时期已终，训政时期开始，村政已次第举行，则文化较高的都市，更应当有自治的设施。①

这就是北平市政展开的一个背景，而主张或希望与实际状况反差之巨大，依然是发展中的北平市政的重要特征。

其一，时局动荡之剧烈。自北京改北平后，和平安定的局面未曾出现，北平始终笼罩在内外战乱的阴云之中。先有国民党内各派系之间的政治及军事争斗，对北平冲击尤甚；自九一八事变后，北平即处于日本侵略的重压之下，并成为日本发动全面侵华战争的策源地，直至沦陷；抗战胜利后不久，国民党当局悍然发动内战，北平作为华北政治、军事重镇，交通、经贸、设施、民生等无不遭遇战火之阻滞和破坏。

战乱虽未对北平城市直接造成巨大破坏，但影响依旧严重：一是长期战乱造成大批的难民、移民和新的城市贫民的产生，以致城市人口结构发生重大改变；二是战乱造成的经济损失直接引发财政困难，应对战乱又需要更多的财政开支，形成恶性循环。救济、安置和征税并开发新捐税，成为历届政府之要务，势必冲击日常的市政工作。战乱频发亦使北平市政带有应付危机的军事化特征，无法稳定过渡到依据法规的正常发展路径，国家与城市、军事与市政的关系，在城市体制、人事、市政计划和实践诸方面，始终难以理顺。

其二，定位调适之多舛。所谓北平时期，实际意味着城市的地方化。近代北京城市发展的基础，乃是长时期的都城历史，国家政治中心的地位十分突出。骤一失掉首都地位，且逐渐被"特殊化"，实质即边缘化，华北事变发生后更趋强化，战后也没有根本性的改变，故而必须对城市发展进行重新定位。如何繁荣北平，最直截了当的定位为中国文化之中心：一

---

① 顾敦鍒：《中国市制极观》，王云五、李圣五主编《市政问题》，上海：商务印书馆，1933，第63页。

是源于故都历史文化积淀，在中国文化传承及旅游业发展等方面，具有得天独厚的优势，为国家建设的重要历史文化资源；二是近代教育的长足发展，尤其是以北京大学、清华大学、燕京大学为中坚的几所大学，在全国享有崇高的学术地位，为民族精神之精华所在，尽管国民政府大力扶植几所南方大学，仍然无法取代或超越。

然而，将北平建设为全国文化中心，尚有诸多局限。文化旅游之推广，受到国际经济、政治环境及国内交通、治安等多方面制约，难以快速见效。修缮古建、发展教育和整治环境需要大量经费，仅靠中央拨给明显不足，而北平工商业发展滞后，难以开辟新的财源。于是，经济、文化平衡发展的议论高涨，又有了将北平打造成北方工业中心的计划，以解决财政和就业问题。对于市政当局，关注经济问题远胜文化建设，后者只是以易行事项作为施政之点缀。事实上，北平依旧扮演着区域政治、军事中心的角色，尤其是"九一八事变"后，华北事变爆发，致使北平军事化色彩愈加明显，转型调适也就大多停留在纸面上。

其三，计划推行之艰难。近代市政的特点之一，即是各项事宜需有设计或计划，无论是仿效欧美还是量身定制，均应预先规划，以求城市建设设施布局合理、功能齐全、使用便利与外观华美。北平时期的市政建设计划，从初期的探索到较成系统，涉及游览区建设、文物整理工程、沟渠建设、河道整理、自来水整顿、行道树计划等多个方面，并有组训民众、取缔陋习、禁烟禁毒、贫民救济、清运秽土等社会改造和环境卫生计划。至抗战胜利后，虽未有整体计划，但就复员及年度市政工作，已订有较为详细的、公开的计划和施政报告，俨然已成制度。可以说，北平时期在政府机构、城市法规、城市规划等方面，尤其在政府议事程序、法规与规划的制定上进步较大；在市政建设方面，如市政道路、公共交通、公共卫生等项上，亦有一定发展。

不过，计划推进的实际状况，远不能令人满意。各项计划之实施，差不多全部表现为力不从心，虎头蛇尾，或自降标准，或不了了之。诸如，禁烟禁毒关乎国家声誉，更是近代以来民族振兴之要事，却难以做到雷厉风行；垃圾清运涉及千家万户的日常生活，曾被多届政府列为重点市政工作，却均难以从根本上给予整治。施政能力有限，有政府自身因素和民众动员不足的原因，但最直接的还是受到时局动荡和财政匮乏的严重影响，即北平时期始终摆脱不了"乱"与"穷"两大特征。

本书在体例上，依次以历届北平市政府为主线，又以抗战中断分前后两大部分，即战前三章与战后三章。

第一章为何其巩市长任期之北平市政的初创，详述了城市定位、管理机构、管辖权与市界勘划等制度建设，以及推行市政各项工作的努力。但何其巩市长的任命和去职两端，出现了何成濬同时被任命为市长的怪异现象，以及在蒋介石与冯玉祥冲突中被强行免去市长职务，均暴露出国民党政权内部各派系的尖锐争斗。

第二章为市长人选波动最大时期，在1929年6月至1933年6月的四年间，经历了张荫梧、王韬（暂行护理）、胡若愚（兼代）、周大文四任市长，权力更迭剧烈，势必影响施政，其中周大文任期较长，也只能是于动荡中维持而已。

第三章为袁良市长任期，被习惯称为"中兴时期"或"黄金时代"，主要标志是制定了三年市政建设计划，并在推行中取得一定成效。可惜好景不长，华北事变后，华北政权被"特殊化"，北平市先后由宋哲元（代）、秦德纯、张自忠（代）任市长，可视为沦陷前的一种应对。

战后时期的时间较短，且大部处在国共内战环境之中，市政建设空间有限，但三届市政府各有特点，不宜一概而论，故亦分三章叙述。

第四章为熊斌市长任期，从市长人选到施政内容，都具有鲜明的过渡性质，且是一个未完成的或不成功的过渡。

第五章是战后任期最长的一届市政府，由何思源出任市长，意图借助其声望，完成向宪政和建设的过渡。可是，在内战环境中，只是空有新北平的愿景，未能对市政建设做出明显成绩，然其施政的平民化风格口碑良好。

第六章为刘瑶章市长任期，时间不长，且大半处于战时体制之下，虽有努力进取之施政态度，可市政各项工作只能维持，难有建树。该届市政府的最大贡献，是在北平和平解放过程中，能够坚守岗位，对和平接管具有积极作用。

本书在内容上，侧重于市政制度与市长人选，以及各项市政工作之推行状况。优良市制与主持得人，被认为是模范市政的两要素，当然也是市政研究的主要内容。其实，当欧美国家的市政概念介绍进中国时，首先强调的是自治地位与市民参与。[①]可是，具有权威的市议政机关和以选举为主要内容的市民参与，为中国市政建设之所缺，在北平，即使是市参议会正式成立，也未获得应有的权威地位和公众尊重，是故一向不为中国市政研究的重点，本书亦涉及不多。然而，市民参与毕竟是市政建设之重要内容，以何种方式进行有效参与，也是中国式市政建设需要思考的重要课题，应该在后续研究中得到加强。

当北平被确定为新中国的国都，并改名北京后，城市发展进入了新时代。很长时间以来，对于新旧北京发展状况的叙述，偏重于制度性断裂的解释方法。其实，新中国成立初期，北京城市建设快速取得了一系列成就，诸如处理游民问题和救济贫民、加强社会管理和改善社会治安、清运城市垃圾、改造妓女和治理赌毒、发展公共交通等处置方法，都可以找到北平时期的影子。为保护古都风貌及充分发挥文化游览区的功能，同时满足军政、工业发展的用地需求，向城市东、西南两个方向扩张的规划思

---

[①] 例如，董修甲在较早的论著中，所列市政三要素为：一、热心与开明之市民；二、优良之市制与主持得人；三、适宜之市政府内部组织。《市政研究论文集》，上海：青年协会书报部，1929，第48页。稍后又将第二条分述为模范市政二要素。《市政与民治》，上海：大东书局，1931，第27页。

考，对于反思新中国北京城市建设的经验教训，也具有一定的意义。历史发展的连续性，则是一种更为常态的现象。

总而言之，北平市政发生在一个极为特殊的历史时期，也是中国近代市政建设的重要组成部分。其中，市长不可谓尽不得人，市政不可谓尽不得法，亦有高深之认识，合理之规划，精妙之办法，但成效有限，乃大环境之局限也。再者，北平时期城市定位发生变化，由此产生了诸多新问题和新思路，对于全面认识城市规划、功能布局、经费筹措等发展问题亦有帮助，也为深刻认识国家、区域、城市间的关系，提供了一个良好的视角。因此，《北平市政：1928—1948》一书，乃是一项很有意义的工作。

# 目　录

# 第一章　北平市政的初创

北京，周称蓟，唐代称幽州，辽称燕京，金时称中都，元代称大都。明洪武元年（1368）朱元璋攻克大都后，改大都为北平府。永乐元年（1403）正月，明燕王朱棣宣布改北平为北京，称顺天府，这是北京得名之始。永乐十八年（1420）九月，改北京为京师。明、清两代至民国称北京，民国十七年（1928）改称北平。"北平"一词最早源于战国时燕国置右北平郡。西晋时，右北平郡改称北平郡，"北平"作为地名第一次出现在行政区划中。1949年9月27日，中国人民政治协商会议第一届全体会议决定，中华人民共和国定都北平，即日起将北平改为北京。

## 第一节　建立北平首个市政管理机构

1911年辛亥革命爆发，推翻了清王朝。1912年1月1日，孙中山在南京宣誓就职临时大总统，成立中华民国临时政府，以中华民国为纪元，改用公历。中华民国的建立，标志着中国两千多年的封建制度的结束。同年2月15日，袁世凯取得中华民国临时大总统一职，3月10日在北京宣誓就职，南京临时政府迁到北京，开始了北洋政府时期。

1926年7月，国民党发动北伐战争。1927年4月，国民政府定都南京；9月，国民党中央特别委员会在南京正式成立，决议改组国民政府和军事委员会，中央特别委员会及选出的国民政府结束了宁、汉、沪三个中央党部、两个中央政府的局面。宁汉合流后，北伐军分为四个集团军，蒋介石任北伐军总司令兼第一集团军总司令，冯玉祥为第二集团军总司令，阎锡山为第三集团军总司令，李宗仁为第四集团军总司令。1928年6月8日，国民革命军第二次北伐攻克北京，东北军改旗易帜，南京国民政府从形式上实现国家统一。

### 一、北平特别市政府成立与首任市长任职始末

1928年6月20日，国民党中央政治会议第一五四次会议决议改北京为北平，设北平特别市，直辖于国民政府，管辖北平城区和四周郊区。与此同时，裁撤京兆特别区署，旧京兆区各县并入河北省，原在城内的大兴、宛平两县县署亦分别迁出。6月28日，北平特别市政府成立，"依中国国民党党义及中央法令综理全市行政事务"。"市政府"一词，第一次进入了北京（平）的历史。北平特别市政府是近代北京（平）行政历史中，第一个组织完备、管理分工明确的城市政府，其办公地点设在中南海西北部。

依据国民政府《特别市组织法》①，北平特别市政府设市长一人、参事若干人，下设财政局、土地局、社会局、工务局、公安局、卫生局、教育局、公用局等八局及秘书处。1928年6月25日，国民党中央政治会议第一五五次会议任命何其巩为北平特别市市长、南桂馨为天津特别市市长②。26日，国民政府发布任命何其巩为北平特别市市长的命令③。7月13日，何其巩举行就职典礼，宣誓正式出任市长。

何其巩（1899—1955年），字克之，安徽省桐城县人（今安庆枞阳县石矶青山）。桐城中学毕业后进入江淮大学政经系学习，因参加学生游行被迫离校。1918年从安徽到北京做教员，并担任《正言报》记者。1920年进入西北军，得到冯玉祥赏识，在冯身边任文书、秘书，成为冯玉祥的左

---

① 《特别市组织法》，北京市档案馆藏，档号ZQ005-003-01490。

② 《世界日报》，1928年6月26日。

③ 《国民政府公报》第七十期，1928年6月。

右手、亲信。1924年被派往苏联留学，1925年回国任西北军边防秘书、绥远都统府秘书长及政务厅厅长，1926年作为机要秘书随同冯玉祥赴苏联考察政治。同年9月，冯玉祥五原誓师参加国民革命，组织国民联军，自任总司令，任命何其巩为总司令部秘书长。1927年5月，冯玉祥就任国民革命军第二集团军总司令，何其巩任秘书长。1927年6月至1928年，冯玉祥任河南省主席时，任命何其巩为"豫南行政长官兼民团军军长"，经常代表冯玉祥奔走于南京、武汉之间，得到国民党中常委谭延闿和国民政府军委常委李烈钧的赏识。

1928年夏，国民革命军占领京津，各路军阀划分势力范围。蒋介石采取拉拢阎锡山、抑制冯玉祥的办法，任命第三集团军总司令阎锡山为平津卫戍总司令，全权处理接收河北省及平津事务，阎锡山任命其第七军军长张荫梧为北京警备司令。为了安抚冯玉祥，蒋介石许诺由冯推荐北平市市长，借此钳制阎的势力。在冯军与奉军激战后，何其巩以第二集团军总代表的身份，随白崇禧部进驻北京，住在朝阳门内原奉系军阀杨宇霆宅（孚王府，俗称九爷府）。当时，冯玉祥提名其属下丁春膏为市长，何其巩也被列入推荐名单。

阎锡山出于讨好蒋介石、排挤冯玉祥势力的目的，推荐6月18日到京的国民革命军总司令部总参议何成濬任北平特别市市长兼公安局局长。就此，北平出现了"两何"市长风波。

何成濬（1882—1961年），字雪竹，湖北随县人。二次北伐"平津光复"后，被任命为"接收特派员"，负责北京前总统府等重要资产、文物接收保管工作。何成濬原本不愿就任，经阎锡山多方调处得到国民党中央许可后，在6月26日何其巩被任命为北平特别市市长的同一天，何成濬举行了就职典礼，阎锡山的代表给何成濬授印，在北平的战地政务委员会主席蒋作宾致辞。经历短暂的代市长后，7月5日，何成濬向阎锡山递交辞呈。

7月5日，何其巩与鹿钟麟赴西山碧云寺谒见蒋介石，"蒋曾面何氏谓北平市市长一席关系重要，现雪竹（何成濬）既已表示辞职，自应即日就职，着手办理一切"①。7月6日，冯玉祥到达北平，直接赴西山碧云寺祭奠孙中山灵。7月13日，何其巩举行就职典礼，宣誓正式出任市长，国民党及国民政府要员吴稚晖、周震麟、王伯群、唐悦良、张群，四个集团军总司令的代表邵力子、丁春膏、朱绶光、白崇禧及各界代表出席就职典礼，国民政府代表周震麟监誓并致训词，吴稚晖授印并代表国民党中央党部致训词，白崇禧代表政治会议、军分会及李总司令，邵力子代表蒋介石致训词，阎锡山的代表朱绶光及来宾纷纷致辞祝贺。②何其巩正式成为北平历史上"最年轻"的市长。

1929年，蒋介石与冯玉祥的冲突表面化，作为冯玉祥的亲信，何其巩在5月8日主持完市政府市政会议第三十六次常会后，便称病不再上班，由市政府秘书长沈家彝代行其职务。随着冯玉祥被开除党籍、革除一切职务、被迫通电下野，北平局势急转直下，何其巩避入东交民巷使馆区。6月5日，国民党中央政治会议第一八三次会议任命张荫梧为北平特别市市长，在"交印不抓人"的威胁下，何其巩被迫交出市长印信，6月12日去职，前后任职不到一年时间。张荫梧就任市长后，何其巩任命的各局局长也随之辞职。

此后，何其巩改任首都建设委员会委员，1931年至1932年任安徽省政府委员、省财政厅厅长。1933年，何其巩再次到北平，任行政院驻北平委员会秘书长，1935年任冀察政务委员。之后，几经宦海沉浮，何其巩投身教育，1936年后，长期担任中国大学代理校长，潜心办教育，成效卓著。在北平沦陷八年期间，何其巩能保持民族气节，坚持"为教育而教育"的方针，坚持中国大学"是中国人的中国大学"，"八年之间依遵教育部旧制

① 《世界日报》，1928年7月6日。
② 参见孙洪权：《北京历史上的首任市长》，《北京档案史料》1994年第2期。

办理，未受敌伪支配"。抗战胜利后，何其巩一度出任国民政府军事委员会委员长驻北平代表。1947年，何其巩辞去中国大学代理校长职务，北平解放前夕，他曾向傅作义进言接受和平条件。新中国成立后，1955年，何其巩病逝，终年56岁，葬于北京西郊福田公墓。

### 二、组建市政管理机构

1928年6月，北平特别市政府成立，市政建设伊始，一切草创，首任市长何其巩就任后，对于北平市政管理机构的创建投入了较大精力。在此期间，何其巩主持市政会议、制定法规章则，使各项市政工作初入有章可循、有法可依的轨道。1928年12月，北平特别市政府设立市辖区，将全市分为15个区。

北平特别市政府成立之前，北京的市政由京师警察厅、京都市政公所、京师学务局共同管理，政出多门，事权分散，对于市政建设和管理有诸多障碍。北平特别市政府成立后，一切工作统一于市政府之下，从理论上说可以解决以前诸多相互掣肘的施政问题，因此，何其巩就任市长后的首要工作即是组建市政管理机构。

国民政府《特别市组织法》第二章规定了特别市的职务，第五条要求特别市在不抵触中央法令范围以内办理下列事项：

一、市财政事项；

二、市公产之管理及处分事项；

三、市土地事项；

四、市农工商业之调查、统计、奖励、取缔事项；

五、市劳动行政事项；

六、市公益慈善事项；

七、市街道、沟渠、堤岸、桥梁建筑及其他土木工程事项；

八、市内公私建筑之取缔事项；

九、市河道港务及船政管理事项；

十、市交通、电气、电话、自来水、煤气及其他公用事业之经营、取缔事项；

十一、市公安、消防及户口统计事项；

十二、市公共卫生及医院、菜市、屠宰场、公共娱乐场所之设置、取缔事项；

十三、市教育、文化、风纪事项。[①]

据此，北平特别市政府下设"财政、土地、社会、公安、卫生、教育、工务、公用八局，将旧有京师警察厅及京师学务局均予取消，市行政始告完整"。[②]市政府各局职责分别是：财政局掌管全市财政、市公产管理与处分等一切财政事项；土地局掌管全市一切土地事项；社会局掌管全市农工商业之调查、统计、奖励、取缔，劳动行政和公益慈善等一切农工商、公益事项；工务局掌管全市街道、沟渠、堤岸、桥梁建筑及其他土木工程，市内公私建筑之取缔等一切工程管理事项；公安局掌管全市公安、消防及户口统计等一切公安事项；卫生局掌管全市公共卫生及医院、菜市、屠宰场、公共娱乐场所之设置、取缔等一切卫生事项；教育局掌管全市教育、文化、风纪等一切事项；公用局掌管全市交通、电气、电话、自来水、煤气及其他公用事业之经营、取缔等公共事业。在市政府内，下设秘书处，掌理文牍、庶务及其他不属于各局专管事项。

经各方举荐，由市长何其巩提名呈请国民政府批准，任命了北平特别市市政府秘书长和八局局长。其中，曾留学日本、历任奉天省审判厅厅长、京师高等法院院长的沈家彝任市政府秘书长。由冯玉祥指派，原冯总部军需处处长、京兆地方财政厅厅长舒双全任财政局局长兼崇文门税务监

---

① 《特别市组织法》，北京市档案馆藏，档号ZQ005-003-01490。

② 《北平市之沿革》，《北平市都市计划设计资料第一集（八）》（1947年8月），北平市工务局编印，北京市档案馆藏，档号J017-001-03349，第67页。

督。由白崇禧推荐，原察哈尔军务处处长、桂系第四集团军驻冯部代表黄中汉任土地局局长。由蒋介石第四军团总指挥方振武保荐赵正平任社会局局长。何其巩慕名任用留法土木工程专家、曾任京汉铁路工程处处长华南圭为工务局局长。由阎锡山指定其原参谋长、留日士官生赵以宽任公安局局长。由宋美龄推荐，曾任汉口卫生局局长、上海市政府卫生顾问、留美医学博士黄子方任卫生局局长（同年9月起任职）。曾任段祺瑞执政北洋政府教育部副部长、北京大学教授、北京女子师范大学史学系主任李泰棻任教育局局长。由李石曾保荐，留法法律专家李光汉任公用局局长。①可见，市政府官员构成是各派势力各自为政，对北平政治利益争夺的体现。

同时，《特别市组织法》第十三条规定，特别市市政府应设置参事二人至四人，辅佐市长掌理关于法令起草、审议及市政设计等事项。经何其巩提名呈请国民政府批准，任命原京都市政公所坐办吴承湜；曾在外交、财政、内政部任职的法学家陶履谦；社会贤达孙绳武（回族，后曾任青岛市代市长）三人为北平特别市政府参事，组成参事室。

市政府组建后，1928年8月9日，何其巩主持召开的北平特别市市政府市政会议第一次常会，讨论"划清各局权限"，决议："（一）平民习艺所、妇女习工厂、疯人教养所、济良所等划归社会局；（二）外城官医院、清道队及卫生处等划归卫生局；（三）路灯等类事项则划归公用局。"②

北平特别市政府八局一处的设立，标志着市级行政职能初创完备，但市政府各主管长官人选来源，又制约着其行政效能和施政能力的发挥。

### 三、建立市政会议

市政会议是国民党政府设置的市级行政辅助组织，其作用是沟通市政

① 参见王国华：《民国首任北平市长何其巩》，《北京档案史料》1999年第4期。
② 北京市档案馆编《北平历届市政府市政会议决议录》，北京：中国档案出版社，1998，第10—12页。

府各局处（科）之间的意见，而谋求行政意志的统一。国民政府《特别市组织法》第十六条规定"特别市政府设市政会议，由市长、秘书长、参事、各局局长组织之"，第十七条明确规定了下列事项应经市政会议议决：

一、关于秘书处与各局之组织细则事项；

二、关于市单行规则事项；

三、关于市预算决算事项；

四、关于新科税捐、募集市债及公共事业之经营事项；

五、关于市政府各局处间权限争议事项。

市长认为有必要时，得将其他事项提交市政会议审议。[①]

1928年8月起，北平特别市开始建立市政会议，由市长何其巩、秘书长沈家彝、参事吴承湜、陶履谦、孙绳武，以及财政、土地、社会、公安、卫生、教育、工务、公用八局局长组成。开会时，根据需要指定相关科长、股长列席。市政会议主要议决市政府各局处组织细则、本市单行规则、财政预算决算、新课税捐募集市债及公共事业之经营、市政府各局处间权限争议等事项，以及市长认为必要提交审议的重要事项。概而言之，市政会议讨论议决的事项，涉及北平全市的市政机构、工商业、交通、公安、卫生、公用事业、基本建设、文化教育等城市管理的一切重要问题。

根据《特别市组织法》第十八条规定，市政会议召开时，以市长为主席召集。1928年8月9日，何其巩主持召开北平特别市市政府市政会议第一次常会，决议由秘书长沈家彝起草市政会议条例，规定"市政会议以后每逢星期三下午三时至六时举行，星期二以前即送议案"[②]。8月18日，市政会议第二次常会讨论《北平特别市市政府市政会议议事细则》，经过逐条修改后，全体表决赞成通过。经过三个多月的实行，12月5日，市政会议第十六次常会讨论通过了对市政会议议事细则的修正，12月14日，市

---

① 《特别市组织法》，北京市档案馆藏，档号 ZQ005-003-01490。

② 《北平特别市市政公报》第一期，北京市档案馆藏，档号 ZQ023-001-00526。

政府令公布《北平特别市市政府市政会议议事细则》(以下简称《议事细则》)共15条[1]。该《议事细则》以市政府令的形式公布,从制度层面保证了市政会议的权威性。

此外,1928年11月28日,市政会议第十五次常会讨论"北平特别市市政府公报章程案",决议名称定为"市报",交由参事吴承湜、陶履谦及社会、教育、公安三局局长会同审查修订。《市政公报》用于刊载市政会议决议事项。

在何其巩任市长期间,自1928年8月9日市政会议第一次常会起,至1929年6月张荫梧继任市长,北平特别市政府共召开市政会议常会39次,其中1928年8月22日第三次常会之后,8月25日又召开了第三次常会之续会,因此总计会议40次,何其巩亲自主持29次,因公缺席6次,因病缺席5次。

北平特别市政府初创期市政会议一览表[2]

| 会次 | 日期 | 主席 | 会议事项 | 市长交议提议或主席 | 备注 |
|---|---|---|---|---|---|
| 第一次常会 | 1928年8月9日下午三时至七时 | 何其巩 | 讨论事项5项,临时提议4项 | 讨论事项一市长交议本市府秘书处组织章程案、各局组织章程及预算案;五市长交议本市区域划分案 | |
| 第二次常会 | 1928年8月18日下午三时至八时 | 何其巩 | 讨论事项4项,临时动议2项 | 临时动议一市长提议本市政府教育经费案 | |
| 第三次常会 | 1928年8月22日下午三时至六时 | 何其巩 | 讨论事项4项 | | |

---

① 《北平特别市市政府市政会议议事细则》,北京市档案馆藏,档号ZQ005-003-01490。

② 笔者根据《北平历届市政府市政会议决议录》整理。北京市档案馆编《北平历届市政府市政会议决议录》,北京:中国档案出版社,1998,第10-85页。

续表

| 会次 | 日期 | 主席 | 会议事项 | 市长交议提议或主席 | 备注 |
|---|---|---|---|---|---|
| 第三次常会之续会 | 1928年8月25日下午四时至八时 | 何其巩 | 讨论事项3项 | | |
| 第四次常会 | 1928年8月29日下午三时至六时 | 何其巩 | 讨论事项3项，临时动议2项 | 临时动议二北平贫民救济案，决议由市政府发起，以市长何其巩为主席 | 主席何其巩因事迟到由秘书长沈家彝代理主席 |
| 第五次常会 | 1928年9月5日下午三时至七时 | 何其巩 | 讨论事项3项，临时动议2项 | | |
| 第六次常会 | 1928年9月12日下午三时至八时半 | 何其巩 | 讨论事项4项，临时动议3项 | | |
| 第七次常会 | 1928年9月19日下午三时至八时 | 何其巩 | 讨论事项2项，临时动议2项 | | |
| 第八次常会 | 1928年9月27日下午三时至八时 | 何其巩 | 讨论事项1项，临时动议1项 | | |
| 第九次常会 | 1928年10月3日下午三时至七时 | 沈家彝代理 | 讨论事项2项 | | 何其巩因公离平未出席 |
| 第十次常会 | 1928年10月17日下午三时至五时三十分 | 沈家彝代理 | 讨论事项5项 | | 何其巩因公离平未出席 |
| 第十一次常会 | 1928年10月24日下午三时至五时四十分 | 沈家彝代理 | 讨论事项7项，临时动议1项 | | 何其巩因公离平未出席 |
| 第十二次常会 | 1928年10月31日下午三时至六时三十分 | 沈家彝代理 | 讨论事项2项 | | 何其巩因公离平未出席 |
| 第十三次常会 | 1928年11月7日下午三时至六时 | 何其巩 | 讨论事项2项，临时动议2项 | 临时动议一市长提议解决劳资争议问题案 | |
| 第十四次常会 | 1928年11月14日下午三时至五时三十分 | 何其巩 | 讨论事项2项，临时动议1项 | | |
| 第十五次常会 | 1928年11月28日下午三时至六时二十分 | 何其巩 | 讨论事项4项 | | |

续表

| 会次 | 日期 | 主席 | 会议事项 | 市长交议提议或主席 | 备注 |
|------|------|------|----------|--------------------|------|
| 第十六次常会 | 1928年12月5日下午三时至五时四十五分 | 何其巩 | 讨论事项5项 | | |
| 第十七次常会 | 1928年12月12日下午三时至五时三十分 | 何其巩 | 讨论事项3项 | | |
| 第十八次常会 | 1928年12月19日下午三时至五时十五分 | 何其巩 | 讨论事项2项，临时提议2项 | | |
| 第十九次常会 | 1928年12月26日下午三时至五时五十五分 | 沈家彝代理 | 讨论事项3项 | 讨论事项二筹办必要品消费合作社案；三设立平津特别市银钱局案，均由主席说明原委 | 何其巩因病缺席 |
| 第二十次常会 | 1929年1月9日下午三时至五时三十分 | 何其巩 | 讨论事项9项，临时提议3项 | 临时提议三编制十八本市施政大纲案，由市长何其巩报告 | |
| 第二十一次常会 | 1929年1月16日下午三时至四时四十五分 | 何其巩 | 讨论事项12项，临时提议1项 | | |
| 第二十二次常会 | 1929年1月23日下午三时至五时四十五分 | 何其巩 | 讨论事项3项，临时提议3项 | 临时提议一筹拟收回使馆界行政权案，市长授意参事陶履谦报告 | |
| 第二十三次常会 | 1929年1月30日下午三时至五时三十分 | 何其巩 | 讨论事项2项 | 讨论事项二招待来平游览人员案，主席何其巩报告 | |
| 第二十四次常会 | 1929年2月6日下午三时至六时十五分 | 何其巩 | 讨论事项2项，临时提议2项 | | |
| 第二十五次常会 | 1929年2月13日下午三时至六时 | 何其巩 | 讨论事项6项 | | |
| 第二十六次常会 | 1929年2月20日下午三时至五时三十分 | 何其巩 | 讨论事项6项 | | |

续表

| 会次 | 日期 | 主席 | 会议事项 | 市长交议提议或主席 | 备注 |
|---|---|---|---|---|---|
| 第二十七次常会 | 1929年2月27日下午三时至六时 | 沈家彝代理 | 讨论事项5项 | | 何其巩因病缺席 |
| 第二十八次常会 | 1929年3月6日下午三时至五时三十分 | 何其巩 | 讨论事项2项，临时提议1项 | | |
| 第二十九次常会 | 1929年3月13日下午三时至六时 | 何其巩 | 讨论事项4项 | | |
| 第三十次常会 | 1929年3月20日下午三时至五时四十五分 | 沈家彝代理 | 讨论事项4项 | | 何其巩因公缺席 |
| 第三十一次常会 | 1929年4月3日下午三时至五时四十五分 | 沈家彝代理 | 讨论事项3项 | | 何其巩因公缺席 |
| 第三十二次常会 | 1929年4月10日下午三时至五时三十分 | 何其巩 | 讨论事项3项，临时提议1项 | | |
| 第三十三次常会 | 1929年4月17日下午三时至五时十五分 | 何其巩 | 讨论事项1项 | | |
| 第三十四次常会 | 1929年4月24日下午三时至四时四十五分 | 何其巩 | 讨论事项4项 | | |
| 第三十五次常会 | 1929年5月1日下午三时至五时 | 何其巩 | 讨论事项5项，临时提议2项 | | |
| 第三十六次常会 | 1929年5月8日下午三时至五时 | 何其巩 | 讨论事项5项 | | |
| 第三十七次常会 | 1929年5月15日下午三时至四时三十分 | 沈家彝代理 | 讨论事项5项，临时提议2项 | | 何其巩因病缺席 |
| 第三十八次常会 | 1929年5月22日下午三时至五时十五分 | 沈家彝代理 | 讨论事项4项 | | 何其巩因病缺席 |
| 第三十九次常会 | 1929年5月29日下午三时至四时三十分 | 沈家彝代理 | 讨论事项1项 | | 何其巩因病缺席 |

这一时期的市政会议，主要是厘定市政管理规章等初创性工作，全市性法规、市府及各局处机构和组织章程、办事细则等，都是经市政会议反复讨论始行定案。由于"市府成立之初形同重新开创，各局虽依法设立正在厘定章则，市政进行尚未顺利，又以市长屡次易人，经历张荫梧、胡若愚、周大文、王韬等任，故市政范围并无发展可纪。适值首都南迁之后市面萧条，中央补助经费减少，财政颇感困难"①，北平市各项市政工作未能有计划地全面进行。

### 四、制定市政管理章则

国民政府《特别市组织法》第八条规定"特别市政府于不抵触中央法令范围内，对于全市行政事项得发布命令及单行规则"。②在北平特别市市政府成立初期，其核心工作即是制定颁布市政府和各局处组织章程、办事细则及各项管理法规，以便建立健全各级市政机构。

1928年8月9日，北平特别市市政府市政会议第一次常会讨论的第一项内容，即是由市长何其巩亲自交议的"本市府秘书处组织章程案、各局组织章程及预算案"，为慎重起见，会议决议"秘书处章程案以及各局组织章程案宜组织审核委员会审核之，再交本会议讨论，指定沈秘书长及各参事为审核委员，以沈秘书长为主席，此后关于本府法令及预算事宜统由审核委员审查之"。③

8月18日，市政会议第二次常会讨论了北平特别市政府办事通则、市政府各局组织规则、市政府秘书处组织规则和秘书处办事细则等，经过与会人员逐条修改补充后，全体赞成通过了《北平特别市政府办事通则》。8

① 《北平市之沿革》，《北平市都市计划设计资料第一集（八）》（1947年8月），北平市工务局编印，北京市档案馆藏，档号J017-001-03349，第67页。
② 《特别市组织法》，北京市档案馆藏，档号ZQ005-003-01490。
③ 《北平特别市市政公报》第一期，北京市档案馆藏，档号ZQ023-001-00526。

月22日的市政会议第三次常会，再次讨论了上次由审核委员会审核的其他各项规则，决议将组织规则名称定为"组织暂行条例"，并定以一个月为试办期，到期再汇集应修改之点提交市政会议讨论。第三次常会大体通过《北平特别市政府秘书处组织暂行条例》《北平特别市财政局组织暂行条例》《北平特别市土地局组织暂行条例》，其他各局暂行条例交审查委员会进行再一次审核后，提交下次会议。8月25日的第三次常会之续会，决议"八局暂行条例依照本日预备会议之修正案通过"。8月29日，市政会议第四次常会全体赞成通过了经过三次会议讨论的《北平特别市政府秘书处办事细则》。

9月5日，市政会议第五次常会讨论市政府各局办事细则和局务会议议事细则。经过9月12日第六次常会第二次讨论，各局局务会议议事细则得以修正通过。而各局办事细则，经过9月19日第七次常会第二次讨论，只修正通过了《北平特别市财政局办事细则》，直至9月27日第八次常会第三次讨论，才决议修正通过土地、社会、工务、公安、卫生、教育、公用七局的办事细则。至此，北平特别市政府各项组织条例、市府各局处组织规程、办事细则等先后经市政会议讨论通过，公布施行，市政机构各项组织规章初步形成。

在市府各项组织章则施行三四个月后，为切合实际、完善机构运行，市政府启动了各项章则的修订工作。1928年12月5日，市政会议第十六次常会讨论并决议通过了修正北平特别市市政府各局办事通则、修正北平特别市市政府各局局务会议议事细则、修正北平特别市市政府秘书处组织细则。12月19日，市政会议第十八次常会讨论通过了修正北平特别市政府秘书处办事细则。

1929年1月9日，市政会议第二十次常会并案讨论修正北平特别市财政局组织细则、修正北平特别市土地局组织细则、修正北平特别市社会局组织细则、修正北平特别市工务局组织细则、修正北平特别市公安局组织细则、修正北平特别市卫生局组织细则、修正北平特别市教育局组织细则、修正北平特别市公用局组织细则八案，由于"各局职掌事务牵连之处甚多，亟应详细划分清楚以免挂漏或重复之弊"①，会议决议交由秘书长沈家彝，参事吴承湜、陶履谦及八局局长会同审查。1月16日，市政会议第二十一次常会上，秘书长沈家彝报告审查修正情况后，会议决议通过上述八局修正组织细则案。对于修正各局组织细则条文和各局办事细则条文，4月24日的第三十四次常会进行了讨论，决议通过了修正各局组织细则条文案，而修正各局办事细则条文案则是交各局长审查后，在5月1日第三十五次常会通过的。

总体而言，这段时期的规章内容还比较粗疏，体例亦不严谨，后来大都经过修订或重新制定，但其奠定了北京（平）从市政公所向特别市转变，直至北平和平解放前夕的市政管理法规基础。

### 五、强化市政府政务管理

判断政府功能的优劣在于政府的效率和效能，此二者取决于其行政生态，并且与行政长官的行为与政务管理水平密不可分。北平特别市政府成立后，作为首任市长何其巩堪称勤勉，市政会议除去第二十七、二十八、三十九次常会，他迫于压力称病未参加外，只有2次因病缺席，且会议时间经常从下午三点开到晚上七八点。1928年8月9日，何其巩主持召开的市政会议第一次常会，作出"财政公开，造成廉洁政府"的决议，对公务员薪酬、财政预算等进行了有效规定。明确"财政公开，造成廉洁政府，惟薪给不可不明白规定，断无枵腹从公之理，以北平地位言，薪给不能过高亦不能过低，望各局按照国民政府简荐委各等级办法规定之，从速编制预算送府以便核议"②。8月29日，市政会议第四次常会临时动议讨论并修正通过北平特别市市政府各局职员俸给标准案，要求各局遵照办理。

① 北京市档案馆编《北平历届市政府市政会议决议录》，北京：中国档案出版社，1998，第50–51页。
② 北京市档案馆编《北平历届市政府市政会议决议录》，北京：中国档案出版社，1998，第10–11页。

1928年10月3日，市政会议第九次常会讨论并修正通过了北平特别市市政府职员请假规则案，对于请假种类、续假手续、假期及扣薪等进行明确规定。11月14日，市政会议第十四次常会讨论北平特别市市政府职员惩奖规则案，决议应将各局职员之奖惩事项一并订入，对于继续服务几年以上从未请假者应有给予例假若干日规定，全案交参事室会同各局研究修正。1929年3月20日，市政会议第三十次常会再次讨论北平特别市市政府职员奖惩暂行规则案，对多项条文进行修正后决议通过。此外，2月20日，市政会议第二十六次常会讨论并修正通过《北平特别市市政府处理公文时间限制暂行规则》。通过制定和执行此类规则、标准，加强了对市政府公职人员和公文处理时效的管理，奖勤罚懒。

1928年9月24日，社会局发出通知"奉市长谕秋节将届，所有在职人员互相庆贺馈送礼物等事应即通传禁止"。11月29日，工务局局长华南圭向何其巩呈报《禁奢励俭条陈》，提出"革除腐化，方足以创新庶政。社会经济，贵在平均，奢俭程度，当视社会经济之丰啬为权衡。励精图治，首重清廉，惟俭乃能养廉，亦惟奢足以酿贪，廉与贪之关键，即在俭与奢二宁"。《禁奢励俭条陈》七事包括宴会限度、随从限制、车价均平、贺唁范围、革除馈赠、履践信约、禁止迎送等内容，请市政府"在市区范围内以明令行之"。[①]12月11日，何其巩签发训令称"民生在勤，勤则不匮，国奢示俭，俭可养廉。本市曩为首都所在，奢情萎靡渐成痼疾，当此励精图治之候，亟应竭力提倡勤俭，戒绝浮华，庶社会生产供应于求国家不致再患贫弱。凡我行政人员尤应身体力行领导民众，以期共挽颓风而固国本"[②]，要求社会局通令布告全市切实遵行，提倡节俭并特别注意劝导。12月13日，市政府指令赞许华南圭"公正率属"，称其"所陈各节切中时弊，

① 北平特别市工务局局长华南圭关于《禁奢励俭条陈》，北京市档案馆藏，档号J017-001-00288，第48页。
② 北平特别市市政府训令第一三七三号，北京市档案馆藏，档号J002-007-00004，第33页。

披览之余至为嘉佩。际此习俗趋奢之候，示俭实为救国之图，允宜切实厉行与民更始"，"以后筹计所及，仍仰随时条陈，是所厚望"。[①]

## 第二节　勘划市域市界　争取市政管辖权

国民政府迁都南京后，1928年6月20日，国民党中央政治会议第一五四次会议决议改北京为北平，设北平特别市，直辖于国民政府，管辖北平城区和四周郊区。与此同时，裁撤京兆特别区署，旧京兆区域各县并入河北省，原在城内的大兴、宛平两县县署亦分别迁出。6月28日，北平特别市市政府成立。从北洋政府的首都变为国民政府的特别市，城市定位和市政管理权限都发生很大变化，地位急剧下降。

1928年北平特别市成立后，管辖北平内外城及附近郊区，辖区范围东至东坝，西至香山，北至清河，南至大红门，总面积700余平方公里。由于区域狭小，许多与城市运行密切相关的地区都不在市域范围内，如自来水水源地孙河镇、石景山发电厂、交通门户丰台、煤炭出产地门头沟等分别在大兴、宛平等各县，使城市管理者在都市建设方面遇到不少困难和问题。北平特别市政府参事室拟定的《本市区域划定草案》提到"自市政府成立瞬将及月，而区域尚未规定，不特一切措施无从进行，即与河北省政府权限亦欠明晰，影响市政甚巨"。[②]

### 一、筹定市界四至

国民政府《特别市组织法》第四条规定："特别市区域之划定变更及扩大，由特别市政府呈请国民政府核定之。已划入特别市之地域，不得脱离

---

① 北平特别市市政府指令第一二八六号，北京市档案馆藏，档号J017-001-00288，第15页。
② 《本市区域划定草案》，北平特别市政府参事室拟，北京市档案馆藏，档号J001-007-00006，第15页。

本市以建立他市。"①

北平特别市政府基于"行政区域为一切行政之准则，必须区划分明斯可从事建设"的原则，1928年8月9日，市长何其巩主持召开市政会议第一次常会，亲自提交了"本市区域划分案"，会议认为"划界一事应有专员办理"，决议在已指派财政、社会、工务三局局长与河北省政府委员接洽的基础上，增派土地局局长及各参事、测量专员二人担任审议全市划界及管理事宜，以孙绳武参事为主席，吴承湜参事副之，向旧参谋部京兆尹各路局借图，并参照与会诸位发表之意见决定界址，再交本会议讨论通过，电请国府核定。②会后，市政府参事室依照市政会议决议，拟定了《本市区域划定草案》，内称：

兹为确定本市区域起见，特提纲要如左（下）：原管内外城四郊区域除西北及南部外，依旧界勘定作为市区域。本市西北部拟将毗连之大小汤山迤南（昌平县境）划入市区，本市南部拟将大兴县属南苑全部划入市区……综上所述，市区形势西北斜长，东南微隘，枕群山而包广原，郊外地积十倍市街，本市之将来展拓足有余裕，而大、宛、昌平民众当无争议可虑。③

8月14日，北平特别市政府致电国民政府内政部，提出"北平特别市区域范围亟应划定以便着手建设，现召集市政会议议定本特别市区域，东至张家湾，南至丰台，西至西山全部，北至汤山迤北"，呈请尽早决定，明确权限划分而施政有序，并恳请就近代为接洽，以便早获核准。④8月17日，国民政府急电北平特别市市长何其巩，明确"省市区域政限划分

---

① 《特别市组织法》，北京市档案馆藏，档号ZQ005-003-01490。

② 北京市档案馆编《北平历届市政府市政会议决议录》，北京：中国档案出版社，1998，第10-12页。

③ 《本市区域划定草案》，北平特别市市政府参事室拟，北京市档案馆藏，档号J001-007-00006，第15页。

④ 北平特别市市政府致国民政府内政部电，北京市档案馆藏，档号J001-004-00011，第7页。

办法应照宁沪成案，先由省市政府协商呈候核夺，由内政部派员会同划定"①。

8月18日，北平特别市政府市政会议第二次常会讨论了市域划定审查小组草拟、经何其巩批示由秘书长审核后的《审查划分本市区域案》。该案按照"行政务期便利、形势务期整齐、交通务期完备、范围务期宽裕"的原则，以便减少财政负担与事实上之纠纷，提出：

（一）市区东部：第一专划大兴县境抵通县界相距二十余里；第二扩充完整则须向东展拓，必包括通县城南至张家湾、梁各庄连运河在内，即凭河东岸为界（北平电车公司发电厂在界内），是为东界。（二）市区东北部：溯运河上游之清河抵孙河镇，原在界外，应予划入，则为东北界。（三）市区北部：由孙河镇取斜直线划大、小汤山入市区，是为北界。（四）市区西北部：由汤山经沙河镇至石窝村仍沿旧界向西，是为西北界。（五）市区西部：自石窝村包括西山，经三家店，迤南沿宛平县旧界，西南与永定河东岸之黄村取平行线，是为西界。（六）市区西南部：沿宛平旧界而南，渡河而东，至黄村东站之南，是为西南界。（七）市区南部：自黄村而东沿南苑南界抵马驹桥，是为南界。（八）市区东南部：自马驹桥向东，以达梁各庄呈平行线，与东界合，是为东南界。以上为八至界址之概略。

所划之地除城郊旧境外，计划分大兴、宛平、昌平三县之一部分，又划通县之西半部。所划入之重要之镇市，为通县城、张家湾镇、马驹桥镇、南苑、黄村、丰台镇、卢沟桥长辛店、沙河镇、大小汤山、孙河镇等处。东西距离一百里，南北亦同。自北平城向四境计，最远者为西部，南、北、东部相若。②

经审议，市政会议全体与会人员赞成通过将上述界址划入本市区域。

① 国民政府给北平特别市市政府电，北京市档案馆藏，档号J001-007-00006，第3页。
② 《审查划分本市区域案》，北平市域划定审查小组拟，北京市档案馆藏，档号J001-007-00006，第5页。

同日，何其巩指示，"区域照大兴、宛平、通县全部及昌平一部分（即大小汤山）划入本特别市区域，审查委员速拟说明书图呈文，迅呈国民政府决定"。①随后，北平特别市政府"就事实之必要，依行政便利、交通完备、形胜整齐、建设合宜之原则"，绘具了本市拟划区域图说。国民政府在收到北平区域划定草案后，训令内政部、河北省政府派员会同北平特别市政府"详勘妥议"，北平市政府立即遵令商请河北省政府派代表共同商办此事。

9月10日，市长何其巩在致国民政府的呈文中，详细陈述了划定北平市界缘由、设想及与河北省协商的情况。

其巩受事以来，倏将两月，对于北平特别市区域再四筹度，并迭经市政会议共同讨论，佥以行政区域为一切行政之根据，必须区划分明而后治权统一措施允当。……北平从前办理市政，屡经变更区域，迨至民国十四年九月，将四郊区域划归市辖，即为目前统治之北平城郊现状。近自市政府依法组织成立，而区域尚未规定，不特各项市政无从计划，即与河北省政府权限亦虞纷歧。影响所及，实非浅鲜。爰拟将本市区域东达通县张家湾，南抵丰台镇，西包西山，北收大小汤山，庶缩水陆之形胜，以靳永久之建设，并于八月十四日电呈钧府鉴核在案。旋奉钧府电饬，照京沪先例，先与省府商协。遵与河北省政府所派孙奂仑、李鸿文、温寿泉三委员，在平接洽划分政限问题，当将市区界限提出协商，彼此意见亦甚融洽。惟河北省政府委员主张不废旧县，复经详晰考查，将东部界限悉依旧界，以免通县割裂之虞。此外就事实之必要，仍将西南北三面量加展拓另定界址，以足敷建设、毋碍发展为度。东界北自东坝镇，南抵大羊坊，东北划入孙河镇，东南达马驹桥，南界包有南苑全部抵魏善庄，西界北自石窝村北，南抵门头沟，再南凭永定河岸，北界展至大小汤山以北，计

①　市长何其巩批示（1928年8月18日），北京市档案馆藏，档号J001-007-00006，第4页。

周延四百里，得大兴、宛平两县之大部分，兼昌平县之一部，于各该县应分应并均无关系，而本市区襟带山河，有建设经营之便，将来会勘定界或依旧有界址或循山河道路，并非繁重。倘荷允准，从兹北平市政可期进行，固有繁荣会当恢复，于福国利民两有裨益。[①]

随文呈送了《北平特别市市政府拟划区域图说》和《划分北平特别市市区说明书》，再次明确北平市域四至，"依上列划分市区界线，周延约四百里，东西相距约九十里，南北相距约八十五里，总面约得六千五百方里"[②]，并对于拟划入本市区的孙河镇、丰台镇、卢沟桥镇、门头沟、南苑、黄村镇、大小汤山等七处重要市镇的历史沿革、现况及划入本市的理由，进行了说明并附略图；对于其他附近村落，待将来在勘界时再行详为规定。

1928年10月，内政部派北平古物陈列所所长罗耀枢为委员，河北省政府派孙奂仑、李鸿文、严智怡、温寿泉等四人为委员，与北平特别市政府参事吴承湜、财政局局长舒双全、公安局局长赵以宽、工务局局长华南圭，共同会商省市划界问题。河北省政府委员对北平市域"西南北三面量加展拓另定界址"持有异议，认为地域过厂，大兴、宛平两县被分割，行政不便，不同意北平特别市政府的方案。11月24日，何其巩在致中央政治会议北平临时分会呈文中，提到了与河北省政府商洽经过情形。

由职府指定人员一再与河北省政府所派委员会晤商洽，并请内政部委员列席指导，惟省政府对于原案另提出区域图，并拟将市管郊区西部划入县辖，且以昌平县南郊平原倘划归市区则该县恐难成立，职府以为大小汤山与平西名胜本属联络，现有青汤、平汤两长途汽车路，亦与平市繁荣攸关，最少限度亦应将大小汤山及两路划归市辖。此外省政府所拟核与原案

---

① 北平特别市市政府致国民政府呈文，北京市档案馆藏，档号J001-007-00006，第34页。
② 《划分北平特别市市区说明书》，北京市档案馆藏，档号J001-007-00006，第46页。

既大相径庭，自难遽行商定。①

同日，北平特别市政府参事吴承湜也详细报告了与河北省政府所派委员会商的情况。

一、关于永久区域问题未经详谈，但由承湜声明前次区域图即为最后之决定，现奉政分会令市查复，已将所拟区域及省市接洽经过情形报告矣。二、关于暂行区域内各项行政，应由省市各主管机关径行商定移交细目，拟请市长令知关系各局迅行商洽呈报（除土地、卫生、社会），以便实施政权。三、关于汽车路问题，省方提出地图说明一件，承湜等声明公用局长因事未能列席，候陈明饬局径行商洽，如为便民计似以合办为宜。但省方意主分办，并由温厅长声明，如本月底未能商妥办法，省方尽于十二月一日开办分局，其路捐拟按里分收。②

最终，由于双方意见分歧太大，会商无结果而散。

**二、大兴县界之争与模式口、田村等六村归属之辩**

1928年11月间，北平特别市政府与河北省政府就划界问题商谈之时，大兴县党务指导委员会、教育局、建设局、商会、农会、教育会、县农民协会、县妇女协会暨全县十二自治区、大兴旅平同乡会等提出《大兴县公民对于省市划界意见书》，反对将该县第五区、第六区南苑划归北平市，称：

近者省市划界议起，闻有扩张北平市范围之说，拟将黄村以西宛平所属之丰台、长辛店、三家店、门头沟，北至清河以及昌平所属之汤山，东至通州，南至南苑等，是将我大兴之北平第五区及第六区南苑包括在内，

---

① 北平特别市市政府致中央政治会议北平临时分会呈，北京市档案馆藏，档号J001-007-00004，第4页。
② 北平特别市市政府参事吴承湜报告会晤河北省政府孙委员等谈话情形，北京市档案馆藏，档号J001-007-00004，第14页。

仅留黄村、礼贤、青云、采育四镇，即第一、第二、第三、第四区留作县治之范围，是仅为北平市计，而未计及全县人民情况、财产之负担、地面之大小、县知事之能否为治也。①

该意见书从大兴县的地势、政权、财权、管理权以及公安局无由设置、高等小学无法设立等方面，详述了六条反对意见。

11月22日，中央政治会议北平临时分会主席张继就大兴县党务指导委员会等送到的意见书，"分令河北省政府及北平市政府，于划界时对于原书所举各端加以充分注意"②。11月29日，北平特别市政府就《大兴县公民对于省市划界意见书》，致呈中央政治会议北平临时分会，说明了大兴县第五区和第六区南苑划归北平市的必要性，称：

此项意见书对于原拟孙河镇、南苑划归市区一节均持异议。惟同属国土，属市属县原无区别。兹以孙河一区孤悬东北，介在本市及顺义县间，与大兴县各区隔绝，距平较近；南苑囊为禁围开放未久，向称盗贼渊薮，与平市至有关系，将来如果划并入市，以市区财力逐渐举办市政，充分维持公安，不难群趋乐利之途，该县民众自可毋庸先事疑虑。至所谓利其收入以补足市费，更与事实绝殊。窃谓大、宛两县前因都城关系，沿袭封建思想，同城分设二县，特异于全国，实则地积畸零，财力微薄，尚不及中等一县，嗣后应如何设治，自有省政府主持办理。③

与此同时，1928年11月，宛平县第一区的模式口、马尾桥、高井村、五里坨、三家店、田村等六村民众代表李瑞泉等人致呈中央政治会议北平临时分会，提出该六村部分地区在北平市界内、部分地区在宛平县内，居民"受割裂痛苦"，诸多不便，要求全部划归宛平县。呈文称：

---

① 《大兴县公民对于省市划界意见书》，北京市档案馆藏，档号J001-007-00006，第93页。

② 中央政治会议北平临时分会训令字第三五八号，北京市档案馆藏，档号J001-007-00004，第22页。

③ 北平特别市市政府关于大兴划界意见书给中央政治会议北平临时分会呈，北京市档案馆藏，档号J001-007-00004，第36页。

民等六村虽被分割两半，北半街属城郊，南半街属宛平，而实际上地方自治、警察、保卫、考试、选举、户籍、赋税等事，仍直接完全奉宛平县令办理，百姓只知有宛平而不知有城郊，非民之爱于宛平，实缘相沿习惯办事便利不可改易。……况以地势而论，民等六村概东西成街，街北面紧靠山，有高大山脉为天然屏蔽，山前属宛平、山后属城郊系天然之界限。而城郊辖境竟侵及山前一小部分，于地势上更为不合，然则城郊失去六村之北半街毫无所损而便于民。际斯主权在民之时，城郊断不能争此区区之半街也。

恳请中央政治会议北平临时分会"俯顺舆情主持民意，准予六村插花村庄完全划归宛平县管辖"。[1] 11月23日，中央政治会议北平临时分会主席张继"分令河北省政府及北平市政府于划界时对于该代表等陈述各端予以充分注意，各求适当"。[2] 11月29日，北平特别市政府训令公安局详细调查模式口等六村行政、户籍及分割治理等情况，并分别绘制详图上报。

1929年1月8日，模式口等六村代表李瑞泉等人致呈市长何其巩，请求将模式口等六村划归宛平县管辖。1月22日，北平特别市政府给模式口等六村代表李瑞泉等批文，说明在"本市区域在未经划定以前，现虽依照内政部规定以前北京市政公所及警察总监所管之界限为原有之区域，将来正式市区自应另候勘定。在未经勘定以前，关于减轻人民负担及整理村政各节当尽量提前兼办"。[3] 4月27日，北平特别市政府向内政部报告了此案的办理情形，称"当经分令筹备自治办事处及财政、公安两局，现将各该村村政提前整理，并将重复捐税分别查明减免，一面批示各该代表知照，

① 模式口等六村代表李瑞泉等致中央政治会议北平临时分会呈，北京市档案馆藏，档号J001-007-00005，第9页。

② 中央政治会议北平临时分会训令字第四〇八号，北京市档案馆藏，档号J001-007-00005，第5页。

③ 北平特别市市政府批第二六号，北京市档案馆藏，档号J001-007-00005，第64页。

庶于顺从舆情之中借免目前之分更"①，同时会同河北省政府从速商洽划界事宜。

北平特别市政府看到划界问题一时难以解决，于是在1928年11月间拟订了《本市暂行区域》方案，提出"在省市商定划分以前，暂以前市政公所、京师警察厅及步军统领辖区为区域"。11月9日，内政部致市政府公函称，关于北平特别市与河北省政府划分管辖区域一案"除由本部令委罗耀枢会同查勘并分函查照外，当以北平特别市政府创办伊始，在新界未划定以前，所有北平特别市管辖地面应按照以前北京市政公所及警察总监所管之界限为原有之区域，以明权限而利市政"。②据此，何其巩指示市政府训令各局暨附属机关按照《本市暂行区域》实施管理。11月27日，市政府训令财政局局长舒双全、工务局局长华南圭、教育局局长李泰棻、公安局局长赵以宽、公用局局长李光汉，"区域内关系河北省政府政限问题，前经会商，应由各主管局厅径行商洽细目分别办理"③，令各局迅速派员商洽呈报市政府以凭实施。

1929年1月31日，内政部致北平特别市政府咨文称，河北省与北平市划界一案事关划分权界，仍应由省市两方详妥会商，方能决定办法，要求北平特别市继续与河北省政府商洽。2月6日，因罗耀枢已调部供职，内政部另派左恒祥会同各委员办理北平特别市与河北省勘划市界事宜。2月19日，北平特别市政府复内政部咨文称：会勘省市区域事宜，已饬知原派各委员遵照，随时会同接洽办理。2月28日，内政部要求北平特别市政府查照前案，从速会同河北省政府详细协商，早日上报磋商结果。④此后，省市划界委员虽经多次会商，都没有取得实质性进展。个中曲折，不一而足。

① 北平特别市市政府致内政部咨第一四九号，北京市档案馆藏，档号J001-007-00017，第3页。
② 内政部公函民字第四四号，北京市档案馆藏，档号J001-007-00006，第100页。
③ 北平特别市市政府训令第一一九〇号，北京市档案馆藏，档号J001-007-00004，第17页。
④ 内政部致北平特别市市政府咨民字第一七一号，北京市档案馆藏，档号J001-007-00004，第60页。

1933年6月，对北平市政发展最具成就的袁良就任市长。8月23日，袁良主持召开市政会议第二百零一次常会，将工务局提出的重新划定"本市西郊南北两部省市界限办法并检附蓝图、说明书"提交讨论，会议决议应立即拟订北平市根本界址计划案，指定市政府参事陈昌谷、技正谭炳训及社会、公安、财政、工务各局局长等会同起草。10月25日，市政会议第二百零八次常会决议通过了《北平市根本界址计划》报告书、说明书及区域图。① 该计划提出北平市界方案：东、南、西三面以大兴、宛平两县旧有县界为界，北界展至昌平之大小汤山，东北至孙河，西北达温泉村。但市政府提出的划界方案遭到市参议会、河北省政府和军方的反对。同年12月22日，市参议会第二十二次会议通过"本市市界毋庸扩充"议案，认为"毋庸扩充面积，致生窒碍"。1934年1月5日，市长袁良在答复市参议会函中指出"划界一案，自十七年本府成立以来，迭经省市双方协商，迄今五年仍未定案，非特各项市政无从进行，而与河北省权限亦时有冲突。贵会所谓'毋庸扩充'一节，自系对于近代城市设计及本市实际情形似尚未尽明了"。这个方案呈报行政院驻平政务整理委员会后，袁良在复内政部函中，更进一步指出北平特别市政府的做法于规定"并无不合"。

同时，大兴、宛平、昌平三县县民担心划归北平特别市政府管理后增加税捐负担，也坚决反对重新划界。②

1934年2月5日，河北省政府为《北平市根本界址计划》致函北平特别市政府，询问计划的意图所在，特别强调一切方案"须经各方同意始能生效"。1934年底，蒋介石曾到北平，了解到省市划界问题一直未解决，因此令行政院饬内政部会同河北省政府"查明界址，迅速划定，分别接管，以重要政，而利进行"。内政部派黄祖培等三人与省市协商。12月21日，

---

① 北京市档案馆编《北平历届市政府市政会议决议录》，北京：中国档案出版社，1998，第261页、269页。

② 《大宛昌三县民众坚决反对平市扩大》，《北平晨报》1934年12月5日，第6版。

由内政部次长甘乃光主持，召集河北省、北平市、驻平政治委员会分会和军委会北平分会等有关部门的负责人开会。会上，河北省政府与会人员主张"维持原区域加以划定"，军事机关的人员则认为南苑等"国防区域之各地不宜划入市区"。各方坚持己见，会议仍无结果。

1935年初，北平特别市政府看到划界问题一时难以解决，咨行内政部"本府除以遵照中央主张为主张，无其他意见"；同时致呈行政院，提出划界问题"请院主持决定"。此后，华北日益危急，日本侵略迫在眉睫，划界问题不再提起。

1937年至1945年北平沦陷期间，就省市划界问题，与河北省公署虽有磋商，但无结果。1938年2月11日，伪北京特别市公署第三百零四次市政会议"决定扩充区域，分甲乙两案"，2月18日，工务局拟定了《北京市市域扩张意见》，于3月11日呈报前行政委员会，但"节经商榷，迄未定案"。直至1941年3月，伪建设总署拟定《北京都市计划大纲》，提出了《北京市扩充区域折中案》。3月13日，北京特别市公署市长余晋龢将建设总署都市局山崎参事交来的折中案交秘书长及各局处长官议论，认为"即就原案乙加以缩小，东面除去通县城区，即以通、大原界为界，西南面以永定河为界，仍包括大、宛两县大部分，昌平县小部分"，"似与原案乙并无出入，似可照允"。4月2日，市长余晋龢致函日军北京陆军特务机关长松崎直人求得同意，5月29日，松崎直人函复余晋龢"同意扩张北京市域一案"，认为"由都市计划上观之有整理之必要，希贵署速与华北政务委员会、河北省接洽"，最终亦无实际进展。

抗战胜利后的1946年2月，北平市政府拟定《北平新市界草案》，提出：东界至通县县城以东，南达马驹桥西；南界包括南苑全部，至南大红门，往西经黄村至葫芦垡；西界沿宛平与良乡、房山县界，经岗洼、戒台寺至门头沟，西北至温泉村；北界抵沙河、大小汤山及孙河。这一区域内的重要村镇有：通县、南苑、丰台、卢沟桥、长辛店、门头沟、石景山、温泉、大小汤山和孙河。这一方案函达河北省政府后，年底，河北省政府复函否决了北平市政府的《北平新市界草案》，称"仍按现界，毋庸另划"。国民政府内政部对此未置可否，只将原文照转给北平市政府。据1948年6月统计，北平市疆界东至大黄庄，西至三家店，南至西红门，北至立水桥，面积包括内七、外五、郊八共计20个行政区的范围，总面积为706928平方公里，人口为1918200人。

1948年底，中国人民解放军进入北平郊区，"为保障全体人民的生命财产，维护社会安宁，确立革命秩序"，平津前线司令部根据中国人民解放军总部电令，"在北平城郊东至通州、西至门头沟、南至黄村、西南至长辛店、北至沙河的辖区内，实行军事管制"，成立北平市军事管制委员会"为该区军事管制时期的权力机关"，统一管理辖区内的一切军事、民政事宜。[1]

新中国成立后，北京市行政区划进行了重大调整，1956年2月经国务院批准，将昌平县（除高丽营外）和通县的金盏、孙河等7个村划归北京市。1958年3月，国务院全体会议通过，将河北省的通县、顺义、大兴、良乡、房山五县和通州市划归北京市，10月又将河北省的平谷、密云、怀柔和延庆四县划归北京市。至此，北京市辖区总面积达16800平方公里，为首都城市建设和城乡综合发展打下了良好的基础。

### 三、提出收回使馆界行政权

东交民巷曾称东江米巷，原是明清两代"五府六部所在地"，清乾嘉时期曾设有"迎宾馆"供外国使臣临时居住。1840年鸦片战争后，这一地区先后设立英、俄、德、法等使馆。1901年根据《辛丑条约》，外国列强控制了此处的行政管理权，不允许中国人居住和设立衙署，东江米巷改

---

[1] 《中国人民解放军北平市军事管制委员会布告第一号（1949年1月1日）》，载北京市档案馆编《北平解放》，北京：中国文史出版社，2017年11月版，第190页。

名为Legation Street（使馆街），在地图上更名为东交民巷，英、美、法等11国成立联合行政机构，使馆区内相继建立起各国兵营和一些外国金融机构，此处成为各使馆自行管理的区域。

国民政府成立后，各国使馆开始相继迁往南京，但东交民巷旧址仍然保留。1929年1月19日，管理使馆界事务公署致函北平特别市政府，要求市政府将每年三千元于一月、七月分两次拨付的修路"补助费洋一千五百元""早日拨送过署"。当时"外兵在北平常武装持械任意通行街衢"，"驻平外兵打靶屡伤行人"，时常激起民愤。市长何其巩令市政府参事和秘书长、各相关局长为调查研究委员，由陶履谦参事召集，筹拟收回使馆界行政权。之后，何其巩正式向中央政治会议北平临时分会提出"筹拟收回使馆界行政权案"，称：

"本市区域内之使馆专界，根据《辛丑条约》超乎本市行政权以外，亟应筹划收回，以保主权。……现在首都南迁，北平状况迥异曩昔，就使团自身地位而论，固当随同首都南移，不应在平设馆。既就国际间相互平等原则而论，亦不能根据旧日最不平等之条约，设此特殊区域，破坏市政统一。况职府对于市区路款之支出，只能统筹全局平均支配，势难指定的款专供使界修路之用。现值中央政府与各国修订新约之时，对于北平使界行政权，似应早日收归市辖，以期根本解决。"①

这是北平（京）近代历史上第一次正式提出收回使馆界行政权。

恰巧1月22日傍晚，国民革命军第八路总指挥部参事兼秘书纪幕天乘车途经东交民巷西口，遭巡捕阻拦，称"此处系租界，不准中国军人闯入"，经解释无效反遭谩骂，纪幕天正准备下车理论，"被该巡捕赶至车边一拳击中右目下方，（纪幕天）只以身服风衣动转不便，即应拳跌在车下，同时另一巡捕又至，举棒乱打，提足乱踹，夺去军帽，且扯且骂，然后将

---

① 《筹拟收回使馆界行政权案》，北京市档案馆藏，档号J001-007-00013，第3页。

我（纪幕天）拖入巷内仍行打骂"。23日，纪幕天愤而致函市长何其巩，"希予充分援助，据理抗议，并责诘东交民巷当局彻查行凶巡捕，严绳以法"[①]。同日下午三时，北平特别市政府市政会议第二十二次常会，临时提议讨论"筹拟收回使馆界行政权案"，陶履谦参事说明此案"已由府呈奉政分会议决，交由本府妥拟收回办法，此实全国问题，应由外交部办理。目下预备收回之手续最为要紧，如道路、交通、卫生诸大端均是"[②]。会议决议由市政府秘书长、四位参事和八局局长会同审查，妥拟办法。可谓是市政府各职能机构和参议机构主官全员行动，但最终，收回使馆界行政权一事也不了了之。

直至1950年1月6日，中国人民解放军北京市军事管制委员会主任聂荣臻签发（布字第拾伍号）布告，宣布取消外国在北京的驻兵权，在市内的占地及兵营一律收回，其建筑全部征用。布告全文如下。

一、某些外国，过去利用不平等条约中所谓"驻兵权"，在北京市内占据地面，建筑兵营。现在此项地产权，因不平等条约之取消，自应收回。

二、此项地产上所建筑之兵营及其他建筑，因地产权收回所发生之房产问题，我政府另定办法解决。

三、目前此项兵营及其他建筑，因军事之需要，先予征用。

四、此项征用，自布告之日起，七日后实施。

1959年开始，按照我国政府安排，各国使馆先后迁往建国门外新使馆区，东交民巷作为使馆区的历史彻底宣告结束。

## 四、筹备北平地方自治

1928年，国民党二届五中全会和三届一中全会的召开，标志着国民党政府军政时期结束、训政时期开始。地方自治是训政时期内政方面主要

---

① 军人纪幕天致北平特别市市政府何其巩函，北京市档案馆藏，档号J001-007-00013，第6页。

② 北京市档案馆编《北平历届市政府市政会议决议录》，北京：中国档案出版社，1998，第55-56页。

措施之一。同年7月，国民政府内政部训令各省民政厅进行户口调查，明确"此次调查户口实有两大意义，一以为筹办自治之准备，一以知户口统计之实数"①。同时，内政部致函北平特别市政府"训政开始之时筹办自治，各地方之户口实数亟须从事调查，以为一切政令实施之标准"，要求于当年12月完成调查工作。1928年8月至11月，北平特别市政府遵照南京国民政府训令，进行了全市户口调查，为筹备北平地方自治做了基础性准备。

　　1928年11月至1929年1月，北平特别市政府市政会议多次讨论决议北平地方自治议案及规章。1928年11月28日，市政会议第十五次常会讨论"各级自治实施案"，决议指定由参事陶履谦、社会局局长赵正平、公安局局长赵以宽、教育局局长李泰棻、公用局局长李光汉在十五日内拟定规条提交会议。12月12日，第十七次常会讨论并修正通过了"北平特别市街村自治暂行章程案"和"北平特别市街村自治行政处组织章程案"，将其标题分别改为"北平特别市筹备自治暂行条例"和"北平特别市筹备自治办事处组织暂行条例"。1929年1月16日，市政会议第二十一次常会讨论并修改通过《北平特别市筹备自治办事处办事细则》。1月23日，第二十二次常会讨论临时提议"修正自治暂行条例案"，"为切按事实办事便利、尊重市民行使市权起见"，决议按照自治筹备处提议，将自治暂行条例第五条改定为"本条例所称编户系按照独立户计算，每一门牌内有二户以上者仍各照独立户计算"②。筹备自治办事处处长朱清华列席了市政会议1929年2月27日第二十七次常会至5月29日第三十九次常会，筹备地方自治已成为何其巩任内北平特别市政府的一项工作内容。

　　北平市地方自治共分四个阶段，从1929年1月到1933年5月为筹备时期，在这一时期主要是制定一系列的关于实行北平地方自治的条例、组织

---

① 国民政府内政部训令，北京市档案馆藏，档号J002-007-01165，第2页。

② 北京市档案馆编《北平历届市政府市政会议决议录》，北京：中国档案出版社，1998，第55-57页。

章程、细则等，为以后推行地方自治奠定基础。①

　　民国初年，北平城内划分为10区，1928年12月19日，北平特别市政府下令推行"地方自治"，设立市辖区（"自治区"），将全市分为15个区，各区以序号命名。1933年5月1日，各区坊长经过民选任职，12月内政部颁订《北平市地方自治改进办法大纲》19条，北平地方自治于是走上正轨，用一年的时间完成了成立自治监理处、合并坊公所、区坊长改为民选委任、改组区分所裁撤坊公所等四个阶段的工作。② 1934年7月，北平市政府刊行的《北平市自治之过程及将来》总结了北平市一年来改革地方自治之经过情形："本市地方自治，自民国十八年一月迄于二十二年五月，为筹备时期。仕此时期，对于人民之政治知识能力，并未遵照建国大纲第三条之规定，切实加以训导，而即完成各项民选手续。又自二十二年五月以后，则为各区坊长已经民选时期。关于地方自治之一切事业，因成绩与期望相远，均有待于设法改善，于是而有内政部同年十二月《北平市地方自治改进办法大纲》19条之颁订，本市自治遂入于救济路线之中。"③

## 第三节　建市之初北平城市定位的探索与努力

　　1928年6月28日，北平特别市政府成立，"依中国国民党党义及中央法令综理全市行政事务"，下设财政局、土地局、社会局、工务局、公安局、卫生局、教育局、公用局等八局及秘书处。北平市政府建立后，居于特别市地位，如何明确城市定位，规划和建设好北平，是摆在首届市政府和首任市长何其巩面前的一个重大问题。

---

① 王永芬、梅佳选编《北平市筹备地方自治条例选》，《北京档案史料》1998年第6期。

② 梅佳选编《民国时期北平地方自治史料选》，《北京档案史料》1998年第5期。

③ 《北平市自治之过程及将来》，北京市档案馆藏，档号J001-007-01798，第2页。

### 一、关于城市定位的官方建议

在北平特别市政府成立初期，其核心工作是制定公布各种新的法规，同时对市政公所时期公布的法规进行清理，如房地法规、建筑法规、广告法规及一些行业管理法规等。市政公所时期的法规大多有应急性、临时性的特征，以便在短时间内使许多亟待解决事项有章可循，法规内容比较粗疏，体例亦不严谨，后来大都经过修订或重新制定。但这些法规的制定和公布反映了由京都市政公所向北平特别市转变时期的城市状况，成为北平市法制的基础，在近代北京（平）法制历程中占有重要地位。

国都南迁，北平市面日渐萧条，市政建设受到极大影响。北平特别市政府下设八局之一的工务局，掌管全市街道、沟渠、堤岸、桥梁建筑及其他土木工程，市内公私建筑之取缔等一切工程管理事项，直接关系到北平市政建设与发展。时任工务局局长，是市长何其巩慕名任命的清政府官派留法土木工程专家、曾任京汉铁路工程处处长的华南圭。

华南圭（1877—1961年），字通斋，江苏无锡人。1896年中举，京师大学堂成立后入帅范馆学习。1904年被官派赴法国巴黎公益工程大学学习土木工程，1908年获得工程师学位。1910年回国，1911年获得工程进士。1913年起在北京政府交通部传习所等处任职，1918年起担任北京政府交通部铁路技术委员会总工程师，1920年至1922年、1924年至1928年任京汉铁路总工程师。1928年7月至1929年9月，担任北平特别市政府工务局局长。1929年至1934年任北宁铁路局总工程师兼北宁铁路改进委员会主席，1932年出任天津整理海河委员会主任，1933年至1937年担任天津工商学院院长。1938年至1945年，华南圭因不愿意替日本人工作而流亡法国。1949年起，应北京市人民政府邀请，华南圭出任北京都市计划委员会总工程师，后又担任顾问，直到1961年去世，其间，参与了新中国成立之初北京市的规划。

作为北平特别市政府工务局第一任局长，华南圭积极建议市政府革新改良北平市政，向何其巩上陈了许多条陈，报送了《查勘北平河道报告书》，制定了《玉泉源流之状况及整理大纲计划书》《北平河道整理计划》，提出整治永定河、修建官厅水库，将景山、中南海辟为公园等意见建议。

1928年8月9日，华南圭向市长何其巩提出《市政兴革改良事宜条陈》，包括请准撤除总统府辕门计划、胪陈市工大体计划、请开放景山详细计划等。8月17日，市政府指令"现在市府成立伊始，百废待兴，该局长对于市政兴革改良事宜条陈意见，尽力筹划，具见热忱，至堪嘉尚。但当此经费支绌之际，尤宜审度轻重，分别缓急，次第进行"，令华南圭"先将所拟各项工程办法具体拟定呈核。至于其他各局有关系各项工程应如何进行，并仰妥与协议，筹拟办法再行呈候核办"。①

尽管北平特别市政府对华南圭的条陈给予了充分肯定，但在当时的社会环境下，特别是市政府面临巨大的财政困境和各方的掣肘，想得以全部实施仍是困难重重。例如，华南圭的条陈之一"请准开放景山事"，列出了将东门西门之东西石砟车道接通、整顿山路、拆去东西北三面围墙、择园中旷地添设运动物品等七条详细计划，认为"以上办法即系将景山辟为真正公园"②。8月14日的《世界日报》刊登了此消息。但因为开放景山公园需"拆除景山围墙"，故宫博物院对此提出异议，指出工务局"事前既未征询该处沿革情形，并门前悬有故宫博物院分院木牌亦未注意，实所不解"，函请市政府转饬工务局停止进行。8月21日，北平特别市政府训令华南圭除"将各项办法具体拟定，并与关系各方妥议筹拟办法"外，再行"核拟呈复以凭核复"③，可谓实施颇为不利。

① 北平特别市市政府指令字第七〇号，北京市档案馆藏，档号J017-001-00288，第8页。
② 北平特别市工务局局长华南圭关于拟开放景山条陈，北京市档案馆藏，档号J017-001-00288，第36页。
③ 北平特别市市政府训令第二四四号，北京市档案馆藏，档号J017-001-00288，第20—25页。

1929年春，华南圭在勘察奉安大典迎梓大道路工时，顺便进入静明园，考察玉泉源流，"因见该园之古迹多为废石颓垣所遮，若以少数之款作小规模之整理，似尚易行"，向市政府提出了《静明园小整理办法》六条，着重对静明园内古迹进行小规模整理，条陈中说明"以上各工事所费甚微要亦整理之一道"，如蒙采择，请市政府令管理颐和园事务所查照办理。[1]5月11日，北平特别市政府指令称"所陈整理该园古迹办法六条多属可行，嘉佩之至，已令行管理颐和园事务所所长迅速斟酌办理"[2]。应该说，无论实施与否，华南圭的这些条陈对于北平市政建设发展都具有积极的意义。

### 二、对于城市定位的民间表达

不仅市政府和官员重视北平城市建设规划，民间人士对此也积极关注。1928年，留德哲学博士张武著有《整理北平市计划书》。3月，留美学者白敦庸在《市政述要》中，提出《北京城墙改进计划》。11月，市民朱辉将《建设北平意见书》上呈北平特别市政府[3]。1929年6月，白敦庸向市政府提交了《整顿北平市政建议书》。同时，还有市民冯思勤向市长何其巩建议改革市政[4]等等。

朱辉认为"为筹谋迁都后之永久繁华计，首当决定建设北平之基本标准，以免局部枝节之改革而失统筹全局之良机"。他首先分析北平的优势和劣势，对城市性质进行了定位，明确提出建设北平七项基本标准、十条最低限度设计大纲和市政方面38条具体建议。他在《建设北平意见书》中，列出的七项基本标准为："第一，建设北平为国故之中心；第二，建设

① 北平特别市工务局局长华南圭关于静明园小规模整理条陈，北京市档案馆藏，档号J017-001-00288，第65页。
② 北平特别市市政府指令字第二二六二号，北京市档案馆藏，档号J017-001-00288，第69页。
③ 朱辉：《建设北平意见书》，北京市档案馆藏，档号J001-004-00001，第5页。
④ 冯思勤关于改革市政的条陈，北京市档案馆藏，档号J001-002-00007，第8-15页。

北平为学术美术艺术之中心；第三，建设北平为东方文化表现之中心；第四，建设北平为交通运输之中心；第五，建设北平为陆地实业之中心；第六，建设北平为观光游览之中心；第七，建设北平为国防之中心（权在中央，但可由市府建议之）。"①

依据上述七项基本标准，朱辉进而提出十条最低限度设计大纲："甲、保存、利用旧建筑物并维护其艺术美术性；乙、维护国粹，奖励学术；丙、改良旧工艺，提倡新工艺；丁、增筑铁道及长途汽车道；戊、建筑火车总站；己、广设仓库；庚、维持金融机关；辛、奖励实业及军需工业；壬、规定地带；癸、整理景物，刷新市政，抑制物价，确保公安，以增人口。"他认为："以上十端，为依据建设北平之七项基本标准，拟定混合设计之大纲，一切具体计划，可由市政府会议讨论。总之今后振兴北平之策，除振兴实业、诱增人口及吸收游资外，殆无第四种办法。若于此三者努力进行，则北平市况，不久必能蒸蒸日上，不数年间，不难恢复原状，或较前反为繁华，亦未可知。至于市政一般之设施，宜以急进方式从速进行。"

随即，朱辉详细提出了市政建设38条具体建议，并逐项进行了分析，坦言"三十八项意见之中，有需巨费者，有仅以一纸公文便能施行者，有刻不容缓者，有数年一贯之计划者，参差胪列，略陈管见。至于市政全盘详细具体计划，应集专家从长计议，制定基本的行政方针及逐年相当限度之设施计划，以急进之精神，反衰落为繁华，转失业者为得业，将来市面大兴，媲美新都，则皆发轫于此时"②。

朱辉的《建设北平意见书》（以下简称《意见书》）引起了北平特别市政府的重视，市政府秘书处对于其提出的十条最低限度设计大纲和市政建设38条具体建议，逐项分别签注了意见。比如对"甲、保存、利用旧建筑物并维护其艺术美术性"，签注"甲项第一款，保存旧建筑物并维持其艺

---

① 朱辉：《建设北平意见书》，北京市档案馆藏，档号J001-004-00001，第5页。
② 朱辉：《建设北平意见书》，北京市档案馆藏，档号J001-004-00001，第5页。

术美术性。此项意见颇有见地。关于旧建筑物何者应保存，何者可废弃，极应注意。至于毁旧城墙一节，从前军阀时代，重在敛财，可谓毫无意识。拟令工务局注意，如确于交通有碍必须拆除者，可斟酌拆去。否则不得无故拆卸，以重古迹"。"甲项第二款，利用旧建筑物一节，似可实行。惟浚深什刹海、改楼房、筑环湖马路一节，什刹海面积似难与西湖媲美，略加修葺则可不必大兴土木也"。

对"庚、维持金融机关"，签注"金融机关能以长久维持，自以将存款用于工商之途为正当。北平素为政治中心，非工商业发达之地，一旦国都南迁，银行纷纷迁移津沪，此乃自然之现象。此项意见应训令本市财政局及市民银行筹备处注意之"。

对"十三、修理马路"，签注"修理全市马路，自是必要之举。应令工务局筹拟分年进行办法。本项计划一切，非财政充裕，方能尽量举办，可令行工务局注意之"。

对"二十、广设平民公园"，签注"革兴政治在谋大多数民众之利益。河南各省均目光一变而注意于各种平民享受方面之建设。本市原有之各种建设颇多，稍稍加以改良，即可成为平民良好娱乐场所。此节轻而易举，拟令社会、工务两局筹办"。

对"二十七、创设模范剧场"，签注"改良戏曲，足以移风易俗，可令社会、教育两局注意。至创设剧场，应俟将来财政充裕、市政发达时，再行兴办"。[①]

诸如此类，等等。结合当时的北平社会现状和特别市政府的管理运行效率来看，以上签注意见均较切合实际，中肯可操作，且具有一定的前瞻性。

1928年10月12日，市长何其巩批示"此书作者颇费苦心，请尽现可

---

① 朱辉：《建设北平意见书》，北京市档案馆藏，档号J001-004-00001，第5页。

行者，分别令饬速筹办法并约作者来议为要"①。11月25日，市政府秘书处第二科科长王亮、秘书袁祚庠对该意见书做了总签注"综观全部意见，有轻而易举可以立时实行者，有因财政支绌暂时未能实行者，有不能实行者，业经分条签注。其可以实行各项，拟分别令行主管各局筹划实行；其暂时未能实行者，亦可令知各局以备参考。作者于建设北平意见擘划周详，心思缜密，洵属有心人也"②。随后，按照市长要求，将朱辉的《意见书》分别抄送财政局、土地局、工务局、公用局四局及市政府第三科，会同其他有关系各机关核议采行。1919年1月8日，市财政局致函市政府秘书处，回复了《意见书》中关涉财政五项内容的核议情形，结论大多是囿于北平市情加以注意、从缓计议、仍依现行章程办理等等。③即便如此，在今天看来，朱辉所呈《意见书》很有见地，不少观点对城市建设发展仍有一定的参考价值。特别是他提出的"旧建筑之有保存价值者，修缮之；无保存价值者，改造之，以尽利用之法"，仍值得当今学习和借鉴。

### 三、制订市政计划与建设方略

1928年，国民政府在全国范围内进行户口调查，以此作为筹备地方自治的前提。7月19日，内政部颁布了全国户口调查统计规则及表式，要求在年底前完成，这是自清末民初以来第三次全国人口普查。8月3日，北平特别市政府训令由公安局主持、社会局会同协助，"切实从速办理"全市户口调查，并将调查实在情形汇总上报。11月底，市公安局将调查项目及每日变动情况向市长何其巩进行了报告，呈称"截至11月30日止，计普通户共二十六万二千一百七十三户，寺庙共一千八百四十七户，公共处所共二千四百一十三户，统计共二十六万六千三百六十一户。

① 市长何其巩批示，北京市档案馆藏，档号J001-004-00001，第3页。
② 北平特别市市政府秘书二科签注，北京市档案馆藏，档号J001-004-00001，第4页。
③ 北平特别市财政局公函第四号，北京市档案馆藏，档号J001-004-00001，第191页。

普通户内共男八十万零四千一百三十三口、女五十二万五千四百六十九口，寺庙内共男三千六百三十五口、女三百八十八口，公共处所内另无眷属，即在各该公所内寄住者共男一万一千三百八十口、女七百八十六口，以上男女人口系将另有住所之重复人口分别除去，统计男女实共一百三十四万五千七百九十一口。另有外国人共计八百三十五户，男一千五百六十口、女一千零九十四口"，并说明"上列外国户口系指外国人教堂、善堂、医院、营业、杂居等项，使馆界内之外国户口并不在内"。①此次户口调查，也为成立不久的北平特别市政府进行市政规划和建设奠定了基础。

（一）希冀庚款的《北平市政建设计划书》

随着北平市政机构的建立健全，各项市政建设规划实施提上了议事日程，市长何其巩主持制定了较为详细、系统的《北平市政建设计划书》，内称：

"北平街市沟渠承明清之旧，建设已逾五百余年，规模虽巨而设备未周，无俟赘言，自轫办市政以来未遑整理，次则卫生以及救济事业，关系市民者尤为重大。至市辖古迹，如颐和园、三海、中山公园、圆明园等，均须修缮。徒以经费不充，不克积极进行。兹为发展市政、修理古迹及谋人民乐利起见，按照1914年10月1日签订之中义（意）协定，将所有改良本市市政应办事业及预算数目分列于后。"

《计划书》内列出了八项市政建设计划：1. 改良马路计划，包括建筑土沥青路工程、改造牙道工程、改筑各路泄水漏井工程、建筑漏井通风器工程、安设道路标灯及掩护台、建筑各干路人行便道、修路汽碾购置；2. 建设卫生事业，包括市立卫生陈列所工程及购置、市立卫生化验所建筑及附属工程、市立普通医院建筑及附属工程、市立传染病医院及消毒所、

① 北平市特别市公安局致市政府呈，北京市档案馆藏，档号J002-007-00007，第3页。

市立精神病医院建筑及购置、市立结核病疗养所、公共浴所六处建筑及设备、市立菜市场建筑、市内屠兽场（东西城各一处）、清道车具、运秽土汽车购置、公共厕所建设；3. 开通暗沟工程；4. 修整城垣建筑；5. 筹设平民大工厂建筑、设备；6. 建筑市政厅；7. 救济贫民（慈善）；8. 修理古迹。在《北平市政建设计划书》中详细说明八项计划实施的理由、内容和费用，明确以上八项市政建设计划共需经费"一千零五十三万元"。①

对北平特别市政府而言，最为捉襟见肘的是经费，于是便设想利用意大利退还的庚款兴办北平市政。1929年1月4日，市政府参事陶履谦遵市长何其巩令，呈报了1925年10月1日中义（意）协定内容："义（意）国退还庚款余额，须尽先偿清华义银行垫款，其余由中义（意）委员会分配，以半数充中义（意）教育慈善公共实业之用，以半数充公益工程之用，如沪杭甬路曹娥江铁桥工程及其他国有铁路铁桥工程、导淮工程、海州商埠及改良北京市政等。"陶履谦报告提出"关于改良本市用款，中义（意）双方似均同意，目前关键惟在从速开会支配用途，但地点尚未确定，中方委员又均在宁，究应如何设法进行方臻妥善？"②对此，何其巩指示陶履谦等人研究推动办法。

同年1月25日，北平特别市政府致函中义（意）庚款委员会中国代表团，明确提出要运用庚款进行北平市政建设，将何其巩主持制定的《北平市政建设计划书》，分别函送中义（意）庚款委员会蔡元培、蒋梦麟、王宠惠等委员，说明为发展北平市政、修理古迹及谋求人民乐利起见，市政府按照中义（意）协定，将所有改良本市市政应办事业及预算数目分列于后，提出"希贵会对于下开之提议，加以善意之考虑，并予完全之通过"。③

① 《北平市政建设计划书》，北京市档案馆藏，档号J001-007-00015，第45—62页。

② 北平特别市政府参事陶履谦关于义（意）国退还庚款案报告，北京市档案馆藏，档号J001-007-00015，第4页。

③ 《北平市政建设计划书》，北京市档案馆藏，档号J001-007-00015，第45页。

2月1日，何其巩就中意庚款余额分配使用事宜，致呈中央政治会议北平临时分会。蔡元培、蒋梦麟、王宠惠等委员接到何其巩的信函及《北平市政建设计划书》后，大为所动，蔡元培复函何其巩称"关于北平市政设施各端，崇论闳议，至为钦佩。谨当提出中义（意）庚款委员会讨论，俟有决议再行报闻，深冀有以仰副雅意也"①。蒋梦麟称赞"所拟计划切实周详，深为钦佩"，允诺"俟将来中义（意）庚款委员会开会时必当提出讨论也"②。1929年中义（意）双方举行会议时，中义（意）庚款委员会将该计划书列入议决案，但意大利方面以"不将庚款与奥国借款同时并为解决"就"不愿单谈"相要挟，会议无果而终。此后，北平市市长更迭，直至1933年6月袁良就任北平市市长后，11月致函国民政府行政院重提此事。

（二）编制施政大纲

为扭转国都南迁后的颓废，提振繁荣北平，1929年1月9日，市政会议第二十次常会临时提议"编制十八年本市施政大纲案"，市长何其巩要求，"十八年市政方面之设施拟编制施政大纲，例如财政局之量入为出、开源节流，公安局之训练指挥、裁汰老弱，土地局之测丈整理，工务局之修路治河，公用局之取缔公用事业，社会局之解决劳资问题，教育局之普及教育、职业教育分途并进，卫生局之公共卫生宣传清洁及其他职掌内应办事项，均应分定日期次第举办，详为列入切实奉行，以期日起有功"③，会议决议由各局局长在一月内拟订本局十八年度施政大纲，呈报市政府审核。

1月14日，市政府发布训令，要求各局"于岁事更新、百端肇始之际"，"就主管事项悉心筹计，巨细靡遗，编具十八年度施政大纲，以为进行标准，并应斟酌缓急，分期分事详为编列，以便依次实施，尤应力

---

① 蔡元培致何其巩函，北京市档案馆藏，档号J001-007-00015，第86页。

② 蒋梦麟致何其巩函，北京市档案馆藏，档号J001-007-00015，第95页。

③ 北京市档案馆编《北平历届市政府市政会议决议录》，北京：中国档案出版社，1998，第50-52页。

求实际之可能，勿得骛于高远，俾财力得以兼顾，不致徒托空言"[1]，达到"繁荣北平，力求振作，以期猛进"。此后，在2月2日至3月16日间，财政局、土地局、社会局、工务局、公安局、卫生局、教育局、公用局等先后向市政府呈报了各自的施政大纲。现选择与市政建设关系密切的卫生、工务、公用、社会各局施政大纲简略介绍如下。

2月4日，北平特别市卫生局呈报"十八年度施政大纲"，在呈文中说明了拟定的缘由和依据："本市自民国以来，前内务部对于公共卫生行政即已着手办理，然十余年来殊鲜进步，虽人才缺乏、经费不足有以使然，而社会习惯亦不免多所缚束。方今人才之缺乏如故，经费之不足如故，而社会习惯亦尚未甚开通，欲求一蹴而跻于完善之卫生区域，殆不可能，惟有力求实际，斟酌缓急。"卫生局的施政大纲共计18项，内容包括调查及统计，如出生死亡调查、传染病及各种死亡原因统计、其他卫生事项统计等；训练，如接生婆、药剂生、看护士训练及卫生稽查训练等；教育及宣传，如学校教育、儿童教育和普通宣传等；研究中药，拟设立试验所，延聘化学及药学专门人士共同化验研究；管理医药品、饮水、饮食和粪秽；扩充卫生检验所、接收中央医院作为市立医院、筹小巡回病车及其他设备事项，如就原有医院添设病床、推广中医诊治所酌施药物、扩充卫生陈列所、完成妓女检治所设备等；建立特别卫生模范区、推行学校卫生、试办工厂卫生、预防传染病和狂犬病；筹设辅助卫生行政机关，如卫生委员会、产科教育筹备委员会、药科教育委员会、看护教育委员会等事项。[2]林林总总，力图展现现代卫生理念。

2月9日，工务局就"急待举办各项工程斟酌实际之可能者"，向市政府呈报了"十八年度拟办工程清册"，提出拟办工程27项，包括修理道路、添筑步道避险墩、拆除瓮城墙圈、改造暗沟沟口、运除积土、筹建公墓、

---

① 北平特别市市政府训令第一一一号，北京市档案馆藏，档号J001-007-00030，第5页。

② 北平特别市卫生局十八年度施政大纲，北京市档案馆藏，档号J001-007-00020，第20页。

增设公厕等内容。①工务局在1929年度举办的各项重要建设事项，包括市内道路、建筑、交通、水利及各项重要设施的建设情况，在其1932年6月报送的"北平市工务局重要设施实况清册"中均有所记载。②

同日，公用局也呈报了"北平特别市公用局十八年度施政大纲"，共18项，包括增加电车行车次数、改造或添制新式电车、开辟长途汽车新路线、设置街衢交通标志、改良并添设全市路灯；定期检查水质、推行自来水、检定电表水表；增设并整理公共广告场、广告牌及公告牌，励行取缔滥贴广告；推行法定度量衡、整理并添设菜场；改良取缔粪车水车和监督整理本市公园等内容。③其中，对于广告管理，1928年11月7日，市政会议第十三次常会曾讨论"北平特别市广告管理规划案"，决议由公用局将公用广告场捐率拟订数目呈报审查后公布。1929年5月8日，市政会议第三十六次常会讨论并修正通过了《北平特别市粘贴标语广告章程》。

3月1日，社会局呈报"北平特别市社会局十八年度施政大纲"。社会局成立后，曾于1928年9月12日向市长何其巩报送了《北平特别市社会局第一次宣言》，从12个方面制定了其履行职责的"中心政策之所在"，并说明此"仅为本局今后数年内一定不变且一贯万通之政策所在，而非全部政策之所在，故冠以第一次之名，将来因时制宜，由一贯之中心政策以产生千万端之辅佐政策，或采取千万端之辅佐政策，以形成一贯之中心政策"。④9月22日，市政府指令称"宣言所列各项策划，纲举目张，殊堪嘉尚"，要求社会局"务即切实筹计，次第施行，于以保持本市之繁荣、增进市民之乐利有厚望焉"。⑤此次制定的《十八年度施政大纲》，分为关于农工商行政施行大纲、关于劳工行政施行大纲、关于公益慈善行政施行大

---

① 北平特别市工务局十八年度拟办工程清册，北京市档案馆藏，档号 J001-007-00020，第56页。

② 北平特别市工务局重要设施实况清册，北京市档案馆藏，档号 J017-001-03597，第17–58页。

③ 北平特别市公用局十八年度施政大纲，北京市档案馆藏，档号 J001-007-00020，第68页。

④ 北京特别市社会局第一次宣言，北京市档案馆藏，档号 J002-001-00003，第20页。

⑤ 北京特别市市政府指令第三二九号，北京市档案馆藏，档号 J002-001-00003，第32页。

纲、关于其他行政之施行大纲四部分。[①]其中，关于农工商行政施行大纲包括农业行政、工业行政、商业行政方面的调查、统计；造林、提倡养蜂事业、试验蚕桑；创设分区工厂、筹设工商访问处、设立工商联合研究会和编印市内各业国货样本；办理登记、预防金融恐慌、整理市场、筹备博览会及国货展览会、筹备国内外国货陈列馆、提倡生产及贩卖合作社等。关于劳工行政施行大纲"本劳资互助之精神"，包括权利上之扶助、精神上之扶助、经济上之扶助和卫生上之扶助等。关于公益慈善行政施行大纲包括扩充市立慈善救济机关、促进贫民义务教育、奖励家庭小手工业、监督各大寺观举办或扩充各项救济事业、设立救娼部、招集无业壮丁组织劳工队、督促各慈善实业界厂设工厂及农场、筹设职业补习学社、考核私立慈善团体、整理平民贷本处、敦促医界筹设贫民病院、筹划有统系之慈善募捐等12方面。关于其他行政之施行大纲包括设立调查队、扩充统计股、编印北平指南、筹设向导讲习所、继续励行矫风事宜、发行社会月刊等内容。由于社会局职责管理范围广泛，因此其施政大纲内容包罗万象，面面俱到。

在这之后，编制年度施政大纲成为市政府乃至各局工作的常态。

### 四、塑造城市形象确定市歌市花

1928年，南京国民政府为加强对城市的管理，颁布了《特别市组织法》和《市组织法》，将城市划分为特别市和普通市两种。当时南京、北平、广州、上海、天津、青岛、汉口被列为特别市，享有与省平级的行政地位。自此，各特别市纷纷拉开市政建设的序幕，其中最具象征性的便是效仿欧美国家的做法，如美国每一州都有一种象征本州的植物，开展评定市花的活动。

---

① 北平特别市社会局十八年度施政大纲清折，北京市档案馆藏，档号J001-007-00020，第103页。

（一）确立北平市市花

1928年11月29日，北平特别市政府第一任市长何其巩签发字第一二〇三号训令，内称："查本市因菊花具有贞劲廉洁之性，业经定为本市市花。所有市内各种布置及用品于党徽国徽意义不相抵触以内，务应采取市花用意设法表现予本市人民人格上自修之标准，俾合于训政时期心理之建设。除分令外，合亟令仰饬属一体遵照，并向各界人士尽力倡导，以符初意有厚望焉。"[①]

此训令是给工务局局长华南圭的，明确指出"因菊花具有贞劲廉洁之性"，市政府选定菊花为北平特别市市花，要求市内各种布置及用品尽量采取市花的用意，设法表现全市人民人格上自修的标准，并要求市政府及各局处向各界人士尽力倡导。与此同时，其他特别市也纷纷选定了市花，如南京选定兰花为市花，天津市选竹、上海市选莲花、汉口选榴花为市花。

1929年2月15日至17日，市长何其巩亲任会议主席的北平特别市教育会议，第二天的议案之一，即是"公立中小学校学生宜佩戴国花市花标识，以表爱国爱市之意而育儿童美感"，会议决议"交由教育局采取党徽及市花意义规定本市各学校徽章图案，呈请市府通令施行"。[②]

（二）征集市歌

1929年4月，何其巩颁发训令向社会征集北平市歌。此令发出后，不少文人才子跃跃欲试，应征作品纷至沓来。经过多方权衡后，北平特别市教育局一位杨姓科长的小诗最终入围，并刊载在当年的《北洋画报》上。全文如下：

"北平原是古幽燕，慷慨悲歌自昔传，人口百余万，国都七千年，铁路交通，畅达北南，文化程度高出一般，好是国都迁去后，革除积习学

---

① 北平特别市市政府第一二〇三号训令，北京市档案馆藏，档号J017-001-00299，第11页。

② 《北平特别市教育会议决议案》，北京市档案馆藏，档号J004-002-00455，第22页。

天然。"①

尽管这首诗和唐诗相比不够对仗，与宋词相比不够工整，就史实而论不够精确，但却在当时的北平民众中不胫而走，流传普及的速度，超出了官方的预计。

北平特别市政府在首任市长何其巩的带领下，在北平城市定位和建设、城市形象塑造方面进行了一些努力和探索，随着1929年5月8日何其巩主持完市政会议第36次常会后称病不再上班、6月去职，不仅北平特别市市花和市歌昙花一现，北平市政建设计划的实施也未能全面展开，但这些举措仍在北京（平）城市发展史上留下了不可忽略的一页。

## 第四节　筹谋政府财政

北平特别市政府成立之初，面临着极大的财政困难，经费短缺，应对市库拮据、设法筹措经费成为新政府的头等大事，在市政会议第一次常会的五项讨论事项中，有三项是关于北平市财政经费问题。以市长何其巩为首的市政府，尽可能地采取有效措施，最大限度地保证市政运转。

### 一、整理财政扩充经费

1928年8月9日，市长何其巩主持召开北平特别市政府市政会议第一次常会，在会议讨论事项中涉及财政经费的就有三项，分别是：第二项"财政局长报告财政情形"；第三项"社会局长提议，现在经费困难，所有各局预算或照南京、上海、广州办法或本市自定"；第四项"公安局长提议，据本局裁并情形业经呈报市府，以前警捐收入计有三种：（一）房捐；（二）屠宰捐；（三）杂捐。因支出过多并无盈余，现希望将不应属于本局

---

① 《北洋画报》，1929年5月2日。

之机关分别移交，以轻担负"。①

此时，北平特别市政府财政局成立不足一个月，财政局局长舒双全在会议上报告财政情况，称"财政局成立方阅两旬，本市财政现况，收入额已略有调查，支出额刻尚无从调查，每月收入平均约有二十余万元，就中除拨充警饷外，所余甚属有限。现在本府暨各局需款孔殷，如无特殊办法，实属无米之炊。为今之计，首应划清国地两税，必地方税一概划归本市政府，方足以救目前之急"。舒双全提出解救燃眉之急的办法，首先应划清国税和地税，将地方税，如税契、屠宰收入及各铁路在市区以内征收货税等一一划归市政府，"为数即稍可观"。经过会议讨论，决议："（一）所有北平市内地方税应划归本市政府；（二）为期本市财政统一起见，所有本市收入统归财政局经营，秉承本府核发；（三）目下各局首应规定预算；（四）凡市有之财政机关应归市政府管理者，皆应接收。凡应与中央接洽之财政事宜，应随时提出本会议讨论。"②

对于公安局局长赵以宽提出的"以前警捐收入……因支出过多并无盈余，现希望将不应属于本局之机关分别移交，以轻担负"，会议决议"关于划清各局权限已拟定办法……。凡地方收入之款应如何接管整埋之处，统归本府规划进行"。③

8月17日，市长何其巩致电南京国民政府，称"北平旧都规模闳伟，从前市政公所所辖仅限于三县范围，专恃地面杂捐已可勉敷支出。自奉令改建特市，论区域固较前增广，论职掌则凡百政务与省区相同，而收入款项，自少数房捐而外，与从前市政公所初无差别，微独难言建设，即欲维持市行政上必需之费，势亦有所不能……现值市政创始，经纬万端，无米之炊，后何以继"，请求国民政府转令各主管部，迅速将应归北平市辖

---

① 北京市档案馆编《北平历届市政府市政会议决议录》，北京：中国档案出版社，1998，第10–11页。

② 北京市档案馆编《北平历届市政府市政会议决议录》，北京：中国档案出版社，1998，第10–11页。

③ 北京市档案馆编《北平历届市政府市政会议决议录》，北京：中国档案出版社，1998，第10–12页。

的各项官产、崇文门关税以及卷烟吸户捐先行划交北平特别市政府掌理，"以免纠纷而策进行"。①同时，又分别致电内政、外交、财政等部部长，力争增加市政府财政收入。

何其巩认为财政整理为北平市第一要事，"本市建设事业经纬万端，而市政之繁荣尤系乎财政之进展，本府自今夏成立，瞬已四月，关于整理本市财政亟应切实计划，俾得逐渐进行，以维庶政"②。1928年11月7日，北平特别市政府市政会议第十三次常会讨论了"北平特别市整理财政案"，决议即日起成立财政整理会，以沈家彝秘书长、吴承湜参事和市政府八局局长为委员，财政局局长舒双全为主席，限于11月25日以前整理完毕；原案中归并事务及减少人员一项即日实行，统一收支、确定收数、划一征收手续三项交财政整理会办理；委托市民银行代理市金库一项，因市民银行尚未开办，将来由市政府斟酌情形随时办理。③11月14日，何其巩训令财政局在本月20日前迅速将具体计划"拟就具复，务期于下月一日以前得以实行"。④

据此，财政局在调查本市现有收入支出情况的基础上，拟具了《整理本市财政意见书》⑤，提交财政整理委员会连日讨论，议定办法。11月28日，市政会议第十五次常会第一项议题即讨论"财政整理计划实施案"，会议决议"按整理计划书（一）统一收支、（二）预算减为七五实支，12月1日起实行，不敷之二万九千余元，由市长负责筹划补充"。⑥12月14日，市政府指令财政局局长舒双全"关于收入之整顿事项，均属财政切要之图，兹经本府逐条核定办法，另单抄发"⑦，令其立即遵照办理，并将情况随时呈报。

① 北平特别市市政府市长何其巩致国民政府电，北京市档案馆藏，档号J001-005-00003，第4页。
② 北平特别市市政府训令第一〇三四号，北京市档案馆藏，档号J001-005-00003，第14页。
③ 北京市档案馆编《北平历届市政府市政会议决议录》，北京：中国档案出版社，1998，第36—37页。
④ 北平特别市市政府训令第一〇三四号，北京市档案馆藏，档号J001-005-00003，第14页。
⑤ 《整理本市财政意见书》，北京市档案馆藏，档号J001-005-00003，第25页。
⑥ 北京市档案馆编《北平历届市政府市政会议决议录》，北京：中国档案出版社，1998，第39—40页。
⑦ 北平特别市市政府指令第一二九〇号，北京市档案馆藏，档号J001-005-00003，第56页。

### 二、合理编制政府预算

1928年8月9日，北平特别市政府市政会议第一次常会涉及财政经费的另一项议案，是由社会局局长赵正平提议的"现在经费困难，所有各局预算或照南京、上海、广州办法或本市自定"，会议决议"财政公开，造成廉洁政府"，要求各局从速编制预算报送市政府核议。[1]8月18日，市政会议第二次常会工务局局长华南圭提出"本市政府、各局预算应速提出案"的临时动议，会议决议要求在8月22日以前将预算"备齐送府"。

8月22日市政会议第三次常会及8月25日第三次常会之续会都讨论了"本府暨各局预算案"，决议"因本市财政困难，各预算案尚须再设法核减，并由各局派负责人员来府会同商定划一预算格式，各局依照格式编列汇送下次会议再行讨论"。[2]8月29日，市政会议第四次常会第一项议题即第三次讨论此案，决议：各局预算依照财政局拟定的格式，务必于星期一，即9月3日前编制齐备，报送市政府，经费数目不得超过前次会议之决定。9月5日，市政会议第五次常会第四次讨论此案，最终达成决议"各局预算案经费数目已经核减，尚无超过预定数目之处"；对于"各局预算案中经费用途之说明不甚详备""各局之收入预算尚无报告""各局附属机关之预算有一部分仅有总数未列细数"等情况，要求于9月6日备齐或开列详表呈送市政府，同时要求各局迅速将"临时开办费实支数目"列表呈报。此次会议通过了"总数无变更"的卫生局预算案。[3]

9月19日，在市政会议第七次常会上，各局局长提出"九月份各局经费案"的临时动议，会议决议"尽月杪竭力筹措"，要求各局将需用的实

---

① 北京市档案馆编《北平历届市政府市政会议决议录》，北京：中国档案出版社，1998，第10—11页。

② 北京市档案馆编《北平历届市政府市政会议决议录》，北京：中国档案出版社，1998，第16—17页。

③ 北京市档案馆编《北平历届市政府市政会议决议录》，北京：中国档案出版社，1998，第17—20页。

在数目从速开列清单，送交财政局审核。①

在北平特别市政府成立的第二年，编制年度预算提上了议事日程。1929年2月6日，市政会议第二十四次常会临时提议"编制十八年度预算案"，会议决议：各局年度预算应当以上次呈送国民政府预算案为标准，不得溢出，按照定式详加说明，依照期限报送市政府，明确"官吏俸级应依照中央规定津贴，夫马等名目不得列入"。②3月13日，市政会议第二十九次常会审议通过了"北平特别市市政府暨所属各机关中华民国十八年度预算案"，决议呈送国民政府。

在筹措财政经费、合理编制预算的同时，北平特别市政府开始制定会计制度。1929年3月6日，市政会议第二十八次常会临时提议"草拟本市会计法案"，会议决议指定吴承湜、陶履谦两位参事，以及财政局局长舒双全、公用局局长李光汉、筹备自治办事处处长朱清华在一星期内完成章则草拟，提交审核。5月1日，市政会议第三十五次常会决议通过了《北平特别市市政府会计章程》和《北平特别市市政府会计簿表规程》。③

## 二、筹设银行募集市债

面对国都南迁后，北平日益萧条，政府财政困难的情况，1928年8月9日，北平特别市政府市政会议第一次常会决议通过了"现拟组织市民银行，即日成立市民银行筹备处"的临时提议。

此时，清末民初政治人物、著名学者、著述家刘冕执（1872—1944年）等也建议筹办市民银行，将筹备处设在刘冕执宅邸，并拟定了北平市民银行简章及招股章程，于8月10日呈请市政府备案。8月18日，市政府训令

---

① 北京市档案馆编《北平历届市政府市政会议决议录》，北京：中国档案出版社，1998，第23-25页。
② 北京市档案馆编《北平历届市政府市政会议决议录》，北京：中国档案出版社，1998，第59-61页。
③ 北京市档案馆编《北平历届市政府市政会议决议录》，北京：中国档案出版社，1998，第68页、79页。

市民银行筹备处筹备员舒双全、冷家骥，要求他们对刘冕执等呈请创立北平市民银行拟定的银行简章及招股章程，从"是否可以合资办理或备参考"等方面进行审查。[①]同时，批令刘冕执等人，称"市民银行之设立已据财政局呈请到府，业经派员设处筹备"，令刘冕执等"径赴该筹备处接洽"[②]。

9月5日，市政会议第五次常会临时动议讨论"北平市民银行章程案"，会议决议采取官督商办制，不加入官股，银行章程再由审查员审查一次。9月12日，市政会议第六次常会再次讨论该案，决议依照会议讨论及修正之范围，交由参事室、秘书处整理文字后，呈请市长核定公布。9月20日，何其巩签发了市政府第五十一号令，公布经市政会议议决的"北平市民银行章程暨招股章程"。其中，《北平市民银行章程》七章28条，《北平市民银行招股章程》五章20条。[③]这两项章程，明确了北平市民银行的性质是以辅助市民发展工商业、调剂本市金融为宗旨的股份有限公司，从制度层面保障了市民银行的发展运行。

为解决财政困难，北平特别市政府曾经希望通过发行市公债、征收铺捐货捐等方式予以缓解。依据《特别市组织法》第33条的规定，1929年1月，市政府秘书长沈家彝拟定了"拟发行市公债整理本市财政案"，提出"募集短期巴厘市债一百万元"，"似此办法庶财政悉入常轨而预算可期确定"，并附列了"本市市债还本付息表"。[④]1月23日，市政会议第二十二次常会临时提议讨论此案，沈家彝说明提案缘由："本市成立迄今，财政困难，积欠达三十万以上，现在提出此案，一面偿还积欠，一面拨充市民银行股本银钱局基金作为生利之用，将来月拨二万元之还本基金，并拟请银行公会共同参与保管。"[⑤]会议决议交由财政局统筹草拟办法呈报市政府

① 北平特别市市政府训令第二三二号，北京市档案馆藏，档号J001-005-00016，第27页。

② 北平特别市政府给刘冕执等人的批，北京市档案馆藏，档号J001-005-00016，第31页。

③ 《北平市民银行章程》，北京市档案馆藏，档号J031-001-01366，第2页。

④ "拟发行市公债整理本市财政案"，北京市档案馆藏，档号J001-005-00041，第3页。

⑤ 北京市档案馆编《北平历届市政府市政会议决议录》，北京：中国档案出版社，1998，第55-57页。

审核。

会后，财政局按照决议拟定了《北平特别市巴厘市公债条例草案》，《草案》共16条，明确财政局发行巴厘市公债的目的是"为调剂市库及发展建设事业"，确定"本公债总额定为银元壹佰贰拾万元"。①1929年4月24日，市政会议第三十四次常会讨论该草案，决议"公债用途除调剂市库外，其发展建设事业一项，应就（一）工务、（二）公用事业、（三）公共卫生、（四）其他各款妥为分配，拟定数目列表订明"。按照会议决议，4月26日，秘书长沈家彝和参事吴承湜、陶履谦，会同财政局局长舒双全、工务局局长华南圭列表呈报了"巴厘市公债用途清单"17项，共计112万8千元②。5月1日的市政会议第三十五次常会讨论了"北平特别市巴厘市公债条例暨规定用途案"，决议由各局局长就工程、公共卫生、公用事业三项，拟定列出办法及理由，送交参事室审查、汇总并呈报市长核定后，再提交市政会议。③

5月7日，社会局按照市长何其巩在第三十五次常会上宣布的"应以大部分债款用于公用、工务、卫生三项事业"，将其职掌农工商及公益慈善救济事业范围内亟待兴办的事项，拟具了大要办法及需款约数，包括举办北平国货、文物展览会；筹办大规模博览会；整理市场；筹设林场；筹设公益当铺等内容。④此外，卫生局拟具了"公共卫生建设事业简明预算书"，包括扩充卫生试验所计划书及预算书、关于清洁建设事业预算书、本局医务防疫应行添设及扩充事项、扩充卫生陈列所计划书等⑤；工务局拟定了"市公债内支配工程款额说明书"共11项内容⑥，均送市政府参事室审查并汇呈

① 《北平特别市巴厘市公债条例草案》，北京市档案馆藏，档号J001-005-00041，第5页。
② "巴厘市公债用途清单"，北京市档案馆藏，档号J001-005-00041，第12页。
③ 北京市档案馆编《北平历届市政府市政会议决议录》，北京：中国档案出版社，1998，第78—79页。
④ 北平特别市社会局公函函字第四七七号，北京市档案馆藏，档号J001-005-00041，第37页。
⑤ "公共卫生建设事业简明预算书"，北京市档案馆藏，档号J001-005-00041，第14页。
⑥ "市公债内支配工程款额说明书"，北京市档案馆藏，档号J001-005-00041，第31页。

市长核定。5月14日，财政局"将欠发各机关俸薪、公杂事业各费以及核准未发各款造具清册"送交市政府秘书处，对此，5月16日，参事吴承湜、陶履谦、孙轶尘提出拟办意见："查前次议定整理市库欠款以公债五十万左右为度，此次财局呈送清册计达壹百贰拾万，似应分别审核性质再行提议。"①然而，随着何其巩辞官，此议在其任内无果而终。

## 第五节　开启北平市政建设

国都南迁，北平特别市政府成立，如何摆脱萧条困境，规划和建设好北平，是首届市政府和首任市长何其巩面临的紧迫任务。

### 一、建设治理道路交通

北平特别市建立后，如何将北平从皇城逐步建设成为近现代城市，整治和规范道路交通是其中一大关键问题。1928年8月，工务局局长华南圭因为"自天安门至中华门一段，又东西长安门之一段及长安门外之东西两段，迄无一定之名称，殊多不便"，致呈市长何其巩，建议将"中间南北方向之正道，即自天安门至中华门之一段定名为天安道，又长安门间东西方向之一段定名为中山街，自东长安门直至东单牌楼统名为东长安街，自西长安门直至西单牌楼统名为西长安街"。②市政府第三科研究后，认为"自中华门内至天安门外拟即定名为中华路，比之天安道名称似较允协；又东西长安门间原定中山街，拟改为中山路尤觉冠冕，其余所拟名称，为划一起见似可照办"。③市长何其巩批准了第三科的意见，8月28日，指令

---

① 北平特别市财政局函财字第二五二号，北京市档案馆藏，档号J001-005-00041，第48页。

② 北平特别市工务局局长华南圭为拟定街道名称致市长何其巩呈，北京市档案馆藏，档号J001-001-00001，第6页。

③ 北平特别市市政府第三科签注，北京市档案馆藏，档号J001-001-00001，第4页。

工务局"自中华门内至天安门外一段应定名为中华路，东西长安门间应定名为中山路，余如所拟办理"①，同时训令公安局"将各该路旧有名称一律更改"②。

为便利交通、方便市民通行，1928年11月，华南圭提出了"添辟内城东西交通要道案"，方案内容包括"拟定甲乙两路办法，甲路由东西华门南面筒子河沿岸迂回穿过阙左门、阙右门添辟新道；乙路系将故宫博物院北上门前东西砖门堵塞，往来车马改由北上门穿行"。③市政府第一○六三号指令批准了这一方案，命令财政局拨款兴修。在工务局制定的"十八年度拟办工程清册"中，列入了"完成东西阙门以及景山前门新辟路线"一项，具体是"增辟东西阙门路线，以利南北长街与南北池子间之交通，景山前面太窄太弯曲，故改辟北上门新路"。④

开辟东西阙门及东西华门交通、北上门马路改修、添辟东西交通新道工程，涉及挪移东西阙门外路中间多根电话线杆、改修道路两旁沿途甬路、处置渣土及拆除东西华门外有碍工程的房舍、马号等项工程，牵涉各方利益。为此，工务局多次与北平电话局、故宫博物院、国立历史博物馆、内政部北平坛庙管理处、清史馆、内政部北平古物陈列馆等相关单位反复商洽，过程并不顺利。

1929年3月27日，市政府认为"现值天气融和"，训令工务局"亟应赶速动工，早观厥成"，以利交通。3月29日和30日，市政府派视察员王长平查勘了工程情况，"见乙路完全尚未动工，甲路由东华门至西华门仅将土道垫平尚未铺垫石砟，虽洋车行人皆称便利，而阙左右两门之门限仍然存在，汽车不能通过。由甲路至筒子河内之水沟正在修筑，沿禁城根一

---

① 北平特别市市政府指令第一一七号，北京市档案馆藏，档号J001-001-00001，第8页。
② 北平特别市市政府训令第二九一号，北京市档案馆藏，档号J017-001-00277，第11页。
③ 北平特别市市政府训令字第一○○一号，北京市档案馆藏，档号J017-001-00418，第65页。
④ 北平特别市工务局十八年度拟办工程清册，北京市档案馆藏，档号J001-007-00020，第56页。

带所存积土约有六七百方之多，于栽莳花木大为不便。东华门外路南有倾圮大房三间，颇与新路有碍，不知何以尚未拆去。再东筒子河南岸倾塌数处，实属有碍观瞻"。① 4月3日，工务局向市长何其巩报告了新辟内城东西交通甲乙两路工程进行情况，称已"将甲路先行开工，一面函达故宫博物院妥商开辟乙路办法"，且"现在甲路道底道牙业将完工，日内即可开放通行。至乙路，前准故宫博物院要求于拆改后修葺整理，约需用款七百余元，一俟接洽就绪即可兴工"。工务局在呈文中提到，甲乙两路工程"原定先铺土路，计甲路需款约一千元，乙路需款约五百元，该款虽奉令饬财政局拨发，至今尚未领到，甲路开支各款系由职局暂时挪垫应用"，请市政府"饬令财政局将该款一千五百元，连同故宫博物院修理费用七百元，两共二千二百元一并从速拨发，以便进行"②。4月8日，工务局在呈复工程最近进行状况时，称"甲乙两路刻正分别举办，但应需工款迄未准财政局拨付"③。尽管市政府多次指令财政局照拨工程款项，训令工务局"遵照前令切实进行"，但实际上工程款仍未下拨。4月16日，工务局再次致呈市政府，说明由于工程款项迟迟未到，致使工程进行困难。直至4月19日，市政府指令仍称"已令财政局从速拨款"，要求工务局积极进行施工。由此，北平特别市政府财政困难情况可见一斑。

在这之后，工务局加快了两路工程进度，先后商请警察局增设岗位加派警力指挥交通，请卫生局加强每日泼洒以坚实维护路面，请公用局在东西阙门内外增设路灯，督促财政局尽快拨发工程款项，计划在两周后竣工。关于增设路灯，由于这一带树木较多，公用局以"不妨树木发展又宜使电灯光线不为遮蔽"为原则，提出"全路由东华门起至西华门石桥止，

---

① 北平特别市市政府训令字第一一六五号，北京市档案馆藏，档号J017-001-00405，第21页。

② 北平特别市工务局致市政府呈，北京市档案馆藏，档号J017-001-00418，第71页。

③ 北平特别市工务局致市政府呈，北京市档案馆藏，档号J017-001-00405，第3页。

共须装设电灯41只，需费九百零一元二角"①。涉及增加经费，自是又一番周折。直至5月中旬，北平内城新辟东西两路交通工程终于竣工了。

在建设的同时，市政府还加强了对城市道路的维护和管理，特别是对穿行于市内的载重车辆，1928年12月19日，市政会议第十八次常会临时提议讨论"取缔本市大车办法案"，决议由公安局、工务局会同商酌拟定管理办法呈核。1929年5月1日，市政府公布了《管理重载大车规则》，对大车的载重、繁华区域的卸货时间以及市内通行路线等进行限制和规定。此外，1929年2月13日，市政会议第二十五次常会讨论了"北平特别市工务局取缔掘路规则案"；3月13日，市政会议第二十九次常会讨论通过了《北平特别市整理步道规则》。

除内城道路外，"北平长途汽车路原名京兆国道，经过北平市郊暨旧京兆地面"，自1919年开始修建，到1928年"已成之路共六百八十八里，另草创尚未设段收捐之路一百七十里"。1929年2月，北平长途汽车路管理局梳理了自长途汽车路开始修建以来，至1928年，长途汽车路修筑、管理以及战争破坏和修复的情况，向市政府呈报《北平长途汽车管理局概况》，叙述了该局组织沿革和经费，所辖各汽车路修筑，建设费、养路费来源及路捐征收等情况。②同时，北平长途汽车路管理局还呈报了《修治北平长途汽车路计划书》，计划书提出分三期进行修治，第一期工作是恢复各路交通，包括对所辖各路，如平通路、西通路、西汉路、平古路、青汤路、门头沟路、平汤路、明陵路、北安路、南苑路等路面、桥梁均行轧毁的路段，督饬工程人员和临时雇佣工伕冒着酷暑昼夜赶修，经过一个多月施工，各处路工已恢复原状，其中以青阜路最为平坦。第二期工作是修治原有道路桥梁，一是垫高西汉路低洼各段、修补加宽路面窄狭之处，并将横穿马路之水道添修泄水洞；二是对青汤路已年久糟朽、轧毁的桥梁更

---

① 北平特别市市政府训令字第一七五六号，北京市档案馆藏，档号J017-001-00405，第72页。
② 《北平长途汽车管理局概况》，北京市档案馆藏，档号J001-004-00014，第4页。

换新料，修理坚固；三是将平汤路路面垫高成熊背式，并在路旁各挖泄水深沟；四是先修垫平古路的蔺沟桥路面，再修由密云县至古北口一段路面；五是整修运煤之要道门头沟路。第三期工作是开辟新路，主要开辟清河路、平顺路、明陵路北段。由于北平长途汽车路"兴修各项工程所需经费甚巨，另筹专款自非易事。然拟办事项势所难缓，只有自行设法开源节流，将每月收入项下撙节之款次第举办，日积月累，得寸进尺，庶几路政日益修明，交通逐渐便利"。①

除了新辟、整修市内和长途道路，北平市政府还非常重视交通工具和交通秩序的管理，制定了各类车辆、道路管理规则。北平人力车出现于清末，1924年有轨电车开行，北平城市交通从传统步行方式向现代工业方式转变，人、车并行占道，矛盾和管理问题日渐突出。1928年10月17日，市政会议第十次常会讨论了北平特别市公用局人力车管理规则案、汽车管理规则案、马车管理规则案，会议决议以上三案并案讨论，指定各参事及公用局局长、公安局局长组织审查会进行审查。10月24日，市政会议第十一次常会集中讨论并修改通过了《北平特别市汽车管理规则》《北平特别市马车管理规则》《北平特别市轿车大车排子车手车管理规则》《北平特别市驮兽脚夫管理规则》《北平特别市脚踏车管理规则》《北平特别市搬运夫管理规则》《北平特别市人力车管理规则》等七项管理规则。北平特别市政府通过颁布专门法规，进行各种车辆的登记、领照和处罚，控制道路车马行驶，不仅维护了行车秩序，更是减少了道路安全事故，保障了交通安全。

### 二、修筑孙中山灵榇移奉南京迎榇大道

在北平内外城道路的建设工作中，修筑孙中山灵榇移奉南京迎榇大道是一项重要任务。1925年3月12日，孙中山先生逝世于北京，3月19日，

① 《修治北平长途汽车路计划书》，北京市档案馆藏，档号J001-004-00014，第13页。

灵柩被安放至中央公园（今中山公园）社稷坛前殿，举行公祭，4月2日孙中山大殡。由于孙中山先生生前遗愿希望归葬南京紫金山，国民政府总理葬事筹备委员会决定，将孙中山灵柩移往北京西郊碧云寺金刚宝塔内暂时安葬，待南京陵园建成后，再正式安葬。经过4年的筹备和修建，1929年春，南京中山陵落成，定于6月1日举行奉安大典。

按计划，孙中山先生灵榇将由北平西山碧云寺移至前门车站，再经专列抵达南京。由于从碧云寺经西直门至前门车站的道路不平，失修之处甚多，为防止灵榇颠簸，1928年12月1日，总理葬事筹备委员会第六十三次会议议决请国民政府令知北平特别市政府及河北省政府，务必于1929年2月底以前，将西山至前门车站全段马路修埋平整，以便行驶灵车。[1]时间紧迫，12月14日和19日，北平特别市政府连续发出两道训令，令工务局迅即勘估兴修，如期竣工，不得稍有延误。

在筹备修筑迎榇大道期间，由于道路周边有多处建筑、设施及树木，妨碍迎榇路线通行，市政府与工务局、公安局、管理颐和园事务所等相关机关往来协商，最终拆除了玉泉山外路上两旋门，拆除颐和园外东北角拐角破房四间及颐和园东如意门外破棚一座，暂时折除西长安牌楼灯台，并修剪由碧云寺经青龙桥至西直门道路两旁树株，拓宽了西直门城外马路。1929年2月1日，迎榇大道正式开工修筑，由北平特别市工务局与国民革命军第一集团军第四军团第45师135旅第270团协同进行，"该团士兵于一月三十及三十一两日，由团长刘子彬率领至西直门外沿路幕营驻扎"[2]，以备施工。2月1日，工务局派出分段指导兵士施工的12人、两架轧路汽碾及跟随汽碾工作的4人，共计16名目工，全程指导第270团兵士工作。[3]

---

[1] 北平特别市市政府训令第一四九三号，北京市档案馆藏，档号J017-001-00332，第55页。

[2] 北平特别市市政府秘书处公函，北京市档案馆藏，档号J017-001-00332，第25页。

[3] 工务局第一工区为派垫修迎榇大道人员及工具致工务局呈，北京市档案馆藏，档号J017-001-00332，第28页。

河北省政府也令省建设厅派科员张铭勤，会同北平市工务局从速办理修筑事宜。2月28日，修筑工程终于竣工，总长30余里。

在迎榇大道工程修筑过程中，2月18日，北平市长何其巩签发训令，"迎榇大道本为特修之路，今奉移灵榇为期尚远，所有修成之路似应妥为保护"，要求工务局会同公安局拟定保护榇路办法，以免被往来车马践踏损坏。[①]因"载重大车及干燥两事最易损伤道路"，经商定，由公安局严令北平西北郊该管区署各路段长警，认真制止重载大车任意通行，并请市政府转请军政各机关禁止军用大车通行；由工务局转饬长途汽车管理事务所随时督饬工役勤为泼水；由卫生局加派夫役、水车随时泼洒，共同保护而免损伤，确保孙中山先生灵榇隆重顺利地移往南京。[②]

### 三、整理疏浚河道水系

在修建、整治道路的同时，市政府对北平城市河渠和排水系统进行了治理。在工务局"十八年度拟办工程清册"中有多项涉及疏浚河道，如"（二）填砌东城御河暗沟，十八年度拟先砌筑暗沟约一公里并酌设支沟，以便路面及各住户之桝水可以流入，路面暂铺土路；（二）续筑西城大明濠，用地安门外剩余未除之皇墙旧砖移砌；（四）整理玉泉山水源并测丈平市河渠支配用途，冀使城内外皆不缺水，以除去近年干涝之象"等等[③]。

大明濠是北京城西的一条贯穿南北的排水沟渠，北起西直门横桥，南经象坊桥，最终流入南护城河。其开凿于明代，在明清两代一直以明沟的形式存在。1919年，京都市政公所将治理大明濠作为市政重点工程之一，计划用几年时间，将明沟改为暗沟，上铺马路，根治其恶劣的环境。改修

① 北平特别市市政府训令第五四六号，北京市档案馆藏，档号J017-001-00365，第74页。
② 梅佳、苗明玉选编《北平特别市政府修筑孙中山奉安迎榇大道史料》，载北京市档案馆编《北京档案史料》2016年第三辑，北京：新华出版社，2016，第137-170页。
③ 北平特别市工务局十八年度拟办工程清册，北京市档案馆藏，档号J001-007-00020，第56页。

工程于1921年12月开工，利用皇城旧砖，分段将明沟改为暗沟。其间由于经费短缺，几经停顿，前后历经10年分五段修筑完成。

1928年8月5日，住内四区石老娘胡同至横桥一带居民吴大业等26人，致呈北平特别市政府市长何其巩，请求续修大明濠北段暗沟。他们在呈文中说明了大明濠明沟改修暗沟的情况："前市政公所因其年久失修，积秽蒸腾，为北京全市之大污点，特于民国十年起，利用皇城旧砖将其分段改修暗沟，以资整理。至上年秋间，全段工程由南向北次第改修者已十之八九，只剩由石老娘胡同至横桥一段计长不过里余，按从前分年计划，今年应再接修一段。惟闻因公所改建楼房竟将此款占去，故至今修沟工程尚无消息。"呈文中特别说明了现状，"惟因自此大明濠有改修之事，各段警区对未修之沟已不加保护，任便倾倒垃圾秽物，沟内填塞已平，两沿更堆积如阜，阴雨则积水成泽，天晴则秽气逼人，在此人烟稠密之区，时有疫疠发生之患，一隅之蚁命尚不足论，全城之传染似颇可虑"，恳请市政府"际兹钧府成立伊始，百度刷新"之际，"查照原案，将此未完之改修暗沟工程，速赐接续兴修完竣，以重市政。在此兴修之前或改修之后，并恳切实禁止警段再行任便在该处倾倒垃圾秽物，以免此道路污秽难堪，疫气熏蒸为患"。[1]

收到呈文后，8月14日，市政府训令工务局局长华南圭："大明濠改修暗沟工程自民国十年动工分段修筑，至上年秋间，业将象坊桥至马市桥各段工程次第修竣，现在仅余马市桥至横桥一小段尚未修筑，工程较短，所费无几，自应从速估修，以资一律。"[2]同时，分令公安局局长赵以宽、代理卫生局局长陈祀邦会同工务局，前往查勘整理。8月27日，工务局局长华南圭呈复了查勘情形及意见，"查石老娘胡同西口至横桥一段约长四百余丈，该项改筑暗沟工程，每丈按照时价估计约需洋一百元，如由职局工

① 吴大业等人请求续修大明濠北段暗沟公呈，北京市档案馆藏，档号J001-004-00013，第5页。
② 北平特别市市政府训令第一七八号，北京市档案馆藏，档号J001-004-00013，第14页。

丁承做可省四分之一，约需三万元即可进行，但目前恐无此项巨款"，提出能否稍缓一二月，等财政局拨款到局后再行动工。至于倾倒秽土一节，"查该一带秽土均系内右四区所堆积，倘能由公安局饬区刨挖清除，恢复原状，在此工费未有着落以前亦足以暂塞众口"。[①]8月30日，市政府指令准予缓办。

1929年7月30日，工务局局长华南圭向市政府呈报了《大明濠北段改修暗沟工料规范》并附暗沟沟井断面图、沟线平面图、水平图、路旁沟井图，以及《接修大明濠北段暗沟标单式样》，8月8日，市政府指令照准。之后，大明濠北段改修暗沟工程进入招标施工阶段，至1930年完工，进一步完善了北平市内城的排水系统。关于北平市工务局主持接修大明濠从石老娘胡同至横桥（今西直门内大街）北段暗沟工程的详细情况，可参见《北平特别市政府续修大明濠暗沟史料》[②]。

玉泉山位于海淀区西山山麓、颐和园西侧，是"三山五园"之一。北京（平）河道自玉泉山起，下流至东便门外庆丰闸（俗称二闸），再汇入通县北运河，其中，分青龙闸、广源闸、高亮闸、松林闸、西压桥闸、北海闸、南御河桥闸、旱成闸、永定闸、正阳闸、人通闸等11闸。在清代，河道由内务府奉宸苑管理，民国后由内务部设立京师河道管理处管理，1922年，京师河道管理处划归京兆尹管辖，1924年河道管理处裁并，内务部将京师河道收归部办。国民政府成立后，内政部设立北平河道管理处管理北平河道事宜，并将清室稻田场收归兼管。

玉泉山各泉为北平城郊各河水源，其泉源水流与北平市政关系极为密切。1928年北平特别市成立后不久，8月13日，市政府训令工务局局长华南圭，"北平市内护城河、三海水源来自玉泉，上游水道日形淤塞，市内水量缺乏，亟宜速为救治，以重卫生"，"所有玉泉山至护城河一带河道亟

---

① 北平特别市工务局复函，北京市档案馆藏，档号J001-004-00013，第23页。

② 梅佳、张鹏选编《北平特别市政府续修大明濠暗沟史料》，《北京档案史料》1998年第4期。

应先行勘查，设法疏浚"，令其"从速办理万勿延缓"。①工务局遵令勘察了玉泉山至护城河一带河道，8月23日，华南圭致市长何其巩呈称"玉泉山至护城河一带河道现归北平河道管理处管理，尚未移交，职局仅可先行勘查，至于疏浚工事，须俟实行移交后方可动手"，随文上报了《查勘北平河道报告书》，在报告书中说明北平河道源流及各段现状，总结了北平河道缺水的原因，提出应行施工办法。②为了"一事权"，8月28日，北平特别市政府呈请内政部将北平河道管理处移交市政府接管，由管理颐和园事务所管理。

1929年1月19日，北平市政府训令工务局，"河道关系市政极为重要，现该管埋处业已划归市管，所有河道之整理疏浚事务自应积极进行"，令华南圭"自水源以至流入市内地方实地查勘，妥拟疏浚办法"。③同日，市政府再次训令工务局："西山玉泉山居北平河道之上游，其泉源水流与本市关系极为密切，应如何节制、疏浚及分配用途，着由该局妥速统筹管理。"④之后，华南圭率工务局制订了《玉泉源流之状况及整理大纲计划书》《北平河道整理计划》等。2月15日，市政府指令华南圭，"所拟水量之收集、分配及筹施工程均属切要，应即由该局召集河道管埋处处长、管埋颐和园事务所所长，会同计议举办随时呈报。至关于收租、清丈两项现拟由府派员察勘，应俟勘明统筹办理"⑤。在工务局呈报的《水量收集及分配之大概》中，提出水量收集防止流失，应"（一）修筑青龙闸，务使严密无漏；（二）开挖自玉泉至昆明湖之干沟，并不准乡人在干沟内栽种蒲苇等物，增辟颐和园后墙入水洞以便雨后涨水得尽量泄入昆明湖；（三）功德寺前小沟之水应不令其向东泄于萧家河；（四）圆明园后墙两支流亦宜设

① 北平特别市市政府训令第一六二号，北京市档案馆藏，档号 J017–001–00294，第41页。
② 工务局局长华南圭致市长何其巩呈，北京市档案馆藏，档号 J017–001–00294，第48页。
③ 北平特别市市政府训令第一六一号，北京市档案馆藏，档号 J017–001–00294，第11页。
④ 北平特别市市政府训令第一六七号，北京市档案馆藏，档号 J017–001–00294，第16页。
⑤ 北平特别市市政府指令第六八〇号，北京市档案馆藏，档号 J017–001–00294，第27页。

坝堵截"。至于水量分配，"除高水湖因地势较高之故应由直接灌溉上游一部分农田外，余水须尽纳于昆明湖为总潴之处，由此出东北各涵洞流灌六郎庄、大有庄、圆明园一带之水田，南出绣漪桥入长河，引入北平市护城河、三海等处，通盘估算各处需用水量再谋相当之分配"[①]。

1930年7月，工务局完成了整理玉泉山水源第一期工程。1932年，为统筹管理全市河道及水源，工务局呈请市政府将玉泉山各闸及颐和园内各涵洞等一并划归管理，会同管理颐和园事务所拟订了《静明园、颐和园各水道闸洞启闭宣泄办法》，对此进行管理，但仍有不畅之处。抗战胜利后，1946年2月，北平市工务局提请整理西郊水田一案，经市政府第四十次市政会报议决：公家已开辟之稻田先行废止，此外应办事项，由工务局负责分别办理。根据该整理方针第一项"静明、颐和两园内所辟水田应即行全部废除之"，对于静明园水田九十一亩三分、颐和园水田一百六十三亩，管理颐和园事务所遵令通知各租户即日起停止耕作，并将租约呈交事务所撤销。为了一事权而重管理，按照该案整理方针第二项规定，市政府指令管理颐和园事务所，将静明、颐和两园各水闸移交工务局接管。因昆明湖须常年保持一定水位，市政府令工务局与管理颐和园事务所会订了管理静明、颐和两园闸洞办法。全部整理西郊水田各事项于次年4月办理完毕。[②]

## 四、整治改善环境卫生

随着现代卫生概念传入中国，公共卫生、公共清洁的组织和制度在清末民初开始受到政府和民众的关注，淘粪工、清道夫出现在街巷、道路之间。民国初期，为了实现城市管理现代化，市政当局采取了一系列的措施

---

① 《玉泉山水流整理大纲计划·第二章水量收集及分配之大概》，北京市档案馆藏，档号J21-1-119，第15页。

② 梅佳选编《民国时期玉泉山水源整理及水道闸洞管理史料》，载北京市档案馆编《北京档案史料》2013年第3辑，北京：新华出版社，2013，第103-144页。

改善城市环境，加强卫生管理。但城市的公共卫生清洁状况并没有太大好转，那时的北京大部分道路污浊不堪、垃圾成山，便溺随处可见。1928年5月，国民政府内政部颁布《污物扫除条例》，对道路清扫、公厕及粪便管理、公共卫生清洁等进行了规定，其中最有代表性的是组织民众参加卫生运动。

1928年，北平特别市政府成立后，组建了市政府卫生局，掌管全市公共卫生及医院、菜市、屠宰场、公共娱乐场所之设置、取缔等一切卫生事项，北平城市环境卫生管理实现了专业化。1928年12月，按照《污物扫除条例》第八条"每年五月十五日、十二月十五日各举行大扫除一次，由内政部及各省民政厅特别市县市政府联合各机关各团体及民众行之"的规定，北平市政府决定"举行大规模之清洁运动，联合本市各机关各学校各团体以及各界民众一律参加实行大扫除，借以表现注重公共卫生之新精神，作平市清洁之大纪念"[①]，计划于12月15日"上午九时在天安门举行清洁运动大会"，由市长何其巩"领导全市民众扫除污物"，命令"卫生局预筹办法"。[②]卫生局按照市长要求，拟定了清洁大会办法和次序表。12月13日，卫生局致函通知各参加单位，原定在天安门举行的清洁运动大会"因反日大会亦于是时在该处举行，经市政会议议决清洁运动大会，改于本月十五日下午二时仍在原处集合，并请携带笤帚以备扫除"[③]。12月15日下午，北平市清洁运动大会如期举行，市长何其巩参加了大会宣传和扫除活动。

1929年，北平特别市政府在规章制度层面加大了对城市公共卫生清洁管理力度。2月6日，市政会议第二十四次常会讨论了"北平特别市清除

---

① 北京特别市卫生局公函字第四一九号（1929年12月13日），北京市档案馆藏，档号J029-003-00875，第2页。

② 北平特别市市政府公函政字第三二一号（1928年12月11日），北京市档案馆藏，档号J023-002-00006，第5页。

③ 北京特别市卫生局致中国红十字会北平分会函，北京市档案馆藏，档号J023-002-00006，第2页。

粪秽暂行规则案"，会议决议将标题改为《北平特别市粪夫管理暂行规则》并修正通过，采取粪夫许可证制度，规定粪夫须将姓名、年岁、性别、籍贯、住址及淘粪地段，呈报卫生局各该区清洁队注册编号，领取许可证后才可执业，而且要求每年更换一次许可证；规定"凡清除或运送粪秽均须遵守卫生局规定时间，不得逾时延误"，"倾倒粪水须在卫生局指定地点，不准随意乱泼"，"运送粪秽出城须依卫生局指定之线路"，等等。同时，此次会议还修正通过了《北平特别市卫生局管理粪厂暂行规则》。[1]卫生局认为此举消除了"本市清洁之一大障碍"，"酌行增设粪车、粪厂"，"将粪厂移迁远处，粪车改良构造招商承办，务期适合于市内之卫生，而又无碍于旧日粪夫之生活"[2]。

3月6日，市政会议第二十八次常会讨论"厉行全市清洁办法案"，会议决议责成卫生、工务、公用、公安四局局长切实遵照原案在三月底办妥，由市政府分别令饬遵照。[3]对于市内秽土，由卫生局在各区内设立暂存秽土处，会同公安局各区署指定相当地点，由工务局派工人用砖砌成短墙以为存土之所，在暂存处所建立焚化秽物炉一座，所有秽土内各种动植物废料之有燃烧性者，均纳入炉内焚化以除秽气，其余均由卫生局筹备汽车或马车、土车运至城外空旷低洼之地平垫。该办法严禁住户沿街大小便及倾倒秽水，违者照章罚办，限制住户每日倒土须在午前，由土车按时运走，违者处以罚金。1929年3月17日，《华北日报》登载了《公安、卫生局厉行全市清洁办法》。

1929年，北平开始筹备地方自治。1月，北平特别市筹备自治办事处成立，办理本街（坊）清洁卫生是自治机构的工作之一。4月10日，市政会议第三十二次常会临时提议讨论"卫生清洁运动大会计划大纲案"，决

---

[1]　北京市档案馆编《北平历届市政府市政会议决议录》，北京：中国档案出版社，1998，第59~60页。

[2]　北平特别市卫生局十八年度施政大纲，北京市档案馆藏，档号J001-007-00020，第20页。

[3]　北京市档案馆编《北平历届市政府市政会议决议录》，北京：中国档案出版社，1998，第67~68页。

议举办日期改定为5月15、16、17日，经费限定在一千元以内，由秘书处、公安局、卫生局、筹备自治办事处会同筹办。[1]在卫生清洁运动大会举办前夕，因"五月内纪念日期甚多，又因总理奉安之期在迩，迎榇大典亟须敬谨筹备"，5月1日，市政府致函各参加单位卫生清洁运动大会从缓举行。[2]作为主办者，卫生局、公安局及筹备自治办事处会商改拟订了举办时间，提交市政会议。5月31日，秘书长沈家彝代市长何其巩签发市政府公函，称"经市政会议议决以六月十六日为大会游行日期，十七、十八两日为游艺会展览日期，并另展一日以十九日为报告灭蝇成绩并颁发灭蝇奖品日期"，要求各相关机关团体"届时参加，并请征集卫生物品径交卫生局展览"。[3]同时，为保证活动井然有序，卫生局拟定了"卫生清洁运动大会次序单"、"卫生清洁运动大会展览会秩序单"和"卫生清洁运动大会灭蝇庆成会秩序单"。6月16日上午8时，卫生清洁运动大会在天安门召开并进行了游行宣传，6月17、18、19日的活动也按计划如期进行，国立北平医科大学派救护队在四天的活动现场担任了救护任务。之后，北平市还举行过多次卫生清洁运动大会，得到了各地的响应。

## 第六节　繁荣古都文化教育

国都南迁后，明确城市定位对于北平发展至关重要。自1928年北平设市、北平特别市政府成立后，面临着城市经济、社会状况等一系列问题，中央和地方政府着手对北平做出新设计，以期实现北平的繁荣。

---

① 北京市档案馆编《北平历届市政府市政会议决议录》，北京：中国档案出版社，1998，第74—75页。

② 北平特别市市政府公函市字第二七七号，北京市档案馆藏，档号J029-003-00875，第33页。

③ 北平特别市市政府公函市字第二六七号，北京市档案馆藏，档号J029-003-00875，第37页。

### 一、"繁荣北平"建设文化游览区

朱辉在《建设北平意见书》中，提出要将北平建设为国故之中心、学术美术艺术之中心、东方文化表现之中心、交通运输之中心、陆地实业之中心、观光游览之中心和国防之中心。这与北平特别市政府首任市长何其巩的想法颇为契合。1928年8月29日，市政会议第四次常会讨论"北平和平纪念文化博览会筹备处章程案"，决议名称定为"北平文化博览会"，修正通过了筹备处章程。由于市政府初创时期一切还不完善，10月17日，北平文化博览会筹备处主任康明震"因筹备处外有委员会之设，不知职处与委员会之职责如何划分"，致呈市长何其巩，要求"规定职权颁布计划以便进行工作"，提出"如委员会负责一切筹划之责，职处仅秉承执行，即祈迅速成立委员会；如仅居监督指导之责，敬祈钧座颁布计划大纲或指令职自行筹划"。① 对此，市政府参事陶履谦签注意见"查该处简章第二条之规定一切进行计划规程应以会议议定等语。现在该处委员未奉聘派，以致未能着手进行，似应先查照第三条规定聘派专任、兼任各委员，克日集议，则此后筹备事务该主任即可依照议定呈准各案办理，庶免虚设之虞"。②

1928年，国民政府内政部部长薛笃弼提出将北平建设成为"东方文化游览区"，以内政部名义，向社会各界征集繁荣北平计划的意见建议，要求"广登报纸，以其应征"。③ 各界人士纷纷响应撰文著述，北平特别市政府一些官员也提出过相关建议案。1928年11月7日，在市政会议第十三次常会上，公用局局长李光汉提出"筹设北平文物整理会或北平繁荣设计委员会案"的临时动议，会议决议此案应与征求北平繁荣计划案并案办理，

---

① 北平文化博览会筹备主任康明震致市长何其巩呈，北京市档案馆藏，档号J001-003-00001，第5页。

② 北平特别市政府参事陶履谦签注，北京市档案馆藏，档号J001-003-00001，第3页。

③ 《繁荣北平计划中之两消息》，《新晨报》1928年11月9日。

指定由工务局局长华南圭、公用局局长李光汉、教育局局长李泰棻、社会局局长赵正平、参事陶履谦"拟议设计"。11月14日，卫生局局长黄子方在市政会议第十四次常会上，提出"拟请组织委员会设计便利游览案"的临时动议，会议决议"（一）组织委员会，拟定办法，切实设计招徕；（二）文化博览会裁撤，将其原支经费拨归该会"。11月28日，市政会议第十五次常会修正通过了《北平特别市繁荣设计委员会组织章程》，委员会设在市政府之下，"委员"在"八局局长"下加"及北平各机关负责人暨夙负人望者充之"，"专门委员"在"艺术专家"下加"及研究市政确有心得者充之"，"专门委员中由市长指定八人为专任委员"，规定"前项委员由市长派充或聘任，均为名誉职，但专任委员得筹支薪给"，由市政府参事陶履谦担任该委员会主席委员。①

据此，除市政府八局局长外，繁荣设计委员会聘任了曾彝进、徐悲鸿、瞿宣颖、赵国源、张允亮、马衡、罗耀枢、廉南湖、孟锡钰、房国柱、谈丹崖、萧瑜、沈兼士、周文蒸、张贻惠、胡恩光、吴瀛、于兰泽、周作民、张启凤、黄世林等21人为委员②。1929年1月16日的市政会议第二十一次常会决议将"建设环城公园案"，交由北平特别市繁荣设计委员会审查。

1929年，北平特别市繁荣设计委员会鉴于"北平市区曩曾建都，古迹名胜为全国冠，设计繁荣应予中外人士以游览之便利"，但"各游览处所并非属于同一机关，门票售价既多寡不同，游览时刻又彼此互异，游人深感不便"，提出了北平市第一期繁荣计划草案，拟联络各名胜机关规定出售联票办法。经过繁荣设计委员会第二次会议议决，由主席委员陶履谦召集分组委员会议详细研究，最终，繁荣设计委员会第三次会议通过了由吴承湜委员草拟的《联合售票办法大纲》。3月，北平特别市繁荣设计委员会

---

① 北京市档案馆编《北平历届市政府市政会议决议录》，北京：中国档案出版社，1998，第36—41页。

② 见《北平繁荣仰仗诸公》，《新晨报》1929年1月20日。

呈请市政府"分别函知各主管游览机关征求同意，并令知所属各游览机关查照，选派代表集议施行。"①市政府认为"所拟各节系为便利游览起见"，分别训令市属相关机构，如管理颐和园事务所、北海公园委员会，或公函各主管文博游览机关，派员到繁荣设计委员会集议，以便施行。②

《联合售票办法大纲》共两项14条内容，并附有联合游览地点售票数日表，包括故宫博物院、景山、古物陈列所、历史博物馆、农事试验场、国子监、天坛、先农坛、雍和宫、天文陈列馆、颐和园、玉泉山、北海公园、中山公园、钟鼓楼等名胜游览地点售票表。由于这些机构除归属北平特别市政府管理外，还隶属于国民政府内政部等，北平特别市繁荣设计委员会想要集中会议也很不容易。例如，坛庙管理所隶属于内政部，管辖着售票游览的天坛、先农坛、孔子庙等处，在接到市政府公函后，即向内政部档案保管处请示，3月13日，内政部北平档案保管处指令坛庙管理所，"该大纲原为谋北平市之繁荣计，与古物保管无关，内部所属各机关似无加入之必要"。③4月24日，北平市政府再次致函时，坛庙管理所仍以"此案业经本所请示内政部北平档案保管处，俟奉令核准后再行派员与议"为词，进行推脱。④只有中山公园、天文陈列馆、历史博物馆等第一时间派定代表，管理颐和园事务所、故宫博物院等经过催促，也派员参加了商议。5月，北平特别市繁荣设计委员会主席委员陶履谦因事请辞,5月18日，市政府派市政府顾问张允恺接任，经过后续的持续推进，最终，联合售票办法在市属公园如颐和园等处，得以实施。

① 北平特别市市政府致坛庙管理处公函，北京市档案馆藏，档号J057–001–00113，第2页。
② 北平特别市市政府训令字第七六一号，北京市档案馆藏，档号J077–001–00032，第33页。
③ 内政部北平档案保管处令处字第一号，北京市档案馆藏，档号J057–001 00113，第34页。
④ 北平坛庙管理所致北平特别市政府函，北京市档案馆藏，档号J057–001–00113，第43页。

### 二、筹措经费发展教育

随着国民政府南迁、政治中心转移，北平颓废日益严重。当时，在北平的北京大学、北京工业专门学校、北京农业专门学校等九所国立大学，因经费问题不能如期开学，作为市长，何其巩先后多次致电国民党中央党部、国民政府及蒋介石、冯玉祥等，代为呼吁。同时，北平特别市政府成立之初，政府财政困难，中小学教育经费拮据，1928年8月18日，在市政会议第二次常会上，何其巩提出临时动议讨论"本市政府教育经费案"，会议决议"先由财政局将崇关项下旧定之中小学经费三万五千元，拨交教育局，其余二万五千元，由市长及财政、教育两局长迅速设法发放"。①之后，何其巩指令由财政局筹得一万元，用作教育经费。9月初，何其巩致电国民党中央，呈请在崇文门关税内恢复以前办法每月照拨三万五千元，以维持北平中小学经费。

在1928年5月，国民政府于南京召开全国教育会议，主题是讨论审议教育实施方案，会议通过九方面237项决议案。1929年2月15日至17日，北平特别市政府召开了历时三天的市教育会议，市长何其巩亲自担任会议主席。2月15日的第一天会议，共有87人参加，讨论了18项议案，包括组织筹划教育经费委员会、设立教育基金委员会、确定市教育经费并保障其独立、划分芦盐食户捐作为北平特别市教育经费、为厉行本市义务教育应组织义务教育委员会、酌量扩充小学校或酌增班级以救失学儿童、增加高级中学、扩充四二制初级中学校、增设女子中等学校、本市各中小学校应共同设立中央手工教室、东西南北四城各设公共理化试验所、制定本市中小学课程标准、编制教科用书、注重科学教育等涉及全市的重要内容。这些议案，有的经过讨论，当天即形成决议；有的经讨论后，要求提出审核

---

① 北京市档案馆编《北平历届市政府市政会议决议录》，北京：中国档案出版社，1998，第12-14页。

报告，留待之后的会议议决。2月16日的第二天会议，有86人参加，讨论了14项议案，包括确定教育经费案审查报告、设立公共手工及理化教室案审查报告、设立公共体育场案审查报告，以及厉行国语教育、各公立中小学宜增加家庭课业、改革中学教育、改良小学校标语、扩充通俗图书馆、创设特殊教育、创设劳工学校、学校组织家庭讲演团等。2月17日的第三天会议，有84人参加，讨论了小学校训育实施、北平市内甲校开除之学生乙丙等校不得收录、小学校联合组织教学研究会等4项议案。[①]何其巩在会上发言，"希望在座诸君共同研究教育之新方针，俾于最短期间，促其实现"[②]。

　　总观北平特别市教育会议，三天共讨论了36项议案，涉及广泛，包括教育行政、教育经费、普通教育、社会教育、科学和体育教育、职业教育、义务教育等诸多内容，涵盖了20世纪20年代北平教育的各个方面，除个别议案经会议议决撤销外，大多数议案经会议决议准予实施，或由教育局提出方案经市政府批准后施行。会后，北平市教育局及各学校、各教育机构纷纷予以落实，2月20日，北平特别市公立第二中学校长焦承志呈请教育局，计划在本年度添设高中，并改四二学制为三三学制。关于变更学制问题，市教育局按照此次教育会议"三三制已由全国教育会议议决，本市自应推行"的决议，拟定了北平市推行办法，5月7日，训令市公立第二中学、第三中学"自十八年度起，招收新生一律改用三三制，其原有各级仍旧办理"。[③]当然，此次市教育会议的许多议案是在之后陆续实施的，比如设置女子中学等，但在当时对北平（京）市教育的发展仍具有相当价值。

### 三、推广中华传统武术

　　民国时期，各界倡导"强种强国"、提倡国粹体育的呼声日渐高涨，

---

① 《北平特别市教育会议决议录》，北京市档案馆藏，档号J004-002-00455，第13页。

② 《利用教育造成完美的北平文化区》，《京报》1928年2月15日。

③ 北平特别市教育局训令第三九三号，北京市档案馆藏，档号J004-002-00455，第9页。

中国传统武术逐渐为人们重新认识，一些有识之士积极倡导组织以研究武术和开展武术活动为宗旨的新兴武术社团。1928年，由张之江等人发起的南京中央国术馆是官办性质规模较大的武术组织，其成立之后，各省市纷纷成立国术分馆、支馆。

北平特别市国术分馆于1928年12月成立，是武术教育家许禹生（字龙厚，1878—1945年），在北平体育研究社基础上成立的，由市长何其巩亲任馆长，许禹生任副馆长。1929年2月，中央国术馆为统一国术起见，要求"凡已设国术分馆或支馆地方，如旧有组设武术团体，务须劝导并入国术分支馆，以一事权"，2月27日，市政府训令社会局局长赵正平，要求将北平市武术团体并入市国术分馆。[①]当时，在北平的武术团体，有体育研究社、行健会、四民武术社、国强武术社、太极拳研究社、宣武社、北平武社、中华国技镇英武术社、愉愉国术社等等。3月7日，社会局遵令向四民武术社等各武术团体发出公函，要求依照中央国术馆办法并入市国术分馆。公函发出后，北平体育研究社致函社会局，称其"宗旨系研究提倡一般体育，凡西洋体操、东洋柔道以及球术、田赛等各项运动均包含在内，非仅只国术一项，与其他武术团体组织不同，似无须合并。至于国术一项，自当与北平特别市国术分馆联合进行，以谋划一"。[②]另有中山公园行健会称其系俱乐部性质，并非武术团体；宣武社称已取消社名，并入河北国术分馆登记。除此之外，其余各武术团体均行并入北平特别市国术分馆。北平特别市国术分馆成立后，组织各种训练班、研究班，致力于武术普及民众、培训武术师资、添授武术课程、组织武术比赛等工作。

1929年2月，中央国术馆呈请修正的《国术考试条例》经国民政府核准颁发，致电各省、特别市，于4月份内组织考试委员会，筹备举办国术考试。2月13日，北平特别市政府训令社会局遵照《国术考试条例》，会

---

① 北平特别市市政府训令字第六六六号，北京市档案馆藏，档号J002-007-01175，第29页。

② 北平体育研究会致社会局函（1929年3月16日），北京市档案馆藏，档号J002-007-01175，第36页。

同市国术分馆，组织考试委员会，按期举行国术考试。社会局随即函请市国术分馆先期筹备组织考试委员会。市国术分馆副馆长许禹生与北平武术专家进行了两次商酌，认为举办此类考试，存在比赛选手人身安全、经费来源、赛场及地方秩序维护三点不得不考虑的问题，"须事前筹有补救办法，方敢负责举行"。经与许禹生会商后，4月4日，社会局局长赵正平向何其巩报告了讨论结果，"认为此次考试似须先行呈请国民政府，将考试条例原规定对试一点加以修改，或明令准许本特别市自行变通办理，方足以免除危害，杜绝纠纷"。①北平特别市政府将此意见转知中央国术馆，中央国术馆认为《国术考试条例》"已呈请国府备案，未便屡更"，对于害怕比试时两方或有伤残，应由"主试与监试人详加防虑，并设有各保护具，应如何变通之处，方法颇多，亦不致发生意外"。4月24日，市政府令社会局会同市国术分馆，拟定防卫比试伤残方法，按期举行国术考试。②

同时，北平特别市国术分馆还积极编印教材，加强武术研究、交流、宣传等工作，对武术的传播、发展与提高起到了一定的作用。1929年4月，市国术分馆编印了《北平特别市国术分馆国术研究概览》，向市政管理机构和业界进行分发。《概览》阐明了市国术分馆宗旨是"志在发扬中国固有武术，养成全市民众健全之体格"，研究国术"暂设普通研究部、高等研究部、师范部、团体研究等，视其需要次第举行，更为各机关、各团体人员不能来馆研究者，设馆外教授，务使人人皆有研究机会，于极短之期间获极大之效率，小之可以独善其身，大之可以强国健种"。③据相关资料统计，1928年12月至1935年12月间，北平市国术分馆共开设民众国术训练班740多期，编印教材150余种，培训人员约3.8万人。

① 北平市社会局局长赵正平致市长何其巩呈，北京市档案馆藏，档号J002-007-01175，第67页。
② 北平特别市市政府训令字第一三八四号，北京市档案馆藏，档号J002-007-01175，第74页。
③ 《北平特别市国术分馆国术研究概览》，北京市档案馆藏，档号J002-007-01175，第13页。

### 四、接收开放古建园林

北京（平）有着3000年建城史、800年建都史，皇家园林众多，民国后陆续开放，成为市民休憩之所。北平特别市政府成立后，延续之前的做法，陆续进行了接收管理颐和园、清理圆明园园产、开放中南海等工作。

（一）接收管理颐和园

颐和园是著名的清代皇家园林，辛亥革命后仍为逊帝溥仪所有。1914年，颐和园作为溥仪的私产，售票开放。1924年，溥仪被逐出宫，国民政府清室善后委员会及军警机关，将颐和园内存放的物品和殿宇房屋全部封存。1926年，京畿卫戍司令王怀庆将颐和园交还清室，由清室办事处设立"经理颐和园事务所"，进行管理。

1928年7月，国民政府内政部将颐和园收管，设立"颐和园管理事务所"。有关接收颐和园的情形，在内政部北平颐和园管理事务所给北平内政部接收委员会办公处的呈文中可知大概："自奉委接收颐和园后，陆续进行，按照前所长移交清册内所列，逐一点验收讫。惟该前所长移交清册内标明，仁寿殿及仁寿殿南北配殿、排云殿、紫霄殿、芳辉殿、玉澜堂、乐寿堂等门，历来接交概未启封点验，请求仍援旧例只交门钥前来。职查各门旧封条尚未全毁，殿内尘封依旧，所称想系实情，当即禀明次长准援旧例接收，现已加盖新封谨行保管"，"至圆明园、静明园、静宜园、万寿园、长春园等处，由民人垦种之水旱地亩，该前所长诿言清室办事处经管，但查得佃户执照统由前颐和园事务所发给，则此项地亩自系职所接管无疑，现正追验执照、登记地亩之际。又椿记汽水公司等商人租赁颐和园内房地物产亦正在检核合同之间，一俟验明确续行呈报"。[1]随同呈文，还附送了木质锡皮钤记一颗及清册十本。

因颐和园地处北平，北平特别市政府有意收归管理，为此曾致电国民

---

① 内政部北平颐和园管理事务所致内政部接收委员办公处呈（1928年7月27日），北京市档案馆藏，档号J021-001-00021，第7页。

政府内政部。1928年7月23日，内政部部长薛笃弼复电市长何其巩，称对"颐和园移归贵市政府管理极表赞同，为完成手续起见，已将此意径呈国府，俟奉批后即电饬移交"。①8月2日，内政部警字第62号公函称，经呈请国民政府批准，将颐和园移交北平特别市政府接收管理。8月4日，薛笃弼致电何其巩，称"中央、北海、京兆各公园原未接收，无从移交；颐和园、先农坛，特别市府派人接收时当遵照移交"。②8月8日，市政府训令委派许德懋、李品芗、赵国恩（后改派李瑸）为接收颐和园及静宜园、圆明园等处委员，许德懋为主任，要求"该员等务即切实整顿，妥为管理"③。同日，因接收地方区域辽阔，管理应格外周密，何其巩训令公安局"酌派保安队前往各该处，常川驻守，以昭妥慎"，同时致函宪兵司令部"酌派宪兵，帮同办理接收事务"。8月22日，接收委员许德懋等呈报了到任接收颐和园的情形。

北平特别市政府在接收管理颐和园、静宜园、圆明园等处后，将原"颐和园管理事务所"改称为"管理颐和园事务所"，委任许德懋为所长，李品芗、李瑸为副所长，负责管理颐和园、圆明园、静明园及其一切事务。

北平特别市政府虽然接收了颐和园，但历来由颐和园管理的稻田厂水旱田地，仍归内政部河道管理处管理。1928年8月22日，北平市管理颐和园事务所所长许德懋致呈市政府，呈请收回稻田厂水旱田地扩充经费，呈文中历数了自清室办事处管理颐和园时起，颐和园历来兼管稻田厂水旱田地，每年收入即充颐和园经费，直至"内政部接收颐和园，亦仍将稻田厂由颐和园兼管，收入亦仍充颐和园经费"。北平特别市政府成立后，"整理市政，颐和园收归市政范围，而内政部只将颐和园移隶钧府管辖之下，而

① 内政部部长薛笃弼致北平特别市市长何其巩复电，北京市档案馆藏，档号J001-004-00006，第2页。

② 内政部部长薛笃弼致北平特别市市长何其巩电，北京市档案馆藏，档号J001-004-00006，第5页。

③ 北平特别市市政府训令第一一一号，北京市档案馆藏，档号J001-004-00006，第16页。

向由颐和园兼管之稻田厂竟划分为二，另行并入内政部所辖之河道处接管"。而颐和园"自民国以来实行开放，其常年经费如办事人员之薪工及间有坍塌之修补，除售门票一项进款外，惟恃田租收入以资应付"，现在"内政部遽予变更，嗣后经费骤减，不惟遇有坍塌之处无力修补，即办事人员、夫役之薪金亦将竭蹶，于保管前途实有不可维持之势"。许德懋等认为"颐和园所管之稻田厂田地为河道处并收，将来经费支绌，管理倍觉困难"，请北平市政府"转电内政部或函知内政部驻平办公处，请其仍循旧例，将稻田厂所管田地归还颐和园管理"。[①]

接到呈文后，北平特别市政府派第二科科长王亮，会同管理颐和园事务所所长许德懋、副所长李瑛等人进行多次实地查勘，9月12日，王亮报告了查勘颐和园、静宜园、圆明园及稻田厂等处的情况。9月24日，市政府正式致呈内政部，称"毗连颐和园墙外有水田百余顷，名曰颐和园稻田厂，每年收入充作维持该园经费，历经办理在案。现在并入河道处接管，应请一并拨交"。[②]10月4日，内政部电复北平市政府，称经河道处查核"稻田厂并非颐和园旧管之物"，应"依照旧案呈请国府仍归河道管理处管理"[③]。此后，管理颐和园事务所多次致呈市政府，要求将稻田厂拨归颐和园管理，在11月15日的呈文中详细说明了应拨还的四点理由：

"查该田厂为职所指定管辖历有年所，有案可稽不难复按，该处所称实无根据。此应请拨还者一也。查颐和园为中国历史上著名之园囿，建筑宏伟，久为中外观瞻之所系，迩以年久失修，日渐倾塌，言兴筑则以经费困难，欲放弃又于职守有亏，势不得不藉资把注。此应请拨还者二也。北平既定为文化区域，则举凡宫室之遗迹，即应提倡保存，而将来市政之繁

---

① 管理颐和园事务所所长许德懋致市长何其巩呈，北京市档案馆藏，档号J001-004-00007，第13页。

② 北平特别市政府致内政部电，北京市档案馆藏，档号J001-004-00007，第11页。

③ 国民政府内政部电，北京市档案馆藏，档号J001-007-00004，第5页。

荣及夫古物保存之优良，咸视乎此，则该田厂与职所更有特别关系。此应请拨还者三也。查颐和园自民国实行开放以来，其常年经费及办事人员之薪金，仅恃门票一项不敷甚巨，其所以能保存至今者，实赖有该田厂之补助，今竟另行划出，将来园内诸务之进行更感困难矣。此应请拨还者四也"。

呈文进而提出"该田厂在历史上及事实上均应仍为职所管辖，以符成案"。①11月22日，市政府指令管理颐和园事务所，"河道管理处现经函准内政部拨归市管，正在办理接收"，俟接收完毕后，即行办理稻田厂移交的事宜。②

北平特别市管理颐和园事务所自成立后，陆续拟订了一些管理规章，加强园内文物古迹管理，对园内受损坏的建筑古迹进行修缮和保护。1928年9月29日，所长许德懋，副所长李品芗、李瑗因"旧有管理颐和园事务所暂行职掌规则系清室办事处核定，历时既久，情况亦异，沿袭应用殊多未便"，提出"自应斟酌现在情形，因时制宜，力求适合事实，然后责有专归"，于是依据旧有职掌规则进行增减，拟定了《管理颐和园事务所暂行组织条例》，共18条，呈报市政府核准。③10月24日，代理管理颐和园事务所事务的副所长李品芗、李瑗鉴于"颐和园建筑宏壮，工程浩大，殿宇备云辉之观，湖山饶钟毓之秀，不特吾国文献足徵，抑亦中外观瞻所系，允宜加意保管垂之永久"，且"近以许前所长停职，物议沸腾，交替伊始事务纷纭，保管整理匪遑昕夕"，草拟了《临时保管殿宇暨严申门禁各办法》，督饬园内各该段稽查员切实负责，认真遵行。④11月1日，北平

---

① 管理颐和园事务所所长赵国源等致市长何其巩呈，北京市档案馆藏，档号J001-004-00007，第55页。

② 北平特别市市政府指令字第一〇一七号，北京市档案馆藏，档号J001-004-00007，第71页。

③ 管理颐和园事务所呈报管理园务组织条例，北京市档案馆藏，档号J021-001-00044，第9页。

④ 管理颐和园事务所呈报拟具管理殿宇暂行办法，北京市档案馆藏，档号J021-001-00062，第2页。

特别市市政府发布字第九一六号训令，令赵国源接替许德懋任管理颐和园事务所所长，即日前往办理交接事宜。

随着颐和园游人增多，1929年4月，管理颐和园事务所拟定了《游览规则》，于14日布告发布，要求游人注意，入园游览必须遵守。《游览规则》内容如下：

凡入园游览者，须依照规定左（下）列各条；

园内花草果木等项原供游人公共赏玩之物，如任意折毁，殊非保护之意；

园内各处殿宇墙壁，勿得随意污损涂抹；

游人入园游览时，不得私摄风景影片，有妨本园营业；

禽鸟鸥兔等类为点缀园内风景、助发游人兴趣，因有保护之必要，无论何人禁止弋猎；

园内各处陈列铜器古物等项，观瞻所系，应加意保管，禁止攀援；

游人于游览时间，不得大声疾呼；

游人吸剩之烟头及自来火等项，不得任意抛掷；

游人于乘船游湖时，不得自行摇橹，以防危险；

园内设有男女厕所，不得随处便溺，以重公共卫生。[1]

（二）清理圆明园园产

1928年8月5日，国民政府内政部致电北平特别市政府，称"北平圆明园应由贵政府接收管理"[2]，7日，市政府训令接收委员许德懋等前往接收。8月11日，北平特别市政府函知内政部"北平圆明园已并同颐和园、静宜园等处，派员前往接收"。

北平市政府接收圆明园后，由北平特别市管理颐和园事务所负责管理圆明园及其一切附属事务。鉴于颐和园、圆明园等处园产事务至关重要，

---

① 《管理颐和园事务所游览规则》，北京市档案馆藏，档号J021-001-00044，第56页。

② 内政部致北平特别市政府电，北京市档案馆藏，档号J001-004-00006，第9页。

为加强对园务的整理，市政府分设颐和园附产清理处，并专设清理圆明园园产事务所，以便达到分别整理的目的。1928年10月27日，市政府第三五九号令委任北平特别市管理颐和园事务所副所长李瑛兼任清理圆明园园产事务所所长，明确了该事务所与管理颐和园事务所各自不同的管理权限，并随令颁给木质"北平特别市清理圆明园园产事务所之钤记"。

清理圆明园园产事务所成立后，即遵令开始清理园产、绘具图册，从事整顿工作。12月4日，市政府连续发出两则训令，分别规定了颐和园附产清理处与清理圆明园园产事务所对颐和园、圆明园两园附产进行清理的权限，明确"所有颐和园现有之附产应归该所专管，圆明园现有之附产归圆明园事务所专管，两园现有附产外，一切湮没之附产归颐和园附产清理处清理"。[1]为避免产生矛盾，市政府训令要求"各该处所事务向系统归颐和园管理，现在职权虽已分析而事务互有关联，所有颐和、圆明两园清理湮没之附产及砖石等项，仍应会同该所（管理颐和园事务所）商洽办理，以免隔阂而利进行"。[2]1929年4月，北平特别市政府裁撤清理圆明园园产事务所，将其职责重新归并到管理颐和园事务所办理。1932年，北平市政府组织成立圆明园遗址保管委员会，公布了组织章程及该园遗址保管整理草案，但由于无专任委员负责管理，园内文物仍有被窃及损毁情况。1933年，北平特别市政府训令责成管理颐和园事务所所长兼理圆明园事务，令公安局、工务局、财政局协助办理。

（三）接收开放中南海

中南海与北海合称三海，清代为帝王苑囿的一部分，民国初年袁世凯在中南海设总统府，其后又相继成为黎元洪、曹锟的总统府以及张作霖的大元帅府。1928年8月7日，国民政府特派接收北平府院办公处致函北平特别市政府："三海及中山公园应由北平市政府管理。至如何保管开放，

---

①　北平特别市市政府训令第一二五五号，北京市档案馆藏，档号J021-001-00069，第5页。

②　北平特别市市政府训令第一二五三号，北京市档案馆藏，档号J021-001-00069，第23页。

由周委员（国民政府委员周震麟）督同市政府妥筹办法。"①8月17日，北平特别市政府派顾问张允恺前往该办公处，会商全部接收事宜。正在协商办理期间，9月10日，国民政府电令国府委员周震麟、接收府院办公处主任杨熙绩、北平特别市政府市长何其巩，称"北平三海应归中央管理，由本府派员妥办，详细章程另案颁行"。②

但国民政府的接收过程并不顺利，1928年11月，周震麟致电国民政府，称"中南海非令北平政治分会就近依中山、北海公园成例，从速正式开放，无法管理"。12月1日，国民政府文官处电中央政治会议北平临时分会主席张继，告知经国务会议决议，令其就近核办接收中南海事宜。12月14日，中政会北平临时分会致函北平特别市政府，提出"中南海建筑宏壮，物品众多，接收保管事极繁难，倘无缜密规划，何能组织适当，欲求尽善尽美，更须群策群力，现于怀仁堂东一所成立接收中南海办事处，筹备接收事宜"，请市政府派员加入办事处，"共同筹划以便接收"。③同时，中政会北平临时分会还分别致函平津卫戍总司令部、北平警备司令部、宪兵司令部派员加入接收中南海办事处。

即便如此，在接收过程中也遇到了不少阻力，中政会北平临时分会多次致函北平特别市政府，要求由公安局"选派警官一员，督带得力巡警到场协助接收，如有违抗情事即予拿交公安局惩治"。在北平特别市公安局局长赵以宽的报告中可以看到其中的曲折："遵于本月十九日上午八时，偕署员关文裕，督率巡官长警等前往北平政治分会，与委员长何子奇接洽，当嘱此时开放售票暂行停止，新华门现已闭门，贴有布告。其西苑门、运料门两处，应由警察同本会贾办事员、黄办事员，分往两门检查进

①　国民政府特派接收北平府院办公处公函第五八号，北京市档案馆藏，档号J001-004-00005，第5页。

②　国民政府政（10日）电，北京市档案馆藏，档号J001-004-00005，第21页。

③　中央政治会议北平临时分会函第五九二号，北京市档案馆藏，档号J001-004-00004，第3页。

门人员，非有徽章方准放行，其游人不得入内。售票牌应即摘下，各门前责成警察兵警注意等。交至九时余，由何委员长同委员吴麟伯、吴慎夫、吴剑陶、吴子明、吕仲勉、关国侯、潘扶东、齐树平等十三员暨职等，同往丰泽园内三海管理处会计室面晤骆副官。会议当由何委员长报告，奉张主席命令前来接收三海事宜。据骆副官云，昨奉国民政府电报与张主席请示，俟面晤张主席后再行交代。当经何委员长反复陈说，复经职等从中调解，善言开导，始允许交代。复又报告夫役困苦情形设法筹给工食，均经何委员长担任办理。所有一切官物、卷宗、账簿尚未备齐，定于本日下午三时再来接收，迨至十一时余始行散去。"①

之后，中政会北平临时分会再次致函北平特别市政府，要求市公安局迅速"酌派得力保安队兵若干，即日分布中南海担任门禁，以保公安"。12月25日，赵以宽报告了派员担任中南海门禁的情况："派职局股长钱宗超前往与接收中南海何委员子奇接洽，商定于接收之际，暂派保安队长警分驻西苑、运料两门，一俟接收事竣再行撤回。惟运料门内已驻有保安四队长警二十余名，尚可就近兼任该处门禁，兹复加派保安三队长警二十名前往西苑门驻守。"②

中南海接收后，1928年12月13日，中南海董事会筹备会分别致函北平特别市政府相关局处及各民众团体，称"中南两海系自远至清帝王苑囿之一部，其风景清嘉，宫室壮丽，为国内有名建筑。但其经费所出，无非我民众先代之脂膏，乃以之供少数人之娱乐，实为我民众所不甘。民国成立以来，又为十数军阀所把持，藏垢纳污，罪恶丛集。今幸北伐告成，豪酋敛迹，而此历史上之园林不为民有，坐视荒废，殊为可惜。同人等谨遵先总理天下为公之意，佥以中南海应归市民直接管理，以绝罪恶之根株，

① 公安局局长赵以宽致市长何其巩呈（1928年12月19日），北京市档案馆藏，档号J001-004-00004，第28页。
② 公安局局长赵以宽致市长何其巩呈，北京市档案馆藏，档号J001-004-00004，第53页。

以供游人之玩赏",为"筹备真正代表民意直接管理中南两海的董事会",已召集北平各届民众代表开联席会议设立中南海董事会筹备处,现计划于15日上午10时,在南海大礼堂召开董事会正式成立大会,邀请"派代表二人前来出席,共同组织董事会,以利进行"。①

同年12月25日,中政会北平临时分会致函北平特别市政府,中南海"接收已次第就绪,即应实行开放,以慰市民之望","决定以中南海为北平市民共同游憩之公园,永远开放不收门费。本此原则,交由河北省政府、北平市政府共同管理,并将管理中南海公园详细办法妥速拟议具复候核",要求"河北省政府、北平市政府克日各派妥员,来会先行接管,以备筹划年节开放事宜"。②12月27日,北平特别市政府按照中政会北平临时分会要求,派公安局局长赵以宽、工务局局长华南圭、公用局局长李光汉前往接洽接收及年节开放事宜,并拟定了《管理中南海公园办法》。

1929年1月12日,北平市公安、工务、公用三局局长会衔呈报了办理中南海公园新年开放等情形,"遵经会同前往政分会接洽办理,当以时届年关,正式接收手续赶办不及,经众推定职公用局局长负责筹备新年开放事宜,并由职公安局维持秩序,旋由职公用局垫发工人维持费一百元,计该公园原有工人每人分得二元之数。新年开放三日,幸得维持无误,现在新年已过,拟即开始点收园内各处房屋器具,点收之时并拟分请本市各机关团体派员参加,以昭慎重"。对于此后正式接管中南海公园的办法,三局局长认为"应仿中山、北海两公园成例,组织董事会整理照料园内事宜,以专责成而便发展",且"中南海公园位居本市,与中山、北海两公园性质完全相同,中山、北海两公园之管辖权既专属于钧府",为了一事权、便于管理,提出应由市政府呈准中政会北平临时分会,将中南海公园

① 中南海董事会筹备会致工务局函,北京市档案馆藏,档号J017-001-00314,第3页。
② 中央政治会议北平临时分会函第六九一号,北京市档案馆藏,档号J001-004-00004,第42页。

完全划归北平市辖。①同时，三局局长致何其巩呈称"该两海在元旦开放期
间内，所有办公、伙食、煤炭、扎彩坊及电灯工料等费用，总共开支四百
余元，除已由职公用局垫用洋一百元业经呈明外，各处尚欠三百余元"，
且"前中南海管理处经手招包之茶社、饭馆、冰窖、游船等商人均已交纳
包租费，因租期未满尚未迁出"，而且"政治分会接管时，关于以前职员
欠薪、商号欠款约计数千元尚未发付，遣散公役计八十余人共欠工资两
月，各给欠资字据一纸亦未发给。其余如文化社、佛教分会、短波无线电
办事处、画学研究会等尚占用房舍四处。此种情形如实行着手接收，自多
碍难"。②1月21日，市政府指令公安、工务、公用三局局长："三局拟具接
收办法划归市辖，已据情呈请中央政治会议北平临时分会核示在案。所称
内部接收困难情形，应俟奉复后再行核办。至元旦开放用费，即由公用局
先垫。"③

关于中南海公园的管理问题，1929年1月28日，中央政治会议北平
临时分会致函北平特别市政府，要求"仍查照前案，会同河北省政府妥商
详细办法，即仿中山、北海两公园成例，组织董事会管理，由市政府监
督"④。据此，北平市政府训令公安、工务、公用三局局长速与河北省政府
接洽。而河北方面，经河北省第六十四次委员会会议议决，推举温寿泉、
严智怡、吕咸三位委员参与拟定中南海管理及开放的详细办法。之后，双
方对中南海公园董事会章程及委员会章程进行会商，3月17日，三局局长
将经过双方逐条修改后的两项章程呈报北平特别市政府，3月26日，市政

---

① 北平特别市公安局、工务局、公用局会衔致市长呈，北京市档案馆藏，档号J001-004-00004，第64页。

② 北平特别市公安局、工务局、公用局会衔致市长呈，北京市档案馆藏，档号J017-001-00314，第19页。

③ 北平特别市市政府指令第二四九号，北京市档案馆藏，档号J017-001-00314，第39页。

④ 中央政治会议北平临时分会第二八一号，北京市档案馆藏，档号J001-004-00004，第76页。

府指令准予备案，要求"速遵章分别组织成立，定期开放"。①3月30日下午二时，在公用局召开了中南海开放筹备会。4月19日，中南海公园董事会成立会召开，第二天，公安局、工务局、公用局会呈报告了成立会推定委员的情形，"由出席董事公决推举半数委员，当经推定王聘卿等十五人为委员会委员，并公推熊秉三为主席委员，李光汉为事务主任。此后关于该公园保管、开放各事宜，即由该委员、主任等负责办理，以利进行"，随文呈送了中南海公园董事会成立会议决录。②20世纪20年代末30年代初中南海接收和开放经过情形，可参见《中南海公园史料（一）》③。

### 五、修建历史性文物工程

北平曾是六朝古都，从燕国起2000多年建造了许多建筑，是中国拥有宫殿、园林、坛庙等数量最多的城市，包括皇家建筑、传统民居（四合院）、宗教建筑、中轴线建筑、城墙城门城池建筑等。国都南迁，北平失去了首都地位，北平特别市政府仍兴修了一些具有历史意义的文物工程。

（一）建立三一八烈士公墓

1926年3月18日三一八惨案发生，全国各界除愤怒声讨段祺瑞执政府暴行、强烈要求惩办杀人凶手外，曾有成立"三一八烈士公葬筹备处"、将三一八殉难烈士公葬圆明园，并修建一座公墓使各烈士传略镌之石碑以垂永久之议。由于军阀政府的阻挠，此事一直未能完成。

1928年6月，何其巩就任北平首任市长后，国民党北平特别市党务指导委员会函请以圆明园地址公葬三一八惨案死难诸烈士，经国民政府批

---

① 北平特别市市政府指令第一三七六号，北京市档案馆藏，档号J017-001-00341，第27页。
② 北平特别市公安局、工务局、公用局会衔致市政府呈，北京市档案馆藏，档号J017-001-00355，第3页。
③ 北京市档案馆选编《中南海公园史料（一）：二三十年代中南海接收、开放经过史料》，载《北京档案史料》2000年第一辑，北京：新华出版社，2000，第68-111页。

准。10月6日，何其巩训令工务局局长华南圭"克日筹备"，在圆明园内勘察墓地建立公墓，此事"事关纪念先烈，将以垂之久远，所有该园公葬地址，必须先期详慎相度，妥为择定，以重国典而慰忠魂"。[①]1929年1月，市政府再次训令华南圭积极筹备，以便在3月18日如期安葬。2月初，工务局拟订出工程计划，与鸿林公司木厂签订合同书，开工兴建墓地。与此同时，市长何其巩又分令社会局、教育局、公安局及市政府秘书王樾、金嘉斐，会同市党部，对三一八烈士灵柩及家属情况进行调查。由于三一八惨案发生已历三年之久，"诸烈士遗榇或已运回原籍，或仍寄厝北平，亟待确切调查，而诸烈士家属散居远省，函牍往返需时，至三月初旬始行调查完毕"，形成了《三一八惨案殉难烈士名单》[②]，为举行公葬做好了准备。

1929年三一八惨案纪念日当天，北平特别市政府在圆明园为三一八惨案殉难烈士举行公葬典礼。清晨，三一八烈士灵柩由各停厝地点运往墓地，中午举行典礼安葬。何其巩市长亲自准备了一篇讲话并计划主持三一八烈士公葬典礼，因公差南京，由秘书长沈家彝代为主持典礼，筹备员张世辅代为在公葬仪式上宣读讲话稿。[③]5月10日，北平特别市政府向国民政府报告了举行三一八烈士公葬的大致情形："此次奉谕准予公葬，现经办理竣事，丰碑永勒，景行著于千秋，浩气常存，令名垂乎百世，洵足以慰英灵而示来兹。"[④]

同年5月，三一八烈士公墓纪念塔建成，通高9米，呈六角形，为乳白色花岗石砌筑而成。5月18日，市政府秘书处将拟写就绪的三一八烈士公墓纪念塔刻字、碑文及墓表交由工务局照样镌刻。[⑤]10月，全部刻字工

①　北平特别市市政府训令第六五一号，北京市档案馆藏，档号J017-001-00329，第4页。

②　北平特别市政府致国民政府行政院呈，北京市档案馆藏，档号J001-001-00031，第19页、28页。

③　《民国日报》(上海)，1929年3月24日。

④　北平特别市政府致国民政府行政院呈，北京市档案馆藏，档号J001-001-00031，第20页。

⑤　北平特别市政府秘书处致工务局函，北京市档案馆藏，档号J001-001-00031，第34页。

作完成。塔身正面是"三一八烈士公墓"七个篆体大字，何其巩亲自撰书的《三一八烈士墓表》<sup>①</sup>及39位殉难烈士姓名、年龄、籍贯、职业镌刻于纪念塔底四周。整座公墓肃穆壮观，令人起敬。

三一八烈士公墓建成以后，何其巩又着手办理烈士家属抚恤事宜。当时，有烈士家属看到市长何其巩主持修建三一八烈士公墓，也重新燃起寻求公平待遇的希望。他们致函政府反映烈士家庭的困难情况，要求予以照顾。5月13日，北平特别市政府在做了大量调查后，致呈行政院请求"对于全案诸烈士允宜优加抚恤"，同时"缮具三一八惨案殉难诸烈士名单暨调查表一份，呈请钧院核转国民政府鉴核，从优给恤，以慰英烈而资矜式"。<sup>②</sup>经过市政府及何其巩的争取，国民政府批准给予三一八惨案烈士年抚恤金各四百元。其中，唐耀昆烈士发到其幼子唐达明成年为止，对于受伤致残的李如锦"给予二等年抚恤金四百元，以其本人之终身及子女成年为止"。<sup>③</sup>

在当时的形势下，何其巩主持修建三一八烈士公墓体现了相当的胆识和魄力。三一八烈士公墓已成为北京市重点文物保护单位和海淀区重点烈士纪念建筑物保护单位，每年来这里游览、凭吊的人络绎不绝。

（二）移设滦州起义烈士铜像

1924年10月北京政变后，当年参加滦州起义的官兵，为追崇革命先烈，由冯玉祥发起，鹿钟麟主办，为辛亥革命滦州起义烈士王金铭、施从云铸造了全身戎装铜像，安放在北京中央公园（今中山公园）社稷坛两侧。1926年4月，国民军退出北京，京畿卫戍司令王怀庆令警察当局拆去铜像，执行任务的警察暗中将拆下的铜像，完整地埋在社稷坛北门外东侧

① 《三一八烈士墓表》，北京市档案馆藏，档号J001-001-00031，第36页。
② 北平特别市政府致国民政府行政院呈，北京市档案馆藏，档号J001-001-00031，第23页。
③ 内政部咨字第七六二号（1929年7月11日收），北京市档案馆藏，档号J001-001-00031，第93页。

柏树林地下。1928年北伐军进入北京后，冯玉祥命令将铜像取出，重新在中山公园南门内"公理战胜坊"以北，迎面并排复立。

作为冯玉祥的部下亲信、北平特别市市长，何其巩自然是此项工程的实施者。1928年11月，按照何其巩面谕"中山公园社稷坛正殿前面施、王二烈士铜像可并为一座，移安水榭前面，并将原有石座酌予加高"①，工务局对中山公园实地进行勘察，拟定了施工图示，经面呈何其巩核定后积极进行。同时，工务局函知中山公园委员会，将移建地点上的一块湖石移走，由工务局工程队以及另行招募的石匠开始施工，工务局派人员现场监修。11月底，铜像石座竣工。在安设过程中，工务局监修人员发现"王金铭脖颈右边有伤纹一处并有铁锈钉痕，又铜质服下口衣边周围亦有裂缝一道"②，于12月26日向市政府请示解决办法。1929年1月5日，市政府指令工务局局长华南圭"设法补完为要"。1月底，移安铜像工程大致告成。4月，移安施、王两烈士铜像并增高石座工程竣工，铜像"石座周围铭刻二先烈史略，俾来游是园者瞻仰威仪，当伸肃敬，并得以自儆也"③。整个工程"所用工资料价，共合洋四百五十元零一角四分六厘"，由市政府令财政局拨付。4月30日，工务局遵照何其巩令，将竣工后的施、王两烈士铜像图文，用白底蓝字各墨拓100份呈送市政府，包括辛亥革命滦州起义大都督王金铭烈士像拓片和辛亥革命滦州起义总司令施从云烈士像拓片，以及由冯玉祥敬述、何其巩敬书、1928年8月镌石的《施烈士事略》和《王烈士事略》拓片。此举可谓颇有档案意识，这些拓片至今仍保存在北京市档案馆档案库中。此后，施从云、王金铭两烈士铜像在中山公园矗立了10多年。1944年，日本侵略者因军火不足，强行推行"铜品献纳运动"，在市内大肆搜集铜、铁等金属品，两尊铜像被运走毁失。

---

① 工务局局长华南圭致市长何其巩呈，北京市档案馆藏，档号J017-001-00328，第5页。

② 工务局第三科第一股查工翟文祥呈，北京市档案馆藏，档号J017-001-00328，第34页。

③ 北平特别市工务局重要设施实况清册，北京市档案馆藏，档号J017-001-03597，第17-58页。

（三）筹建彭家珍烈士纪念堂

彭家珍（1888—1912年），字席儒，四川金堂人，近代民主革命烈士。1912年1月26日，在北京炸死宗社党首领良弼，自己当场牺牲。1912年，南京临时政府成立后，孙中山为表彰其业绩，特追赠彭家珍大将军衔，2月，为彭家珍和另外三位反清志士杨禹昌、黄芝萌、张先培在北京西郊农事试验场（今北京动物园）修建四烈士墓，8月建成，8月29日，孙中山亲赴农事试验场为四烈士送葬。

国民政府成立后，一些国民党员呈请中央执行委员会给予彭家珍烈士遗属抚恤，彭家珍烈士家属也向国民政府申请为彭家珍修墓、建祠、铸像。1928年12月，国民政府令北平特别市政府筹建彭家珍烈士纪念堂，以"示北方人民以楷模，显革命成功之伟绩，庶足以除封建之余臭，酬烈士之殊勋，昭示来兹"。12月21日，市政府令工务局迅速会同土地局，规划建堂地址，估定用款，限期呈报。① 关于为彭家珍烈士建堂、修墓等需用款项，国民政府11月16日第七一号令"应先由北平特别市政府估价，会商河北省政府办理"。为此，北平市政府多次命令工务局与土地局会同筹议。1929年1月5日，市政府再次训令工务局会商河北省政府，办理为彭家珍拨款建堂、修墓事宜。1月18日，工务局、土地局呈报了派员会同查觅筹建彭家珍纪念堂地址情形，提出"北海万佛楼为伟丽之大建筑，虽已破坏，游人均乐瞻仰，其东北角有一旧房，计共五间并带一廊，后面有假山前面有一围墙，如去此围墙而修缮此五间及其廊，则所赀仅数千元，而游人众多乐于观瞻，在公园亦可减少其破烂之景象，一举数善莫过于此"。② 2月1日，市政府指令工务局和土地局"将建筑费用开列详细估单，并绘具图说呈府"。3月19日，市政府再次训令工务局会同土地局"详筹

---

① 北平特别市市政府训令第一五二四号，北京市档案馆藏，档号J017-001-00351，第6页。

② 北平特别市工务局、土地局致市长何其巩呈稿，北京市档案馆藏，档号J017-001-00351，第48页。

估计呈复"。

与此同时，1928年12月21日，北平特别市政府训令社会局，会同公安局、教育局详细调查、广泛征集彭家珍烈士事迹。1929年4月11日，社会、公安、教育三局联名致市政府呈，称"国民政府令行本特别市筹建彭烈士纪念堂，示人民以楷模，自应搜集事迹，借表殊勋"，提议由市政府"特派人员专司筹建纪念堂，并责成采集烈士事迹，庶事权统一，易于征求，而烈士家属方面亦可径行接洽"。[1]4月15日，市政府指令"筹建彭烈士纪念堂一节，经令饬土地、工务两局负责办理，并择定北海万佛堂楼为堂址"，令社会局等"迅即分途征集彭烈士生平事迹，克日汇报为要"。[2]后因多种因素，在北海公园建立彭家珍纪念堂之事不了了之。

由于农事试验场建有彭家珍、杨禹昌、黄芝萌、张先培四烈士墓，北平市政府要求工务局派员前往农事试验场查勘。1929年4月19日，工务局报告了查勘彭家珍墓地情形，"该烈士系与张、杨、黄三烈士合葬一处"，随文附呈了墓图及说明五则。呈文中还报告了彭家珍烈士家属彭仕勋到工务局接洽修墓事宜时提出的要求：

"（一）以前所修之墓颇不坚固，恐将来坍坏，毁及棺身，（二）旧墓工程本不完备，且彭烈士炸良弼一案，与杨、张、黄三烈士炸袁世凯情形不同，未便合葬一处，拟请单葬；（三）彭烈士之碑文至今尚未刻竖，现拟增立；（四）修墓、造祠之款项，商主席已承认半数；（五）修墓较建祠为要，请先修墓。"[3]

工务局说明正在积极进行，请示市政府对彭家珍烈士是否单葬，单葬地点是否仍在农事试验场内选择。4月23日，市政府指令工务局"该烈士

① 北平特别市社会局、公安局、教育局致市政府呈稿，北京市档案馆藏，档号J002-007-00033，第17页。
② 北平特别市市政府指令字第一七四二号，北京市档案馆藏，档号J002-007-00033，第21页。
③ 北平特别市工务局呈复查勘彭家珍墓情形，北京市档案馆藏，档号J017-001-00351，第15页。

家属所请单葬一节自应照准，仰该局在农事试验场内妥择适宜地点，其余关于修墓应办事项，即由该局与彭烈士之父面商核定，并遵照前令将应需款项估计一并呈核，以凭汇案函河北省政府商同办理"。①

5月8日，工务局呈报了选定修建彭家珍新墓地址及估价情况，"派员会同彭烈士家属彭仕勋前往农事试验场选择地点，当经彭烈士家属指定畅观楼前空地为新墓地址，畅春堂为彭、杨、张、黄四烈士神室，应请钧府咨转农矿部照拨。又据彭烈士家属彭仕勋交来呈市长函暨修建烈士墓图说各一件，比经职局按照该函，将重建彭烈士墓及修葺杨、张、黄三烈士旧墓用费估计，约共需洋一万一千四百六十元"②。5月16日，市政府指令工务局"已据情抄回原件函达河北省政府商办，并函农矿部准拨场地。惟为彭烈士建立专祠系奉中央令办，应由该局另筹地址估价具报"③。最终，在北平为彭家珍烈士单独修墓、建祠一事未成。

## 第七节  提振工商维持民生

针对国都南迁，北平百业萧条，财出无门的局面，北平特别市首任市长何其巩认为"此后建设之计，第一步惟有联合各业热心商人，使其协力保持市面之现状，并赞助农工业之发达，务使从前消费地一变而为生利地"。④

### 一、提倡国货发展工商业

北平特别市政府成立后，设置社会局，掌管全市农工商业之调查、统计、奖励、取缔，劳动行政和公益慈善等一切农工商、公益事项。根据何

---

① 北平特别市市政府指令字第一八八六号，北京市档案馆藏，档号J017-001-00351，第83页。

② 工务局呈报彭家珍新墓地址及估价致市政府呈，北京市档案馆藏，档号J017-001-00351，第87页。

③ 北平特别市市政府指令字第一七四二号，北京市档案馆藏，档号J017-001-00351，第103页。

④ 《使消费地变为生利场》，《京报》1928年8月11日。

其巩的要求，社会局提出"发展工业""化北平为生产市"的方针，其制定的《北平特别市社会局十八年度施政大纲》，第一部分即是农工商行政施行大纲。其中，在发展工业方面，提出"北平素为政治集中之地，无巨大之工厂，间有一二特产品之工厂，亦皆以手工业著称。兹值政府南迁，百业萧索，繁荣本市之计划，实以建设工业区之北平为最上策"，在调查与统计的基础上，"创设分区工厂"，"规定每区至少设工厂一处，以纺织、印刷、木器、料器等科为主要科目"。此外，还有筹设工商访问处、设立工商联合研究会、编印市内各业国货样本等内容。鉴于"本市特产久已蜚声中外，如地毯、景泰蓝、雕漆、纱灯、玩具、玉器、烧料等均为精美国货，然非久居平市者不能详其种类，外人来此咸感购物之困难"，社会局计划编印北平市内国货样本，并加以说明文字，"使购物者对于物品之选择、出产之优劣一目了然，推广销路增进贸易"。计划编印的国货样本拟分两种，"一为袖珍本，专备旅行者之参考及发行国内外商埠之用；一为极精美完备之样本，内容用铜版纸及三色版精印，专为宣传本市之出产，备国际贸易之用，其说明拟用中英法三种文字"。[①]

在发展工商业方面，社会局认为"本市商业应行举办之事不胜枚举。惟商业内容异常复杂，宜先以调查整理入手，然后再谋国内外之发展"，提出在调查、统计基础上，进行办理工商业团体登记、预防金融恐慌、整理市场，等等。当时北平"市内各市场有六，而以东安市场为最繁"，社会局拟订了11条市场整理计划。此外，关于发展工商实业还提出三项内容，其一是筹备博览会及国货展览会，社会局认为"设立博览会及国货展览会之主旨所以使优者愈加奋勉，劣者借以改进，可以振实业，可以广见闻"，计划于1929年8月在三海举行大规模博览会，分为国产与文化两部设馆，"是时西湖博览会业已闭会，可以利用各处出品转运来平陈列。国

---

① 北平特别市社会局十八年度施政大纲清折，北京市档案馆藏，档号J001-007-00020，第103页。

产部分设农、林、工业、矿业、毛革、建筑、卫生七馆；文化部分设教育、艺术、历史、垦殖及外品参考共五馆，其他如企业招待处、个人或团体设立之特设馆或小展览会及游艺场等"。其二是筹备国内外国货陈列馆，社会局认为"欲推广本市货物之销路，莫过于有标本陈列而备购买者之采择"，在1928年上海举行的中华国货展览会上，"本市物品之应征者极夥，其出品之精美为在沪中外人士所称许，纷纷订购"，1929年国内有汉口、西湖等处举行展览会，国外则有南洋嘉年华，皆请求本市多出征品。为推广贸易起见，社会局"组织国内外国货陈列馆北平出品分会，聘请本市工商业素有经验及熟识侨务情形者为委员，一方劝导各厂家踊跃应征，一方宣传本市之特产，于本市工商业之前途实有莫大之关系"。其三是提倡生产及贩卖合作社，社会局认为"合作社之在各国业已风行，我国虽有提倡然未著有若何成效。合作社之组织为人的结合，非若公司为资本之结合，其义务权利均等，毫无资本操纵压迫之弊，诚为发展实业之良策"，现"已成立有消费合作社，至于生产及贩卖合作社，刻正极力提倡，以期普遍全市"。①

对于国货，北平市一向重视提倡。1928年9月12日，市政会议第八次常会临时动议讨论了"国货展览会征集国货事宜案"，决议由市政府拨款千元，交社会局承办一切征集及运送事宜。②11月15日，市政府训令工务局向在北平的各厂商及总商会征集参展物品。12月8日，市政府训令组织西湖博览会筹备分会，并附发西湖博览会章程、西湖博览会征集出品规则、西湖博览会出品审查规则等文件。③西湖博览会集中华国货之大成，展期从1929年6月6日至10月10日，上百万人参观，蜚声海内外。北平特别市政府及所属局处、华北水利委员会等都为筹备参加博览会，组织征集

① 北平特别市社会局十八年度施政大纲清折，北京市档案馆藏，档号 J001-007-00020，第103页。
② 北京市档案馆编《北平历届市政府市政会议决议录》，北京：中国档案出版社，1998，第21—22页。
③ 北平特别市市政府训令第一三二八号，北京市档案馆藏，档号 J017-001-00325，第5页。

并审查参展品，赴会参展。北平特别市参加西湖博览会的详细情况，可参见《民国初期筹备参加西湖博览会史料》①。其间，1929年初，社会局按照其施政大纲计划，提交3月6日的市政会议第二十八次常会讨论了"北平博览会组织大纲案"，会议决议"应由社会局克期举办一国货展览会，博览会拟改至明年四月至六月举行，原案发交社会局妥拟详细办法呈核"②。

### 二、组织贫民救济总会

1928年北平市面衰败，社会贫民问题突出，作为市长，何其巩注意到了这一问题，市政会议第四次、第五次、第六次常会都讨论了贫民救济问题。1928年8月29日，市政会议第四次常会临时动议讨论"北平贫民救济案"，决议"由市政府发起，以市长为主席，并请在野名流及慈善家加入其事务，由市政府指定人员办理"。9月5日。市政会议第五次常会再次讨论此案，决议成立救济机构，定名为贫民救济总会，何其巩指定社会局局长赵正平为事务主任，迅速起草规章和进行办法。9月12日，市政会议第六次常会讨论"北平贫民救济总会章程案"，决议由社会局局长赵正平依照会议讨论及修正的范围整理后呈请市长核定，以备在发起会宣布。③

北平贫民救济总会的成立，与查禁悟善社密切相关。国民政府成立后，加强了对全国各地方性民间组织的管理。当时在北平规模较大、影响较为广泛的是悟善社，主要负责人江朝宗。1928年10月，上海特别市党部致呈国民党中央执行委员会，提出对于悟善社等提倡迷信欺骗民众、树立邪说淆乱听闻、有碍文化进展的迷信集社，应"通令各地严厉查禁以除民害而利建设"。10月22日，北平特别市政府密令称"道院悟善社等宣传

---

① 梅佳选编《民国初期筹备参加西湖博览会史料》，载北京市档案馆编《北京档案史料》2003年第一辑，北京：新华出版社，2003，第1-21页。

② 北京市档案馆编《北平历届市政府市政会议决议录》，北京：中国档案出版社，1998，第67-68页。

③ 北京市档案馆编《北平历届市政府市政会议决议录》，北京：中国档案出版社，1998，第17-22页。

迷信闭塞民智，自应严予查禁，并封没其财产以为慈善公益之用。惟该院社成立有年，党徒众多，若不先为密筹善法，或恐操之过急，反致引起其他反感"①，令市公安局会同社会局立即"妥拟查禁办法"。面临被查禁的处境，悟善社自是不甘，10 月 24 日，江朝宗致函社会局局长赵正平申辩称"悟善社救世新教同道院卍字会，专办慈善及医院施诊施药、冬赈棉衣、粥厂暖厂、收容残废、孤寡月米、施送棺木、贫儿学校种种慈善，效劳于社会之中，历年如是，官厅可稽。近又会同悟善社资送贫员回籍，敝社筹助巨款协力进行，务在实行，不求虚誉"，请求"逾格维持，多一分慈善即多惠一分贫民。现时协助北平贫民救济会冬赈煤斤，正在筹维，俾惠分黎而安地面"。②25 日，江朝宗致电冯玉祥，"北平悟善社历办慈善救济事业，于社会不无裨益，从前虽附设乩坛，不过研究灵学，早经取消专办善业，现已改设北平公益慈济会"，请冯玉祥迅速致电何其巩市长，准予改设公益慈济会，继续办理慈善事业。③

此时，正值北平贫民救济会筹备成立之际，10 月 26 日，江朝宗等人致社会局呈称"北平近因国都南迁而失业贫民日益增多，附近各县穷民来平就食者络绎不绝，严寒在迩，若不设法分头救济将必流亡载道"，提出"将悟善社改为北平贫民救济分会，扩充善业而资进行，其原有医院施诊施药、棉衣、孤寡月米养老券、施送棺木、收养贫儿一切善业照旧办理，俾惠穷民"④，呈请准予立案。收到该呈文后，北平市政府认为江朝宗等"所呈各节显系改立名目，希图规避处分，未便准予立案"，密令公安局会同社会局迅速并案"详细查核"⑤。随即，公安局会同社会局调查了北平道院、悟善社、同善社等处所地点、承办人员姓名及各项财产情况，11

① 北平特别市市政府密令第八一〇号，北京市档案馆藏，档号 J002-006-00002，第 9 页。
② 江朝宗致北平市社会局局长赵正平函，北京市档案馆藏，档号 J002-006-00002，第 72 页。
③ 江朝宗致冯玉祥电，北京市档案馆藏，档号 J181-020-00878，第 4 页。
④ 江朝宗等人致北平市社会局呈，北京市档案馆藏，档号 J002-006-00002，第 38 页。
⑤ 北平特别市市政府密令第八八〇号，北京市档案馆藏，档号 J002-006-00002，第 2 页。

月3日，公安局编练股股长连炎向局长报告了查核情况。江朝宗等人见以北平贫民救济分会立案不成，11月8日，再次致呈社会局"拟改悟善社为北平公益慈济会"，声称"除原有各项善业照旧办理外，以目前北平贫民状况而论，势不能不酌量扩充以资救济。兹经公推王士珍为会长，熊希龄为董事长，聘请局长并公安局长，又公推许世英、朱庆澜、岳乾斋、沈吉甫、李祖恩及朝宗、尊祎、永廉、庆镗为董事，公同改组另订详章，以期官商合力，众擎易举，庶善业得以发展"，呈请核准立案。① 同日，市政府再次密令公安局会同社会局，遵照前令并案迅速办理查禁事宜，强调"事关中央党部法令万勿再事稍延"。② 11月13日，公安局、社会局命令悟善社"将原有产业财物尽数交由市府接管，专作慈善救济之用"③，由公安局委员汪赞熙、社会局委员范其棻共同清点接收。之后，江朝宗等人反复致函国民政府行政院内政部，要求将悟善社改设公益慈济会，请求致电北平特别市政府准予立案。11月30日、12月10日，内政部先后电复江朝宗，告知取消悟善社改设北平公益慈济会一事，应直接呈请北平特别市政府查核办理。

由于当时政治环境、帮派关系错综复杂，经江朝宗等人反复坚持和多方周旋，北平特别市政府采取了相对折中的方式来处理这一问题。1929年1月17日，公安局和社会局呈报了遵令与前悟善社社长江朝宗面议接收的情况，"据称该社基金共合现洋六万元，向存北平电话总局生息，情愿遵令交出全数，作为建设慈济医药院之需。惟因监督用途起见，须公同组织委员会保管以专责成，并拟具委员名单一纸呈奉核准，九人仍乞加以聘任，俾便接管。至原有房屋亦为该社财产之一部，允即交由北平贫民救济会迁往办公，将来基金委员会成立时亦可于此会议"，两局认为"所商各

---

① 江朝宗等人致北平市社会局呈，北京市档案馆藏，档号J002-006-00002，第22页。

② 北平特别市市政府密令第一〇四〇号，北京市档案馆藏，档号J002-006-00002，第30页。

③ 北平特别市公安局、社会局令，北京市档案馆藏，档号J002-006-00002，第85页。

节尚属可行"，随文呈送了拟聘任基金保管委员名单，请市政府令饬北平贫民救济会主任张允恺遵照办理。①

1929年1月，北平历史上第一个贫民救济机构——北平贫民救济会正式成立，公推王士珍为会长，熊希龄为董事长，公推许世英、朱庆澜、岳乾斋、沈吉甫、李祖恩、江朝宗、蒋尊祎、刘庆锃、袁永廉为董事，并聘社会局局长赵正平、公安局局长赵以宽为董事。后北平贫民救济会几经演变，改名贫民救济总会，熊希龄一直担任会长。

### 三、稳定市场缓解失业

当时，北平"比年市面物价日高，人民谋生不易，虽由战乱频仍生产减少，而商店居奇操纵亦为一大原因，每一货物由生产地转移于市场，其间运费店租人工以及捐税与其他种种消耗，均须加诸物价，以取给消费者之身，故一物几经转移，即较原产地之价超出数倍"，市长何其巩认为"以本市产业衰落，而商人又往往托故抬高物价，以致贫民生计益艰，亟应设法救济"，应该立即筹办一个必要品消费合作社，"使市民得以最低之代价购用煤粮等项必要品"，"并劝导市民分区集资自组小规模之合作社"，1928年12月10日，市政府秘书处按照何其巩指令，要求社会局"在本市组织一大规模消费合作社，以资调剂"。②

同日，中日合办的中华汇业银行因难以应付提存款挤兑风潮，宣布停业一个月，进行整顿改组。由于中华汇业银行纸币主要在北平、天津两市流通，本已萧条的平津地区更为人心惶惶、谣言四起，最终引起华威银行、农工银行、垦业银行、懋业银行等相继发生挤兑风潮，市面混乱。正如秘书长沈家彝在市政会议第十九次常会上所言，"平津两市金融风潮发

---

① 北平特别市社会局、公安局致市政府呈，北京市档案馆藏，档号J181-020-00873，第2页。

② 北平特别市市政府关于在本市组织大规模消费合作社令，北京市档案馆藏，档号J001-002-00004，第1页。

生，各银行流通市面之各角票、铜元票均受影响，而汇业、华威两行角票迄今尚未开兑，贫民所受痛苦至深"。

12月26日，市政会议第十九次常会召开，市长何其巩因病缺席，由秘书长沈家彝代理主席，会议讨论了"筹办必要品消费合作社案"和"设立平津特别市银钱局案"。沈家彝首先说明两案的提案缘由，会议决议同意筹办必要品消费合作社，指定由参事吴承湜、孙轶尘及社会局局长赵正平、公安局局长赵以宽、公用局局长李光汉迅速拟定详细办法。12月28日，中央政治会议北平临时分会主席张继致函北平特别市政府称，政分会经常会议决取缔粮商托词加价，以解决贫民生活困苦，并令各省市政府筹办消费合作社，交由北平、天津两市政府先行办理。①1929年1月9日，北平特别市市长何其巩主持了市政会议第二十次常会，临时提议讨论"拟订消费合作社办法案"，秘书长沈家彝报告了遵照上次会议决议拟订消费合作社办法的大意，"合作社应由官厅提倡，由人民自办，将来可公布一种条例，多予人民以便利。自治实行后，合作社亦为应办之一事，可责成街村长去办，庶不至居奇垄断。本府俟将来财力稍裕时，可办一大规模批售合作社，作各合作社后盾，效力甚大"，会议决议出社会局妥善拟定条例，再提交市政会议审议。②同年1月15日，国民政府第二六号训令要求北平特别市政府先行筹办消费合作社，1月28日，市政府令社会局将此训令要求，与市政会议议决正在积极筹办的消费合作社并案办理，"毋令粮商任意操纵本市粮价，以维平民生计"③。

对于"设立平津特别市银钱局案"，秘书长沈家彝认为"此后关于角票发行亟应设法救济。现拟采纳银行公会之建议，由北平特别市政府会同

① 中央政治会议北平分会致北平特别市政府公函，北京市档案馆藏，档号J001-002-00004，第19页。
② 北京市档案馆编《北平历届市政府市政会议决议录》，北京：中国档案出版社，1998，第50–52页。
③ 北平特别市市政府训令第二八九号，北京市档案馆藏，档号J001-002-00004，第41页。

天津特别市政府共同设立平津特别市银钱局，依照限定额数发行角票，其资本即由平津两市资本充足之银行分认筹垫，并由各方派员监督，一俟该局成立，所有各银行发行之角票即行期限令其收回，庶嗣后两市贫民不致再蒙意外损失"，并说明"以上各节已提出议案于北平政分会，当经决议通过，交平津两市政府妥拟详细办法候核"，市政会议第十九次常会决议指定财政、社会、教育三局局长暨陶履谦、孙绳武两参事于一星期内，拟订设立平津特别市银钱局的详细办法，以便呈明政分会早日着手筹备。①

　　随着国府南迁，北平工商业逐渐凋敝，失业人数日益增多。1928年10月2日，社会局依照组织暂行条例第五条第三项"预防失业及介绍职业"规定，斟酌北平地方情形并参考各国惯例，拟定了《社会局职业介绍所章程》16条呈报市政府。10月12日，市长何其巩指令"所拟章程十六条大致妥协，应准备案。惟际此市款支绌，所有该所事务员以上职员，即以该局职业介绍股人员暂兼，其第七、八条所规定之分所，亦俟办理稍有成效时再行设立，以重实际"。②1929年1月，社会局布告成立职业介绍所，总所设在东城东堂子胡同，自1月25日起实行登记，"尽力筹划代谋失业工友相当工作"，申明"凡本市失业工友，如有一艺之长，无论男女均可请求本所代谋工作；又无论本地或外埠之工厂、商号、学校、住户或其他公私机关，如需要工作人员，均可请求本所代为介绍或招募"。③同时，在北平各报馆每日报纸内，随报附送布告，推广介绍职业介绍所。2月1日，北平特别市政府第四五五号指令准予职业介绍所备案。在社会局"十八年度施政大纲清折"第二部分"关于劳工行政施行大纲"中，"经济上之扶助"有"职业介绍所之分设"的内容，提出北平市失职失业工人极多，亟须设

① 北京市档案馆编《北平历届市政府市政会议决议录》，北京：中国档案出版社，1998，第48—50页。

② 北平特别市市政府指令第五八一号，北京市档案馆藏，档号J002-007-00013，第17页。

③ 北平市社会局关于成立职业介绍所布告稿，北京市档案馆藏，档号J002-007-00035，第2页。

法救济，除已在社会局内附设职业介绍总所一处外，1929年"拟再添设分所数处，务使失业者得有从事工作之机会"。①

同年5月4日，社会局因职业介绍所"自成立以后，虽求职者络绎不绝，而以绵力有限，向外介绍者仍属少数，若不急筹补救之道，殊不足以餍失业者之希求"，向市政府提出"拟联络平市实业界、慈善家、工人团体及其他有关各机关，共同组织一介绍职业委员会，稍借群策之力，共筹安插之道"，随文呈送了4月26日社会局第二十六次局务会议通过的《北平特别市社会局介绍职业委员会简章》。②5月9日，市政府指令社会局"此项简章应依据前经令准之职业介绍所章程第十四条之规定订定，以收一贯之效"，随令发还了经过修正的《北平特别市社会局介绍职业委员会细则》，令社会局遵照。③5月17日，社会局将更正后的介绍职业委员会细则呈报市政府，20日，北平特别市政府第二三八四号指令准予备案。无论是社会局职业介绍所，还是北平特别市社会局介绍职业委员会的成立，对于缓解当时北平失业状况均起到了一定作用。

### 四、谨慎处置劳资争议

南京国民政府成立后不久，鉴于各地劳资纠纷利益争议日趋激烈，1928年制定颁布了《劳资争议处理法》，10月起，国民政府工商部陆续向各省市政府发出公函，对该法相关条款及在该法适用尚有疑问之处进行释义，令各省市政府知照遵行。④后经过1930年和1932年两次修订，《劳资争议处理法》基本成型。

---

① 北平特别市社会局十八年度施政大纲清折，北京市档案馆藏，档号J001-007-00020，第103页。
② 北平特别市社会局致市政府呈，北京市档案馆藏，档号J002-007-00035，第18页。
③ 北平特别市市政府指令第二二一四号，北京市档案馆藏，档号J002-007-00035，第25页。
④ 国民政府工商部公函劳字第一八五号（1928年10月12日），国民政府工商部公函劳字第二三一号（1928年11月8日），国民政府工商部公函劳字第二六三号（1928年11月27日），北京市档案馆藏，档号J001-002-00002，第5页、16页、34页。

北平特别市政府在接到工商部的公函后，立即训令社会局遵照执行。当时，北平市因"八月份以前劳工并无具体组织，亦未发生争议"，而8月以后劳资纷争频繁发生，据社会局统计，1928年8月至12月底，全市共发生劳资争议事件24起，参加工人近7000人，其中10起发生了罢工。规模较大的是8月2日至4日财政部印刷局全体工人1000余名要求局方拨发工资、10月20日丹华火柴公司工会1000名工人要求改良待遇向厂方提出25条要求、11月26日电车工会1200名工人要求电车公司改良待遇等事件，在11月28日又发生了丹华火柴公司工会700余名工人要求丹华火柴公司改良待遇事件。<sup>①</sup>就丹华火柴公司等劳资争议事件，市长何其巩多次指令社会局组织调解委员会，会同公安局尽快"前往劝导，务使劳资双方各得其平"<sup>②</sup>。在11月7日的市政会议第十三次常会上，何其巩临时提议讨论"解决劳资争议问题案"，会议决议"应使劳资两方互得其平，庶可维持于不敝，现值北平工商衰落，尤须互相维持，由市府及各局本此主旨，随时与党部、工会接洽"<sup>③</sup>。12月19日，市政会议第十八次常会临时提议讨论"工务局工人请愿案"，经与会人员逐项审议工人请愿书后，做出七项决议：第一"八时工作"一项应候工商部核定，一面由社会、工务两局拟定一个公私兼顾暂行办法；第二"增加工资"一项由社会、工务两局斟酌本市财政情形共同商定；第三"不用私人"一项为当然之事，照准；第四"不赔公物"一项不准；第五"病不扣工"一项在一定范围内照准；第六"加工时四时算一工"一项不准；第七"月底发薪"一项照准。<sup>④</sup>总体上看，对于请愿内容，照准和一定范围内照准3项，由社会局、工务局斟酌本

① 北平特别市社会局致市政府呈（1929年2月9日），北京市档案馆藏，档号J002-007-01167，第26页。

② 北平特别市市政府训令第八三九号（1928年10月24日），北京市档案馆藏，档号J002-007-01166，第6页。

③ 北京市档案馆编《北平历届市政府市政会议决议录》，北京：中国档案出版社，1998，第36-37页。

④ 北京市档案馆编《北平历届市政府市政会议决议录》，北京：中国档案出版社，1998，第45-48页。

市财政情形拟定具体办法2项，不准2项。可以说，此次工务局工人请愿基本达成目标。

　　为解决劳资争议，社会局要求由本市劳工团体推定15人为劳方仲裁委员，雇主团体推定15人为资方仲裁委员，组织仲裁委员会。①12月25日，由社会局牵头，市政府秘书王持华参加，会同公安局、公用局、民训会、总工会、工厂联合会在社会局会议，商讨工人休假暂行规程。1929年1月30日，社会局就此事致呈市政府，称"关于旧历年假及端节秋节，循旧习惯例须放假，其间规定及给资多少，劳资双方意见悬殊，前后开会三次，极力疏解，至最后仍各执一是，始终未能一致"，将"劳资双方争执之焦点并拟具折中方案"，报请市长何其巩"裁夺施行"。②其间，1月23日，市政会议第二十二次常会讨论"改良人力车夫待遇案"，包括限制车夫年龄、减轻车捐、停赁旧车、设立停车栏等项内容，决议认为该案均属切要，交由吴承湜参事及社会局局长、公用局局长、公安局局长、财政局局长、工务局局长会同审查，拟定详细办法。③2月5日，何其巩签发市政府令，颁发经修正的《北平特别市工人休假暂行规则》，共11条，指令社会局、公安局、公用局三局局长饬令所属遵照执行。2月8日，社会局发布布告，要求"本市各工友厂家一体遵照"。④

　　之后，北平特别市政府市政会议陆续讨论了工匠抚恤和管理等问题。1929年2月20日，市政会议第二十六次常会讨论了"北平特别市各局工匠抚恤暂行规则案"，决议"原案修改，交由秘书长、四参事，工务、公用两局长斟酌全市情形，举凡教员、警察及其他从事公务人员之抚恤养老等项一并订入，作为意见呈送中央核定"。2月27日，市政会议第二十七

---

① 社会局关于推定劳资双方仲裁委员名单的函，北京市档案馆藏，档号J002-007-01167，第36页。
② 社会局拟定工人休假规程致市政府呈，北京市档案馆藏，档号J002-007-01167，第55页。
③ 北京市档案馆编《北平历届市政府市政会议决议录》，北京：中国档案出版社，1998，第55-56页。
④ 北平特别市政府指令第五〇六号，北京市档案馆藏，档号J002-007-01167，第66、76页。

次常会讨论"北平特别市管理工匠暂行规则案"，决议修正通过，将标题改定为《北平特别市各局管理工匠暂行规则》，对每日工作时间、薪酬给付、晋级奖惩、开革处分等方面进行了详细规定。[①]

在1929年3月1日社会局呈报的"十八年度施政大纲"中，其第二部分关于劳工行政施行大纲，明确说明"本劳资互助之精神就力所能逮者"拟定大纲，以期次第进行。大纲分为权利上的扶助、精神上之扶助、经济上之扶助、卫生上之扶助四方面，具体包括制定学徒条例、制定最低工资条例、注意女工及童工保护、设置市民法律咨询所、工人团体的保护及监督；普及劳工补习教育、设立工友俱乐部、推广工人识字运动、设立工人阅报室及巡回文库、创办民众艺术游乐会；技术教育、消费运动之提倡、工人保险及储蓄之奖励、试办公营质店、分设职业介绍所、调查本市物价指数；建立公营住宅、设立公共浴堂和公共食堂、注重安全设施、讲求采光通风、演讲卫生常识等内容。[②]

## 第八节　管理规范社会习俗

北平作为六朝古都，是中国历史文化名城中礼乐制度、思想遗存最多的城市之一。在城市近现代化转型过程中，移风易俗尤为重要。

### 一、取缔社会陋习

男子蓄辫、女子缠足是我国封建社会延续较长时间的陋风恶习，虽屡遭禁止，但始终未能废绝。1928年5月，国民政府批准内政部颁发《禁蓄发辫条例》和《禁止妇女缠足条例》，通令各省一体遵办，切实查禁。其

---

① 北京市档案馆编《北平历届市政府市政会议决议录》，北京：中国档案出版社，1998，第63页、65页。

② 北平特别市社会局十八年度施政大纲清折，北京市档案馆藏，档号J001-007-00020，第103页。

中，在《禁止妇女缠足条例》中，特别强调解放妇女缠足要分期进行，以三个月为劝导期，三个月为解放期，劝导期设置劝导员，解放期设置女检察员，协同村长、街长及警察执行工作。该条例还对妇女放足的年龄及惩罚规则作了严格规定。

7月17日，中央政治会议北平临时分会第一次常会上，白崇禧提议改革风俗，称"北平社会继承专制政体所遗留之俗习迄未废除，大之如冠婚丧祭之礼仪，小之如耳目声色之娱乐，均系帝制遗下奢侈陋习，至今仍行存在，不事变更"。中政会北平临时分会训令北平特别市政府，白崇禧委员"所提三项如婚丧礼仪、戏剧词曲、剪发放足等事，或应改革或应厉行，均属刻不容缓，确有充分赞成之价值。惟冠婚丧祭诸礼，代有异制时各不同，应由该市政府组织研究会，因时因地制宜规定暂行简单办法，一俟中央礼制颁布，即将暂行办法取消。至于戏曲，亦应由该市政府组织研究会，厘定改良及取缔各办法，切实进行。他如男子之发辫、妇女之缠足，北平五城四郊当数见不鲜，应令城郊各警察官佐予以理论之劝导，以绝根株"。①接到训令后，北平特别市政府除派员组织研究会妥慎研究规定礼制外，8月6日，训令社会局"对于发辫缠足、各项不良戏曲，应即妥拟取缔办法呈候核定，以期实施而资改善"。②

同年10月3日，北平特别市政府分别指令社会局、公安局、教育局，"依照禁蓄发辫条例第三条、禁止妇女缠足条例第七条之规定，广为宣传劝导，务期两种陋习如限革除"③。10月19日，社会局发出通知，称"现于财政竭蹶之中，勉筹职务进行之计，拟设妇女矫风队，其任务为劝导放足、戒烟、剪辫（指男子之发辫言）以及其他不良习俗。每日服务时间，暂定上午九时起至十二时止，下午二时起至五时止，星期日队员应联

---

① 中央政治会议北平临时分会训令训字第六号，北京市档案馆藏，档号 J002-007-00100，第24页。

② 北平特别市政府训令第九五号，北京市档案馆藏，档号 J002-007-00100，第21页。

③ 北平特别市政府指令第四六二号，北京市档案馆藏，档号 J002-007-00004，第25页。

合或分组赴各公共场所宣讲劝导"①，邀请万静予、石荔嬣、张素琴、金祖忱、田素华、吴敏贤、刘毓、王式清、李维亚等人士，于10月20日上午10时，参加妇女矫风队成立会。

社会局组织的妇女矫风队成立后，10月22日，召开了第一次会议，决定矫风队分为四组每组二人开展工作，第一组组员李维亚、石荔嬣，第二组组员吴敏贤、刘毓，第三组组员万世谨、张素琴，第四组组员甘蕚君、王啸秋；明确了矫风队工作分区次序，依次为内左二、一、三、四区，内右一、二、三、四区，中一、二区②；制定了《妇女矫风队服务简章》，要求"劝导时每户不得过十分钟，每组每日至少须劝导五十户"③，工作任务较为繁重。

10月25日，社会局发出布告，声明"对此不良习惯，自应遵令取缔。兹由本局召集女同志组织矫风队，会同警察分组前往市内各区挨户劝导。凡市民等，倘有恶习未除、嗜好尚深者，务必遵依规劝，渐除旧染，庶人群进化，免贻向俗之讥。法令同遵，不受禁章之罚，是有厚望焉"。④

同时，社会局致函公安局，说明已组织妇女矫风队，"前往各区分途挨户劝导，对于缠足、蓄辫、吸烟及其他种种不良习俗，均须家喻户晓一一矫正，期于一定期间能收成效"，希望公安局"迅予令饬各区署于矫风队前往劝导时，每组选派长警一名随同工作。又各处庙会为各色人等聚集之所，该队员亦须前往宣传演讲，并请饬令各主管区署于庙会所在地附近，代觅演讲及休息场所，以便临时应用"。⑤对于成立放足会，社会局函称"至放足会一层，敝局业已函请各法团从速组织，辅助进行，尚

---

① 北平特别市社会局通知（稿），北京市档案馆藏，档号J002-007-00004，第2页。

② 妇女矫风队第一次会议记录，北京市档案馆藏，档号J002-007-00038，第68页。

③ 北平特别市社会局妇女矫风队服务简章，北京市档案馆藏，档号J002-007-00038，第8页。

④ 北平特别市社会局布告（稿），北京市档案馆藏，档号J002-007-00004，第15页。

⑤ 社会局为组织妇女矫风队请派警随同工作致公安局函，北京市档案馆藏，档号J002-007-00004，第6页。

望贵局再切实函商各法团，早日组织成立，俾收辅本相依之效"。<sup>①</sup>可见此时由官方授意成立的放足会，是作为妇女矫风队的辅助组织。

10月29日，社会局向市政府呈报了成立妇女矫风队的情形："改革社会矫正风俗，职局责任所在，自应积极进行，遵即张贴布告，并将前项条例择要印成小本，召集曾经登记女录事之心性和平、口才敏信者八人，组成妇女矫风队，会同警察分赴各区住户切实劝导，对于吸食鸦片及其他有关风化之应告诫者，亦得附带宣传。拟从内左一区先行试办，渐而及于四城四郊。"<sup>②</sup>11月5日，北平特别市政府第八四九号指令准予妇女矫风队成立备案。

自妇女矫风队成立后，采取在各街巷中挨户劝导、到民众聚集场所宣讲等方式，劝阻矫正缠足、蓄辫、吸烟及其他种种不良习俗。在前往劝导时，每组都由公安局各区署选派一名长警随同，矫风队队员工作时也带有徽章、旗帜作为标识，但仍引起顽固势力的不满。11月19日，《晨报》曾刊载《各区署长请矫风队慎重办理一则》的消息。为此，社会局致函公安局，"本月十九日报载各区署长请矫风队慎重办理一则，阅之不胜诧异。惟敝局举办妇女矫风队曾与贵局，由敝局派员劝导，同时由贵局令饬各区署酌派巡官随同照护，以昭慎重。且队员均系妇女，并有徽章、旗帜为工作时间特别之标识，所云难免不无土匪混充抢掠情事，似与矫风队如风马牛之不相及"，请公安局查明事实真相。11月24日，公安局复社会局公函称"此次劝禁男子蓄辫、女子缠足，本局奉市政府令会同办理，迭经令饬各区认真执行，对于贵局所组之妇女矫风队，并由各区随时派警协同劝导，先为代觅讲演暨休息处所各在案。兹据内一区报告，该队每日分作四

① 社会局为组织妇女矫风队请派警随同工作致公安局函，北京市档案馆藏，档号J002-007-00004，第6页。

② 社会局为成立妇女矫风队宣传禁令请予备案致市政府呈稿，北京市档案馆藏，档号J002-007-00004，第19页。

组，会同警察往各街巷挨户劝导，各户均表赞同，现已往内三区界内劝导……该报所载全属子虚"。①

社会局成立妇女矫风队劝导矫正不良习俗的做法，对于遏制封建陋习起了一定积极作用，1929年3月1日，社会局呈报的"十八年度施政大纲"第四部分关于其他行政之施行大纲中，有"继续厉行矫风事宜"，提出"改进社会，必自矫正风俗为着手办法，上年已有矫风队之设置，如劝导放足剪发、黜奢崇俭、革除迷信均有成效。本年拟仍继续厉行，以期日见进步"。②

由于"北平为数百年专制旧都，居民习于旧染，一时不愿涤除者，亦头繁有徒"，3月7日，社会局致呈市长何其巩，计划在近日"举行革除蓄辫缠足运动，借用汽车游行全市，同时印就《告北平市蓄辫缠足民众白话书》，分途散发，一面送登各报，俾家喻户晓咸与维新"，提出"俟半月或一月后再派员复查，遇有尚不剪放者，即时由各队员协同警区加以强制执行，按照部颁罚则分别处以罚金，并得将该罚款提出四分之一作为奖励巡警之用。其无力受罚之妇女，则捕送妇女救济院代为解放"。③3月24日，社会局再次张贴布告，重申禁止蓄辫缠足的决心，称"倘遇有首抛发辫之男子，即由各队员会同该管警察随时随地强制剪除。关于缠足之女子，如年龄未满十五岁者，尤应立时解放，其在十五岁以上三十岁以下之缠足妇女，统限于本年五月一日以前一律解放。设再阳奉阴违，即属有意延玩，定处该家长一元至十元之罚金。其无力缴款者，应即拘送妇女救济院感化部，代为解放，以期实现大同之化，免贻向俗之讥"。④

对于社会局呈报的《北平特别市社会局妇女矫风队简章》《北平特别

① 北平特别市公安局公函年戌字第四六四号，北京市档案馆藏，档号J002-007-00100，第33页。
② 北平特别市社会局十八年度施政大纲清折，北京市档案馆藏，档号J001-007-00020，第103页。
③ 北平特别市社会局致市长何其巩呈，北京市档案馆藏，档号J002-007-00038，第4页。
④ 北平特别市社会局布告，北京市档案馆藏，档号J002-007-00038，第56页。

市社会局妇女矫风队服务简章》，市政府认为"核与该局组织细则第十条规定不符"，应修正为《北平特别市社会局劝导队简章》《北平特别市社会局劝导队服务简章》，指令社会局"仰即遵照更正"[①]。1929年4月1日，社会局致呈市政府，提出妇女矫风队"成立迄逾数月，本市内外城各区均经该队员分途挨户调查，剀切劝导，列表报局，已著成效。现更遵照内政部公布条例，派员作进一步之劝导，以期平市不良习俗早日革除。当兹进行途中，若忽更易名称，深恐人民不明真相，致启猜疑，甚或不免发生窒碍"。[②]4月4日，市政府指令批准了社会局关于暂缓更易矫风队名称的请求。但即便如此，妇女矫风队终因时局动乱、财政竭蹶而无法持续，仅存在半年多便解散了。

同年5月30日和31日，社会局呈报了"妇女矫风队复查劝导放足剪发成绩统计表"，从其中的"已放足人数、未放足人数、已剪发人数、未剪发人数、强制放足人数、强制剪发人数、罚款人数"等项内容，可以看到北平妇女矫风队的工作成效，截止到1929年5月31日，北平市内一区到外五区共有缠足人数3138人，已解放906人，占总数的34.6%左右。[③]

### 二、厉行禁烟禁毒

国民政府成立初期，社会风气奢靡，禁烟工作废弛，鸦片烟毒泛滥，造成诸多社会弊端。在舆论压力下，1928年7月，国民政府成立禁烟委员会，9月，颁布《禁烟法》及《禁烟法施行条例》，责成各省市遵照执行。

北平特别市政府遵令着手进行禁烟工作，同年9月8日，社会局拟定了《北平特别市禁烟条例草案》，分为总则、劝诫、处分三章，共14

① 北平特别市市政府指令字第一三七〇号（1929年3月26日），北京市档案馆藏，档号J002-007-00038，第8页。
② 北平特别市社会局致市政府呈，北京市档案馆藏，档号J002-007-00038，第14页。
③ 社会局妇女矫风队复查劝导放足剪发成绩统计表、报告表，北京市档案馆藏，档号J002-007-00024。

条，呈请"提出市政会议议决公布施行"①。9月12日，市政会议第六次常会临时动议讨论"接收本市禁烟事宜案"，决议即日设立"北平特别市禁烟处"，指派公安局局长赵以宽为处长，社会局局长赵正平、卫生局局长黄子方为副处长，迅速着手接收。9月14日，市长何其巩签发市政府第四二四号训令，令社会局会同公安局即行前往接收具报。9月19日，市政会议第七次常会讨论了"本市禁烟条例案"，决议第二条条文改为"本市为执行禁烟事务特设禁烟处，其组织规则另定之"，在对多项条文进行修正后，会议全体赞成通过了《北平特别市禁烟条例》。10月3日，市政会议第九次常会讨论"本市禁烟处组织暂行条例案"，决议将原标题名"暂行条例"改为"北平特别市禁烟处组织规则"，第一条条文修正为"北平特别市市政府依本市禁烟条例第二条之规定，设立北平特别禁烟处"，会议还讨论修正了多项条文，明确"本规则自市政会议议决市长公布之日施行"。②10月8日，市政府第五三九号指令公布施行经市政会议议决通过、由何其巩签发的《北平特别市禁烟条例》和《北平特别市吸户登记规则》。

1928年12月底，鉴于"吸户戒烟往往不顾利害，购服市售戒烟成药，不知此项药品类多以麻醉药剂掺杂其中，以至烟瘾未除又增药瘾，长此以往禁绝无期"，北平特别市禁烟处会同公安局拟订了禁售戒烟成药布告，要求"阖市商民人等一体知悉，自布告后，除由医院或医生于必要时得开配药方为戒烟目的之药剂外，无论医院或医生及其它药商以戒烟目的而制为成药者，一律禁止发售，如仍阳奉阴违发售此项成药者，定即严惩不贷"。③

同时，为增加对女性吸烟人群的劝诫，北平特别市禁烟处会商社会

---

① 北平特别市政府社会局呈送禁烟条例草案致市政府呈，北京市档案馆藏，档号J002-007-00003，第15页。

② 北京市档案馆编《北平历届市政府市政会议决议录》，北京：中国档案出版社，1998，第21页、23页、28页。

③ 《北平市禁售戒烟成药布告》，北京市档案馆藏，档号J002-007-01173，第9页。

局，调派四名妇女矫风队队员兼任禁烟处劝诫员，进行劝诫工作。1929年2月7日，禁烟处致函社会局，称"该员等兼办以来，办事勤劳，成绩卓著，殊堪嘉许"，从"矫风队员兼禁烟处劝诫员办理吸户登记人数表"可看到，自1928年12月26日至1929年1月26日一个月内，万静予、王啸秋、李维亚、李静一这四名队员，共办理吸户登记102人。[1]

1929年4月13日，北平特别市政府发出训令，令禁烟处、社会局、公安局严格执行国民政府《禁烟法》第二条及《禁烟法施行条例》第十四条的规定，"此后对于吸食鸦片人犯，务须严密查拿，送请法庭依法办理"[2]。6月1日，市政府训令社会局遵照国民政府令，在6月3日禁烟纪念日举行纪念典礼，报告林则徐事略并一律悬旗一日，以资纪念。

市长何其巩去职后，市政府机构大幅缩减，1929年7月3日，市政会议第四十次常会上，公安局提请裁撤禁烟处，7月10日的第四十一次常会，决议裁撤禁烟处，其"所管禁烟事务交由公安局继续认真办理"。[3]同月，继任市长张荫梧签发训令严禁在职人员吸食鸦片，制定《北平特别市市政府所属各机关职员禁吸鸦片连环保证办法》，规定了禁吸鸦片连环"保证书"式样。1931年6月3日，社会局与公安局、北平地方法院联手在中山公园、先农坛两地举办禁烟纪念典礼，公开焚毁烟毒。

### 三、监督管理慈善团体

1928年6月北平特别市政府成立后，设置财政、土地、社会、公安等八局，社会局职掌全市公益慈善事项，负责监督管理北平市的慈善事业和慈善团体。在1929年3月1日社会局呈报的"十八年度施政大纲"第三部分关于公益慈善行政施行大纲中，有"考核私立慈善团体"一项，提出

---

① 北平特别市禁烟处公函禁字第二五七号，北京市档案馆藏，档号J002-007-01173，第12页。
② 北平特别市市政府训令字第一二一号，北京市档案馆藏，档号J002-007-01173，第21页。
③ 北京市档案馆编《北平历届市政府市政会议决议录》，北京：中国档案出版社，1998，第86—87页。

"任何国家对于社会慈善社团，无不极端奖励，但同时亦应受主管机关之监督，北平私人所办之各项慈善事业，成绩优著者固多，而迹近敛财及被控有案者，亦在所恒有，亟应明定条例，概予登记，以维公益"。①

鉴于"本市私立公益慈善各团体办理慈工事业，补助公家救济能力之不及，固应奖劝以资提倡。惟晚近世风浇薄、人类良莠不齐，若漫无限制，深恐间有不肖之徒，乘机组织团体，巧立名目劝募捐款，名为济众实则肥私，匪特妨害社会公安，亦且有损善团信用"，为便于考查而加限制，社会局拟订了《北平市私立公益慈善团体登记规则》16条，计划在全市实行总登记，3月7日，经北平特别市政府核准公布。《北平市私立公益慈善团体登记规则》规定：凡属在平新旧成立、已否备案各公益慈善团体，务须于1929年5月15日以前，将名称、所定地址、所办事业、财产状况、现任职员姓名、履历等详细造册，呈报社会局查核呈请登记，转报市政府备案。4月23日，社会局向全市私立公益慈善团体发出办理登记的通告，声明"一经调查合格发给凭照，即为正式团体，予以维护"，此项登记"事关公益，不取手续费"，要求各团体踊跃登记，不要误会观望。②

同年8月，因登记"限期已过，各团体依照规则登记者为数固多，而尚未登记之团体仍复不少。此中情节，或因地面辽阔容未周知，或未明登记之意旨意存观望"，社会局呈请市政府批准，将登记时限延展至8月底止。同时，社会局再次发出布告，说明"办理登记意在奖劝提倡，共图救济事业之发展"，要求"自此布告之日起，凡本市新旧成立、尚未登记各公益慈善团体，统限于九月一日以前继续来局登记，以便给照而符定章"。③截至1930年6月，共有香山慈幼院等24家慈善团体，经社会局核准登记。

① 北平特别市社会局十八年度施政大纲清折，北京市档案馆藏，档号J001-007-00020，第103页。
② 北平特别市社会局通告，北京市档案馆藏，档号J023-001-00022，第3页。
③ 北平特别市社会局布告，北京市档案馆藏，档号J023-001-00022，第20页。

国民政府于1929年6月公布了近代中国第一部有关慈善事业的基本法——《监督慈善团体法》。7月，行政院制定的《监督慈善团体法施行规则》也相应出台。《监督慈善团体法》及其施行规则，对慈善团体成立目的、发起人资格、立案注册、会员与职员、募捐、解散，以及会计清算等事项作了详细规定。1930年12月，因《北平市私立公益慈善团体登记规则》与国民政府1929年6月颁布的《监督慈善团体法》性质相同，社会局呈准北平市政府指令废止了该登记规则。

为加强对慈善团体的监督管理，1930年2月，北平特别市在社会局内设立北平市公益慈善基金委员会，旨在推进本市公益慈善事业的发展及其基金的充实，主要任务是负责对社会公益慈善事业进行筹划、考查、指导、改善，以及对公益慈善基金进行筹集、保管、支配及其公布。1931年2月18日，市政会议第一百零六次常会决议修正通过了《北平市公益慈善团体筹款限制办法》[①]，规定公益慈善团体举办筹款时，应将筹款理由、主办人姓名、收支情形和款项用途等呈报社会局核查。1932年9月，因各省市办理慈善团体备案手续、登记事项多不一致，为划一且便于管理，内政部制定公布《各地方慈善团体立案办法》，并规定各种书表格式，通令全国施行。1935年12月，北平市社会局主持组织了北平市各慈善团体联合会，以联合本市各慈善团体共谋发展救济事业为主旨，避免所辖慈善机构举业各自为政，达到协调管理、事业有成和统一治理的目的。在这一时期，北平市政府和社会局依照《监督慈善团体法》及其施行规则和《各地方慈善团体立案办法》等，对本市各慈善团体的执行情况，以及举办慈善事业、募捐款项使用等方面进行监督管理。[②]

---

[①] 北京市档案馆编《北平历届市政府市政会议决议录》，北京：中国档案出版社，1998，第159-160页。

[②] 梅佳选编《二十世纪二三十年代北平市监督管理慈善团体史料》，载北京市档案馆编《北京档案史料》2013年第四辑，北京：新华出版社，2013，第1-51页。

1928年6月成立的北平特别市政府，在首任市长何其巩的带领下，注重北平城市定位和建设，提出勘划市界，创建市政机构，制定管理法规和市政规划；筹谋财政经费，逐步实施市政基础工程建设；提倡实业、振兴工商，兴办北平市民银行；正视国府南迁后北平的贫民救济问题，设立北平（京）历史上第一个官办贫民救济机构——贫民救济总会；加大教育财政投入兴学重教，繁荣古都文化，筹议文博旅游事业；取缔陋风恶习，进行社会管理，在北京城市发展史上留下了不可忽略的一页。但由于当时政治形势错综复杂，各派势力互相牵制，尽管何其巩在任市长期间，还兼任国民党中央政治会议北平分会委员，但其力量仍不足以协调驾驭各方势力，各方利益暗中抵制、掣肘乃至变相报复时有发生。因此，这一届市政府任期内在北平城市发展方面未能有大的作为。

# 第二章　动荡中的平稳过渡

1928年6月，北平特别市政府成立，市政建设伊始，一切草创，何其巩宣誓就任北平特别市市长后，对于北平市政管理机构的创建投入了大量精力，主持市政会议、制定法规，各项市政工作初入有章可循、有法可依的轨道。但是由于当时政治形势错综复杂，军阀派系斗争风云变幻，何其巩任职不到一年时间就被迫卸任，由张荫梧继任北平市市长。张荫梧任职不到两年时间，市长人选再次由于政局动荡而变换，周大文继任。在张荫梧和周大文任职北平市市长期间，北平市政在时局动荡中艰难维持，在北平市市政发展史上处于一个相对平稳的过渡时期。

## 第一节　市长的频繁更迭

1928年二次北伐时，冯玉祥、阎锡山两路人马共同向北京进发。北伐军未到北京之前，蒋介石已经与冯玉祥议定由阎锡山接收京津，作为补偿由冯玉祥推荐北京市市长和崇文门税关监督，冯当即推荐第二集团军秘书长何其巩为市长。随着军事的推进，张作霖撤离北京后，6月4日冯系大将韩复榘先行一步攻占北京南苑，但这时阎锡山的部队还未到达。张荫梧兼程前进于8日赶到北京，在北京维持会王士珍等人的接应下，逼得先到的韩复榘退出了北京。6月12日，张荫梧出任北京警备司令，维持当地治安。[①]

---

① 胡必林，方灏编《民国高级将领列传》第6册，北京：解放军出版社，2006，第502页。

　　6月20日，经国民党中央政治会议议决：北京改名为北平，定为特别市①。相比于首都时期，北平特别市辖境大为缩减，京兆区并入河北省（直隶省改），北平市辖区东至黄庄，西至三家店，北至立水桥，南至西红门，面积仅有706.93平方公里。②经过何成濬代理市长的短暂时期后，7月13日，何其巩举行盛大就职典礼，正式出任市长一职。③

　　次年，蒋介石与冯玉祥的冲突公开化后，北平局势急转直下，何其巩考虑到自身安全，于5月8日主持完市政会议第36次常会后，便称病不再上班，避入东交民巷使馆区原苏联使馆，市政事务交由秘书长沈家彝全权处理。④张荫梧将继为下任北平市市长的传言已沸沸扬扬，在接受记者采访时他也承认晋军部已向中央呈请任令，实际上阎锡山已指示其暂行代理市长一职。⑤23日，国民党中央常委会决议永远开除冯玉祥的党籍、革除冯的一切职务，同日国民政府行政院训令，"北平特别市市长何其巩，着即免职"。⑥

　　很快，北平市市长职位人选尘埃落定。6月5日，国民政府中央政治会议第一百八十三次会议任命张荫梧为北平特别市市长。⑦此时，市长印信仍在何其巩手中，10日张荫梧派人到市政府告知沈家彝："交印不抓人。"沈家彝则将此话转告给了何其巩，何交出了市长印信。18日上午，张荫梧

①　河北省省会于1929年10月由天津迁到北平。1930年7月北平划归河北省辖下普通市，河北省会复还天津。

②　参见孙冬虎、王均《民国时期北平市域的拓展计划初探》，《中国历史地理论丛》1999年第3期，第218页。

③　参见孙洪权《北京历史上的首任市长》，《北京档案史料》1994年第2期，第71—73页。

④　陈俐：《独斗霜雪韧如菊——北平市首任市长何其巩其人其事》，《北京档案》2014年第11期，第12页。

⑤　《北平继任市长定张荫梧》，《华北日报》1929年5月24日，第2版；《张荫梧谈片》，《华北日报》1929年5月25日，第2版。

⑥　《市长：张荫梧中央已内定，何已免职》，《京报》1929年5月24日，第3版。

⑦　《中央政治会议（第一八三次）》，《新闻报》1929年6月6日，第4版。

正式到职视事①，并于27日早晨补行了就职典礼，张继监誓，蒋介石亲自到场训话。②

1930年，阎锡山与蒋介石矛盾激化，随即爆发了中原大战。张荫梧从当年5月起就常年在外，北平事务通常通过邮件的方式进行传达与处理。9月18日，张学良通电出兵华北，东北军迅速向关内挺进，战场形势急转直下，集结于北平的各派反蒋势力的代表人士纷纷外逃，张荫梧随着阎锡山的失败而弃职离去，北平市财政局局长王韬代理市长一职。1930年9月22日，东北军进驻北平。此后约两年半的时间里，北平地区处于张学良之东北军的势力控制之下。

在此期间，张学良和蒋介石结成政治联盟，继续对抗国内各反蒋势力。与此同时，日本军国主义者发动了大规模的侵华战争，民族矛盾迅速激化。蒋介石奉行"攘外必先安内"的政策，对日军的进攻一再退让，张学良执行蒋介石的不抵抗命令，1931年"九一八"事变后东北军退出东北。日军的侵略与蒋介石的不抵抗政策激起全国人民的强烈愤慨，全国反蒋抗日的呼声日益高涨，进一步加剧了统治集团内部的分化组合。1931年12月15日，蒋介石被迫通电下野，张学良亦辞去由蒋介石政府任命的"全国陆海空军副司令"一职。1932年"一·二八"淞沪抗战后，国民党内新军阀之间的混战暂告结束，3月6日，蒋介石被推举为国民党军事委员会委员长兼军事参谋部参谋长，8月，蒋介石兼任军委会北平分会委员长，随即委任张学良为代理军委会北平分会委员长。1933年初，因蒋介石热衷于"剿共"，抗战不力，热河失守。蒋介石劝说张学良辞职。3月11日，张学良通电下野，此后即离开北平。

张学良控制北平期间，北平市市长的选任初由王韬为"暂行护理市

① 《张荫梧接收平市府》，《新闻报》1929年6月19日，第6版。

② 《张荫梧补行就职礼》，《时报》1929年6月27日，第2版；《张荫梧就职礼》，《时报》1929年6月28日，第2版；《市长张荫梧宣誓就职》，《华北日报》1929年6月27日，第3版。

长"，又由胡若愚为"暂行代理市长"。1931年，周大文被任命为北平市
市长，但并未立即到任，到任前由时任青岛市市长的胡若愚暂行兼代。6
月30日，胡若愚卸任，7月1日，周大文正式接任北平市市长。周大文曾
与张学良、胡若愚等人结拜为兄弟，周与张之间有良好的私人关系。按照
《张学良口述历史》中的说法，"周大文是我玩儿的一个朋友，是给我父亲
管电报的。我那时候有个秘密的姨太太住在他家"，可见其私人关系之近。
但周大文之任北平市市长，却并非出自张学良的本意。据《张学良口述历
史》中所说，当时张学铭（张学良之弟）任天津市市长、周大文任北平市
市长、胡若愚任青岛市市长，都是由吴铁城在张学良不知情的情况下向南
京政府推荐，"中央就直接任命了"的。张学良本不愿接受，但经过再三考
虑还是认可了这一安排。[①]1933年张学良下野离开北平后，5月，蒋介石
以黄郛为行政院驻平政务整理委员会委员长，黄郛上任后即任袁良为北平
市市长，周大文于6月16日正式辞职。

## 第二节　市政机构变迁与管理

### 一、财政困难带来的机构变迁

国民政府初建，北平被革除首都职能，京都市政公所改组为北平特别
市政府，作为独立的城市行政管理单位开始运作，按照《特别市组织法》
下设财政、公安、社会、工务、教育、卫生、公用、土地八局为基本行政
部门。[②]国民政府为了反驳"北平失去首都地位必将衰败"的社会舆论，
强调北平的文化与教育发达，提出将北平建设成为"东方文化游览区"，
催动了如火如荼的北平繁荣运动，于是市政府又另设官产局、旗产管理
委员会、繁荣设计委员会、清理圆明园园产事务所等机关，配合文化事

① 张学良口述、[美]唐德刚撰写《张学良口述历史》，太原：山西人民出版社，2013。
② 白淑兰、赵家萧选编《北平市之沿革》，《北京档案史料》1993年第3期，第30页。

业的开展。一时间，北平市政管理机构大幅膨胀。

然而，国民政府定都南京，北平以官僚权贵群体为主体的消费经济结构迅速瓦解，商业经济顿时呈现萧条状态，大量工人失业。加上北平市辖境缩小，税收覆盖区骤减，让原本的财政问题雪上加霜。短时间内，市政府根本无力拿出巨额资金来进行系统完备的大型市政建设活动。更何况表面上成熟完备的市政机构实则叠床架屋，如若政令不畅，反而成为效率低下的花架子。

北平政府从创建之时已面临着严重的财政危机，何其巩在任时就不得不于1928年11月和1929年5月两次裁并机构以节省开支。[1] 北平繁荣设计委员会每月行政经费只有858元，同期市政府为2.4万元，各局中经费最多的公安局16.2万元，最少的公用局6000元，仅能维持而已。[2] 因财政困难，计划中的大额行政及市政经费只是虚名而已，例如北平路政原来每月经费五六万元，但实支仅2000余元。

市政建设活动与市政府机关的行政活动密切相关，许多市民已认识到此中弊害。白敦庸向市政府提交《整顿北平市政建议书》，就要求精简机构节约开支。[3] 冯思勤指责"每见巨款虚縻，而平民未得锱铢，官吏累百，而成绩不获一二"，提出"澄清官吏为入手第一要义"，尤其是要处理"公文积压、案件延迟"的恶习。[4] 如何整肃市政机构，在紧张的财政局面中努力开展市政建设，成为市政当局的一大难题。

何其巩卸任时，北平市政府留下了12万元的亏空。张荫梧早对此颇为不满，6月18日在接收市政府时，就宣告将缩减原有的市政组织机构，大规模缩减办公经费，"市府经费原定每月二万四千元，决减三分之一，

① 《市政府减政》，《华北日报》1929年4月26日，第6版。

② 《北平特别市市政府财政整理案》，《华北日报》1929年6月3日，第6版。

③ 白敦庸：《市政举要》，上海：大东书局，1931，第221—223页。

④ 《冯思勤关于改革市政条陈》（1929年6月28日），《北京档案史料》1997年第2期，第24—25页。

以免竭蹶"。[1]张氏拟定整顿财政，以"期全市之钱供全市之用"为宗旨，并希望"大致经费每月可减五万元，税收整顿可增三万元，即等于每月多八万元之进款，以补偿前市长之亏空"。张氏表示自己"深知读书人之苦，非得使其心安教育难有进步也"，希望努力做到中小学教员薪酬十成发放。但其他机构就没那么幸运了。因卫生清洁事务已移交地方自治委员会，卫生局经费拟定完全用来办理医院。[2]北平繁荣设计委员会858元的月度行政经费被完全取消，此机构即告终结。[3]

### 1929年6月19日市政会议拟订的裁减计划[4]（单位：元）

| 机构名称 | 原有经费 | 裁减数 | 拟订经费 |
|---|---|---|---|
| 市政府办公费 | 25000 | 9000 | 16000 |
| 财政局 | 24600 | 9200 | 15400 |
| 土地局 | 5400 | 4000 | 1400 |
| 公安局 | 162000 | 7000 | 155000 |
| 社会局 | 14320 | 4000 | 10320 |
| 工务局 | 34200 | 2000 | 32200 |
| 卫生局 | 21200 | 4000 | 17200 |
| 教育局 | 53959 | 1000 | 52959 |
| 公用局 | 6000 | 1000 | 5000 |
| 自治筹备处 | 2451 | 1000 | 1451 |
| 繁荣北平市设计委员会 | 850 | 850 | 0 |
| 全市临时费 | 3000 | 2000 | 1000 |
| 土地测量队 | 3000 | 2000 | 1000 |
| 其关于救济及公益等项费用均未减 | | | |

---

① 《张荫梧接收平市府》，《新闻报》1929年6月19日，第6版。
② 《张荫梧谈片：对北平市之计划》，《华北日报》1929年6月27日，第6版。
③ 《市府及各局缩减经费》，《新晨报》1929年6月20日，第6版。
④ 《市府裁减经费四万五千元》，《京报》1929年6月20日，第3版。

此次核减标准主要针对行政经费，但教育局之学校经费、工务局之工程费、社会局赈粮及救济院等附属机关经费均拟不减。可见，此次核减经费、紧缩机构主要在于去虚存实，并不意味着许多机构的废弃与市政活动的减少。例如市政府秘书体制额数仅有1名，但何其巩在任时秘书多达十余名，张荫梧任市长期间则拟留3名，"原有秘书……有资格较高、才具亦佳，荐为科员……余均裁去"。八局名义依旧，但性质相近者以兼任的形式来减少薪俸开支，例如财政兼土地局局长谢宗周，社会兼公用局局长延敏琪，公安兼卫生局局长赵以宽。张荫梧认为这样"积少成多，当于市政不无稍补"。①同时，张荫梧仍然相当关心北平市的未来发展，认为"繁荣计划，不能因而停顿"，于是特别委派参事吴承湜负责规划办理。②在核减行政费用的同时，他还在想方设法获取更多的市政建设费用，尤其是重点关注路政一项，"拟筹措相当款项……于一定时期内整理道路，切实修筑"。③

北平财政收入主要来源于本地捐税收入，1929年时各项捐税收入占北平市财政收入总额的63.9%。④20世纪30年代，北平历年废除的税目达30余项，同时设立了多种新税，使地方税收有所增长。⑤但是，受经济萧条的影响，整顿财政也没能把市政府从长期亏空状态中解救出来。尤其是市政捐并不能按时收齐，市民因负担困难而曾一度呼吁减免市政捐。⑥到了1930年，阎锡山与蒋介石关系日益紧张，战争一触即发，大量经费被挪作军事开支，这无疑使本就困难的市政经费雪上加霜。张荫梧不得不进行大刀阔斧的裁撤。4月，卫生局被裁撤，清洁事务归并公安局，改设卫生科管理；公用局被裁撤，公用事业归并工务局，改设第五科（公用科）管

---

① 《张荫梧昨到市府办公》，《京报》1929年6月19日，第3版。

② 《张荫梧关心本市繁荣》，《华北日报》1929年6月29日，第6版。

③ 《张荫梧昨到市府办公》，《京报》1929年6月19日，第3版。

④ 曹子西主编《北京通史》第9卷，北京：中国书店，1994，第268页。

⑤ 曹子西主编《北京通史》第9卷，北京：中国书店，1994，第260–261页。

⑥ 《电灯公司之呼吁，要求减免市政捐》，《华北日报》1929年2月27日，第6版。

理。[1]市政机构因为财政困难被迫裁撤，很大程度上影响了市政建设活动的进行。

1928—1931年北平市政府财政收支状况[2]

| 年份 | 1928 | 1929 | 1930 | 1931 |
|------|------|------|------|------|
| 岁入 | 3.07 | 4.76 | 4.30 | 4.18 |
| 岁出 | — | 4.58 | 4.85 | 4.68 |

1931年，北平贫民救济会移设社会局。1931年8月14日，北平市社会局向北平市政府提交呈文，呈报有关北平贫民救济会归并社会局的处理办法。据社会局的呈文，北平贫民救济会是由北平各机关团体及绅商各界组织成立，办理赈济等事项，属于社会团体，如果归并社会局，则赈济事项涉及具体事务较多，又事关重大，社会局的现有力量是不足以完全承担这项职责的，"盖以兹事体大，必集合群力，难期实效，每当冬令筹设粥厂，施放衣粮，以及遇有灾荒临时，赈恤募款、调查、经收、施放事务颇繁，均须专员办理。本局职员各有专司，势难兼顾"；另外，救济会属于由政府扶助的私立慈善团体，没有固定的款项来源，赈济资金全靠临时募集，所以会长一向是由市长担任，以便增加号召力，"俾登高一呼，众山皆应，易于集事"，如果变成社会局的附属机构，那么由市长担任会长的救济会"其局、会之关系又颇不易规定，恐不足以资号召"。按社会局的申述，实际上将贫民救济会归并于社会局并不是十分合理的做法，但是，为响应市政府的指令要求，仍勉为其难地提交了拟定的《北平贫民救济会移设社会局办法》(以下简称《办法》)。据档案，北平市社会局根据

① 《市工务局为已遵令设科接管前公用局致电车公司函》(1930年4月1日)，载北京市档案馆等编：《北京电车公司档案史料》，北京：北京燕山出版社，1988，第238页。
② 杜俊东：《北平岁入之分析》，转引自曹子西主编《北京通史》第9卷，北京：中国书店，1994，第267页、272页。

市政府指令修改后的《办法》中规定，虽然救济会移设社会局内，但仍维持其原有的社会团体的性质，与社会局并非隶属关系，其《办法》原文如下。

北平贫民救济会移设社会局办法

一、贫民救济会移设社会局内。

二、贫民救济会仍维持其原有团体地位，不属于社会局，与社会局公文往来，以函行之。

三、为办事便利起见，应以社会、公安两局局长为副会长，承会长之命襄理一切会务。

附注：副会长照章应由董事选举二人，如由社会、公安两局局长充任，尚须修正章程。

四、该会既经移设社会局内，办公费用自应力求核减，除冬赈期（四个月）外，其余各月事务较简，应撙节开支，所余之款即一并存作办理赈济事项之用。[①]

北平市政府指令第二三七七号："令社会局。折呈一件遵令拟具北平贫民救济会移设本局办法请鉴核示遵由。折呈暨附件均悉。兹将所拟办法酌予删修，另纸抄发，仰即遵照更正，仍候另令施行。此令。计抄单一纸。市长周大文。中华民国二十年九月十日。"[②]此后社会局档案中未见有关于此事的正式批文，但从此后有关北平贫民救济会的来往公文来看，该会应在此后即附设于社会局。

1932年，教育局并入社会局内，财政局进行了重新改组。据1932年10月5日北平市财政局致社会局公函（字第五号），裁并财政局和教育局的提案中，教育局归并到社会局内，经行政院的审核，"与市组织法尚无不合，自应照准"，而财政局归入市政府秘书处的提案则未获准，据行政

---

[①]《北平贫民救济会移设社会局办法》，北京市档案馆藏，档号J001-006-00036，第11页。

[②]《北平贫民救济会移设社会局办法》，北京市档案馆藏，档号J001-006-00036，第9页。

院的指令，按照《特别市组织法》的规定，财政局是市政府必须设立的机关。因此，仍恢复了财政局的设置，并且"所有该局局长一职，应由本市市长自兼"，"本局遵于十月一日成立，所有前财政局印信业经□□缴销，在未奉到领发新印以前，暂行借用市政府印。除呈报并分别函行外，相应函请查照。此致，北平市社会局。中华民国二十一年十月五日"。①

### 二、政府机关的内部管理

在政府机关的内部管理方面，1932年1月，北平市政府令第四号制定《北平市政府秘书处视察人员办事细则》；1932年1月，北平市政府令第五号制定《北平市政府视察执照规则》；1932年1月，北平市政府令第十五号修正《北平市政府秘书处办事细则》；1932年1月，北平市政府令第十六号废止1929年8月公布之《北平市政府职员调查报告办法》及《北平市政府秘书处第三科调查股调查人员任差规则》、《北平市政府调查执照规则》。这些规则、办法等，对各项工作制度和人员管理都作了详细的规定，体现了市政工作规范化的逐步进展。其中如《北平市政府秘书处视察人员办事细则》，对秘书处视察人员的职责和工作程序等作出了详细的规定，要求"视察人员出外视察及调查时应先向主管科股调阅卷宗或协同讨论"，"视察市政于事竣后应由视察人员拟具视察报告，署名盖章，呈由主任视察员转呈市长秘书长核阅，遇有紧急事项，应随时报告"，"视察人员服务时须随带视察执照"，"视察人员对于所查事件须严守秘密"，"视察人员非因差务不能来府时，仍应照办公时间签到"，等等。同时《北平市政府视察执照规则》对视察执照的管理提出了规范，要求"视察人员调查市政于必要时得出所持执照证明"，"视察执照只限视察人员外出服务时持用，他人不得假冒顶持"，"视察人员持用视察执照外出服务，倘有借端招摇、敲

---

① 北平市财政局关于裁并财政局一事不合组织法、现予以回复财政局设置并函送成立日期暂行借用府印给北平市社会局的公函，北京市档案馆藏，档号J002-001-00087，第4页。

诈勒索情事，准人民列举确实证据来府告发"，等等。①

1933年1月，北平市政府第九号令公布了新制定的《北平市政府各机关交代规则》共10条，详细规定了市府所属各机关长官在前后任交接时所应遵守的规则，包括交接程序、交接期间的薪资发放、公款公物的处理等，其中规定"前后任交代时，一旦属本府者应由府派相当人员监盘，其附属各局者，由局派员监"，"后任或接任人员接到移交清册时，应即会同监盘人员于十日内会同卸任人员逐项盘查清楚，出具交代清结证明书，会呈上级机关查核，但固有特别情形不能盘查清楚时，会同呈明展期，行政机关至多不得逾一个月，征收机关至多不得逾两个月"，"在展期交代期间，留用卸任办理交代负责人员得呈准照支原薪，至交代清楚时为止；但此项人员业经后任留用或由调任长官调往他处任用者，不得支薪"，"征收各机关之接任人员接收前任征存未解各款，应于三日内代为报解，不得与本任征收之款并解"，"接任人员查见卸任人员有亏短公款公物者，或有侵吞公款及挟款潜逃者，接任人员应立即呈报上级机关核办"，等等。②从这些规章制度的建立中，可以窥见当时的北平在市政工作走向规范化、在成为一个近代化都市的过程中所进行的努力，尽管这些字面上的规定和要求未必一定能完全落实到具体的工作中，但也应视作北平市政近代化进程中不可或缺的一个环节。

### 三、"区民大会"和"坊民大会"

在各项规则、制度的建立中，值得注意的是《北平市坊民大会会议规则》和《北平市区民大会规则》。这一公民议事制度的建立，与民国时期

---

① 北平市政府关于公布北平市政府视察执照规则的令，北京市档案馆藏，档号J021-001-00402，第106页、109页。

② 北平市政府关于公布北平市政府各机关交代规则的令，北京市档案馆藏，档号J181-020-10518，第7页。

的市制以及发展密切相关。据袁继成《中华民国政治制度史》，民国成立之初，中央政府与各省政府均未及注意于市制，只有江苏省公布了一份《江苏暂行市乡制》，规定县治城厢为市，集结居住人口满5万以上者亦为市，市的组织分为议事会与董事会分掌立法与行政等。1914年袁世凯下令停办地方自治后，市的组织被解散，从此以后，中国长时期无市制出现，直到1921年北洋政府恢复市的建制活动，市制问题才重新提出。

1921年5月，内政部草拟了《市自治制》交地方行政会议审查，同年7月大总统徐世昌以教令公布，9月又制定《市自治制施行细则》。北洋政府时期实际确定为特别市主要有京都（北京）、津沽（天津）、淞沪（上海）、青岛、哈尔滨等。除京都系依照《市自治制》及《市自治制施行细则》实施的以外，其余各特别市均有各自的组织法规。这些组织法规关于市组织机构的名称虽各不相同，但结构形式基本相同，均规定设立议事机关（称市自治会或市议会）、执行机关（称市自治公所或市政公署）、行政辅佐机关（称市参事会或董事会）等三个部分，设市长一名为市的自治代表。市的自治活动受中央政府所委派的行政长官监督，在民选的市长未产生前，市长职权由行政长官代行。

南京国民政府成立后，于1928年7月公布了《特别市组织法》与《市组织法》，分别规定特别市与普通市的组织形式。该两法仅施行了2年，即于1930年5月被新的《市组织法》所代替。这部《市组织法》将市分为行政院辖市与省辖市两种，规定了相应的设立条件等。除此之外，还规定了市的"民意机构"为市参议会。"根据1932年8月公布的《市参议会组织法》，市参议会为'全市人民代表机关'，市参议员由市公民直接选举，市参议员的名额在人口20万之市为15名，超过20万者，每5万人口增加1名。……市参议会每两个月开常会1次。关于罢免权、创制权、复决权的规定，是《市参议会组织法》中的一个特色。规定市公民对市参议员得行使罢免权，对市参议会的决议得行使复决权。市参议会所作出的决议市长应当执行；市长如认为决议不当时可送交市参议会复议，如参议员2/3以上仍执前议而市长仍认为不当时，应即提付市公民依法复决之。……当然，在事实上，反映市公民意愿的罢免权、创制权、复决权，均未见真正实行。"[1]北平市于1933年依据《市组织法》成立了"区民大会"和"坊民大会"，并且制定了相应的规则，至少在制度建设上体现了市制发展方面的进步。

1933年3月，颁布了《北平市坊民大会会议规则》和《北平市区民大会规则》。该两项规则分别规定了以坊和区为单位组织公民大会的形式，包括出席大会的公民人数、登记程序、表决方式等。

北平市坊民大会会议规则

第一条 本规则依据《市组织法》第七十七条制定之。

第二条 坊民大会以本坊区域内之市公民须三分之一出席行使《市组织法》第七十三条各款所规定之职权。

前项出席之公民须缴验公民登记证并于签到簿签名后始得入场。公民登记证于闭会出场时发还。

第三条 坊民大会得与区民大会合并举行，分别议事。

第四条 坊民大会议事日程应于开会七日前公告并送达各公民。

第五条 坊民大会以坊长为主席，在坊长未选举前以坊筹备员为主席，筹备员有事故时得指定坊助理员一人代理之。

第六条 坊民大会议案以出席市公民过半数同意表决可否，同数时决于主席。

第七条 本规则未尽事宜得修正之。

第八条 本规则自公布之日施行。

中华民国廿二年三月廿一日

① 袁继成：《中华民国政治制度史》，武汉：湖北人民出版社，1991，第462页。

北平市区民大会规则

第一条 本规则依据《市组织法》第三十九条制定之。

第二条 区民大会于各坊分设会场同日举行，以各本坊区域内之市公民出席投票行使选举权、罢免权、创制权、复决权。

前项出席之市公民须缴验公民登记证，并于投票人民簿所载本人姓名下签名，始得入场。公民登记证于闭会出场发还。

第三条 区民大会得于各坊坊民大会合并举行，分别议事。

第四条 区民大会各坊会场以坊长为主席，在坊长未选举前以坊筹备员为主席，筹备员有事故时须指定坊助理员一人代理之。

第五条 区民大会各坊会场主席应将各案详细记载，当场宣布可决、否决人数或票数，即日集合区公所核算总数定其决议或当选。

第六条 区民大会议案以到会市公民过半数同意表决可否，同数时决于区长，在区长未选举以前决于区常务委员会主席。

第七条 区民大会经全区三分之一坊公所之要求应召集临时会。

第八条 区民大会议事日程应于开会七日前公告并送达各公民。

第九条 本规则未尽事宜得修正之。

第十条 本规则自公布之日施行。

中华民国廿年三月廿一日[1]

这一时期，其他涉及行政管理方面的市政府令还有：1931年12月，北平市政府令第一七九号，修正《北平市自治区选定常务委员暂行章程》[2]；1931年12月，北平市政府令第一八二号，废止1931年2月公布之《北平市政府清理平西稻田委员会组织章程》[3]，等等。

---

[1] 北平市政府关于颁布北平市坊民大会会议规则和北平市区民大会规则的令，北京市档案馆藏，档号J181-020-10523，第5-7页。

[2] 北平市政府关于修正北平市自治区选定常务委员暂行章程的令，北京市档案馆藏，档号J021-001-00402，第73页。

[3] 北平市政府关于废止北平市政府清理平西稻田委员会组织章程的令，北京市档案馆藏，档号J021-001-00402，第76页。

## 四、其他各种市政管理法规

1928年设立北平特别市政府之后的一个时期，是北平市政建设史上的一个新阶段。在这一时期，城市的基础建设进一步发展，市政管理体系也在逐步走向完善，更加专业化。这一点鲜明地体现在市政府对于各种市政管理法规的建立与完善上。据档案中所见的不完全统计，兹将这一时期关于制定与修正市政管理法规方面的市政府令列表如下（档号均为J021-001-00402），可以看出其时间上的密集性，及涉及市政管理方面的全面性。

| 时间 | 文号 | 制定或修正 | 法规名称 |
|---|---|---|---|
| 1931.8 | 北平市政府令第一三四号 | 制定 | 《北平市手工业奖励规则》 |
| 1931.8 | 北平市政府令第一三六号 | 制定 | 《北平市屋内电灯线检查规则》 |
| 1931.9 | 北平市政府令第一四三号 | 制定 | 《北平市各种工艺游艺竞赛办法》 |
| 1931.9 | 北平市政府令第一四四号 | 制定 | 《北平市手工业借贷资本章程》 |
| 1931.9 | 北平市政府令第一五〇号 | 制定 | 《北平市汽车行管理规则》 |
| 1931.9 | 北平市政府令第一五一号 | 修正 | 《北平市汽车管理规则》 |
| 1931.10 | 北平市政府令第一六〇号 | 修正 | 《北平市建筑限制暨设计准则规程》 |
| 1931.10 | 北平市政府令第一六一号 | 制定 | 《北平市取缔卜筮星相堪舆等迷信营业办法》 |
| 1931.11 | 北平市政府令第一七二号 | 制定 | 《北平市制婚书发行章程》 |
| 1932.1 | 北平市政府令第　　号【原档中缺】 | 修正 | 《北平市合作社暂行规则》 |
| 1932.2 | 北平市政府令第二五号 | 修正 | 《北平市房基线规则》 |
| 1932.3 | 北平市政府令第二六号 | 修正 | 《北平市建筑规则》 |
| 1932.3 | 北平市政府令第二八号 | 修正 | 《北平市手工业奖励规则》 |
| 1932.3 | 北平市政府令第三二号 | 修正 | 《北平市土木技师技副执行业务取缔规则》 |
| 1932.3 | 北平市政府令第三三号 | 修正 | 《北平市厂商承揽工程取缔规则》 |
| 1932.3 | 北平市政府令第三四号 | 修正 | 《北平市公安专款委员会章程》 |

| 时间 | 文号 | 制定或修正 | 法规名称 |
|---|---|---|---|
| 1932.4 | 北平市政府令第四二号 | 制定 | 《北平市译导管理规则》 |
| 1932.5 | 北平市政府令第四六号 | 制定 | 《北平市筹设仓储委员会章程》 |
| 1932.5 | 北平市政府令第四八号 | 制定 | 《北平市承领财政局保管前提署公产规则》 |
| 1932.6 | 北平市政府令第五四、五五号 | 修正 | 《北平市承领公地及房基线余地规则》 |
| 1932.6 | 北平市政府令第五八号 | 修正 | 《北平市房地转移规则》 |
| 1932.6 | 北平市政府令第五九号 | 修正 | 《北平市整理步道规则》 |
| 1932.6 | 北平市政府令第六〇号 | 修正 | 《北平市掘路规则》 |
| 1932.6 | 北平市政府令第六一号 | 修正 | 《北平市厂商承揽工程取缔规则》 |
| 1932.6 | 北平市政府令第六二号 | 修正 | 《北平市四郊自治区保卫团组织暂行章程》 |
| 1932.7 | 北平市政府令第九一号 | 修正 | 《北平市手工业奖励规则》 |

### 五、营业税以及其他税收的管理

1928年7月，国民政府第一次全国财政会议决议各省开征营业税，并拟定了《各省征收营业税大纲》，但当时由于连年战乱，计划并未真正实施。至1931年1月，财政部公布了《各省征收营业税大纲及补充办法》，1931年6月，国民政府又正式公布了《营业税法》，标志着营业税制度的基本建立。随后，营业税在江苏、江西、安徽、湖北、湖南、福建、广东、河北、河南、山东、山西、绥远、察哈尔、陕西、南京、北平及青岛等18个省市陆续开征。北平市政府关于征收营业税的工作也成为此一时期财政税收工作的重点。

1931年5月至6月间，兼代市长胡若愚在任时，北平市营业税筹备委员会（蔡元任委员长）起草了《北平市征收营业税处罚章程草案》《北平市营业税评议委员会组织章程草案》《北平市营业税征收处组织章程草案》，经市政会议议决后公布施行。1931年7月周大文正式接任后，于7月11日发布北平市政府第一〇八号令，制定公布了《北平市营业税评议委员会评议规则》。8月至9月间，又遵照中央公布之营业税法修正了《北平市营业税评议委员会组织章程》中的部分条文。在修正条文的过程中，市政府及其财政局与北平市商会等，就代表的人选、会计师的指定等细节问题进行了详细的推敲。先是由财政局呈请市政府，按照《营业税法》的规定对原先颁布的《北平市营业税评议委员会组织章程》进行修订，市政府指令通过。对于征收营业税评议委员会组织章程中所规定的委员人数，1931年8月14日，北平市财政局曾向市政府递交呈文，认为规定"委员总数为十一人，商会代表仅定二人"，是与《营业税法》的规定不相符的，因此要求修正条文，将"委员总数增至十二人，其第二款改为纳税者代表四人，第三款改为财政局代表二人，藉符营业税法所载代表纳税者利益之评议委员不得少于委员总数三分之一之规定"。① 北平市政府很快于8月22日下达指令，表明此案经过市政会议议决，通过了财政局提出的修正案，并附有修正案条文如下：

附：北平市征收营业税评议委员会组织章程第三条修正案

第三条　营业税评议委员会以左（下）列人员组织之：

一、营业税征收处处长；

二、商会代表四人；

三、财政局代表二人；

四、社会局代表一人；

五、公安局代表一人；

六、指定会计师一人；

七、征收处主管职员二人。②

---

① 北京市财政局关于修正征收营业税评议委员会组织章程请核准公布施行的呈，北京市档案馆藏，档号J001-005-00056，第67页。

② 北平市政府关于公布征收营业税评议委员会组织章程的令，北京市档案馆藏，档号J021-001-00402，第72页。

10月，财政局又呈送了《北平市营业税评议委员会办事细则草案》。12月修正了《北平市营业税评委员会组织章程》和《北平市营业税评委员会评议规则》中的部分条文。①

1931年5月，胡若愚签署北平市政府第七六号令，制定公布《北平市征收营业税条例》②，第七九号令制定公布《北平市征收营业税条例施行细则》。1932年1月，周大文签署北平市政府第二号令，宣布废止1931年5月公布之《北平市征收营业税条例》及《施行细则》。③随即，又在北平市政府第三号令，制定了新的《北平市征收营业税施行细则》，并附有《北平市营业税标准及税率表》。④

在此之后，关于营业税的一些规章制度，又屡次经过修订。1931年7月，财政局呈报《北平市营业税征收处办事细则草案》及《保管档案规则草案》《处务会议细则草案》⑤，经市政府指令修改后准予备案。1931年11月，北平市政府公布《北平市营业税经征委员会组织章程》。⑥1931年12月，北平市政府令第一八三号修正《北平市营业税评议委员会组织章程》⑦，北平市政府令第一九一号修正《北平市营业税评议委员会评议规

---

① 北平市政府会议股关于修正通过征收营业税施行细则的决议案通知，北京市档案馆藏，档号J001-005-00067，第71页。

② 北平市政府关于北平市征收营业税条例经市政会议议决公布的令，北京市档案馆藏，档号J001-005-00067，第22页。

③ 北平市政府关于抄发北平市征收营业税施行细则给营业税经征委员会的训令，北京市档案馆藏，档号J001-005-00067，第115页。

④ 北平市政府关于北平市征收营业税施行细则经市政会议议决公布的令，北京市档案馆藏，档号J001-005-00067，第137页。

⑤ 北平市财政局关于送修正营业税征收处办事细则等的呈，北京市档案馆藏，档号J001-005-00073，第8页。

⑥ 北平市政府关于公布北平市营业税经征委员会组织章程的令，北京市档案馆藏，档号J021-001-00402，第69页。

⑦ 北平市政府关于修正北平市营业税评议委员会组织章程的令，北京市档案馆藏，档号J021-001-00402，第78页。

则》。1932年1月，北平市政府令第一一一号修正了《北平市营业税评议委员会评议规则》的部分条文，[①]第一一二号令修正了《北平市征收营业税处罚章程》的部分条文。[②]1932年3月，北平市政府第六八号指令准营业税经征委员会将营业税施行细则按照财政部的规定改为征收章程。营业税经征委员会呈报修改后的征收章程，经第一五六次市政会议决议通过，由市政府公布施行（指令第九一八号，1932年4月）[③]。

　　其他税收方面，1931年9月，北平市政府令第一四九号，修正《北平市公益捐征收章程》[④]。1931年10月，北平市政府令第一五五号，修正《北平市汽车捐章程》[⑤]。1932年5月，北平市政府令第四七号，修正《北平市财政局车捐章程》[⑥]。1932年4月，北平市政府令第四〇号，制定《北平市财政局牙税监收室暂行规则》。[⑦]1932年4月，北平市政府令第四一号，制定《北平市财政局牙税研究会暂行规则》。[⑧]1932年6月，北平市政府令第五六号，制定《北平市第十二自治区征收地亩公益捐试行简章》。[⑨]1932年6月，北平市政府令第五七号，修正《北平市契税征收章程》。[⑩]

① 北平市政府关于修正北平市营业税评议委员会评议规则的令，北京市档案馆藏，档号J001-005-00069，第10页。
② 北平市政府关于修正北平市征收营业税处罚章程的令，北京市档案馆藏，档号J001-005-00069，第25页。
③ 北平市政府关于将营业税施行细则改为征收章程经市政会议议决公布的令，北京市档案馆藏，档号J001-005-00068，第8页。
④ 北平市政府关于修正北平市公益捐征收章程的令，北京市档案馆藏，档号J021-001-00402，第24页。
⑤ 北平市政府关于修正北平市汽车捐章程的令，北京市档案馆藏，档号J021-001-00402，第50页。
⑥ 北平市政府关于修正北平市财政局车捐章程的令，北京市档案馆藏，档号J021-001-00402，第181页。
⑦ 北平市政府关于制定北平市财政局牙税监收室暂行规则的令，北京市档案馆藏，档号J021-001-00402，第170页。
⑧ 北平市政府关于制定北平市财政局牙税研究会暂行规则的令，北京市档案馆藏，档号J021-001-00402，第172页。
⑨ 北平市政府关于制定北平市第十二自治区征收地亩公益捐试行简章的令，北京市档案馆藏，档号J021-001-00402，第196页。
⑩ 北平市政府关于修正北平市契税征收章程的令，北京市档案馆藏，档号J021-001-00402，第205页。

## 第三节　市政设施建设与文物保护

### 一、道路沟渠整修

张荫梧把"翻修全城马路"拟为首要三项注意之一，上任后即付诸行动。除每月养路费2万余元仍按期如数拨付以外，又与工务局局长华南圭商定提前筹拨经费8万元，"限于五个月内，将北平城之各处马路，一律翻修"。他还充分利用自己的军队人脉关系，以"寓兵于工""军政合作"的名义，商同陆军第42师第125旅旅长楚溪春调动步兵三团，自1929年6月24日起日夜兴工修埋由北平全汤山立水桥一段马路。在即将到来的大规模马路翻修工程中，工务局1928年接受市政公所的10架筑路石碾显然不敷分配，则商定向外界借用2个。[①]之后，张荫梧又筹资增购了3架路碾，以供路政建设。[②]

同时，面对紧张的财政局面，市政府大力鼓励市民参与道路建设。1929年9月16日，北平市政府公布了《北平市市民捐修道路奖励章程》，对于民间修建道路沟渠的行为进行奖励，"捐修道路捐款或捐让修路用地，地价总额不及二千元者，由市政府酌给褒奖，其在二千元以上者，由市政府呈请国民政府行政院核奖，并均登市政公报宣布"。为了调动市民积极性，还允许捐资人在部分工程中独立进行召集和指挥，"捐修道路系属改良土路者，得由捐修人自行招工办理"。而市政当局对工程的资金、人力、设备进行补助与支持，"市民捐资兴修道路，如资力不足得由市政府酌给三分之一或四分之一之补助"，"工程需用汽碾及其他工具时，得呈由工务

---

① 《张荫梧注意三事项》，《华北日报》1929年6月24日，第6版。

② 北平特别市工务局关于添购压路机汽碾、汽车等的呈和洋行等的报价单、说明书以及市政府的指令，北京市档案馆藏，1929年，档号J017-001-00338。《翻新北平全市马路》，《新晨报》1929年6月24日，第6版。

局查核，酌予拨借"。①

　　道路建设关系着市民日常出行的切身利益，故响应颇好，北平部分有实力的地方绅商出资修筑了相当数量的道路。1930年西南郊广安门外关厢一带土路工程，修筑约20华里，由各村首事人捐资助工修建，其中修筑广安门外白石桥至丰台大道，双合盛啤酒公司一家就捐资2000元，各村修路助工也有2300余工，绅民马雅斋、李相廷、刘国华、宋文林等均出资出力颇多。②市民出资出工修建的新道路状况良好，大大方便了群众的出行，"路基颇为坚固，并于两旁作成沟渠，酌安缸管铁管，以利宣泄"，之外还建成石桥数座，"行人农户，交称便利"。③在没有能力独立进行公共工程建设的情况下，普通市民也可以呈文上书，请求当局对道路沟渠等设施进行修整。

　　据不完全统计，在张荫梧任期内北平修建沥青路63137.07平方公尺，石砟路431622.84平方公尺，土路494934.32平方公尺，另有焦砟路1452平方公尺，砖碎路558平方公尺。④到1930年，北平城区已建有相对新式的沥青路约8公里，石砟路约97公里。⑤相对低档次的石砟路、土路仍是北平市道路的主要形式，但是质量更好的新式沥青路已经在努力建设中。新道路多数附带铺设了便道，并修建了道牙，1929年添修及补砌道牙共计3454公尺，1930年共计2284公尺。⑥在整治桥梁方面，1929年市政府共计

① 北平市政府参事室编《北平市市政法规汇编》，北平市政府参事室，1934，工务第10～11页。

② 《嘉奖绅民助工修路》，《华北日报》，1931年6月9日，第6版。

③ 《平市西南郊土路工竣，各村首事人捐资助工，将由工务局代为请奖》，《北平晨报》1930年7月3日，第6版。

④ 田尚秀选编《1929—1932年北平市工务局建设成绩实况》，北京市档案馆编《北京档案史料》2004年第4辑，北京：新华出版社，2004，第14～16页。

⑤ 北平特别市政府关于填报市政调查统计表的训令、指令及工务局填报的市政调查统计表，北京市档案馆藏，档号J017-001-00466。

⑥ 田尚秀选编《1929—1932年北平市工务局建设成绩实况》，北京市档案馆编《北京档案史料》2004年第4辑，北京：新华出版社，2004，第14～16页。

修理桥梁5座，分别是西郊南河滩石桥、西便门外笤桥、香山五孔桥、朝阳门外笤桥、东便门外笤桥；1930年修理桥梁6座，分别是西直门外广源闸木桥桥栏、织女桥栏、天桥东粉厂胡同小石桥、德胜桥石桥、西直门外白石桥、高亮桥北小石桥。另进行了挖掘河流、河岸修堤工作，1929年修筑织女桥河岸，西郊石居旱河堤和北夏庄河坝，玉泉山河堤，青龙桥北红山口石泊岸；1930年挖掘香山旱河子河，修筑防堤，及挖掘西压桥至积水滩子河及培筑堤岸。[①]

北京自元以来作为都城，存在大量旧城墙，有些占据道路交通要冲，导致车辆因曲绕而易堵塞，又遮障视线有事故隐患，给市民出行带来了许多不方便。地安门迤西北皇城一段的北皇墙效用已失时代性，工务局认为其无保存之价值，从1928年以来陆续拆除多段，拆下砖块运往修筑大明濠干沟，到1929年底终将大明濠改建完成。因为中部一段约183公尺是民房后檐，在市民请求下1930年工务局重新将此修葺改为民墙。1930年6月，工务局又兴工拆除了宣武门的瓮城，利用拆下砖料修筑御河干沟，使得"车马行人可直达宣武门外笤桥，无复有迂回绕道之苦"。[②]

为了卫生及交通考虑，北平市逐步实现暗沟取代明沟，其采用砖材取自皇城拆卸的旧砖，分段进行改造，明沟原址上填充建造马路。[③]西城南北沟沿大明濠全长5300公尺，为西城一带暗沟之总汇，因年久失修，沟墙多已坍塌，且邻近居民任意倾倒秽水，致臭气日溢。1928年，吴大业等26位居民呈请市政当局改造大明濠，市政府支持了这一要求陆续施工，于

---

① 《北平市工务局修建桥梁实况（自十八年至二十一年五月止）》，载田尚秀选编《1929—1932年北平市工务局建设成绩实况》，北京市档案馆编《北京档案史料》2004年第4辑，北京：新华出版社，2004，第21-22页。

② 田尚秀选编《1929—1932年北平市工务局建设成绩实况》，北京市档案馆编《北京档案史料》2004年第4辑，北京：新华出版社，2004，第13页。

③ 陈宗蕃：《燕都丛考》，北京：北京古籍出版社，1991，第29页。

1930年全部完成了大明濠的改造工程。<sup>①</sup> 1921年，前市政公所逐段改筑暗沟，陆续修至石老娘胡同西口。工务局后来派人继续修筑石老娘胡同至宝禅寺迤北一段，于1929年9月26日起至12月23日施工完毕，工程量共计567公尺。由于西城大明濠改建效果颇佳，城东宣泄积水的御河也拟此办法，先将御河桥至东安门望恩桥一段做成暗沟，1930年10月8日已开始施工，由于政局问题，到1931年12月14日才竣工，共计784.3公尺。<sup>②</sup>此外，工务局还进行了大量的掏挖清理工作，疏通了排污沟渠。这些大规模的城市主干沟渠的修筑活动，使城市排水系统和道路交通同时得到完善，对改善沟渠污水引发的卫生问题也有许多帮助。

1929—1931年北平沟渠修造情况（单位：米）<sup>③</sup>

| 年份 | 1929年 | 1930年 | 1931年 |
|---|---|---|---|
| 干沟 | 567.00 | 888.49 | 748.30 |
| 暗沟 | 2668.80 | 1112.00 | 2085.46 |
| 缸管支沟 | 102.00 | 5.20 | 894.24 |
| 总计 | 3337.60 | 2005.69 | 3728.00 |
| 掏挖 | 1995.00 | 21513.20 | 18659.00 |

## 二、交通规范制定

20世纪30年代初，北平市民日常出行的交通工具主要是汽车、人力车、脚踏车、电车4类，轿和马车处于淘汰边缘，城内已很少使用。此

---

① 梅佳、张鹏选编《北平特别市政府续修大明濠暗沟史料》，《北京档案史料》1998年第4期，第18页。

② 其宝禅寺街至横桥一段，于1931年完竣。《北平市工务局修筑沟渠实况（自十八年至二十一年五月止）》，载田尚秀选编《1929—1932年北平市工务局建设成绩实况》，北京市档案馆编《北京档案史料》2004年第4辑，北京：新华出版社，2004，第19—20页。

③ 田尚秀选编《1929—1932年北平市工务局建设成绩实况》，北京市档案馆编《北京档案史料》2004年第4期，北京：新华出版社，2004，第19—20页。

外，还有手车、排子车等主要用来运货的工具。其中，对于一般老百姓来说，电车是最为便捷且能承担的交通方式了。

北平自1924年电车通行以来，到1929年共运行线路有5条。①作为一种新式交通，电车带来的便利非常明显：定时且快速方便，可遮风挡雨。电车票价在20世纪20年代末至30年代初总体稳定，按里程售价，以5公里为界分成两段，一段票价银圆3分，合铜圆12枚，二段票6分（铜圆24枚）。当时北京从东四到西四，乘人力车需铜圆30~40枚，乘电车头等车票为12枚，三等车票9枚②，比传统人力车价格低数倍，因此风气大开。为了促进城市交通发展，1930年北平电车公司着手规划第六条线路，首站崇文门，途经磁器口、珠市口、虎坊桥，末站和平门，崇文门至珠市口段于当年通车，1932年全线通车。③因为电车的运行导致传统人力车逐渐衰落，1929年10月发生了人力车夫捣毁电车事件，但这也无法阻止现代交通工具的普及。尽管事件后，为了弥补损失和与人力车夫工会达成妥协，电车票价有些许上涨，一段票价涨为3分5厘（铜圆14枚），二段票价7分（铜圆28枚），电车仍是市民出行的优先选择。

市政府非常重视交通工具的管理，因为车马捐是财政一大收入来源。通过颁布专门法规进行各种车辆的登记、领照和处罚控制道路车马行驶，不仅确保了政府收费的顺利，更是减少道路安全事故的保障。前任市政府

---

① 分别是：线路一，首站天桥，途经前门、西单牌楼、西四牌楼、末站西直门；线路二，首站天桥，途经前门、东单牌楼、东四牌楼、末站北新桥；线路三，首站北新桥，途经鼓楼、地安门、黄城根，末站太平仓；线路四，首站崇文门，途经东单牌楼、西单牌楼、末站宣武门；线路五，首站东四牌楼，途经东单牌楼、西单牌楼、西四牌楼、末站西直门。

② 金云臻：《记北京的有轨电车》，载刘叶秋、金云臻：《回忆旧北京》，北京：北京燕山出版社，1996，第102-103页。

③ 《旧北京的有轨电车事业简况》，载北京市档案馆编《北京电车公司档案史料》，北京：北京燕山出版社，1988，第17-18页。

曾对汽车、人力车、脚踏车、马车等制定了管理规则①，但唯独缺少了对道路安全颇有威胁的电车的管理规则。自电车通行以来，滋生诸多弊端，常有司机懈怠，或过站不停导致乘客冒险攀掀登降，或急速行驶而行人车马避让不及，市民多有怨谤。1929年4月，北平公安局曾发训令查禁，让各区署长警"电车经过时，务应认真照章指挥，并令将开驶过速车辆及司机生号牌，抄记报告，以凭核办在案"②，效果不佳。经过反复讨论与修订，1930年初，北平公安局出台了《取缔电车行驶规则》，明确了电车行驶的基本规则，把监督职责落实到电车公司身上：除纠正上述弊病外，还规定了电车行驶的速度与行驶规范，"电车行驶速率须在八字与四字之间，如过冲繁地方或十字路口及转弯处，开至○字与四字之间。前项行驶速率应由电车公司负责人员随时稽查纠正"，"在同一轨道相距七十公尺以内两车不得同时行驶或停止。"③

此外，如何减少车辆对道路的损伤，维持道路的长久良好运用也是当局考虑的重要方面。最初，市政机构为了凸显业绩往往大肆兴建道路，却不注重道路的日常维护。尤其是载重大车经过碾轧平整的沥青路和石砟路时，造成的损害非常明显，道路损毁过多很容易使得道路新修整治的工作功亏一篑。为了改善这一问题，1929年5月1日，北平市政府公布了《管理重载大车规则》，对大车的通行路线进行限制。④但这种大车路线图不能从根本上避免道路损害，只是权宜之计。1929年12月，工务局制定了《改良大车车轮办法》5条，规定：

---

① 何其巩领导的市政当局制定了《北平特别市汽车管理规则》《北平特别市人力车管理规则》《北平特别市脚踏车管理规则》《北平特别市马车管理规则》和《北平特别市手车、排子车、大车、轿车管理规则》。

② 《公安局取缔电车速行》，《华北日报》1929年4月20日，第6版。

③ 《北平市公安局取缔电车行驶规则》，载北平市政府参事室编《北平市市政法规汇编》，北平市政府参事室，1934，公安第128页。

④ 北平市政府参事室编《北平市市政法规汇编》，北平市政府参事室，1934，公用第17–18页。

大车车轮宽度一律不得低于1公寸。

无论造车车铺还是车主用户，均须按照工务局提供的轮轨样式改造或更换。

各车铺不得再制售窄轮，一经查获，每副车轮罚洋20元，再犯者除罚洋20元外，还要将车轮充公，并限令停业若干日，以示惩儆。

对于民间旧有窄型车轮，无论自用或营业，一律限期四个月内进行改换，逾期不改者，即照章从严惩办。

凡依式改换，并由主管局验明发给执照后，准许通行马路，并免除一定时期的车捐，以资奖励。①

工务局规定的4个月期限为自1929年12月21日起到1930年4月21日。为了有效推行这一政策，工务局还特意致函市商会，要求其协助劝告各行业公会，遵从这一办法。②在当局的强力推行下，更换宽轮者不在少数，颇有成效，但中原大战后大车禁令有所松弛。东北军控制北平后，市政府曾一度允许大车上路，重新规划大车通行线路，避开主要街区干道。③但是此举招致许多不满，大车工会认为"绕行土路，费时耗力"，主动申请市政府照原来道路通行，仍旧按照以往规定改加宽轮。④

### 三、文物保护

在道路整修过程中曾拆除旧城墙，但并不意味着市政当局不注重保护北平名胜古迹，恰恰相反，北平市非常注重保护古文物。民国时期政局动乱，不少投机分子打起了倒卖古文物的主意。1928年，北平就发生了著名的"清东陵盗宝案"，这不得不让当局提高了警惕。为了保护名胜文物，

---

① 《限四个月改造大车轮》，《新晨报》1929年12月23日，第6版。
② 《大车改换宽轮》，《华北日报》1930年1月5日，第6版。
③ 《重定大车通行路线》，《北平晨报》1931年10月28日，第6版。
④ 《通行石砟路，大车须加宽轮》，《北平晨报》1932年7月18日，第6版；《宽轮大车可行马路》，《华北日报》1932年12月12日，第6版。

相关的章程法律陆续出台。早在1928年10月，北平市就颁布了《北平特别市关于文物保护的训令》。市政府开始针对北平众多的名胜古迹进行调查与登记，并且还设立北平特别市公署管理坛庙事务所，对于占北平古建筑很大比例的寺庙进行了登记与管理。

1930年1月27日，北平市政府公布了《北平市名胜古迹古物保存规则》，7月重新修正了该规则的有关条文，并成立了北平特别市古迹古物评鉴委员会配合相关工作，规定"北平市区内的名胜古迹古物，由公安局调查登记，呈报市政府存案，并分别抄送社会、工务、教育各局"；登记的名胜古迹古物公有者则"应由原管机关或团体负责保存"，强调了私有者应在市政府的监督下，"其保存方法，由本市组织古迹古物评鉴委员会议定，并由公安局会同社会局或工务局、教育局随时派员视察指导"；新出古物"应由发现者报告当地警察区署，转报公安局，会同本市古迹古物评鉴委员会负责查验登记"；并且规定"经本市古迹古物评鉴委员会认为有关历史文化的古物，禁止转让给非中华民国国籍的人"，确保历史文物不能流落海外；违反本规则者，由公安局呈请市政府照规定处罚等。[①]同年6月，国民政府也颁布了《古物保存法》，促进了北平文物保护工作的开展。

保护古迹古物不仅是保存优秀的中华文化，在繁荣北平运动的谋划中，市政府还试图从文化教育方面探索北平发展的新契机，北平独特的名胜古迹、历史文物是非常好的资源，市容美化的另一项重要工作少不了对城市古建文物的保护与修缮。1929年，中南海辟为公园对外开放，吸引了大量百姓前去参观游览，新华门前车水马龙日臻繁盛。为此，1930年5月起，工务局特地施工拆除新华门前旧有铁栅栏，将围墙向北移建，与东西房南面山墙取齐成一直线，电车轨道因而能够改直更顺畅运行，路面也进

---

① 北平市政府公布北平市名胜古迹古物保存规则，北京市档案馆藏，档号J001-003-00010。

行了翻新。[①] 1930年1月，北平还成立了北平市颐和园古物陈列馆和图书馆，公布了《北平市颐和园古物陈列馆游览规则》《北平市颐和园图书馆阅读规则》[②]。鼓励百姓游览参观北平的文物古迹可以宣传故都文化，出售参观券又能刺激经济发展。同时制定相关章程约束游客行为，"游览人不得在陈列室内饮食吸烟吐痰或聚谈喧哗""游览人对于陈列物品不得手触污损及摄取影片"，等等，也是对古物古迹的另一种保护。

## 四、市容美化

伴随着道路修治工程在全市展开，北平市政府也对道路两旁的建筑物进行了整顿。北平街道面临着一个大问题，就是整体观感不好。当时广告标语遍布街巷墙壁，杂乱无章，严重影响了城市的观感。北平市曾发起清壁运动，公用局同公安局曾发出布告，禁止滥贴广告标语，而且随时由公用局派遣稽查员分路稽查，对于违章滥贴广告之商民人等，迭予分别处罚或严加警告在案。经过整顿，新贴广告已逐渐减少，但旧有广告短时间内难以一律肃清。北平市决定借鉴南京清壁办法，等到天气暖和后颁布日期，"责成本市各机关及全市人民一律参加，务将墙壁上旧有之公告、标语、广告等，完全刷除，嗣后对于滥贴广告事项，仍由公用局厉行检举从严处罚，以肃观瞻"。同时北平市内设立的菜场，之前当局持放任态度不加管理，导致菜市场内陈列凌乱、污秽不堪，也存在任意售卖腐肉烂菜的现象，不利于市民的卫生健康。市政当局也拟对旧有菜场从事整理，其余住户较多向无菜市地方随时妥筹添设，以期便利市民。[③]北平市人口众多，但公家修建的公共厕所很少，多数都是百姓自行修建的厕所，甚至有些街

---

① 田尚秀选编《1929—1932年北平市工务局建设成绩实况》，北京市档案馆编《北京档案史料》2004年第4辑，北京：新华出版社，2004，第14页。

② 参见北平市政府参事室编《北平市市政法规汇编》，北平市政府参事室，1934，公用第2—3页。

③ 《北平特别市公用局1929年度施政大纲》，《北京档案史料》1992年第1期，第8页。

道小巷内市民随处大小便，极为影响城市风貌，还不利于卫生。1930年工务局特地添置新的公用厕所，"于崇文门内米市大街添建模范厕所一座，并择定适宜地址添设甲种尿池三座、乙种尿池十二座"，此工程于5月开工，直到12月才陆续完成。①

城市绿化也是城市风貌的一项重要内容。植树工作主要由工务局负责，虽然国都南迁导致市政经费减少，但1928年国民政府确定孙中山忌辰的3月12日为植树节，规定3月11日起的一周内为造林宣传周，植树作为一种政治宣传还是得到了有力执行。北平3月天寒不宜植树，故在"总理逝世纪念日"象征性地举行植树仪式，而在4月清明节前后再举行大规模的植树活动。②1930年，北平市植树活动日期定为4月5日，并于4月1日到7日举行植树宣传一周。在植树运动宣传周里，前4天宣传，后3天植树。农矿厅特地派出讲演员，"在北平四城各冲要处所讲演，张贴标语，散发传单"③。3月份工务局筹备了树木5000株，定于植树日于马路旁各处补种。④3月12日，在市民公园（地坛），由北平市政府主持了植树典礼。⑤4月15日，北平市政府在永定门外以西护城河北岸主持造林活动，共计植树3995棵。⑥但是因为树木管埋养护不力，尽管造林运动当局历年不辍，绿化成绩以及宣教效果仍旧不尽如人意。1929年九龙山植树，因远离水源，缺少养护，多数未能成活。⑦有识之士认为"由官厅代劳是不容易收效果的"，大多数市民认为这是官家的事，几乎毫不关心。⑧"除去官家提倡在

① 田尚秀选编《1929—1932年北平市工务局建设成绩实况》，北京市档案馆编《北京档案史料》2004年第4辑，北京：新华出版社，2004，第13-14页。
② 《明日大规模植树活动》，《新晨报》1929年4月11日，第6版。
③ 《本省空前植树典礼》，《新晨报》1930年4月4日，第6版。
④ 《四月五日全省一致植树》，《新晨报》1930年3月15日，第6版。
⑤ 《中山逝世几年，市民公园举行植树》，《新晨报》1930年3月9日，第6版。
⑥ 吴廷燮：《北京市志稿》第3册，北京：北京燕山出版社，1998，第446页。
⑦ 《中山逝世几年，市民公园举行植树》，《新晨报》1930年3月9日，第6版。
⑧ 熹微：《马路两旁的树》，《新晨报》1929年4月20日，第6版。

公共场所植些树苗外，一般人民却没有什么观念。"①市民的公共权益与责任意识，有待进一步提高。

1930年8月，工务局计划将东西长安街等处牌楼招标进行油饰，宣布进行招商投标。②这些宝贵的文化建筑，也成为北平市一道独特的风景，从现实意义和文化意义两个层面装点了城市的美丽。

## 第四节　公用事业与社会治理

### 一、降低电费的诉求

1929年12月国民政府颁布《民营公用事业监督条例》，明确规定了公用事业专营原则，"民营公用事业，如其性质在同一区域内不适于并营者，非认原有营业之设备力确已不能再行扩充至足供公用之需要时，同一营业区域内不得有同种第二公用事业之设立"。并以中央法令形式，明确市政府对民营公用事业的监督责任，"民营公用事业除应由中央主管机关监督者外，其经营范围……属于市区域者由市政府监督"。③因此北平公用事业在1937年以前，一直以私人资本为主的企业模式进行经营，以商业运作模式向民众提供公共服务，市政府的作用主要是监督这些企业，努力为市民争取公用权益。

北平华商电灯股份有限公司拥有北平市内电气事业专营权，是北平最大的供电单位，垄断了北平的城市用电。北平特别市政府成立之时，北平基本电价为电流（即照明等生活用电）每字2角4分，电力（即电动机等生产用电）每字1角或1角2分不等。除按用电度数缴纳电费外，用户还

---

① 农：《种树》，《新晨报》1930年3月9日，第6版。

② 《将油饰各楼牌》，《新晨报》1930年8月26日，第6版。

③ 《民营公用事业监督条例》（1929年12月21日国民政府颁布），《建设委员会公报》第1期（1930年1月），第80–81页。

要承担电表押金40元，每月仍须缴纳租金7角5分。如果有5马力的电机，还需缴纳押金200元。电费计算以100度为标准，就算未足有零差者仍按100度收费。[1]随着现代化城市的发展，市民的用电需求日益增长，但是普通家庭往往难以负担过重的费用，故向市政当局递交呈文，请求对电灯公司加以管理，降低电费、改善设备。

当时煤炭价格和工人工资待遇都在增长，电灯公司自身也存在困境，不得不采取拖延手段，甚至动员公司工会力量进行消极抵抗。1929年6月23日，电灯公司召开全体股东大会，否决了市政当局提出的减价案。[2]但是为了争取民意支持，电灯公司还是决定进行部分减费。7月1日，电灯公司公布电力减价办法，电力电费每度降为8分到1角不等，电动机用电最低额由每马力月均100度降为10度，电动机用电押款从40元降为15元。虽然电灯公司给出了优惠条件，但由于北平电力消费不发达，汇集用户数量十分有限。电力用户多为工厂商铺，他们大多本来就有负担生产类电费的能力，而占用户绝大多数的电灯用户负担仍未减轻。

市民对于电灯公司的顽固态度非常气愤。7月26日，北平电气用户数十人齐集市政府请愿，谒见市长张荫梧，再次"历述电灯公司多年来把持电业，欺压市民等种种不法行为"，请求市政府严办。[3]8月20日，"电灯用户代表团"多人又赴市政府请愿，宣称将联合全市用户组织电灯消费合作社独立发电，以实际行动抗衡电灯公司的消极行为。[4]面对此种情况，张荫梧也认为"长此迁延，殊属非是"，于是"迅饬该公司遵照前订办法，

---

① 《市民团体呈请市府取缔电灯公司》，《新晨报》1928年10月17日，第6版；《地方服务团控告电灯公司》，《新晨报》1928年10月26日，第6版；《服务团要求公布电灯公司控案》，《新晨报》1929年1月17日，第6版；《北平用电各户注意》，《新晨报》1929年6月19日至26日，以广告形式连续刊载。
② 《电灯公司股东决不减价》，《新晨报》1929年6月24日，第6版。
③ 《商民协会请核减电价》，《新晨报》1929年8月6日，第6版。
④ 《电灯消费社，有组织之必要》，《新晨报》1929年8月21日，第6版。

即日实行，以慰市民之望"。①宣称市政府将依照《公用监理规则》规定，派员调查电灯公司收支状况，"以凭稽核是否业务亏累，而便督促核减电价"，借此向电灯公司施加压力。②并多次饬令公用局、社会局等，严格督促电灯公司遵章办理，减低电费。③

经过公用局与电灯公司"迭次磋商"，电灯公司终于作出让步，定于9月1日起将电灯电费由2角4分降为2角2分，而电表租金问题，仍以"手续甚繁，实行困难，姑准暂缓"，原计划1930年1月再进行核减。④但随着政治形势日趋紧张，以及公用局被撤销，也就不了了之了。实际上，电灯用户的电费负担并没有减轻多少，高昂的用电费用使得许多普通百姓对电力这一现代文明产物望而却步。由于国都南迁经济萧条，电灯公司1928年、1929年连续两年亏损，为了扩充经营、吸引小商店小住户使用电灯，在降低电费案之后电灯公司不得不自己主动做出改变。

1930年电灯公司制定了《电灯包月试办章程》，开始实行电灯包月办法。用户不用装设电表，无须交纳表租或押表费，只需在通电前交纳通电工费1元，每盏灯交押金2元。日常用电则按所装电灯瓦数付费，20瓦电灯每月电费1元，30瓦1.3元，40瓦1.6元，60瓦2.1元。⑤该办法于1930年4月1日起实行。⑥用户申请相当活跃，许多小住户小商店终于能够拉起电灯照明。但包月用电制度也滋生了窃电问题，一些用户贪图便利私拉电线、偷偷多装电灯的现象屡见不鲜，电灯公司对此也束手无策，直到1934年10月电灯公司废止包月制。⑦

---

① 《电灯减价案》，《新晨报》1929年7月28日，第6版。

② 《调查电灯公司账目》，《新晨报》1929年8月17日，第6版。

③ 《核减电费，社会局在进行中》，《新晨报》1929年8月11日，第6版。

④ 《电灯减价问题已解决》，《新晨报》1929年9月9日，第6版。

⑤ 《装设包月电灯章程批准》，《新晨报》1930年2月24日，第6版。

⑥ 《包月电灯改四月一日安装》，《新晨报》1930年2月27日，第6版。

⑦ 《废止包灯制》，《华北日报》1934年9月27日。

1929—1930年用户户数及售电量表[1]

| 年份 | 总户数 | 电灯户数 | 电力户数 | 售电量（瓦） |
|---|---|---|---|---|
| 1929 | 22555 | 22221 | 334 | — |
| 1930 | 25244 | 24828 | 416 | 1300.0 |

为了用电安全，1929年4月北平市政府曾制定了《北平特别市电料商行管理规则》[2]，加强了对电料业（售卖电灯电器）的管理，规范电料相关营业执照等事宜。1930年电灯公司规定《电气注意事项7条》：市民不得接触电线、电杆（特别是风雪雷雨之时），不得损坏和私自移动电杆和配电设施；修理房屋、搭盖天棚牌楼、竖立招牌，应与电线保持1米之距离；市民发现供电设备发生损坏时，应及时通知电灯公司修理等。[3]当然，这种注意事项还比较简略，也缺乏强制性。直到1931年夏，北平市政府才制定了《北平市屋内电灯线检查规则》，将用电安全细化到市民家庭，以规范电气设备、保证用电安全。[4]

### 一、卫生自治

北洋政府时期，城市清洁卫生主要由京师警察厅负责，部分由市政公所办理。北平特别市建立后，下设卫生局掌理全市卫生行政，北平环境卫生管理走向了专门化。但是，当时北平市内卫生状况堪忧，很大一部分市民缺乏卫生习惯，缺乏公共环境卫生责任意识。刚翻修过马路的街道尚且算得整洁，但是在市政当局尚未整顿的土路或者小巷附近，市民随意倾倒秽物秽水现象非常严重，正如时人指责那样，"常可以看得见那菜帮鸡骨、

① 张琪主编《北京供电志》，北京：水利电力出版社，1993，第23页。

② 《北平特别市电料商行管理规则》，载《北平特别市成立初期法规选》，北京市档案馆编《北京档案史料》2002年第3辑，北京：新华出版社，2002，第64-65页。

③ 《电灯公司警告商民》，《新晨报》1930年5月3日。

④ 《屋内电灯线检查规则，昨日市政会议议决公布实行》，《华北日报》1931年8月7日。

烂铁洋瓶，甲户在路倒泔水桶，乙户小孩在墙根大便，简直一团糟"。①

市政当局认为，在市民还没有养成现代卫生习惯的时候，卫生机构应该承担起监督重任，"环境卫生重在视察，此项下级工作人员，均须具有相当知识与机能，乃克尽厥职，绝非一般办理警察事务者所能胜任"。②有鉴于此，20世纪30年代初北平市设立有专门的卫生警察，主要执行"环境卫生之稽查、取缔事项"③，公安局亦设立有卫生监察队。

但市民传统陋习难以一时间改正，卫生规定没有很好地执行，政府工作还遭到了一些既得利益集团的反对。当时，北平处理清洁卫生工作的除了市政卫生体系下的夫役外，还有从晚清沿袭下来的传统粪夫。粪夫常常在白天推着粪车经过集市，臭气熏天，极大影响了市容观瞻，还对公共场所卫生有很大隐患。1929年初，市政府曾颁行《北平特别市管理粪夫暂行规则》，拟采取粪夫许可证制度，规定粪夫须将姓名、年岁、性别、籍贯、住址及淘粪地段呈报卫生局各该区清洁队注册编号，领取许可证后才可执业，而且要求每年更换1次许可证。④由于粪夫的抵制，此项制度并未建立起来。1929年7月，市政府决定限制粪车通行时间，限令粪车在早9点以前出城，禁止其在街市间逗留，要求公安局下属稽查巡逻时予以告诫。不但粪夫认为禁令与工作时间不便，多不遵守，借以粪夫工会开会反对，而且稽查人员也多懈怠。⑤

1929年初，北平市兴起了地方自治运动，各自治街（后改称自治坊）

① "略知市政一介市民"：《论路工与卫生和经济的关系（续）》，《华北日报》1929年7月23日，第6版。
② 方颐积：《北平市卫生行政现在及将来》，载《北平市政府卫生处业务报告》，北平市政府卫生局，1934，第161页。
③ 方颐积：《北平市卫生行政现在及将来》，载《北平市政府卫生处业务报告》，北平市政府卫生局，1934，第40页。
④ 《北平特别市管理粪夫暂行规则》（1929年2月21日），载《北平特别市成立初期法规选》，北京市档案馆编《北京档案史料》2002年第3辑，北京：新华出版社，2002，第38页。
⑤ 《市府严重取缔粪夫》，《新晨报》1929年7月12日，第6版。

先后成立自治公所①，承担起了城市清洁卫生事务，陆续从公安局各区署接收捐夫役、路灯、秽水秽土车辆等人员设备，雇佣清洁夫役从事清洁工作。自治机关成为管理和维护城市公共卫生的重要机关，虽隶属于市政府，但一直以代表市民利益相标榜，最初阶段对卫生颇为用心。每自治坊平均有运土夫2名，运水夫2名，每日定期清理街道、运送秽物秽水。鉴于一般民众对卫生观念也很缺乏，自治工作人员还积极进行宣传指导。②1929年3月，北平市公安局、卫生局共同公布《厉行全市清洁办法》，严禁住户沿街大小便及倾倒秽水，违者照章罚办，限制住户每日倒土须在午前，由土车按时运走，违者处以罚金。③市政当局也颁布了一些卫生条例，用来规范市民公共卫生行为，辅助北平的卫生自治在初期取得不错的效果。

卫生管理职责移交自治机构以后，市政当局的职员责任意识不强，没有积极配合自治机关的工作，妨碍了城市卫生清洁工作的开展。1929年内二区试办自治时，曾请求卫生局派汽车支援运土，但卫生局以其"负责全市主干道清洁，任务繁重"为由拒绝。④同时，此前长期负责清洁任务的公安局在将相关卫生工作移交后，"误解管理卫生清洁为卫生局之专责，漠不关心"。⑤在1930年4月，市政府因经费困难将卫生局裁撤，公安局机构内下设卫生科管理清洁事务，尽管卫生职责重新回到公安局手中，但卫生机关的降格也造成清洁卫生工作的日益削弱。

当时自治坊工作繁重，除城市清洁外，还包括管理路灯、巡更、公学等多项事务，本就开销巨大。为了维持这些工作，1930年初，市政会议决定将以前由公安局负责收取和使用的公益捐一律拨归各自治坊，移充

① 《北平自治进行概况》，《华北日报》1929年8月26日，第6版。

② 龚杰：《本市筹备街村自治浅说（续）：街村卫生》，《华北日报》1929年11月10日，第12版。

③ 《公安、卫生局厉行全市清洁办法》，《华北日报》1929年3月17日，第6版。

④ 《卫生局协助自治》，《华北日报》1929年11月4日，第6版。

⑤ 《全市清洁日渐退化》，《新晨报》1929年12月14日，第6版。

自治经费由各方自行收取、自行支用。[①]公益捐原本由公安局凭借强力征收，但自治坊没有强制约束民众的能力，公益捐征收大为减弱[②]，卫生自治的工作环境不断恶化，自治坊的夫役也日渐松懈，收集垃圾不及时，收集之后则任意倾倒，实在是弊端百出。时人指责道，"自治坊的朽腐不堪的小土车，马马虎虎的运一半存一半的又堆积于其他一个空旷地带，既算尽责"。[③]运除的秽土或任意用来垫路，结果导致路基日高，房基日低，到了夏季雨水时节，不但特别污秽狼藉，有碍于公共卫生，而且还会堵塞沟渠，妨害水道。自治坊之间也相互推卸责任，使得垃圾收集不力，堆积成山。到了1930年，经工务局调查，城内陈积较大秽土堆，已经达到635980.4立方公尺，较小土堆还没有计算在内。[④]直到1933年袁良任市长，将清洁卫生工作重新改为官办，北平的卫生工作情况才逐渐好转。

### 三、饮食安全及用水

正所谓民以食为天，除了环境卫生外，卫生监察的另一个重点自然是饮水及餐饮安全。据不完全统计，当时北平市共有饭店1000家，从业人员达到了10000人[⑤]，其卫生状况关系市民健康至巨。餐饮卫生主要针对餐饮食品的店铺和摊担进行监管，1929年4月23日颁布《北平特别市卫生局管理发卖饮食物摊担暂行规则》，5月1日颁布《北平特别市卫生局管理饮食店铺暂行规则》，5月22日颁布《北平特别市卫生局管理清凉饮食物营业暂行规则》，12月颁布《北平特别市政府卫生局管理牛乳营业规则》

---

① 《各街公益捐一律移交充自治经费》，《华北日报》1930年1月11日，第6版。

② 《公益捐之收支实况》，《华北日报》1931年6月4日，第9版。

③ 赵万毅：《北平市秽土清除问题》，《市政评论》第1卷第1期，第92页。

④ 方颐积：《北平市卫生行政现在及将来》，载《北平市政府卫生处业务报告》，北平市政府卫生局，1934，第21页。

⑤ 实业部中国劳动年鉴编撰委员会：《民国二十二年中国劳动年鉴》，台北：文海出版社有限公司，1990，第23页。

等①，根据这些条例初步建立起对餐饮卫生的管理体系。这时北平的餐饮营业的管理非常简单，即实行开业检验领照制度，要求营业者于开业时遵照卫生部门规定上交呈表，经卫生机关检验产品并调查营业相关设备，检验合格者在营业执照上加盖"卫生处检查许可"戳记，即可开始营业。虽然这些规定没有得到严格执行，也没有足够稽查人员进行监管，但也应看到卫生部门在餐饮卫生方面做了一定的工作。

晚清时期，河湖沟渠疏于治理，传统的饮用水难以达到卫生要求，周学熙等人乃筹划引进现代自来水生产和供应系统，成立京师自来水股份有限公司，1910年正式投产供水，每日平均出水量约12730立方米，约可供16万人口饮用。②除了向专门安装自来水管道的用户供水外，为了扩充营业，自来水公司还在胡同街道设立售水处，向居民零售自来水。③依托各种营销策略，以及自来水在质量方面明显的优势，自来水用户稳步增长。自来水的出现是居民饮水走向现代化的重要步骤，而且城市内铺设的自来水管道也是其他市政建设的基础，尤其是为现代消防事业发展提供了不少助力。北京气候干燥少雨，传统建筑又多木质材料，一旦起火便很难控制。在发生火灾时，提取井水或河湖水来灭火的传统办法费时费力。如果改用通过自来水管进行灭火，则便捷可靠得多。1930年起，在市政当局的要求下，北京自来水公司开始向全城400多个消防水龙头无偿提供自来水，此外将出售给市政当局用于街道清洗、道路建设和植树等公用事业的自来水改为五折优惠，大力支持了市政的改良工作。④

---

① 详见北平市政府参事室编《北平市市政法规汇编》，北平市政府参事室，1934，卫生类。

② 蔡蕃：《北京古运河与城市供水研究》，北京：北京出版社，1987，第187页。

③ 娄学熙等编《北平市工商业概况》，北平市社会局，1932，第381页。

④ 史明正：《走向近代化的北京城——城市建设与社会变革》，北京：北京大学出版社，1995，第219页。

但是，自来水价格远高于井水售价①，加上安装管道施工等费用，普通市民家庭还是难以承担。再者，传统水商水夫不正当竞争而肆意破坏自来水管，甚至有市民出于种种原因抵制"洋水"（自来水），整个20世纪30年代北平自来水的市场占有率一直在9%左右徘徊，传统用水方式仍然占据主导地位，所以对传统水井的卫生安全检查显得十分必要。1930年3月，市政府颁布《北平市饮水井取缔规则》②，要求水商新凿水井之前，必须向公安局呈请勘准后，才能向工务局请领执照进行施工，凿井完工后必须向卫生机关报告，由其复查并化验水质，经化验认为可供饮用，发给允许凭单，再持单赴社会局呈报营业。水井的建造应当遵照《北平市建筑限制暨设计准则规程》办理，要求水井位置"须距离厕所五十公尺以外"，水井口上部"须有凸缘高出地面六公寸以上，以防污水入井，并设井盖"，等等③。这些规定对水井的基本卫生条件做出规定，保证了新凿水井具备最基本的卫生条件。

### 四、娼毒整治

张荫梧曾出仕北京警备司令，负责治安巡逻事宜，在其担任市长之后把"补助警费"作为首要三项之一，紧抓社会秩序方面工作。尤其是1929年10月公安局局长赵以宽被开职后，张荫梧兼任公安局局长，相关事务得到了大力推进。当时北平一带匪患活跃，常有市民被绑架甚至杀害。时值年末冬防之期，北平戒严，军警巡逻比往日更为严密。张出身行伍，深知军警人员的弊病，忧心各区队巡官长警疏懈职务，难以容忍或其他种种萎靡不振形态，便多次在深夜骑着自行车往各区界抽查军警勤惰具体，以

---

凭奖惩。①

在整顿社会秩序方面，张荫梧最下功夫的，莫过于查禁烟毒。1928年9月北平特别市曾设立禁烟处，转发国民政府《禁烟法》及《禁烟法施行条例》，开始了禁烟宣传。1929年7月，国民政府下达了《关于制定禁烟实施办法训令》②，给予地方政府禁烟以强力支持。张荫梧为人严律，本就对吸毒嫖赌这种社会顽疾深恶痛绝，于是首先从政府机构着手进行整治。采取"连环保证办法"厉禁职员吸鸦片，"凡已吸食者，准其声明，给假自行戒绝，并须赴公安局声请调验，取具证明书呈验后，方准照旧供职。其向不吸食者，即限十日以前，取具本府各机关职员两人保证书一纸，呈送查核"，以后再发现有职员吸食鸦片，本人立即免职，担保人也要受相当处分。③之后，嫖赌也纳入了对职员的严禁范围，并秘密派遣人员到职员住宅附近查访④，多名职员因此受到惩处。⑤后来，湖北省前禁烟处处长叶波澄因贪污等罪被国民政府下令查缉，张荫梧趁机出台了处理政府高级官员吸毒办法。也许是财政经费原因，也许是张荫梧对禁烟处也有不信任感，于1929年7月将禁烟处裁撤，直接把禁烟事务归由公安局办理。⑥

张荫梧以公安局及军队为实力后盾，领导市政府采取了许多强硬措施，风化整治的浪潮很快走出市政机构，扩展到了整个北平市。其一，严

---

① 《张荫梧深夜查街》，《新中华报》1929年11月4日，第6版；《张荫梧下夜巡查》，《华北日报》1930年1月19日，第6版。
② 马模贞主编《中国禁毒史资料（1729年—1949年）》，天津：天津人民出版社，1998，第919-920页。
③ 《张荫梧厉禁职员吸鸦片》，《华北日报》1929年8月3日，第6版。
④ 《张荫梧诰诫全市人员》，《华北日报》1929年12月23日，第6版。
⑤ 《张荫梧处置烟案舞弊案》，《京报》1929年9月17日，第6版。
⑥ 北京市档案馆编《北平历届市政府市政会议决议录》，北京：中国档案出版社，1998，第22页；北平特别市公安局关于查缉罪大恶极的禁烟处处长叶波澄及处理政府高级官员吸毒办法、停止禁烟处人员职务等案的训令，北京市档案馆藏，档号J183-002-03570。

厉取缔饭店公寓等公共场所招娼聚赌吸食鸦片，几十家较大规模的饭店公寓按照规定出具甘结，承诺不准有赌博吸毒暗娼等案件发生。①其二，彻底破坏盘根错节的毒品流通网络，完全不惧任何势力的阻挠。往下深入百姓家家户户，鼓励居民告发吸食行为，得到了百姓的大力支持，公安局严惩售卖毒品的烟贩，并对毒品吸食者、贩售者发出通缉，获得一连串相关人员名单。外五区川堂院的文祥和小店本为警探耳目，借着这层关系庇护出售吗啡的烟贩，被一举查获。②江苏常州马山埠长年药号经理借前省议会议员之名，将毒品混合制成药丸出售以欺瞒当局，北平公安局也跨地域审咨江苏省政府查照办理，并转令所属一体查禁。③甚至连天津日本租界内的日本人涉嫌售卖毒品，北平公安局也照查不误。④其三，毒品查货程序在此过程中不断完善。公安局重点突破吸毒一项，曾另特派17名稽查员，在一定时间内专司查禁鸦片案件，到期后及时撤回其执照以免在外籍端讹诈。⑤以前查获毒品对于数量种类向不注明，而此次涉及案件众多，特别规定案件涉及的烟土、烟膏、烟泡、吗啡、海洛因等"各种毒物分量标明，由送案官用纸封固盖印图章，以免混淆而易考察"。⑥为了避免收缴的毒品再次落入黑市，一律移交司法机关办理，并于1929年10月、1930

① 北平市警察局内三区署关于集福、顺义、朝阳等饭店及公寓不准有赌博吸毒暗娼等案件发生的结，北平市档案馆藏，档号J183-002-03442；北平特别市公安局关于取缔饭店公寓招娼聚赌吸食鸦片，北平市档案馆藏，档号J183-002-03572。
② 北平特别市公安局关于严厉查禁吗啡等毒品的训令，北京市档案馆藏，档号J181-020-02912。
③ 北平特别市公安局奉令饬属查禁常州长年药号制售本成烟毒丸等的训令，北平市档案馆藏，档号J184-002-03027。
④ 北平市公安局关于烟案毒品应如何解缴的函，北京市档案馆藏，档号J181-031-03303。
⑤ 北平特别市公安局前派禁烟稽查员一律停职的训令，北京市档案馆藏，档号J184-002-03027。
⑥ 北平特别市公安局关于查缉毒犯的训令及送毒物标照分量盖章的训令，北京市档案馆藏，档号J184-002-15758。

年1月、1930年5月先后三次公开销毁。[①]

　　北平曾长时间作为中国首都，官僚权贵等高档消费人群络绎不绝，养活了一大批娼妓娱乐生意。对于娼妓问题向来是难以直接禁止，北平市政府沿袭了晚清娼妓管理制度的基本精神，颁布了相关规程将娼妓职业合法化，并按期征收娼妓捐。1929年10月28日府令核准的《北平市公安局取缔娼妓规则》[②]，下令将娼妓分为四等记入名籍簿，娼妓要往公安局呈请许可颁发执照，并把姓名籍贯、出生年月、亲属及家庭背景等记录在册。1929年12月4日府令核准的《北平市公安局发给娼妓执照征费章程》，对娼妓执照做出了细致的规定。[③]

　　《北平市公安局取缔娼妓规则》规定了娼妓的合法从业区域只能是乐户，"于户外不能赁屋寄宿招引游客"。1929年11月26日府令核准颁行了《北平市公安局管理乐户规则》（于1930年7月29日府令核准修正），明确规定乐户只能以"前警察厅指定之地段已经允许开设者为限"，严令不得增开乐户，又划分乐户为四等，规定了各类的具体数目，"一等清吟小班100家；二等茶室100家；三等下处172家；四等小下处23家"，对乐户建筑、经营规范等做出了要求，尤其是不得诱迫或典卖妇女为娼。[④]

　　同时为了公共卫生健康，要求娼妓接受体检，患病者不得接客。在营业时，娼妓还必须遵守以下规定："一、不准设局诓骗客人出不当之花费；二、不准倚立门前为惹人之举动；三、不准设计引诱行人；四、不准奇装异服举动妖冶有伤风化；五、身有传染病及花柳病者不准仍在乐户接客；

① 河北高等法院、检察处关于十月十日假天津中同公署焚毁烟土请派员莅场眼同焚毁以昭慎重的公函及解毒品临时共管办法的布告，北京市档案馆藏，档号J191-002-15827；河北高等法院关于焚烧毒品请派员莅场眼同销毁的函、并附布告一份，北京市档案馆藏，档号J191-002-12725；河北高等法院关于在天津四马路焚毁一切毒品的函，北京市档案馆藏，档号J181-031-03404。
② 北平市政府参事室编《北平市市政法规汇编》，北平市政府参事室，1934，公安第103-104页。
③ 北平市政府参事室编《北平市市政法规汇编》，北平市政府参事室，1934，公安第105页。
④ 北平市政府参事室编《北平市市政法规汇编》，北平市政府参事室，1934，公安第101-102页。

六、怀孕已至五个月者不准留客住宿；七、不准接待身着制服及未成年之客。"当然，《北平市公安局取缔娼妓规则》也赋予了娼妓相当的权利，公安局或区署可接受娼妓申理事宜如下："一、不愿为娼妓或自愿从良或愿入妇女救济院为亲属或乐户所措阻者；二、娼妓所自置之物件或客人赠与之银钱物件为亲属或乐户所逼索并勒派占取者；三、娼妓愿调换乐户或他往而为乐户强留阻迫者；四、受乐户人等种种胁迫凌虐者暨以其身体抵押借款者；五、娼妓患病或怀孕至五个月被乐户或亲族强迫其接客者。"尤为重要的一条是娼妓也可以自愿选择从良，不为亲属或乐户阻挠。为了帮助自愿从良的娼妓谋以生路，早在1929年3月，市政府就公布了《北平市社会局妇女救济院救娼部简章》，对救娼部的管理做了具体的规定，社会局在妇女救济院中专门设立了救娼部，以"维护人道，提倡女权"为主旨，负责向从良的妓女传授各种知识和手艺。[①]在当时的历史背景下，必须承认禁毒治娼不能从根本上解决这些社会毒瘤，但是这种整治肃政的努力仍然值得肯定。

张荫梧和周大文这两位北平市市长各有其特点。张荫梧出身军旅，曾就读于保定陆军军官学校，1918年毕业后加入晋军，一路高升。阎锡山响应北伐后，张氏出任第三集团军第七军军长，率军沿京绥线直取北京，并出任北平警备司令。从接任北平市市长以来，张荫梧以其雷厉风行的军人作风推行市政活动，他重点关注的路政和治安方面得到了有效整治，卫生用电这些公用权益方面也有所改善，尤其是城市风气出现少有的改观。面对北平财政极度困难的局面，毅然决然大举精简机构，缩减开支；他把关注点放在路政和稽查上面，以军人强硬率直的思维与做法来整肃北平的歪风邪气，使得北平风气稍稍一振。北平市政建设在动荡政局中艰难前行，

---

① 北平市政府参事室编《北平市市政法规汇编》，北平市政府参事室，1934，第45—46页。

在前任基础上初步完成了北平特别市成立以来的各种制度创建。

周大文以学习电报报务出身，曾任职于大连电报局，历任奉天督军署及省长公署电务处处长、东三省巡阅使署秘书处处长、东三省巡阅使署政务处处长、北京张作霖大元帅府电务处处长、奉吉黑电政监督等职，并任本溪湖煤铁公司总办。1931年任北平市市长后，又于8月任国民政府实业部开滦矿务督办，1932年任东北政务委员会委员，后又任北平政务委员会财政整理委员会常务委员。北平的市政管理在周大文任期内，基本维持了平稳的运转。从大的背景来说，北平地区处于东北军势力的控制之下，这种短暂的平稳乃是政治势力角逐的结果，是强权势力羽翼下的短暂太平；从周大文的个人处境来说，其就任市长并非出自个人的抱负、能力以及政治和军事实力等，实质上可以说他是东北军及各派军阀与中央政府政治博弈中的一颗棋子而已，因此在政治上难有作为也是自然的。能够较为忠实地履行职责，维持市政府作为一个管理核心的行政功能，也可说是较为圆满地完成了自己的历史使命。从这一点也可以看出，当时的北平市政管理模式，其近代化的制度建设已经达到了一定的水平，即在一定程度上摆脱了旧的封建式的"人治"传统，制度本身具有了一定的"生命力"，能够"半自动化"地维持其日常功能，而并不完全取决于主持行政的领导者的作为与否、能力高低。

# 第三章　北平市政的中兴与转折

　　1933年日军进攻热河，威胁平津。同年5月，中国被迫与日本签订《塘沽协定》。这时黄郛被任命为行政院驻平政务整理委员会委员长，为其出入华北便利与居处安全起见，蒋介石特允其保荐北平市市长和北宁铁路局局长二职，于是黄郛保荐袁良出任北平市市长。[①]袁良就任后，锐意改革，积极建设，开创了"北平市都市计划之先河"。袁良担任北平市市长的时期也被誉为"北平市政中兴时期""北平市政建设之黄金时代"。1935年11月袁良辞去北平市市长职务，由宋哲元暂代，接着正式任命秦德纯继任北平市市长。秦德纯继任后，也是萧规曹随，然因局势紧张，市政建设难以大规模展开，北平市政也进入沦陷前的转折时期。

## 第一节　游览区建设与文物整理

### 一、整顿市政，推行都市计划

　　北平在1928年设市之后，由于财政拮据等原因，市政建设不能普遍展开。袁良在就任北平市市长之前，曾被上海市政府派往日本考察市政。在接任北平市市长之后，对于当时北平市政状况，颇不满意。他说："近世欧美国家之所谓'计划城市'，以最理想最科学之方法，从事建设市政，

---

① 沈亦云：《亦云回忆》下册，台北：传记文学出版社，1980，第511–512页。

或改良市政。吾北平之市政建设，能合于近代化者，究复有几?"①

在就职演说中，袁良表示他将整顿市政，紧缩财政，裁撤冗员，以减少行政经费，扩充事业经费。袁良认为最迫切需要解决的问题在于市政府本身，所以上任伊始就将原市政府所聘参议、顾问等职一律裁撤，其余视察员、办事员也裁撤了20余人。②北平特别市政府成立的时候，下设财政、土地、社会、公安、卫生、教育、工务和公用八局，因经费拮据，历经归并或裁撤，到1932年只剩下社会、公安和工务三局。由三局分管已裁撤各局原有职事，造成职责权限混淆不清，以致市政工作效率低下。要推行城市规划和市政建设，首先需要有一个比较完善的市政府，所以袁良对市政府的组织结构进行调整，恢复财政局，由财政局兼管土地行政，由社会局兼管教育、公用行政。③至于卫生行政，先筹设卫生处和清洁委员会，共同负责全市卫生事宜。到1934年7月，又将卫生处升级为卫生局，于是北平市政府下属各局恢复到社会、公安、财政、工务、卫生五局。

推进"都市计划"，需要由具备专门学识、专业技能的人担任市政工作。黄郛在上海发表演说时即强调，北平市政府"组织用人标准，纯以专门学识与办事经验为衡"。④袁良就仕市长以后，也认同这个用人标准，各局局长皆是专业人士，不少是曾经留学国外的人员。⑤

---

① 北平市政府秘书处第一科统计股编《北平市政府二十二年下半年行政纪要》，北平：京城印书局，1934，序言第3页。

② 《平市长袁良厉行紧缩，裁撤冗员》，《河南民报》1933年6月29日，第2版。

③ 董可：《袁良与北平的三年市政计划》，《北京档案史料》1999年第2期，第312页。

④ 何一民编《近代中国城市发展与社会变迁（1840—1949年）》，北京：科学出版社，2004，第298页。

⑤ 何一民编《近代中国城市发展与社会变迁（1840—1949年）》，第298-300页。

1933—1935年北平市政府各局职官学历

| 职 名 | 姓 名 | 学 历 |
|---|---|---|
| 市 长 | 袁 良 | 日本早稻田大学 |
| 公安局局长 | 余晋和 | 日本陆军士官学校 |
| 财政局局长 | 程远帆 | 美国哥伦比亚大学 |
| 社会局局长 | 蔡 元 | 法国巴黎政治经济学校 |
| 工务局局长 | 谭炳训 | 北洋大学 |
| 卫生局局长 | 方颐积 | 北平协和医学院博士，后赴英国、美国留学<br>英国伦敦热带病学及公共卫生学研究院学士<br>美国哈佛大学公共卫生研究院公共卫生学硕士 |

资料来源：袁良、余晋和、程远帆、方颐积项，赵可：《市政改革与城市发展》，北京：中国大百科全书出版社，2004年，附录附表2"各特别市或院辖市政府高级职官简况（1927—1936年）"。蔡元项，《社会局长蔡元报告接印视事、重定社会局组织的呈文及任免科长、主任、秘书等的局令》，北京市档案馆藏，1932年，档号J002-001-00102；《北平市政府抄发市政调查表式及全国学术咨询处函送社会局全国行政机关调查表》，北京市档案馆藏，1936年，档号J002-007-00160。谭炳训项，谭天健：《回忆父亲谭炳训》，载冯克力主编《老照片》第52辑，济南：山东画报出版社，2007年，第17页。

工务局局长谭炳训，1931年毕业于北洋大学，之后在青岛工务局任技正，于1933年随黄郛到北平，担任北平市工务局局长。根据1935年4月9日《华北日报》发表的《市长对市府各局处之工作检讨与展望》一文，袁良宣称："自谭局长就任以来，一切均有进步，其最显著者，如以前三分之三之金额购置材料，尽可做三分之二的事，现在则以三分之二的钱购置材料，反能做三分之三的事。"[1]

对于整个北平市政来说，占重要地位的是地方自治。北平市在1933年已完成区坊自治选举，办理进度在全国本来居于领先地位，但是袁良对此仍持批评态度。他认为北平市地方自治办理不善，不仅设施一无所有，组织亦极简陋，不过区有区长，坊有坊长，大大小小，无异于委任了大批

---

[1] 《市长对市府各局处之工作检讨与展望》，《华北日报》1935年4月9日，第6版。

自治官，所以极应努力改善。1934年1月26日，北平市政府成立了北平市
自治监理处。[①]

在加强市政府的同时，袁良还开始推行"都市计划"。他觉得过去北
平施政"向少一定计划，随事应付，茫无系统，殊非根本整理与企求繁荣
之道"，因此，于1933年11月提出草拟《市政初期建设计划（三年计划）》
的意见。以1934年1月至1936年年底间的三年为"市政建设计划初期"，
确立北平市政工作"勇往必赴之标准"，"兹先由府制订市政初期建设计划
举例，颁发各该局所馆参照"，并要求各局处"另行拟具具体方案及实施
步骤，限于文到半个月内呈府，以便汇总审核，通盘设计"。[②]袁良要按照
计划，对社会、公安、教育、财政、土地、工务、卫生、公用事业等方面
进行"最低限度"之改革。

各局处遵照市政府的命令，对其主管部分进行详细审议，同时拟具具
体计划呈送市政府。各局对秘书处所举之例亦不无异议，如社会局认为改
公用股为科，以技术人员任科长一项，"兹市库奇绌之际，诚思无法开支，
拟对于公用事项，嗣后斟酌情形，多增技术人员，积极进行，以节费用而
重实际"；[③]路灯和广告事务早已划归工务局管理，而仍列入社会局建设计
划，造林事属社会局主管，却列入工务局建设计划，可见市政府对各局所
管职事尚不十分清楚，建设计划自难契合实际，市政府觉得各局起草的具
体方案也同样有不切实际之处。

为了改变这种状况，市政府组织了市政计划审查委员会。在市政计划
审查委员会第一次大会上，决议以技术人员为中心成立建设组，由建设组
审查各种建设计划。市政计划审查委员会各委员对各局建设计划提出审查

---

① 《平市自治监理处成立》，《绥远日报》1934年1月27日，第2版。

② 北平市工务局关于市政初期建设计划的意见及图表，北京市档案馆藏，1935，档号J001-004-
00051。

③ 北平市政府令社会局拟具市政初期建设计划方案及实施步骤，北京市档案馆藏，1933，档号
J002-007-00076。

意见，建设组逐一讨论各委员的审查意见后，列出修改意见，各局遵照修订计划。如对于工务局的建设计划，建设组认为多嫌空洞，要求根本另行草拟计划。①

在不到两个月的短短时间内，草拟一个全新的城市总体规划，确定北平的长远发展方向是很难的。实际上，在市政府举例的各项计划当中，有一部分是市政府已经开始进行的工作，比如，袁良就任后，从财政入手开始进行市政改革工作。由于税捐收入在北平财政收入中占主要地位，②财政局早就进行了列于《市政初期建设计划（三年计划）》的整理各项税捐工作，到了1935年，取得了非常显著的成果。1935年度的财政收入为633万元，相比1932年度的收入468万元，市政府的收入增加了165万余元。③当年，在作党政联合总理纪念周工作报告时，袁良对财政局的工作成绩予以肯定，称："在1933年度以来，确有突飞猛进之成绩。"④

从这个角度看，《市政初期建设计划（三年计划）》虽未能实现，却也为日后的城市规划奠定了基础。在袁良主政期间，市政当局推行的很多计划都是在《市政初期建设计划（三年计划）》的基础上进行修改和补充的。

## 二、繁荣经济，推行游览区建设计划

在北洋政府时期，北京依然是全国政治中心，新旧权贵仍聚集在北京，支撑着北京的繁荣。1928年南京国民政府北伐占领北京，决定首都

---

① 北平市工务局关于市政初期建设计划的意见及图表，北京市档案馆藏，1935，档号J001-004-00051。

② 曹子西编《北京通史》第9卷，北京：北京燕山出版社，2012，第257-268页。税捐收入占财政总收入数百分比，1929年为63.9%，1930年为67.4%，1931年为78.51%，1932年为77.32%。

③ 王煦：《旧都新造：民国时期北平市政建设研究（1928—1937）》，北京：人民出版社，2014，第27页。

④ 《市长对市府各局处之工作检讨与展望》，《华北日报》1935年4月9日，第6版。总理纪念周是指国民党每周一举行纪念孙中山仪式，一般先由主席讲读总理遗教，然后是工作报告。见陈蕴茜：《时间、仪式维度中的"总理纪念周"》，《开放时代》2005年第4期，第63-81页。

仍设在南京，而将北京改为北平特别市。地位变化对这座城市影响巨大，"简言之，全市之繁荣，纯系首都之资格，繁荣与否，即视首都之资格存在与否"。①帝都北京，城内消费者总比生产者多，故形成了以商业和手工业为主的城市经济结构。首都南迁之后，市面萧条，北平市政府也因此陷入财政困难。于是有人主张振兴工业以繁荣北平，但发展工业需要投入巨大的金钱和时间，还不如尽量利用昔日已建成的名胜古迹，发展旅游业，以挽救民生的凋零。1928年9月，南京国民政府内政部部长薛笃弼呈称："拟请北平成为东方游览之中心，以解决北平贫民生计之大部分。至其经费，拟在整理清宫内务府及旗产收入项下支出，即由钧府委派大员或照钧府秘书处签拟周委员震鳞请开放三海一案组织委员会办法。"国民政府委员会也觉得建议可行，要求提出详细计划，于是内政部开始"研究开放宫苑陵庙、陈列古物书画、布置旅舍、联络交通等办法，俾得追踪瑞士及西湖等地方借崇观览以策繁荣"，并电令河北省政府征集地方人士、文艺专家等的意见，以便拟订具体繁荣北平市面计划。②

为响应内政部制订繁荣北平市面计划的提议，1928年11月北平市公用局局长李光汉提议设立北平文物整理会或北平繁荣设计委员会，经市政会议通过后，在1928年6月组织的"文物维持会"的基础上，12月24日正式成立了"北平特别市繁荣设计委员会"。1929年2月，北平特别市繁荣设计委员会即提出建立"东方游览之中心"的方案。③同年，民间人士朱辉也向北平特别市政府提出了《建设北平意见书》，建议将北平建成"国故中心"、"学术、美术、艺术中心"、"东方文化表现中心"、"交通运输中心"、"陆地实业中心"、"观光游览中心"和"国防中心"。④

---

① 《北平之将来》，《新晨报》1928年8月9日，第2版。

② 《河北省政府征集繁荣北平市面计划意见》，《大公报》1928年10月8日至15日，第3版。

③ 《繁荣北平之新设计》，《大公报》1929年2月12日，第4版。

④ 赵家骕选编《建设北平意见书》，北京市档案馆编《二十世纪北京城市建设史料集（上）》，北京：新华出版社，2007，第4—24页。

北平为外国人到中国观光旅游的首选，欧美游客本来就不少。1930年，外国人在华旅游费约4000万元，[①]其中"消费在北京的钱有数百万元"。[②]而且，因首都南迁，北平不再为政治中心，然而因改组派在北平的活动，又增加了北平在政治上的敏感性，因此有人感到如果不消除北平的政治中心形象，易予改组派以机会，所以吴稚晖提议将北平改为文化中心，南京国民政府对此议也均表赞同。[③]1930年10月，北平市护理市长兼财政局局长王韬从市政府财政状况出发，提出了"修缮保存一切古建筑，改善城郊各道路，使本市造成东西之游览中心"的繁荣设计纲领。[④]1930年12月，李石曾和张学良等人建议设立"指导整理北平市文化委员会"（后改名为"整理北平文化指导委员会"），经中央政治会议通过后，于1931年3月正式成立，"关于繁荣平市及文化上之设备，均谋积极发展"，修缮坛庙古迹，扩充公用交通。[⑤]1931年3月，该委员会向南京国民政府提出《繁荣北平计划书》，可惜未能实施。

"九一八"事变后，外国观光客有所减少，所以周大文就任北平市市长后，认为"繁荣北平全仗文化不可靠，经济交通等均有莫大关系"，于是提出，一方面提倡于工业，一方面发达周围实业，通过发展生产事业，缓解财政困难。[⑥]尽管如此，不少有识之士认为北平市旅游事业仍有较大发展空间，继续提出建设游览区的意见。1933年3月，北平市筹备自治委员会（北平市各自治区公所）在《关于繁荣北平意见》中指出，北平的出路不外做成文化区、工业区、有法律的中外住宅区三种，为建设文化区，

① 严中平等编《中国近代经济史统计资料选辑》，北京：科学出版社，1955，第87页。
② 徐田芳：《中国旅行社与早期的北京旅游》，《文史资料选编》1984年第19辑，第188页。
③ 李石曾：《以最经济方法充分发展北平文化》，中国国民党中央委员会党史委员会编《李石曾先生文集》下册，台北：中国国民党中央委员会党史委员会，1980，第257页。
④ 《王护理市长市政方针》，《华北日报》1930年11月1日，第6版。
⑤ 《以五千万元繁荣北平》，《华北日报》1931年2月19日，第6版。
⑥ 《财政困难为北平市建设最大障碍》，《华北日报》1931年7月8日，第6版。

应"将宫殿坛庙、西山寺庙、长城、明清诸陵、汤山温泉等名胜古迹，一律划归平市管理，倘于各国退还庚款内拨出巨额，完密计划，必可成为一大游览地域"。①

袁良就任北平市市长之后，鉴于发展工业需要大量资金，而且需要很长时间，不易在短期内实现，因此提出："在此农村破产，外货倾销之际，振兴实业，以挽回巨量之入超，固为根本必要之图，为政府、国民所应共同努力之标的，但不如招致外人游览吸收巨额现金之轻而易举，且成效可以立致也。"②所以，袁良上任之初，即提出了"划平市全市为游览区"的计划，在《市政初期建设计划（三年计划）》中也列有筹设皇宫饭店、市立戏院及商场、旅行社等各种方案。③同时，配合游览区建设计划，提倡发展需要资金较少，又能够扩大就业的家庭手工业和妇女手工业，以生产和推销景泰蓝、地毯、彩画、纱灯、宫花、雕漆等手工业产品。因此，北平市政府不再以发展旅游为治标之策，而将文化旅游事业作为一种生产事业来对待，更是认为旅游区的建设才是"华北一切建设中之首要建设"，从而制订了《北平游览区建设计划》。④

北平市政府提出的游览区建设计划得到各界的积极响应，如黄子先在《市政评论》发表《繁荣北平之我见》一文中，认为北平应建成工业区、文化区、游历区。⑤壮克在《北平市的特殊性》一文中指出，北平应以文化、教育、游览为特质，建成"文化游览区域"，改进各教育机关，修缮整理名胜古迹，并加强城市社会治安、环境卫生管理，以资吸引外人游资及各

---

① 内政部关于北平各自治区公所呈请繁荣北平之计划的咨文，北京市档案馆藏，1933，档号J001-007-00035。

② 北平市政府编《北平游览区建设计划》，北平市政府，1934，第1页。

③ 北平市政府令社会局拟具市政初期建设计划方案及实施步骤，北京市档案馆藏，1933，档号J002-007-00076。

④ 北平市政府编《北平游览区建设计划》，北平市政府，1934，第31页。

⑤ 黄子先：《繁荣北平之我见》，《市政评论》1934年第1卷合订本，第9～14页。

地学生的学费。① 也有人对此提出批评，甚至指责"平市长袁良，决将故都改为世界唯一游览区，以供外宾前来享福，此诚中国官僚之本色"。② 然而，北平市政府经过计算，建设北平游览区大约需要经费2496012元，比河道沟渠整理计划所需经费4508500元还少很多③，故北平市政府声称，游览区建设是"一切建设中之需款最小、收效至宏之建设"。④

为建设北平游览区，北平市政府首先要解决划界问题。本来在北平特别市成立之初，已感辖区太小，一直有扩展市界的要求。在提出游览区建设计划之后，更感到有扩展市界的必要性和紧迫性。由于北平市电灯公司的发电厂、供应北平市燃料的煤矿均属于宛平县，北平市自来水的水源地属于大兴县，北平市电车公司发电厂在通州，均在河北省境内，对北平市的基础设施建设有诸多限制。并且，大小汤山行宫温泉等平北名胜属于昌平县，北宁、平汉、平绥铁路的枢纽属于宛平县，南苑机场属于大兴县，对北平旅游发展不利。这些地方社会治安不好，如果外国游客在这些地方遭到抢劫，须由北平市政府负责，而管辖之权不属于市政府，在市政府看来也是很不合理的事情。

为推进游览区建设计划，1933年8月北平市政府就有扩展市界的计划。北平市工务局提出重新划定河北省和北平市界线办法后，袁良召开市政会议加以讨论。9月，市政府根据市政会议决议另拟《平市根本界址计划案》，呈报北平政整会，并向内政部提出调整省市界线的请求，主张以大兴、宛平县旧有县界为北平市的东南西界，以昌平县一部为北界。但市政府提出的划界方案遭到市参议会、河北省政府和军方的反对。消息传出，部分民众也表示反对，加上北平市政府也感到人力和财力不足，北平政整会委员

① 壮克：《北平市的特殊性》，《市政评论》1934年第1卷合订本，第2-3页。
② 言辑：《一周要闻》，《福尔摩斯》1934年8月19日，第2版。
③ 北平市为建设北平市政拟定筹款办法及市公债发行办法等请主持办理的呈文，北京市档案馆藏，1934，档号：J001-005-00116。
④ 北平市政府编《北平游览区建设计划》，北平市政府，1934，第31页。

长黄郛又离平南返，故划界问题暂时搁置。

尽管如此，北平市所拟游览区建设计划，仍将北平市周围名胜古迹纳入其中："凡以北平为出发点而到达之名胜古迹，皆应划入北平游览区之内，故北平游览区之范围，除包括北平市区外，他如八达岭、明陵、汤山温泉、妙峰山、潭柘寺等处皆应包括在内。"①据南京国民政府于1933年10月颁布的《北平古物与建筑处理办法》，北平的名胜古迹管理权分属于许多中央机关："1.内政部所属古物陈列所所存物品，宜划作中央博物馆基本物品；2.北平坛庙管理所仍归内政部管辖；3.中央研究院所属历史博物馆，仍归中央研究院所辖；4.天文陈列馆仍属于中央研究院；5.颐和园地址房屋暂交北平市政府保管，其古物移交于故宫博物院；6.圆明园故址交清华大学办农事试验场，原有古迹及石刻等应交该大学妥为保存。"②但北平市政府认为，由各机关分散管理，不但造成行政资源的浪费，而且削弱监管力量，还容易滋生流弊，应妥筹统一保管办法。于是，市政府提出了将北平名胜古迹分为四种类型的办法：第一，"应拨归市府保管以资整顿者"；第二，"应由市府会同管理，以收市政与古迹平衡整饬之功者"；第三，"应责成原保管机关修整，如无整理能力即交由市府保管以免荒圮者"；第四，"应授市府以监督权，以免有损市容、有伤国体情事之发生者"。③

① 北平市政府编《北平游览区建设计划》，北平市政府，1934，第4页。
② 《北平古物与建筑物处理办法》，《国民政府档案》，台湾国史馆藏，1933年10月20日，档号001097141A001。
③ 北平市政府编《北平游览区建设计划》，北平市政府，1934，第4—7页。

北平名胜古迹的原属机关及统一保管方法

| 名称 | 原属机关 | 统一保管方法 |
|---|---|---|
| 天坛 | 内政部坛庙管理所 | 拨归市府保管 |
| 地坛 | | |
| 先农坛 | | |
| 日坛 | | |
| 月坛 | | |
| 市郊各祠庙 | | |
| 天然博物院（农事试验场） | 行政院（中央研究院）① | |
| 五塔寺 | 教育部古物保管委员会北平分会 | |
| 团城 | | |
| 故宫博物院 | 行政院 | 由市府会同保管 |
| 历史博物馆 | 中央研究院 | |
| 古物陈列所 | 行政院 | |
| 碧云寺 | 碧云寺维持会 | 责成原保管机关修整 |
| 香山静宜园 | 香山慈幼院 | |
| 雍和宫 | 蒙藏委员会 | 授市府以监督权 |
| 东四黄寺 | | |
| 前后黑寺 | | |
| 达赖楼 | | |
| 清净化城庙 | | |
| 资福院 | | |
| 白塔寺 | | |
| 隆福寺 | | |
| 护国寺 | | |

资料来源：北平市政府编《北平游览区建设计划》，北平市政府，1934，第5—9页。

---

① 根据《北平游览区建设计划》的记述，天然博物院原属机关为行政院，但据《蒋中正总统档案：事略稿本》的记载，1934年，天然博物院隶属于中央研究院。北平市政府编《北平游览区建设计划》，北平市政府，1934，第5页；王正华编注《蒋中正总统档案：事略稿本》28（1934年10月30日），台北：国史馆，2005，第379页。

1934年蒋介石到北平，亲自到南苑、天坛等处视察游览，认为华北前途影响全国甚大，北平为华北的一个重要城市，应该加紧建设，以求改善。对于北平，蒋介石也认为有改为游览文化区之必要，提出应将坛庙管理所和天然博物院所管坛庙移交给北平市政府管理。他说："查平市各坛庙均属具有悠久历史之伟大建筑，足以代表东方文化。此次抵平，就闻见所及，此项建筑，多失旧观，长此以往，恐将沦为榛莽，至深愐惜。……所有平市各坛庙及天然博物院以拨归北平市政府负责管理为妥。"①于是，蒋介石令内政部及中央研究院与北平市政府接洽办理此事。经国民政府委员会会议通过，1934年底至1935年初，北平市政府接收了天然博物院和坛庙管理所负责的各坛庙。②至于西郊五塔寺，古物保管委员会亦于1934年底交给北平市政府管理。③

当时蒋介石还提出，应重新划分省市界限，扩大北平市区范围。1934年10月30日，蒋介石致电行政院院长汪精卫，请饬内政部分咨河北省政府和北平市政府，会同派员办理。④于是北平市划界问题再起，北平市希望将大兴、宛平两县之全部，以及昌平县小汤山一带划归北平市政府管辖。⑤

当时南京、上海等市均已划定界限，北平市也确有划定界限之必要，所以内政部也认为冀平划界问题酝酿已久，急宜解决。但是内政部也不愿承担责任，只表示内政部对于冀平划界问题无成见，拟先派人征求河北省政府和北平市政府意见，然后举行划界会议来商议决定。于是内政部派遣的内务司司长黄祖培、民政司司长吴时中作为划界专员，到河北、北平调

① 王正华编注《蒋中正总统档案：事略稿本》28（1934年10月30日），台北：国史馆，2005，第378–379页。
② 北京市档案馆编《北京市档案馆指南》，北京：中国档案出版社，1996，第119–120页。
③ 古物保管委员会编《古物保管委员会工作汇报》，北平：大学出版社，1935，第182页。
④ 《省市划界问题冀省府根据六项意见呈请中央核示》，《世界日报》1934年11月27日，第8版。
⑤ 《扩大北平市区范围》，《华北日报》1934年11月12日，第6版。

查处理。11月15日黄祖培和吴时中抵达北平，先会晤北平市市长袁良及北平政整会委员长黄郛，听取北平市要求展界的理由。11月18日，黄祖培、吴时中又来到天津，会见河北省主席于学忠、民政厅厅长张厚琬、财政厅厅长鲁穆庭，探询河北省对于冀平划界的意见。关于大兴、宛平、昌平辖地如何划分，河北省方面建议由河北省、北平市派员实地勘划后再商定。①

黄祖培、吴时中在天津逗留二日之后，11月19日回到北平，与内政部驻北平科长罗耀枢一起会晤了市长袁良、市政府划界专员吴承湜和谭炳训。袁良强调划界是蒋介石的意思，并表示北平市政府对于扩大市区问题，愿秉承中央命令办理。②河北省政府派遣民政厅厅长张厚琬、建设厅厅长张历生为划界专员，实业厅秘书黄允符（黄增元）和民政厅秘书富维骧为助理员，北平市政府也加派工务股主任段毓灵、财政局第三科科长魏叶贞为助理员。当时张历生正在北平，其他三人原定11月20日到北平，俟河北省划界专员和助理员到齐后，三方即在北平开会商议划界事宜，但是河北省其他三名划界专员和助理员迟迟未到。

对于北平市扩界问题，因已经行政院批准，河北省政府虽不愿接受，但也不便正面反对。河北省方面提出，北平市政府所要求的市区过大，达1万余平方公里，比南京、上海两市都大得多，对河北省财政影响实属非小，办理土地陈报亦有问题，因此提出六条修正意见，主张维持旧划区域于不变。③河北省政府还拟了一个草案，并附有图界，提请中央研究。④为了阻止北平市扩界，河北省政府还诉诸民意。河北省划界专员张历生即向媒体表示，省政府对北平市区扩大，将斟酌实情说话，因省、市双方均为国家办事，当然力求方便，从长计议。现河北省无民意机关，即省议

---

① 《冀省平市讨论划界》，《新闻报》1934年11月18日，第5版。

② 《内部划界专员昨晤袁良，俟冀省代表来平，即开始会商》，《世界日报》1934年11月20日，第8版。

③ 《冀平划界将折冲》，《新天津》1934年11月24日，第3版。

④ 《冀平划界草案已定》，《新闻报》1934年11月24日，第7版。

会，北平市政府亦无民意机关，即市议会，无法征求人民意见，故尚须听
人民舆论而决定，省府并无必须坚持之原则。① 在这种情况下，黄祖培和
吴时中拟具初步报告书，将在平津两地与当局征询意见情形，快邮寄部。②

　　1934年11月21日富维骧、黄允符抵达北平，与北平市政府接洽，拟
按预定计划组织一个小组，负责实地勘划，北平市政府以为原案已定，并
已呈请内政部，认为无须再勘。富维骧和黄允符无法完成使命，遂于11
月22日返回天津。在北平的河北省划界专员张厉生也与黄祖培、吴时中
有所接洽。河北省政府为拖延时间，以河北省政府方在改组中，新任厅长
尚未正式就职，提出需俟11月25日新任厅长正式就职后方可进行划界协
商。③ 但是，新任河北省政府委员兼民政厅厅长张厚琬就职展期，所以11
月25日之后也无法举行会谈，会议日期被推到12月2日之后。在此之前，
11月25日张厚琬一度来到北平，11月26日下午会晤了黄祖培和吴时中，
双方交换意见。

　　河北省在提出六条反对理由之后，决定听候内政部、军政部核议，拒
绝派划界专员到北平，划界会议无法召开。在这种情况下，北平市市长袁
良也只得再次强调划界问题纯系旧事重提性质，市政府对于此事的态度是
秉承中央意旨办理，别无意见。对河北省方面将决定权推给民意的做法，
袁良评论说："予意此非对外问题，自无须听取人民舆论决定之必要。"④ 然
而，很快就出现了反对省市划界的民意。1934年11月29日上午，大兴、
宛平两县在丰台永善街宛平县立丰台小学校举行集会，招待北平新闻界，
报告反对划界之理由，并决定推派范仁甫、汪慎宜等人为代表，赴天津、
南京请愿，反对划界。⑤

① 《袁良昨宴内部划界专员，冀省府代表已派定》，《世界日报》1934年11月21日，第8版。
② 《冀省府代表昨未来平，划界会议有待》，《京报》1934年11月21日，第3版。
③ 《冀平划界代表派定》，《庸报》1934年11月22日，第1版。
④ 《省市划界问题冀省府根据六项意见呈请中央核示》，《世界日报》1934年11月27日，第8版。
⑤ 《袁良定今日赴京》，《华北日报》1934年11月30日，第6版。

冀平划界问题因大兴、宛平两县部分民众反对而横生枝节，更增加了划界的难度。因此，袁良于1934年11月30日下午随黄祖培、吴时中赴南京，要向蒋介石及行政院院长汪精卫当面陈述意见，并与内政部商洽划界问题。

1934年12月2日上午，又有部分昌、宛两县士绅及商、学各界邓宪周、姜泰等200余人在清河开会，发表宣言，赞成划入北平市。[①]消息发布后，昌平清河镇士绅各界又声称邓宪周等人确系假借名义，内中另有隐情，特推选孟宪亚、姜保林、王玉三等3人为代表，12月4日到北平，转往丰台报告大昌宛反对划界代表团，即时分电行政院及河北省政府，反对邓先周等人假借名义赞成市区扩大理由。除第一批反对划界请愿代表6人已到南京外，第二批代表李雅峰等24人于12月5日出发，先赴天津向河北省政府请愿，如无要领，再转南下呼吁，还准备派出第三批代表石相如等60人到南京请愿。反对的一派表示誓死反对北平市扩大市界，不达目的，决不终止。[②]

北平市扩界问题，经行政院与军事委员会商定原则，交由内政部召集军政部、军分会及冀平省市代表会商。1934年12月6日，内政部召集划界会议，双方意见相距甚远。袁良在会上发言，谓北平市电灯之发电厂及自来水之总厂，在宛平县境之石景山等处，以此原因，主张将宛平并入市界，而河北省委员张荫梧起立反驳说："黄河发源于青海、甘肃，而为害于山东、河南二省，然则为治黄计，亦应将青甘两省，划入鲁豫耶？"袁良瞠目不能答。[③]12月8日，内政部提出一个方案，较北平市政府所拟之界限略为缩小，而河北省代表则一再表示北平市力量薄弱，辖境不宜扩大。于学忠还到北平会见黄郛，对于冀平划界，表示河北省方面会据理力

---

① 《划界纠纷愈趋复杂》，《益世报》1934年12月3日，第8版。

② 《划界纠纷未已袁良十日前返平》，《益世报》1934年12月5日，第8版。

③ 大华烈士：《东南风四集·袁良也碰钉》，《逸经》第4期，1936年4月20日，第51页。

争，双方边界以维持原界为原则，已经河北省政府例会议定，实难变更，至于将南苑、大小汤山划归北平市，河北省方面绝难赞同。[①]

12月8日，参加第二次划界会议的河北省代表张厉生、胡源汇、张荫梧抵达南京。12月10日下午，宛平县各区代表20余人在丰台三县办事处开联席会议，追认在丰台设立大昌宛三县联合办事处，编造各村反对划入北平市人名册，作县民意见之表示，并决议致电张厉生、胡源汇、张荫梧，对划界问题主张维持旧界，请转划界会议，否则誓不承认。[②]12月11日，内政部召集第二次划界会议。会上，内政部希望河北省和北平市代表能接受内政部所提出的折中方案，而军政部、军分会主张维持旧界，河北省代表更对扩大市区根本反对，北平市代表也不愿接受内政部的折中方案，结果这次会议仍未能取得进展。会后，张荫梧拜见蒋介石和汪精卫，力陈北方时局及不宜扩大市区之关键，于是蒋介石也动摇了，表示划界问题必须从长计议。12月13日，蒋介石致电于学忠、王树常，令劝阻冀平民众因划界问题聚众请愿，黄郛也认为现在处理冀平划界问题事实上有困难，电请国民政府慎重对待，于是冀平划界问题再次被搁置。

在《北平游览区建设计划》中，北平市政府除主张统一名胜古迹管理权外，还主张同步进行道路修筑及古建筑修葺工程，认为"否则彼修此毁，此毁彼修，所谓游览区者恐终无整个刷新之一日"，并拟定在三年内完成第一期任务。[③]酒店、戏院和旅游机构等旅游设施的建设则在其后。市政府拟将中南海前总统府改为表面是中式、内部是西式的"东方园林饭店"，并在中南海大饭店附近建设大规模戏院，同样采用中国古建筑的外表，最新式的内部设计，"乘国际游历团来平游览之时，聘请国内驰名戏曲家演剧，以表扬东方音乐戏曲之优美，俾外人能领会中国戏剧之真实精

---

① 《于学忠昨谒黄郛》，《时报》1934年12月9日，第7版。

② 《冀平划界问题内部谋根本解决将提出折中案》，《益世报》1934年12月11日，第4版。

③ 北平市政府编《北平游览区建设计划》，北平市政府，1934，第8—9、12页。

华"。①1934年8月12日袁良在发表整理市政谈话时，还提出拟将故宫改建为皇宫饭店，全力使北平成为世界唯一之游览区。②

当时北平市政府拟在市区扩大后建设游览区、疏浚城郊河流和整理全市沟渠。预计此三项建设计划共需要700万元经费，北平市政府决定先筹集300万元进行游览区建设，并请国民政府补助。孔祥熙到北平时，曾答应由财政部尽量设法。1934年11月30日袁良到南京，除了商议划界问题外，也有请求南京国民政府帮助解决建设文化游览区经费问题的打算，向中央请拨繁荣北平经费400万元。③南京国民政府令北平市政府另行拟订旧都文物整理计划实施程序，先集中力量进行名胜古迹修缮工作，至于旅游设施，要求"酌量变更"，并令"'游览区'名称以后在公文书上不再引用"。④于是，北平市政府将《北平游览区建设计划》缩小为《旧都文物整理计划》。

### 三、整理文物，推行旧都文物整理计划

近代以来，包括北平在内的各地名胜古迹有不少在长期战乱中遭到破坏，也有一些外国人打着考察的幌子，大肆劫夺文物。为加强对文物古迹的保护，1928年9月南京国民政府内政部公布了《名胜古迹古物保存条例》11条，并在大学院下设立"古物保管委员会"，由该会"专管计划全国古物古迹保管、研究及发掘等事宜"。古物保管委员会成立后，"北平文物赖以保存者尤多"，故该委员会将会址从上海迁至北平。⑤

---

① 北平市政府编《北平游览区建设计划》，北平市政府，1934，第25页。

② 《袁良发表整理市政谈话》，《西京日报》1934年8月14日，第2版。

③ 《袁良昨晚抵京》，《世界日报》1934年12月2日，第4版。

④ 《旧都文物整理委员会组织规程》，《国民政府档案》，台湾国史馆藏，1934年12月22日，档号001012100A025。

⑤ 古物保管委员会编《古物保管委员会工作汇报》，北平：大学出版社，1935，序第1—2页；第1—2页。

　　文物古迹是北平长远发展的本钱，所以对古物和名胜古迹的保护也向来比较重视。1930年1月，根据《名胜古迹古物保存条例》第六条规定，北平特别市政府制定《北平特别市名胜古迹古物保存规则》和《北平特别市古迹古物评鉴委员会组织章程》，并组织了北平特别市古迹古物评鉴委员会。1930年6月，南京国民政府又公布《古物保存法》14条，至1931年7月，公布施行《古物保存法施行细则》，为文物保护提供了法律依据。特别是，行政院于1932年6月颁布《中央古物保管委员会组织条例》，并在其下组织中央古物保管委员会，至1934年7月，中央古物保管委员会正式成立后，原教育部所属北平古物保管委员会改组为中央文物保管委员会北平办事处，以表示中央政府对古迹、古物保护工作的重视。[①]

　　起初，北平古物保管委员会的工作偏重于古迹和古物的登记、发掘工作，而对整理和修缮工作重视不够，北平的古迹、古物仍处于部分管理与消极维持的状态，缺少主动发现问题并采取措施的建设性保护。[②]而在中央古物保管委员会成立之前，北平市政府已经迈出了整理文物的步伐，于是，在《北平游览区建设计划》中也提出了名胜古迹保管权统一问题。最终，在南京国民政府的支持下，北平市政府顺利接收了天坛、地坛、先农坛、日坛、月坛、天然博物院等的保护管理权，进而对其所管辖的名胜古迹进行了通盘筹划。

　　北平市政府于1934年12月拟订的《旧都文物整理计划》，就是全面修葺、整理北平古建筑的计划。为集思广益起见，政整会起草《旧都文物整理委员会规则》，并于1935年1月成立旧都文物整理委员会（简称"文整会"），隶属于政整会，主席由政整会委员长黄郛兼任，由内政、财政、

① 《中央古物保管委员会关于北平古物保管委员会改组为北平办事处函》，《中华民国史档案资料汇编》第五辑第一编文化（二），第593页。
② 北平市政府秘书处第一科统计股编《北平市政府二十二年下半年行政纪要》，北平：京城印书局，1934，第38页。

教育、交通、铁道各部和中央古物保管委员会，河北、察哈尔等处代表及北平市市长为当然委员，并聘请专家若干人为委员，常务委员会附设于北平政整会内。文整会负责指挥监督关于执行整理北平文物的各项事宜，审核关于北平文物的设计，筹划保管关于该计划的款项。[①]

执行旧都文物整理事宜，虽由河北、察哈尔两省政府和北平市政府共同负责办理，但北平市政府的任务最重。北平市政府根据文整会的要求，在市政府内西花园南院设立北平市文物整理实施事务处（简称"文整处"），由市长袁良兼任处长，工务局局长谭炳训兼任副处长。文整处"主要负责办理关于北平市内文物整理修缮的各项设计、工程以及其他与文物相关资料的编辑、宣传事务；负责筹拨专款，编拟计划，分期实施各项修缮工程等"。[②]文整处还聘请中国营造学社为技术顾问，并请其举荐代表，参加审查会议。所有文整工程先送请中国营造学社审查，再提交文整处的审查委员会开会讨论。[③]

1934年12月，袁良在南京与国民政府行政院商定，故都文物整理经费最高限额为309万元银圆，其中财政部及北平市各筹拨100万元银圆，铁道部筹拨109万元银圆。[④]另外，金城银行、上海银行等还答应投资200万元银圆。北平市政府计划以170万元银圆修筑北平市沥青路，以139万元银圆修理城墙、城楼及各坛庙，剩余200万元银圆组建游览社，并建造剧院、饭店与文化商场。袁良所欲设立的游览社，不仅是一个类似旅行社的机构，由官商合办，政府和人民均可投资，一切组织彻底商业化，社长由市政府派充，副社长二人，由商股及北宁铁路局各推一人。其业务范

① 《旧都文物整理委员会组织规程》，《国民政府档案》，台湾国史馆藏，1934年12月22日，档号001012100A025。

② 中国文物研究所编《中国文物研究所七十年1935—2005》，北京：文物出版社，2005，第200页。

③ 北平市文物整理实施事务处编《北平市文物整理实施事务处第二次报告（1935年6月至10月）》，第2页。

④ 《袁良计划改平市为文化游览区（上）》，《大同报》1935年1月13日，第8版。

围，"除办理一般旅行社之业务外，并担任译导、代购特产等事务。中南海饭店及大剧院亦归该社经营。其他名胜古迹如有设立饭店必要，统由该社承办。该社并有建议名胜古迹之整理计划及协助整理之义务"。① 所以，北平市政府拟设立的游览社实际上也是一个专管旅游事业的机构。在游览社成立之前，在袁良的积极主导之下，成立了文物观光协会。该协会"以招致国内外观光人士，促进名胜地方之设备，改善招待观光者之机能为宗旨"。② 剧院、饭店和文化商场，纯系商业性质。文化商场集中一切古董、珠玉等各种工艺品及特产品，杜绝赝品，统一价格，并选用能通外国方言之营业员，专司接待外国游客。对于此点，北平市政府先在东安市场试办，成绩极为良好。另外，北平市政府还计划以30万元经费，在太庙设立市立博物馆，预定一年完成。

由此可见，北平市在推行旧都文物整理计划期间，并没有彻底放弃游览区建设计划。1934年12月7日，袁良市长在南京接受记者采访，称建设大北平计划，初拟名为"建设北平游览区"，其后修改为"建设整理北平文物"，发展旅游业为建设的重要目标。袁良向记者提到，1934年到北平旅游的外国游客共计1900人，其中美籍游客即占1400余名。外国游客"皆谓今始发觉北平实为世界之名城乐土，令流连不忍速去。可见外人之心理，对北平已有好评，如能再加建设，相信外人来游者，必更多。西方人仅睹西方之名胜，而未睹东方之名胜，美国人每年所耗于游览者，达八万万美金，仍不过在欧美两洲兜圈。如我能利用宣传方法，将北平之优点，完全烘托表现，则西方人之来东方者，或许与今年之比例成十倍以至百倍，则北平之繁荣，定可操左券"。③

全部文物整理工程计划定两年完成，分两期施工。由于当时北平市

---

① 北平市政府编《北平游览区建设计划》，北平市政府，1934，第28—30页。
② 《袁良发起之平市文物观光协会》，《华北日报》1935年10月16日，第6版。
③ 《平市长袁良谈建设大北平计划》，《新江苏报》1934年12月8日，第4版。

冬季不便修葺房屋，文物整理工作要等到1935年3月底以后才能进行。所以，根据《旧都文物整理计划实施程序》，1935年1月至3月为第一期工程准备时期，4月至9月为第一期工程施工时期，1935年10月至12月为第一期工程结算报告时期。以1936年1月至3月为第二期工程准备时期，1936年4月至9月为第二期工程施工时期。①

修葺古建筑的原则，主要是加强结构，但又不得不顾及市民等着看"金碧辉煌，焕然一新"的期待，所以《旧都文物整理计划》也很重视油漆彩画。②文整会不仅将"地当冲要，有关市容"的新华门、皇城4座角楼，③以及"地当颐和园及西山等处往来要冲，为中外观瞻所系"的颐和园涵虚牌楼添加到第一期工程范围内，提前兴修。④而且于1936年10月明确提出："凡通衢大道观瞻所系之处，自应兼顾外表，期可富丽堂皇，其地址不甚冲要者，应先尽结构坚固上加以整理，其外表可从简略。"⑤第二期工程更以此为原则。

具体负责施工的主要是北平市工务局和天津基泰工程司，少部分由文整处自办。所有工程，经文整处的审查委员会审查通过后，由文整处酌视工程性质，分别委托北平市工务局及天津基泰工程司代办，或由文整处自办。⑥1935年3月，基泰工程司与文整处签订了承办工程合同后，基泰工程司在

---

① 《旧都文物整理委员会组织规程》，《国民政府档案》，台湾国史馆藏，1934年12月22日，档号001012100A025。

② 梁思成：《梁思成全集》第4卷，北京：中国建筑工业出版社，2001，第308页。

③ 北平市文物整理实施事务处编《北平市文物整理实施事务处第五次报告（1936年5月至6月）》，第8页。

④ 北平市文物整理实施事务处编《北平市文物整理实施事务处第七次报告（1936年7月1日至7月底）》，第8页。

⑤ 北平市文物整理实施事务处编《北平市文物整理实施事务处第十次报告（1936年10月至11月）》，第2页。

⑥ 北平市文物整理实施事务处编《北平市文物整理实施事务处第一次报告（1935年1月至5月）》，第2页。

北平成立了事务所，并派建筑大师杨廷宝主持工程，其他工作人员也先后到北平，主持古建筑整修工程。①

按照约定，财政部和铁道部每月各拨给经费3万元，北平市政府每月拨给经费2万元。但是铁道部到1935年3月才拨汇1935年1月应拨协款，财政部也是到了3月才拨汇2月应拨协款，导致工程只得延期开工。②1935年5月，袁良再次赴南京接洽旧都文物整理经费，财政部已汇至4月，铁道部也已汇至3月，经费问题才基本得到解决。③因此，原拟1935年4月开始的第一期工程，实际上到5月才着手开工。

1935年10月，文整会改为行政院直属。在此之前，文物整理工程经费，财政部只拨至1935年5月，铁道部也只拨至1935年6月。④财政部和铁道部拖欠工程经费，对旧都文物整理计划的实施影响重大，使得工程进度和规模不得不有所调整。如原定为第一期文整工程的孔庙、国子监、玉泉山玉峰塔、中南海紫光阁等处，因全部概算关系，改归第二期办理。又如五塔寺、碧云寺、文丞相祠等处，虽设计完竣，但因"部款迟滞，未敢积极进行"，延迟到第二期才开工。⑤

第一期工程开工伊始，袁良认为"旧都文物不可无专书载之"，遂建议编纂《旧都文物略》。该书由秘书处汤用彬任主编，陈声聪、彭一卣任编辑，陈宝书、吴承湜、金保康任编审。袁良去职后，编辑经费无着，人员星散，调查工作中断，未调查的未及继续调查，已调查拍摄的大量照

---

① 北平市文物整理实施事务处编《北平市文物整理实施事务处第一次报告（1935年1月至5月）》，第5页。

② 北平市文物整理实施事务处编《北平市文物整理实施事务处第一次报告（1935年1月至5月）》，第1页。

③ 《袁良返平谈繁荣故都政策》，《新闻报》1935年5月13日，第6版。

④ 北平市文物整理实施事务处编《北平市文物整理实施事务处第三次报告（1935年10月21日至1936年1月底）》，第1、5页。

⑤ 北平市文物整理实施事务处编《北平市文物整理实施事务处第二次报告（1935年6月至10月）》，第7—9页。

片也未及继续编辑，于1935年11月匆匆结稿付梓。该书内容共分城垣略、宫殿略、坛庙略、园囿略、名迹略（上）内外城、名迹略（下）郊外、陵墓略、河渠关隘略、坊巷略、金石略、技艺略和杂事略等十二略，为文15万多字，附有照片，图文均符合实际。①北平市政府秘书长陈宝书在序言中指出：编纂"主旨在发扬民族精神，铺叙事实，借资观感。文则辩而不哗，简而能当，诚一时合作。览古者倘手兹一编，博稽往烈，固不止于为导游之助，而望古兴怀，执柯取则，或亦于振导民气，发扬国光，有所裨乎！"②

1935年7月，在第一期工程还未竣工的情况下，南京国民政府决定撤退河北省内一切国民党党部，包括政整会。③10月，行政部公布《修正旧都文物整理委员会组织规程》，规定原隶属于政整会的文整会改隶行政院，文整工程的管辖权也改归行政院。④11月，袁良与谭炳训皆去职，再加上行政院院长汪精卫被刺，文整会会议"无形停顿，重要议案遂亦无法解决，而成悬案"。⑤延至1936年3月，议案才依次解决，但文整工作未得如愿进行。到1936年4月底，文整会已先后接到中央拨款9万元，对于旧都文物整理事宜应如何着手进行，秦德纯到天津向宋哲元请示办法。⑥秦德纯计划等旧都文物整理经费10万元汇到后，即着手重修颐和园。⑦旧都文物整理第二期工程，实际上到1936年10月才得以开工，预计到1937年9

① 邓云乡：《文化古城旧事》，北京：中华书局，2004，第218-223页。
② 原北京市政府秘书处编《旧都文物略》，北京：中国建筑工业出版社，2005，袁良序。当此书编好付印时，正是当时新旧市长交接的时候，所以书前印了两篇序，第一篇是旧市长袁良的序，第二篇是新市长秦德纯的序。
③ 沈亦云：《亦云回忆》下册，台北：传记文学出版社，1980，第550-552页。
④ 《旧都文物整理委员会组织规程》，《国民政府档案》，台湾国史馆藏，1934年12月22日，档号001012100A025。
⑤ 北平市文物整理实施事务处编《北平市文物整理实施事务处第三次报告（1935年10月21日至1936年1月底）》，第1页。
⑥ 《秦德纯昨晚返平》，《世界日报》1936年5月1日，第3版。
⑦ 《秦德纯谈将重修颐和园》，《立报》1936年5月5日，第1版。

月才能完成。①

当时日本加紧策动华北事变，日本飞机一天到晚在北平上空飞，笨重的坦克车，常常在街上游行，北平局势日益紧张，百姓人心惶惶。在这种形势下，胡适等人主张把北平定为"文化城"，接替袁良担任北平市市长的秦德纯迎合胡适等人的主张，决定划北平为文化游览区，但因经费困难，无法进行大规模建设。

## 第二节　市政建设与交通管理

### 一、道路建设

直到1933年，北平城郊马路仍缺乏完善的系统。当时有种说法，北平系香炉城，无风三尺土，有雨一街泥。市政府虽然付出了不少努力，但由于建设经费拮据，无法扩充熟练的工人和筑路工具。当时北平市工务局"仅有沟工一百人，修路工人五百人，包含匠工杂工二百名，路工队三百名。本局之石碾虽有十三架，而实堪应用者只有六架，因之不敷分配，故电车道内外之道路，全今多拆完未修"。②袁良在就任北平市市长之后，认为"北平系有历史性之旧都，且为中国文化之中心区，中外人士常来此游览考察，故一切设施如卫生、交通、教育等项，无不须充分加以改进"。③

袁良上任伊始，即表示要规定道路系统，完成全市路政。④北平市政府在编订《市政初期建设计划（三年计划）》、《北平游览区建设计划》和《旧都文物整理计划》时，均将道路建设作为建设计划的重要组成部分。

---

① 北平市文物整理实施事务处编《北平市文物整理实施事务处第九次报告（1936年9月1日至9月底）》，第1页。

② 《工务局长汪申谈本期路工之计划》，《北平晨报》1933年10月21日，第6版。

③ 《市长对市府各局处之工作检讨与展望》，《华北日报》1935年4月9日，第6版。

④ 《袁良昨日就职后发表用人施政大纲并对职员训话》，《华北日报》1933年6月22日，第6版。

袁良认为整理全市交通设施，为推行游览区建设计划之基础。然而，修筑道路需要经费较多。为增加建设经费，北平市政府紧缩行政开支，建设费占财政总支出的比重不断增加。1929年至1932年，建设费占财政总支出的比重为9%，居各项支出经费的第四位。[①]1934年度建设费所占比重增加到10.5%，上升为第三位。由于建设费不仅包括市政工程事业费，还包括各级主管部门经费等其他费用，建设费的增加并不等同于工程事业费的增加，但建设费的增加对路政的改善确实起到了积极作用。为弥补工务经费的不足，1934年市政府还向临街各商号征收"马路捐"。[②]

有了相对稳定的经费保障后，袁良令工务局尽量修筑道路。这时期北平市道路状况有很大改善。过去北平市道路可分为沥青路、沥青混凝土路、石板路、石砟路和土路等多种。其中，沥青路在北平最早出现于1915年，但因成本较高，且易受气候影响，直到1932年，北平道路仍以石砟路为主，沥青路仅占全市公路的1/8。袁良就任市长以后，才大量修筑沥青路，确立了将"全市公路均改修为沥青油路"的目标。仅用了一年时间，就将沥青路里程较1932年增加了2倍。[③]1933年8月24日，袁良偕同工务局局长汪申视察北平市公安街、东安门人街等处新修马路。[④]1934年，北平市计划拿出30余万元修筑城内沥青路、石砟路和土路。[⑤]1934年4月，北平市路政计划从前门大街着手进行。翻修前门大街，此前周大文任市长时即有此拟议，而未能实施。这次北平市政府投资8万元，将前门大街从前门五牌楼到天桥一段马路翻修为柏油路，并拓宽二丈。为此，万昌等34

① 曹子西编《北京通史》第9卷，北京：北京燕山出版社，2012，第262–263页。
② 《市政零讯：征收马路捐筑路》，《市政评论》1934年第2卷第1期，第13页。
③ 史明正：《走向近代化的北京城：城市建设与社会变革》，王业龙、周卫红译，北京：北京大学出版社，1995，第79–80页；田尚秀选编《1929—1932年北平市工务局建设成绩实况》，北京市档案馆编《北京档案史料》2004年第4辑，北京：新华出版社，第18页。
④ 《袁良昨视察平市马路》，《实权日报》1933年8月25日，第1版。
⑤ 《前门大街将为北平模范路》，《庸报》1934年4月29日，第1版。

家商号要被拆除。商号请求保留，被市政府驳回，并交由财政局备款，即速饬令移迁。袁良表示，展修前门大街马路，完全为整顿市容。查前门大街一带商号近年益形萧条，考其原因，全由于道路不修所致。现在要想繁荣北平，唯有将北平打造成一个天然博物馆，吸引外国游客前来观光。前几天有美国观光团500余人到北平，王府井大街各商号莫不做了一批好生意，而前门大街则无人光顾，商家不察，孤意抗拒拆迁，殊属非是。①不仅街道要拓宽，街道两旁之电线杆也一律更换，电车轨道也稍作移动，并取缔道路两旁有碍观瞻之浮摊，要将前门大街修成北平模范路。②

旧都文物整理第一期工程开始后，工务局还要代办其中的道路修筑工程。对于道路修筑工程，"第一期工程以四郊公路为主干，城内公路次之"，③包括郊外公路四处，城内公路六处。到1936年初，实际竣工的公路有郊外两处，即西直门青龙路、永定门大红门路；城内四处，即地安门内大街、南北长街、外交部街西段、景山东西北三大街，工程总面积约为97623平方米。④

过去北平市工务局只关注柏油路和石砟路，比较忽视土路，以致偏僻街巷坎坷不平，从未加以修筑，晴则尘埃蔽天，雨后泥泞载道，因而造成的交通问题，为中外人士所不满。⑤这时工务局也注意改筑土路，以利于马车通行。1933年至1935年，每年修筑的土路为1932年度的2倍以上。为了节省经费、缩短工期，工务局还参考南京用五段洋灰混凝土修

① 《决返修前门马路》，《益世报》1934年4月16日，第7版。

② 《前门大街将为北平模范路》，《庸报》1934年4月29日，第1版。

③ 《旧都文物整理委员会组织规程》，《国民政府档案》，台湾国史馆藏，1934年12月22日，档号001012100A025。

④ 北平市文物整理实施事务处编《北平市文物整理实施事务处第一次报告（1935年1月至5月）》，第6-7页；《北平市文物整理实施事务处第二次报告（1935年6月至10月）》，第9-11页；《北平市文物整理实施事务处第三次报告（1935年10月21日至1936年1月底）》，第16页。

⑤ 北平市政府秘书处第一科统计股编《北平市政府二十二年下半年行政纪要》，北平：京城印书局，1934，第31页。

筑试验路的方案，修筑了北沟沿试验路。

1932—1935年度修筑道路统计 （单位：平方米）

| 年份 | 沥青路及沥青混凝土路 | 石砟路及石板路 | 土路 | 其他 | 总计 | 附注 |
|---|---|---|---|---|---|---|
| 1932 | 51479 | 550647 | 233192 | 7306 | 842624 | 每年度从当年7月开始至下一年6月<br>用四舍五入法一律省略了尾数 |
| 1933 | 99893 | 333375 | 497357 | 4121 | 934745 | |
| 1934 | 86945 | 278415 | 494546 | 23787 | 883692 | |
| 1935 | 71532 | 350869 | 471024 | 1167 | 894593 | |

资料来源：北平市政府秘书处第一科统计股编《北平市统计览要》，北平市政府秘书处第一科编纂股，1936，第56页。

在翻修道路的同时，北平市工务局也开始关注旧路的保养问题。由于郊区的大车频繁往来北平，且经连年的战乱，北平道路的毁坏程度较为严重。而在过去，旧路的保养问题未能受到应有的重视，如1933年工务局每月有确定事业费18000元，但大部分用于建筑新路，用来修补旧路者零星为之，[①]甚至往往将仅有的养路经费也拿来扩充新路。所以北平市道路处于随修随毁的状态。[②]为了改进"只管修，不管养"的路政状况，北平市政府决定使用其余事业费或另行筹款修筑新路，以便维持养路经常费，养路不受修路的牵制。进而，市政府令工务局对路面进行定期巡查修补。除此之外，工务局还于1935年添购洒水汽车10辆，每天分赴各路洒水，提高了其养路能力。[③]交冬后，这些洒水车又随时可改作拉运煤渣及秽土雪

---

① 《技术行政改进计划》，载北平市政府秘书处第一科统计股编《北平市政府二十二年下半年行政纪要》，北平：京城印书局，1934，第44页。

② 《改进平市路政的小建议》，《市政评论》1934年第1卷合订本，第122—123页。

③ 《北平市政府民国二十四年度预定行政计划书》，北京市档案馆藏，1935，档号J001-007-01922；北平市工务局关于验收代购第一批载重汽车和检送定购洒水车等筑路机件合同说明书、图表等与文整处的来往函等，北京市档案馆藏，1935，档号J017-001-01618。

泥之用。①

对于新式沥青路、沥青混凝土路，最大的威胁来自穿行市内的载重车辆，因此，对载重车辆的取缔与改造成为北平市政府基础设施管理的一项重要工作。1929年5月1日，北平市政府公布了《管理重载大车规则》，首先以法规的形式对载重大车进行管理和限制。对于大车车轮宽度也有明确规定。1932年，北平绥靖公署制定了《取缔载重大车擅轧马路奖惩条例》。1934年5月，北平市政府又公布了《取缔载重车辆办法》，取缔军运重载大车，规定窄轮及宽轮大车的通行路线，同时规定载重标准，大车以单套为限，排子车以四人为限，载重均以1吨为限。②1936年3月，市政府公安、社会、工务三局又重新拟定了内外城大车通行路线③，各种宽轮和铁轮大车、手车、排子车等，必须绝对按照规定路线通行，由公安局饬各区警察，严切注意，违者处罚。1936年11月，北平市政府再次规定，所有铁轮大车，不论宽窄轮，一律禁止通行沥青路。此前1934年办法允许在沥青路旁营业的商户用宽轮大车在本街卸货的规定被取消，改为由商户自备胶皮轮手车在附近胡同卸货。同时还规定，自1937年元旦起，四郊窄轮大车一律禁止入城，改在城外卸货。④为确保这些规则的贯彻落实，工务局特设公路稽查5名，守路工丁12名，每日在全市各干道往来巡视，辅助警察禁止大车通行马路。

在实施管理与限制的同时，市政当局也在努力寻求载重车辆与新式道路之间的平衡。1936年，工务局在前门外的大栅栏、珠市口等商业区修建了大车过街石板道，便利大车的通行。同时，推行大车车轮改良。1936年10月21日，第二百八十三次市政会议专门讨论了关于保护油路改良车轮

① 《袁良谈市政》，《华北日报》1934年8月13日，第7版。
② 北平市政府编《北平市政府二十三年上半年行政纪要：第二期》，北平市政府，1934，第64页。
③ 《公安社会工务三局改订内外城大车通行路线》，《华北日报》1936年3月20日，第6版。
④ 《窄轮大车明年起禁止入城》，《华北日报》1936年11月24日，第6版。

一案，决议如下。

1）原有铁轮大车应加改良，其式样参照使馆界内使用之铁轮四轮车或天津通行之两轮加铁弓车，由社会局调查绘图，先制一辆交与工务局试用，合适后即绘图样发制车商户照制并禁止再造旧式车辆，一面查明社会局前请货物变通办法案，酌定变通方法，其愿改胶皮轮者，仍照原案办理。此项改良限期自图样决定日以半年为限。

2）在油路附近开之砖瓦商、米粮商、煤商、灰商，应自备皮轮、木轮手车，在附近胡同起卸，所有铁轮大车一概禁止通行。

3）工务局原请第二点照办，应由社会局先期布告，定期施行。在施行期间，凡在油路两旁开业之砖瓦商、米粮商、煤商、灰商等，应先备改良车辆，方得给照开业，以示限制。

4）四郊进城之窄轮车自二十六年一月一日起，须在城外起卸，不得入城。应由社会局召集大车公会商定妥善办法。

5）大车通行土路路线早经规定，由工务局再加考察能否增辟，又该项土路应工务局派工随时平垫，以利交通。[①]

到1936年10月，全市已有改良人车70余辆，虽然只占全市4000多辆宽铁轮大车的很小一部分，但是已经代表了未来城市运输的发展方向。[②]

此外，北平的路政工作向来不太重视人行道问题，故人行道高低不平，摊贩满街，致使行人出行不便。1934年初，北平市政府修正公布《北平市整理步道规则》，开始整理人行道，禁止窄轮大车在人行道上行驶，如果任意毁坏人行道或道牙，则处5元以下的罚金。市政府虽还取缔了在人行道上摆设浮摊或堆积物料等行为，但取缔浮摊影响部分小本贫民的生计，无法完全驱除，只得规定除繁华冲要街道外，其他各路"以不碍交通

---

① 《北平市政府市政会议决议案：第二百八十三次常会（1936年10月21日）》，载北京市档案馆编《北平历届市政府市政会议决议录》，北京：中国档案出版社，1998，第365页。

② 《为保护油路，改善大车铁轮》，《华北日报》1936年10月3日，第6版。

观瞻及各商铺营业为限"，允许在道牙一公尺以外摆设浮摊。[①]

### 二、河道沟渠整理

民国初年，市政当局就开始治理河道、沟渠，但力量有限。从清末以来，并未正式疏浚河道和湖泊，水源日涸，河身壅塞，或秽物堆积，水流不畅，乃致臭气熏天，"颇足为近代都市之污点"。[②]沟渠也年久失修，多处坍塌，污水与雨水合流，以臭化全市，急需整理。旅游事业成功关键之一是塑造良好的城市形象，而失修的河道、沟渠给北平形象造成了负面影响，袁良高度重视此问题。而且，他曾于1924年至1928年担任过全国水利局总裁，[③]对此项工作有所了解。在他的领导下，为维护风景，繁荣北平计，北平市政府积极统筹推进河道、沟渠整理工作。

北平市政府整理河道的目的主要包括两个方面：一是维持风景，以期吸引中外游客，发展旅游业；二是促进城郊农田水利建设，从而提高农业生产能力。1933年，北平市政府经邢丕绪拟订水道调查计划后，派员依据该项计划，携带测量工具，分赴城郊各河道进行实地勘测。到1934年，袁良将整理疏浚城郊河流和整理全市沟渠，以及建设游览区作为北平市的三要政，并分别拟订施行计划书。对于整理河道，根据测量结果，初步制订了《整理北平市水道计划》。[④]第一期工程共分九项，包括疏浚前三门护城河，疏浚城西护城河，疏浚铁棂闸至北海一段水道，修理铁棂闸，疏浚南海至中山公园水道，疏浚菖蒲河，废去北海土坝，添设滚水坝，玉泉山

① 北平市政府参事室编《北平市市政法规汇编》，1934年，工务第41—42页。

② 《市长袁良决定繁荣平市新计划》，《益世报》1934年11月28日，第8版。

③ 《全国水利局总裁袁良就职日期通告》，《政府公报》1924年第3131号，通告第12页。

④ 北平市政府秘书处第一科统计股编《北平市政府二十二年下半年行政纪要》，北平：京城印书局，1934，第31页；北平市政府编《北平市政府二十三年上半年行政纪要：第二期》，北平市政府，1934，第67页。

北小闸添板，昆明湖添换闸板。[1]

后经对《整理北平水道计划》加以补充、修改，制订了《北平市河道整理计划》。根据《北平市河道整理计划》，北平河道的最大问题是缺水，但其原因并不在于水源不足，而在于水流的分布与管理。于是，市政府拟定"筑闸坝以操纵水之分配，使水流之方向、数量悉听人意，使各处水面能保持相当之高度"。[2] 市政府将应施工程分为四期，于1934年冬，令工务局先着手详细测量估算，以河道纵横断面图作为施工的根据。

北平市政府设想疏通护城河沟渠，使护城河能行船，沟渠畅通。此项工程需款约7万元，1934年1月15日袁良宴请各自治区区长，请各自治区协助小埝，各区长亦均表赞同。[3] 至1935年春，第一期工程正式进入施工阶段。[4] 第一期工程原有九项：疏浚前三门护城河；疏浚城西护城河；疏浚铁棂闸；疏浚南海至中山公园水道；疏浚菖蒲河；废去北海公园土坝，添设滚水坝；玉泉北小闸添板；昆明湖添换闸板。[5] 后来，为加强各河道下游的宣泄，又添加了如下几段疏浚工程：永定门经左安门、广渠门至东便门一段护城河；御河北段；东西筒子河；故宫内水道；三海内水道。[6] 市政府拟定半年至一年内完成第一期工程，"以后各期工程，俟第一期工

---

① 《市长袁良拟定整顿平市三要政》，《益世报》1934年11月26日，第8版。

② 北平市为建设北平市政拟定筹款办法及市公债发行办法等请主持办理的呈文，北京市档案馆藏，1934年，档号J001-005-00116。

③ 《袁良宴自治区长商讨开通河沟》，《京报》1934年1月16日，第6版。

④ 北平市政府编《北平市政府二十三年上半年行政纪要：第二期》，1934，第67页；《北平市政府民国二十四年度预定行政计划书》，北京市档案馆藏，1935，档号J001-007-01922。

⑤ 北平市为建设北平市政拟定筹款办法及市公债发行办法等请主持办理的呈文，北京市档案馆藏，档号J001-005-00116。

⑥ 北平市政府编《北平市政府二十三年下半年行政纪要：第三期》，北平市政府，1934，第51页；《北平市政府民国二十四年度预定行政计划书》，北京市档案馆藏，档号J001-007-01922。

程告竣后，再确定实施及完成期日"。①

由于治本需要一定的时间，市政府以治标为主开展整理工作，即先对严重淤塞的水道进行疏通。1933年10月，由工务局测量河面，规划工程规范，再责令沿河受益农户出人担当工程的人夫，挑挖了东便门外大通闸至二闸一带河底淤垫。1934年3月，接着掏挖了左安门外至广渠门外一段。②1934年10月，工务局与东郊区署及自治区分所合作，招集民夫开始疏浚通惠河，并由工务局派员指导。因为河泥是肥田的主要肥料之一，所以沿河农民积极参与了掏挖工作。③1934年11月，北平市政府又制订了整理北平市河湖水道新计划，限于1935年6月前完工。④

至于沟渠整理，由于路基的稳固与排水有密切关系，修道路与兴水利齐头并进才可以相辅相成。⑤袁良在任期间，北平市政府在道路及沟渠建设上均取得了显著成绩，关于整修沟渠的具体数据见下表。

### 1932—1935年度北平沟渠整修情况 （单位：米）

| | 工程类别 | 1932年度 | 1933年度 | 1934年度 | 1935年度 |
|---|---|---|---|---|---|
| 修砌 | 暗沟及过街沟 | 1275.71 | 607.14 | 919.70 | 2484.13 |
| | 明沟 | 370.90 | 17.50 | 350.10 | 343.80 |
| | 支沟 | 36.66 | 516.70 | 26.70 | 45.40 |
| | 缸管支沟 | 1130.00 | 1437.77 | 2139.40 | 1020.51 |
| | 偏沟 | 1810.00 | 2200.60 | — | — |

---

① 北平市为建设北平市政拟定筹款办法及市公债发行办法等请主持办理的呈文，北京市档案馆藏，1934，档号J001-005-00116。

② 北平市政府秘书处第一科统计股编《北平市政府二十二年下半年行政纪要》，北平：京城印书局，1934，第38页。

③ 《北平市政府民国二十四年度预定行政计划书》，北京市档案馆藏，档号J001-007-01922。

④ 《市长袁良决定繁荣平市新计划》，《益世报》1934年11月28日，第8版。

⑤ 北平市政府秘书处第一科统计股编《北平市政府二十二年下半年行政纪要》，北平：京城印书局，1934，第31页。

续表

| 工程类别 | 1932年度 | 1933年度 | 1934年度 | 1935年度 |
|---|---|---|---|---|
| 掏挖 | 31649.76 | 39743.00 | 26630.10 | 47319.80 |

资料来源：1932年度：《北平历年沟渠修造情况》，王煦：《旧都新造：民国时期北平市政建设研究》，北京：人民出版社，2014，第63页。[①]1933年度：北平市政府秘书处第一科统计股编《北平市政府二十二年下半年行政纪要》，北平：京城印书局，1934，第37页；北平市政府编《北平市政府二十三年上半年行政纪要：第二期》，北平市政府，1934，第64—67页。1934年度：梅佳选编《20世纪30年代北平市工务局施政报告史料一组》，《北京档案史料》2014年第2辑，第38—59页；梅佳选编《20世纪30年代北平市工务局施政报告史料一组（续）》，《北京档案史料》2014年第3辑，第1—59页。1935年度：北平市政府秘书处第一科统计股编《北平市统计览要》，北平市政府秘书处第一科编纂股，1936，第58页。目前，没有找到完整的1934年度数据资料。

　　当时，北平大部分的沟渠淤塞不通，因此，工务局于1934年增加70名沟丁，沟丁队由原来的130名增加到200名，扩大了沟工队的力量，从而更好地开展疏浚工作。[②]由表可见，暗沟与明沟整修量增长趋势明显，掏挖疏浚工作量也大幅增加。但掏挖只能治标，"此通彼塞，无济于事"。[③]为了治本，袁良上任伊始，市政府令工务局着手进行调查、测绘、概算等预备工作，并拟就《北平市沟渠建设设计纲要》及《污水沟渠初期建设计划》，分寄专家征求意见。[④]至1934年，在此基础上制订《北平市沟渠建设计划》，以为整个沟渠建设工程的依据。

　　《北平市沟渠建设计划》指出：北平的旧沟"因沟底不平，坡度过小，污水入内，几不流动"，不适于污水和雨水合流，故"昔时完全用以宣泄雨水"。随着北平市的人口增长和市民生活水平的提高，浴室、厕所等的污水排放量逐日增加，而许多住户将污水排入沟渠，造成了污水与雨水的合

---

[①]　由于作者所写的1932年度资料来源有误，无法确认数据的准确性。至于1933年度，该书和本文的数据不一样，该书的数据如下（单位：米）：修砌暗沟长约1266.63，过街沟长约21.05，明沟长约41.83，支沟长约52.30，缸管支沟长约1464.07，偏沟长约3800.45；掏挖长约32307.68。

[②]　北平市政府编《北平市政府二十三年上半年行政纪要：第二期》，北平市政府，1934，第64页。

[③]　北平市为建设北平市政拟定筹款办法及市公债发行办法等请主持办理的呈文，北京市档案馆藏，1934，档号J001-005-00116。

[④]　北平市政府秘书处第一科统计股编《北平市政府二十二年下半年行政纪要》，北平：京城印书局，1934，第37页。

流。因此，不仅引起了"无沟不臭"的状态，而且污水渗入井水，直接威胁到饮用水安全。① 鉴于此，市政府决定"改良旧沟以宣泄雨水，建设新渠以排除污水"，即实施"分流制"。据该计划的旧沟整理方案，首先分区分期疏浚护城河，应从测量调查着手，详确沟渠的状况，包括位置、坡度及深度，从而判断哪些旧沟尚可利用，恢复可用者的原状。然后添设新式沟井和路旁沟口箱，在无旧沟可利用之处则新设沟渠。②

至于污水沟渠的建设，由于污秽只有水量大才能冲刷，安设沟渠的方法只适合普遍使用自来水的区域，而一般市民住宅区普遍取用井水，用水量不足以排除污秽。于是，市政府拟定"于繁盛街市及稠密之住宅区域安设污水干管及支管，以便用水较多之住户接用，而于各街内或路口另设新式之秽水池，以备一般市民之倾倒秽水"，从而设计了污水沟建设方案。其步骤如下：（一）拟以二闸（庆丰闸）为污水总出口；（二）按月化验各区污水的性质；（三）设计沟管；（四）勘定污水清理总厂与各分厂地址。1935年，市政府虽按照该计划推进了沟渠建设工程，③ 但执行力跟不上计划。

北平市政府缺乏执行力的主要原因在于财力不足。整理河道全工程概算总计为438500元，沟渠建设全工程概算为4070000元，如此巨款，明显超出了市政府财力所及的范畴。为了筹集整理河道、沟渠的用款，市政府在致政整会的呈文中提出了两个方案，第一种方案是由中央拨给比利时退还的庚子赔款；第二种方案是由北平市发行面额700万元的公债，由中央每月拨给若干庚款，以为发行公债的基金8万元，基金的收付由市政府组

---

① 北平市为建设北平市政拟定筹款办法及市公债发行办法等请主持办理的呈文，北京市档案馆藏，1934，档号J001-005-00116。

② 北平市为建设北平市政拟定筹款办法及市公债发行办法等请主持办理的呈文，北京市档案馆藏，1934，档号J001-005-00116。

③ 北平市为建设北平市政拟定筹款办法及市公债发行办法等请主持办理的呈文，北京市档案馆藏，1934，档号J001-005-00116；《北平市政府民国二十四年度预定行政计划书》，北京市档案馆藏，1935，档号J001-007-01922。

织，保管则由银团负责经理。[①]但两个方案都没有获得中央的批准。而且，袁良辞去市长一职后，河道、沟渠整理计划失去了主心骨，最终未能全面落实。

### 三、发展公共交通

这一时期，北平的城市公共交通仍然包括轿车、西式马车、人力车等旧式客运工具。据统计，于1933年至1935年登记的人力车平均每年有53350辆，轿车平均每年有500辆，马车平均每年有380辆。[②]当时，人力车的车费比电车高一些，但人力车可以直接拉到家门口，这近捷方便的优点就为它的存在价值。[③]而随着北平道路条件的改善，有轨电车、汽车等现代客运工具所占比重逐渐增加，居民和游客的出行交通条件进一步走向现代化。

自1924年12月有轨电车正式通车以后，平均每日出车及乘客数量，均有增加，但受时局影响，电车售票收入仅够维持日常运营，到1933年已有170余万元的负债。日军进攻热河后，北平居民大半外迁，乘客锐减，而且"铜圆充斥，洋价日高，票款折合铜圆之损耗，其数字诚是惊人"，以致营业状况更为不振。[④]电车自1929年以来一直按段售票，不到5公里为一段，收铜圆14枚（大洋3分5厘），5公里以上为二段，收铜圆28枚（大洋7分）。为了弥补铜圆贬值造成的损失，电车公司经市政府批准，

---

① 北平市为建设北平市政拟定筹款办法及市公债发行办法等请主持办理的呈文，北京市档案馆藏，1934，档号J001-005-00116。该呈文包括关于北平市政建设的三项计划：《北平市河道整理计划》《北平市沟渠建设计划》《北平游览区建设计划》，整理河道沟渠用款约为450万元，建设游览区用款为250万元，总共约需700万元，因此，市政府将拟发公债额面暂定如此。

② 北平市政府秘书处第一科统计股编《北平市统计览要》，北平市政府秘书处第一科编纂股，1936，第93页。

③ 吴建雍等：《北京城市发展史》近代卷，北京：北京燕山出版社，2008，第163页。

④ 《电车公司第十二届董事会报告书》，载北京市档案馆等编《北京电车公司档案史料》，北京：北京燕山出版社，1988，第157-158、163-164、170页。

每一张票增收铜圆两枚，一段票价涨为铜圆16枚，二段票价涨至铜圆32枚，但仍属亏损。[1]其实，电车营业状况不振的最大原因，在于免票与无票乘客过多。电车公司向来将免票凭证赠送给中央政府及市政府各机关，因发放范围广泛，数量众多，给公司造成重大损失。[2]

1933年10月4日下午3时许，第一路刘世豪驾驶电车向西直门开行至新街口时，有通信队兵一人乘车投递公文，120号售票令其购票，该队兵不允，经查车队兵陈维华劝解，仍未购票，行至南草厂地方，该兵士将查车队兵陈维华等，一并揪下，经该查车队附李良玉排解，该队兵当即将公文袋抛撒地上，被该队将其带所讯办，旋即释放。次日该大队官长四员及队兵六十余人，分别在西直门外高粱桥下坡茶馆集合，至太平仓候电车稽查兵士寻衅，事后经大队官长康瑞符喝退后，即整队由顺城街出西直门而去。内四区便衣警追踪，知该队兵系驻扎万寿寺，遂报告公安局。经过调查，计受伤查车班长张宏，队兵张书琴、关同书、田忠贵、罗保林、刘春华，查车员一一三号吴炳元，司机生一五四号，售票生一九七号等9人，当由该地附王桂林赶到，用汽车将受伤人送往中央医院治疗。事件发生后，北平市军警宪稽查电车事务所所长安国钧，即偕稽查员伊世清，亲赴卫戍司令部报告，王树常司令接报后，极为震怒，答应向军分会请求严办。6日上午10时，特赴中南海，谒何应钦报告一切。何应钦也答应将该队肇事队兵，严予究办。电车公司方面为维持业务，还分呈军分会、卫戍司令部、宪兵司令部、市政府、公安局，请求保护。5日下午2时余，第一路五十九号电车，向天桥方向开驶，行至太平仓口，又突然被通信大队士兵上车将平市军警宪稽查电车事务所查车班长队兵扯下殴绑。该所所长安国钧，及稽查员伊世清接报，当向卫戍司令部报告，唯当局认此事极为

---

[1]　北京市档案馆等编《北京电车公司档案史料》，北京：北京燕山出版社，1988，第33、158页；邓云乡：《文化古城旧事》，北京：中华书局，2015，第426页。
[2]　北京市档案馆等编《北京电车公司档案史料》，北京：北京燕山出版社，1988，第34–35页。

重大，为空前所无，决予严办肇事者，以靖治安，而维电车营业。[1]

于是，北平市政府制定《制限电车公司免票办法》，令各机关退还所收的免票凭证，并规定市政府行政人员一律购票乘车。警察、工务局工程队、巡察队穿着制服或公安局侦缉队携带乘车证时，则可以免购车票。[2]袁良大力号召市政府及所属机关人员以身作则。市政府实施该办法不久，电车售票收入略有起色，公司负责人称赞说："市长爱护公用事业之另一德政有以致之。"[3]至于无票乘客，自1932年开始，由军、警、宪协同组织电车护路队进行取缔。至1934年，又成立稽查电车事务所进行取缔。而因无票乘车者就是军警本身，取缔自然不力，该事务所到1935年8月便撤销，无票乘车问题未得到解决。[4]

袁良还派人对电车公司进行调查，并为该公司提出了三个方面的改善方案。首先，因其车辆营运已久，不仅维修成本较高，维修时间也长，车辆早已不敷分配。且一下大雨，车轨积水严重，往往因浸水烧坏马达，结果不能按规定运行。故市政府督促该公司添购车辆，并建议添盖厂房、增加变流机数量。[5]其次，当时北平的电车共有六条线路，主要经过城内各交通要冲，如天桥、珠市口、前门、崇文门、宣武门、东单、西单、东四、西四、北新桥、鼓楼、西直门等处。[6]但该公司尚未建成广安门、宣武门、阜成门、朝阳门等各城门与城内各处之间的衔接线路。因此，市政府曾督促增加路线。[7]最后，电车公司的收车时间，时而早时而迟，乘客无法掌握时间。"遇各种纪念日、军事戒严、天气恶劣、马路翻修、车路

---

[1] 《电车查车队被殴案，何应钦允严办肇事者》，《世界日报》1933年10月7日，第8版。

[2] 北平市政府秘书处第一科统计股编《北平市政府二十二年下半年行政纪要》，第94、103页。

[3] 《平市电车收入日佳》，《新电界》1933年第59期，第11页。

[4] 北京市档案馆等编《北京电车公司档案史料》，北京：北京燕山出版社，1988，第28页。

[5] 北平市政府秘书处第一科统计股编《北平市政府二十二年下半年行政纪要》，第94-99页。

[6] 《旧北京的有轨电车事业简况》，载北京市档案馆等编《北京电车公司档案史料》，北京：北京燕山出版社，1988，第17-18页。

[7] 北平市政府秘书处第一科统计股编《北平市政府二十二年下半年行政纪要》，第99页。

损坏、电厂停电、工人罢工等情况，有轨电车还须全程停驶"。①故市政府督促该公司严格遵守行车时刻。

可是，电车公司认为只有开辟新收入源，才可以改变现状，因此曾于1934年6月呈请市政府批准专营北平市公共汽车。②北平市政府认为，将来游览区实现以后，交通工具必不可少，但"公用事业关乎市民生活极大，故应由政府自行举办"。③1935年初，北平市政府设立筹备委员会，由专员朱孟珍主持其事，向河北省银行取得30万元贷款作为经费，从美国订购汽车底盘40辆，运到北平后，再分别装置车身。④

1935年6月，袁良在接受记者采访时，将公共汽车与四郊保甲、文物整理和严厉禁毒并列，作为北平市政的四项主要任务。⑤6月20日，北平市政府成立了车务人员养成所，培训司机和售票员。7月，北平市政府正式成立公共汽车管理处，办公地点设在东华门外筒子河旧营房。⑥

为了避免与电车、人力车竞争，影响电车营业和人力车夫生计，公共汽车线路尽量避免与电车重复，同时票价也比电车略高。路线共有七条，其中第一路由东四至西四；第二路由鼓楼经王府井大街，至珠市口；第三路由鼓楼，经府右街，至珠市口；第四路，由天坛，经南北池子，至交道口；第五路由天桥，经王府井大街，至交道口；第六路由东华门，经西直门，至香山；第七路，由东华门，经阜成门，至香山。此外为便利乘客起见，于香山慈幼院、颐和园两处，建筑候车室。⑦不久，为了进一步减轻公共汽车对电车营业的压力，将市内线路从原来的五条减为三条，总线路

① 北京市档案馆等编《北京电车公司档案史料》，北京：北京燕山出版社，1988，第20页。

② 《商拟接办平市公共汽车之经过》，载北京市档案馆等编《北京电车公司档案史料》，北京：北京燕山出版社，1988，第252–253页。

③ 《社会局整顿公用事业》，《华北日报》1934年6月1日，第7版。

④ 《袁良昨谈北平四大要市政》，《京报》1935年6月5日，第6版。

⑤ 《袁良昨谈北平四大要市政》，《京报》1935年6月5日，第6版。

⑥ 《市营公共汽车》，《华北日报》1935年4月19日，第6版。

⑦ 《袁良昨谈北平四大要市政》，《京报》1935年6月5日，第6版。

由七条减为五条。同时，北平市政府还拟定了以郊外为主的扩充线路，如德胜门至清河、万寿山至清华大学、朝阳门至通州、前门至丰台、永定门至南苑、安定门至汤山等线路。[①]

为推动旅游业发展，北平市政府着重于开辟郊外线路，在五条线路中，首先开通通往香山的第五路，并招待各界试乘。[②]1935年8月，市内及郊外四条线路先后通车（见下表）。[③]

鉴于电车公司的教训，公共汽车管理处规定，军警乘车均应一律购票，不发给任何优待券，并规定票价均以北平市通用大洋为本位，如需找补铜圆，或以铜圆购票，均按当日车上标示的行情折合。[④]公共汽车票价与人力车、电车相比较贵，市政府以尽量避免人力车夫和电车公司的营业损失，进而令电车公司施行二段制票价，吸引短途乘客，以弥补营业亏损。[⑤]尽管如此，人力车夫和电车公司一直主张，市营公共汽车的出现对他们的营业造成了巨大损失。如他们所愿，秦德纯继任市长不久，北平市政府以"影响人力车夫营业甚重"为由，令公共汽车管理处将市内线路全部停运。[⑥]

**北平市公共汽车线路（1935年）**

| 路线 | 开行 | 途经（分段站点） | 票价 |
|---|---|---|---|
| 第一路 | 1935.09 | 朝阳门—东四牌楼—金鱼胡同西口—北池子北口—北平图书馆—西四牌楼—阜成门 | 每段3分（全六段） |

---

① 《北平市政府民国二十四年度预定行政计划书》，北京市档案馆藏，1935，档号 J001-007-01922。

② 《公共汽车即正式行驶，昨招待各界试乘》，《北平晨报》1935年8月19日，第6版。

③ 《市营公共汽车一二路昨日停驶》，《北平晨报》1935年11月22日，第6版。

④ 《公共汽车第五路定今日通车》，《华北日报》1935年8月22日，第6版。

⑤ 《市营公共汽车》，《华北日报》1935年4月19日，第6版；《旧北京的有轨电车事业简况》，载北京市档案馆等编《北京电车公司档案史料》，北京：北京燕山出版社，1988，第33页。

⑥ 《市营公共汽车一二路昨日停驶》，《北平晨报》1935年11月22日，第6版。

续表

| 路线 | 开行 | 途经（分段站点） | 票价 |
|---|---|---|---|
| 第二路 | 1935.09 | 前门五牌楼南—南池子南口—金鱼胡同西口—大佛寺—交道口 | 每段3分（全四段） |
| 第三路 | 未开行 | 地安门—景山正门—府右街北口—府右街南口—琉璃厂 | — |
| 第四路 | 1935.10 | 东华门—阜成门—八里庄—朝阳庵—八大处 | 一、二段各1.5角，三、四段各1角 |
| 第五路 | 1935.08 | 东华门—西直门—颐和园—龙王庙—香山 | 一、二段各1.5角，三、四段各1角 |

资料来源：《公共汽车即正式行驶，昨招待各界试乘》，《北平晨报》1935年8月19日，第6版；《市营公共汽车一二路昨日停驶》，《北平晨报》1935年11月22日，第6版。

　　在袁良出任市长期间，北平市政府除修筑道路、发展公共交通外，还积极改善交通法规。市政府指出，旧有的交通章则内容过于简略，且不切实际者居多，故令公安局重新修订《北平市政府公安局管理交通规则》，经市政会议通过，于1934年6月公布实施。[①] 该规则公布后，公安局对交通警察进行培训，统一车辆指挥手势，并对市民开展宣传活动，以规范行车秩序。[②]

## 第三节　卫生管理与环境建设

### 一、清运秽土

　　环境卫生现代化是衡量一个城市市政部门的行政能力和城市总体现代化水平的重要标志。在首都南迁以后，北平人口仍约有140万人，约50万户。由于当时北平市民使用的主要燃料为煤炭，所以每日产生大量煤灰。煤灰与其他垃圾混在一起，称为秽土。以平均每户每日产生秽土10斤计

---

① 　北平市政府参事室编《北平市市政法规汇编》，公安第120–124页；《违警罚法》，《政府公报》1915年第1258号，法律第28–30页。

② 　北平市政府编《北平市政府二十三年上半年行政纪要：第二期》，北平市政府，1934，第28页。

算，全市每日产生秽土500万斤，约合2500吨。[1]这个估计也许偏多，还
有一个估计为每日1000吨。[2]比较少的估计是，夏季每日600余吨，冬季
每日800余吨。[3]而北平市清运力量不足，难以将秽土及时运到城外，而
且如此庞大数量的秽土，运往何处，都发生问题。所以，到20世纪30年
代初，北平城内堆积大量秽土难以运除，"如和平至宣武门间，顺城街一
带之积土，已将高及城墙"。[4]满街堆积的秽土，臭气冲鼻的污水坑，成
为北平市容的最大污点。袁良就任北平市市长时，北平"城内三十余万立
方之积存秽土"给袁良带来很大刺激，感觉"北平人民处于秽土包围中"，
决心对于市内秽水秽土，设法加以清除。[5]

上任伊始，为了加强全市卫生行政管理，袁良便着手改善卫生行政组
织。首先，北平市政府于1933年7月设立清洁委员会，"专司筹议及稽查
全市清洁事宜"。委员会不仅包括各局局长及职员，还特聘当地士绅，市
自治会委员，市商、矿、煤业同业公会主席，并为清运城中堆积的秽土，
"聘任北宁、平汉、平绥各铁路局局长或处长，北平电车公司常务董事为
委员"。[6]《亦云回忆》曾有记载："其扫除积秽系与平绥路合作。市府将已
风化之垃圾填市内各露天市场，未化之垃圾由平绥路出市之空车带出市
外"，指出了清洁委员会对北平卫生工作起到的重要作用。[7]

1933年8月24日，袁良至西皮市督促运除秽土工作，停留半小时，复
往天桥勘察洼地。顺城街秽土为量最多，市政府决定首先将这里堆积的秽
土运送到城外。[8]为了便于城内垃圾的收集和清运，1933年北平市政府在

① 《袁良昨谈市政》，《益世报》1933年7月4日，第6版。

② 《袁良谈话》，《庸报》1933年7月29日，第1版。

③ 方颐积：《平市卫生局最近施政概况》，《卫生月刊》1935年第1卷第6期，第229页。

④ 《平市之重大污点，秽土到处山积》，《华北日报》1932年4月13日，第6版。

⑤ 《袁良昨谈市政》，《益世报》1933年7月4日，第6版。

⑥ 《市府组清洁委员会》，《华北日报》1933年7月22日，第6版。

⑦ 沈亦云：《亦云回忆》下册，长沙：岳麓书社，2017，第512页。

⑧ 《袁良昨视察平市马路》，《实权日报》1933年8月25日，第1版。

城内勘定了24处秽土待运场，运往城外前，在这些地方暂时存放各自治区坊收集的秽土。

1933年10月，经市政会议议决，北平市政府将公安局下设的卫生股裁撤，以公安局原有卫生经费筹设卫生处，[1]并委派市政府卫生专员方颐积为处长。方颐积是协和医院派到美国的第一批学"公共卫生"的专家之一，原任内一区卫生事务所所长。[2]卫生处于1933年11月正式成立，处内设有四科，由第三科主管清洁事务，如关于清道、饮食、粪便的事项。[3]卫生处成立后，处长方颐积首先整顿了该处所属之清道队，对年龄40岁以上、健康状况不好、有不良嗜好者进行裁汰。[4]经过整顿，卫生处下设稽查班1班、清道15班、清道特务1班、运秽洒水汽车1班。[5]除实行运秽洒水汽车夜班外，另行组织临时扫除班，以期提高工作效率。[6]所有清洁夫役均穿着统一的制服，器具也整齐划一，按路面分别配置铁箱三轮车、木箱皮轮车、木箱木轮车共60辆，以替代了旧式清道人力土车。[7]清道队面貌为之一变。1934年1月19日，市长袁良在天安门内检阅了清道队，发表讲话，并与清洁夫役一起摄影纪念。[8]

北平市卫生处成立后，北平市政府增加投入，卫生费占财政总支出的比重也随之增加，1932年度卫生费所占比重为3.7%，1933年度其所占比重则为5.4%。[9]鉴于原有9辆垃圾车不够用，北平市卫生处又增购汽车

① 《北平特别市市政府市政会议议决案第二百零六次常会（1933年10月11日）》，载北京市档案馆编《北平历届市政府市政会议议决录》，北京：中国档案出版社，1998，第267页。
② 谭炳训：《战前北平市政之领导作风》，《市政评论》1948年第10卷第5期，第5—6页。
③ 北平市政府秘书处第一科统计股编《北平市政府二十二年下半年行政纪要》，第89—90页。
④ 北平市政府秘书处第一科统计股编《北平市政府二十二年下半年行政纪要》，第80页。
⑤ 方颐积：《北平市卫生行政现在及将来》，《华北日报》1934年5月12日，第14版。
⑥ 北平市政府编《北平市政府二十三年上半年行政纪要：第二期》，第128—129页。
⑦ 北平市政府编《北平市政府二十三年上半年行政纪要：第二期》，第129页。
⑧ 《袁良今日检阅全市清道队》，《益世报》1934年1月19日，第8版。
⑨ 方颐积：《北平市卫生行政现在及将来》，《华北日报》1934年5月12日，第14版。

9辆，全力清运全市秽土。由于秽土中占比重最大的是煤灰，风一刮，满街的炉灰煤渣随之飞扬。①因此，为减少扬尘，市政府要求每日用水泼洒路面。袁良就任北平市市长后，为改变北平"无风三尺土"的形象，市政府按路面情况规定每日泼洒次数。②但用原有洒水车4辆和电车进行泼洒，加上用人工洒水，都不足以应付现状。因此，卫生处添购10辆新汽车，夏天用作街道洒水车，入冬则改为拉运煤渣、秽土及雪泥的垃圾车。③为减轻运送压力，北平市政府还添置了垃圾焚秽炉。1933年，卫生处定制的焚秽炉式样有两种：一种为巡行焚秽炉，另一种为桶式小型焚秽炉。由于后者性价比高，卫生处于1934年再制造小型焚秽炉，并分配到各秽土场。④最后，为减少运际秽土量，市政府还制定了《北平市低洼空地填土征费办法》，利用秽土填平洼地⑤，并向城内各处低洼空地的业主征收填土费，用来弥补清洁工作经费的不足。总之，在卫生处成立后，北平市各项卫生工作有了较大的进步。

在设立卫生处时，袁良就计划好，"一俟卫生事业发达，经费扩充以后，应仍规复为局"。⑥1934年7月，经国民政府行政院核准，北平市政府又将卫生处升格为卫生局，以方颐积为局长。局内增设秘书室，并仍设四科，环境卫生归第三科负责，第三科下设设计、取缔、清洁三股。卫生局成立后，卫生费大幅增加，比1933年增加了约363418元，增幅居支出经费的首位。1934年度卫生费占财政总支出的比重达到10.3%，显示了市政府对卫生问题的重视。

---

① 《市容之污点，到处皆秽土》，《华北日报》1932年7月20日，第6版。
② 北平市政府秘书处第一科统计股编《北平市政府二十二年下半年行政纪要》，第81-82页。
③ 《袁良谈市政》，《华北日报》1934年8月13日，第7版。
④ 北平市政府秘书处第一科统计股编《北平市政府二十二年下半年行政纪要》，第81页；北平市政府编：《北平市政府二十三年上半年行政纪要：第二期》，第129页。
⑤ 北平市政府秘书处第一科统计股编《北平市政府二十二年下半年行政纪要》，第86页。
⑥ 卫生处改为卫生局的函件等，北京市档案馆藏，1934，档号J001-003-00043。

1932—1935年度北平卫生费占财政总支出的比重

| 年份 | 财政总支出（元） | 卫生费（元） | 所占比例（%） | 附注 |
|------|------|------|------|------|
| 1932 | 4604689 | 171606 | 3.7 | 每年度从当年7月开始至下一年6月<br>用四舍五入法一律省略了费用的尾数 |
| 1933 | 5010287 | 270828 | 5.4 | |
| 1934 | 6169127 | 634246 | 10.3 | |
| 1935 | 6222826 | 477575 | 7.7 | |

　　资料来源：北平市政府秘书处第一科统计股编：《北平市统计览要》，北平市政府秘书处第一科编纂股，1936年，第50–51页。

　　当时各胡同的清洁卫生工作仍由各自治坊公所负责办理，但坊公所力量有限，无法及时将各户的秽土、污水运至指定的地点。1934年，《处理秽土的障碍》一文主张"将区内各坊裁并"，市政府认为这一主张"确有见地"，至卫生局成立之时，令裁撤自治区坊，将所有卫生事务一并移归卫生局接办。[①]

　　卫生局进一步整顿了清洁夫役组织，将清道班改为清洁班，扩充力量，班目从31人增至90人，添设班附13人，夫役从706人增至2170人。[②]据有关研究，自卫生局成立至全面抗战爆发之前，"是清洁队比较设备完善的一个时代"。[③]稽查班的稽查员到1935年也由原来的11人增至30人。[④]并且为了培养稽查人才，一面特设各种讲习班，以训练旧有稽查员警，提高其卫生知识水平，一面招考高中以上学历者，送到南京卫生署培训半年

---

① 北平市政府编《北平市政府二十三年下半年行政纪要：第三期》，第68页；张子明：《处理秽土的障碍》，《市政评论》1934年第2卷第1期，第15–18页。

② 方颐积：《北平市卫生行政现在及将来（续）》，《华北日报》1934年5月13日，第15版；白淑兰、祝力军选编《北京的清洁工作》，载《北京档案史料》1992年第4期，第26页。

③ 白淑兰、祝力军选编《北京的清洁工作》，载《北京档案史料》1992年第4期，第26页。

④ 《北平市政府民国二十四年度预定行政计划书》，北京市档案馆藏，1935，档号J001-007-01922。

后分配工作。[①]

　　为了增强秽土清运能力，北平市卫生局将18辆负责运输秽土的汽车车厢一律改为可以自动倾倒的活动车厢，并将原来的24处秽土待运场加以整理，裁撤其中的2处，另外增设3处[②]，在各秽土待运场修建装土台，节省了秽土装卸时间，从而使工作效率提高了50%。[③]至1935年，卫生局清道汽车共有35辆，包括洒水汽车17辆和运送秽土汽车18辆。[④]卫生局制定《泼水养路办法》，决定通行电车的柏油路，由电车负责泼洒工作；无电车的柏油路及石砟路，以洒水车分段泼洒；土路由夫役分任洒水。[⑤]当春夏两季需要较多洒水车时，也可以将一部分运送秽土汽车改装为洒水汽车，等到冬季再改回来。[⑩]此外，对于清洁班原来使用的无盖木车，市政府也认为有碍市容，令卫生局加以改良，采用新式垃圾手车。[⑦]

　　为减少垃圾数量，北平市政府还积极研究方法，用粪便混掺秽土来制造肥料。[⑧]然后鼓励进城的乡村大车运回去做肥料。为鼓励乡村大车运送秽土，北平市政府还制定了奖励办法。在各城门乡车收捐处，每运送一吨

---

①　北平市政府编《北平市政府二十三年下半年行政纪要：第三期》，第72页；《北平市政府民国二十四年度预定行政计划书》，北京市档案馆藏，1935，档号J001-007-01922。

②　北平市政府秘书处第一科统计股编《北平市政府二十二年下半年行政纪要》，第80页；北平市政府编《北平市政府二十三年上半年行政纪要：第二期》，第126页。

③　方颐积：《北平市卫生行政现在及将来（续）》，《华北日报》1934年5月13日，第15版；方颐积：《平市卫生局最近施政概况》，《卫生月刊》1935年第1卷第6期，第230页。对于运秽汽车数量，各资料所记载的统计数据不一致，本文以方颐积的两则报道为准。但市政府在《北平市政府二十二年下半年行政纪要》第81页记载，卫生处原有运秽汽车10辆，后来添购活动车箱垃圾汽车10辆，而在《北平市政府二十三年上半年行政纪要：第二期》第128页记载，原有运秽汽车9辆，1933年新购汽车10辆，共计19辆，但在第129页却记载，卫生处现有运秽汽车为20辆。

④　方颐积：《平市卫生局最近施政概况》，载《卫生月刊》1935年第1卷第6期，第230页。

⑤　北平市政府编《北平市政府二十三年下半年行政纪要：第三期》，第68-69页。

⑥　北平市政府编《北平市政府二十三年上半年行政纪要：第二期》，第129页。

⑦　《北平市政府民国二十四年度预定行政计划书》，北京市档案馆藏，1935，档号J001-007-01922。

⑧　《袁良谈二十四年度平市行政计划》，《京报》1935年7月13日，第6版。

奖励铜圆10枚。这一奖励措施实行以后，效果十分明显。1934年上半年，每月乡村大车运送秽土数量为7200余吨，下半年则每月达7500余吨。[①]农民则以载运的秽土充作肥料，提高了农业生产量。

随着组织机构的健全、工作方法的改进、规章制度的完善，环境卫生工作取得很大成绩。1935年，北平市每月平均运秽量从1934年的约6000吨增加至约12000吨。到1936年，北平城内垃圾几乎全被清除，北平的垃圾清运工作实现了常态化的运转。当时北平市卫生局有专门运送秽土的汽车数十辆，还有小垃圾车98辆，马力车37辆，负责清除秽土的夫役也有847人，足够解决全市每天新产生的800吨秽土。这800吨秽土中有300余吨可在当天运出城外，其余用于填充市内凹坑，由此彻底解决了秽土运除的问题。[②]

秽水处理也有改善。1936年，卫生局有秽水车250辆，秽水夫220人，相对于市内的3000余条街巷，力量明显不足。为此，卫生局决定采取普遍收取秽水办法，规定住户增缴部分公益捐后，可呈请卫生局派秽水夫役按期到家中取运秽水，所赠捐款用于扩充夫役设备，提高秽水清除能力。[③]

1936年4月15日，北平市卫生局在午门前举行清洁扫除运动大会，会场上陈列着秽土车、秽水车、洒水车、扫除工具等。会后，参加人员分三路游行，秦德纯市长也亲自参加了南路游行队。[④]自1934年直至1937年北平沦陷，这一时期是北平清洁队比较完善的一个时代，清洁管理基本实现了专业化，城市环境卫生有了很大改观。

---

① 北平市政府编《北平市政府二十三年上半年行政纪要：第二期》，第128页；北平市政府编《北平市政府二十三年下半年行政纪要：第三期》，第69页。

② 刘凤祐：《北平市卫生局清洁工作实况》，《华北日报》1936年4月15日，第8版。

③ 刘凤祐：《北平市卫生局清洁工作实况》，《华北日报》1936年4月15日，第8版。

④ 《今晨在午门前举行清洁扫除运动大会》，《世界日报》1936年4月15日，第6版。

### 二、自来水、食品及公共卫生管理

这一时期，北平城市居民的饮用水来源主要有井水和自来水。北平自来水公司为1908年成立的股份有限公司，但直到1934年，在北平市20万余户居民当中，饮用自来水的住户只有9600余户，仅占全市住户的4.8%，[①] 至1935年，却下降为3%，远低于全国11个城市的平均水平——15%。[②] 之所以自来水普及率低，主要是因为北平生活水平较低，普通住户承担不起高昂的自来水费。[③] 以1934年的物价为准，井水的售价比自来水便宜近一半。因此，尽管井商有利用垄断地位，或水桶改小，或随意涨价，甚至断绝供水等诸多弊端，绝大多数的住户还是选择购买井水。[④]

于是，北平市政府从井水消毒着手，管理饮水卫生。1933年，市内共有650口饮水井，原由公安局每年4月至9月进行消毒，至1932年，由"灭蝇运动委员会"接办，卫生处成立后，移归该处管理。[⑤] 1934年，卫生处经过检测发现，市内水井已遭污染，大肠杆菌群含量过高而不适合饮用，故严禁在城内私自开凿水井的行为，以免影响市民的健康及城市形象。[⑥] 进而，由于饮水井卫生与水夫的管理有着密不可分的关系，卫生局呈请市政府由该局管理水夫，统筹整顿，并修正原有规则，以符实际。市政府照

① 《解放前北京的自来水事业简况》，载北京市档案馆等编《北京自来水公司档案史料》，北京：北京燕山出版社，1986，第9页。

② 任培元：《中国自来水业经营概况》，《社会科学杂志》1936年第7卷第2期，第284–285页。

③ 曹子西编《北京通史》第9卷，北京：北京燕山出版社，2012，第161页。需要指出的是，南京国民政府时期，由公安局进行户口调查，但该局并没有划分"贫民"的具体标准，并且列入《贫民户口册》可得救济品，有些住户依靠与当地警察的关系，而成为所谓"贫民"的情况也有。但无论统计数据的可靠性如何，事实上，"平市贫民，为数极众"，社会舆论普遍认为应须高度重视贫民问题，并尽快加以解决。

④ 池泽汇等编《北平市工商业概况》，1932，第379–380页。

⑤ 北平市政府秘书处第一科统计股编《北平市政府二十二年下半年行政纪要》，第82页。

⑥ 北平市政府编《北平市政府二十三年上半年行政纪要：第二期》，第131页。

准，将原由社会、工务两局管理的水夫事宜一并划归卫生局接办，并于1935年公布施行《修正北平市饮水井取缔规则》，明确规定凿井地址、水井构造、水质检测、营业水井管理等事项，加强了对旧有营业水井和新凿水井的限制，以期促进自来水的普及。随后，市政府又公布《北平市售水夫管理规则》，积极推动了售水夫登记编号及送水器具等项的规范化，进一步严禁勒索。①卫生局虽曾召集营业水井井主及凿井商讲解这两项规则，②但"以适值筹办全市粪便事宜，工作繁忙，未能照章施行"。③

至于自来水，最初由卫生处下设传染病医院，每三日一次进行水质检验，并每年一次派员视察自来水厂及出水各厂。④自1934年4月开始，每天做细菌检验，并审核检验报告，以便督促自来水公司注意改善水质。⑤但因大肠杆菌问题未能解决，仍不可直接饮用。至1935年，卫生局会同社会局定细菌含量标准及化学成分标准，进一步严格监管自来水。⑥自来水公司积极配合市政府的要求，于1935年至1936年间，添置快沥池、混凝沉淀池、杀菌机等设备。⑦

其实，北平市自来水细菌污染问题在一定程度上受到了污水的影响。根据北平市政府于1934年公布的《北平市污物扫除暂行办法》，"各户秽水得由房主呈准卫生局及工务局自行设沟引入公共沟渠内，其未设公沟地点或公沟堵塞一时不易修浚之地点得由房主呈准于户内自建渗坑，或由各自

---

① 市政府关于将售水夫管理权划归卫生局的指令及卫生局制定售水夫管理规则草案的呈文和实施管理规则的通知、布告，北京市档案馆藏，1934年至1937年，档号J005-001-00233；北平市政府编《北平市政府二十三年下半年行政纪要：第三期》，第72、86-87页。

② 董惠钧：《怎样整顿北平市的饮水》，《卫生月刊》1935年第12期，第4页。

③ 市政府关于将售水夫管理权划归卫生局的指令及卫生局制定售水夫管理规则草案的呈文和实施管理规则的通知、布告，北京市档案馆藏，1934年至1937年，档号J005-001-00233。

④ 北平市政府编《北平市政府二十三年上半年行政纪要：第二期》，第130页。

⑤ 董惠钧：《怎样整顿北平市的饮水》，《卫生月刊》1935年第12期，第4页。

⑥ 《北平市政府民国二十四年度预定行政计划书》，北京市档案馆藏，1935，档号J001-007-01922。

⑦ 曹子西编《北京通史》第9卷，北京：北京燕山出版社，2012，第160页。

治坊丁收集之"。[①]但实际上，很多住户不去污水池倾倒污水，而在河道或街道随便倾倒。[②]接管自治坊清洁事宜后，为提高运除各户秽土、秽水的效率，卫生局购置了手推垃圾车80辆，秽水车245辆，但车辆和人力仍然不敷分配，卫生局未能按户普遍收取秽水。[③]因此，该局制作各种图说发给各户，并令自行按设计图建造沟管，但由于各户经济条件有限，未见成效。[④]

在食品卫生方面，1929年，北平市政府早已制定了关于饮食店铺及摊担、清凉食品的规则，但执行力不足，无不视为具文。至1933年，在公安局各区署的协助下，卫生处开始依照章则严加稽查取缔，入夏之际，加强取缔汽水、冰淇淋、酸梅汤等各种清凉食品，对不合卫生标准者，分别轻重，或指导改善或予以处罚。1934年，卫生局对不符合卫生标准的制造厂所、贩卖场所、制造与贩卖的工人着手取缔，7月至12月之间，在城内外饮食摊担取缔数总计64人，店铺取缔数共达1551家。1935年，化验设备就绪后，对食品原料及餐具进行细菌检验，对不合格者做出责令停产停业的处理，达到卫生标准后，才准恢复制售。[⑤]

购买不卫生的饮食者，大多数是下层民众，他们的很多疾病往往由不洁饮食引起，却因家境贫寒而没钱治病。为打破此恶性循环，市政府积极开展取缔饮食店铺及摊担的工作。[⑥]然而，在社会一般状况难以符合其卫生要求的情况下，严格地取缔必然带来社会矛盾。当时关于这一系列措施的谣言，"一犬吠影，百犬吠声，闹得满城风雨"，"说摊贩有无数失业的，甚至说摊贩同我们的警察滚起来，一齐下河自杀。又说不准卖烤白薯，不

---

① 北平市政府参事室编《北平市市政法规汇编》，卫生第52页。

② 《方颐积昨畅谈全市卫生设施》，《华北日报》1935年6月28日，第6版。

③ 北平市政府编：《北平市政府二十三年下半年行政纪要：第三期》，第68页。

④ 《北平市政府民国二十四年度预定行政计划书》，北京市档案馆藏，1935，档号J001-007-01922。

⑤ 北平市政府编《北平市政府二十三年上半年行政纪要：第二期》，第130页；北平市政府编《北平市政府二十三年下半年行政纪要：第三期》，第72、84-85页；《北平市政府民国二十四年度预定行政计划书》，北京市档案馆藏，1935，档号J001-007-01922。

⑥ 《北平市政府民国二十四年度预定行政计划书》，北京市档案馆藏，1935，档号J001-007-01922。

准卖芝麻酱烧饼，因为不卫生"。[①]

　　除此之外，市政府对公共场所卫生和城市居民不良习惯的监管也予以高度重视。1934年，卫生处修正原有取缔澡堂、理发馆规则，并编印警示标语，贴于澡堂、理发馆的明显处。[②]至1935年，卫生局制定《管理公共娱乐营业场所卫生规则》，依此对戏院、电影院、游艺场及杂技场、评书场等场所开展监督工作。[③]同时，关注尚无规定的电车、公共寓所、公共营业商场的卫生问题。[④]市政府还特别注重陋习对环境卫生造成的负面影响。1934年，卫生局公布《北平市户外清洁规则》，在公安局的协助下，严厉取缔居民在公共场所任意倾弃、排泄污物或便溺，并依法要求每院购置污物容器，至1935年前"各户均已设置齐全"。[⑤]

　　1935年初，袁良曾指出："卫生局此后最大的困难就是各种事业扩张，影响到卫生经费不能如时增加。"事实上，因市政府的财政力量有限，卫生局只好力图"以很少的钱办很多的事"。[⑥]尽管如此，这一时期的卫生工作卓有成效，袁良也为此颇感骄傲，宣称："卫生局方局长的成绩不必说，是摆在面子上的，本地得到称誉，南京方面也说努力。"[⑦]市民也相当满意，如"全市的秽土问题，不到半年就根本解决了，市民惊为奇迹"。[⑧]

---

① 田尚秀选编《1935年北平市长袁良对市政府及各局处干部的新年讲话》，北京市档案馆编《北京档案史料》2005年第4辑，北京：新华出版社，第89-90页。

② 《二月份卫生行政实况》，《卫生月刊》1935年第1卷第7期，第26-27页。

③ 北平市政府编《北平市政府二十三年下半年行政纪要：第三期》，第73页；北平市政府参事室编《北平市市政法规汇编》第二辑，1936，卫生第80页。

④ 《北平市政府民国二十四年度预定行政计划书》，北京市档案馆藏，1935，档号J001-007-01922。

⑤ 北平市政府编《北平市政府二十三年上半年行政纪要：第二期》，第149-150页；北平市政府编《北平市政府二十三年下半年行政纪要：第三期》，第73页。

⑥ 田尚秀选编《1935年北平市长袁良对市政府及各局处干部的新年讲话》，北京市档案馆编《北京档案史料》2005年第4辑，北京：新华出版社，第92-93页。

⑦ 田尚秀选编《1935年北平市长袁良对市政府及各局处干部的新年讲话》，北京市档案馆编《北京档案史料》2005年第4辑，北京：新华出版社，第92页。

⑧ 谭炳训：《战前北平市政之领导作风》，《市政评论》1948年第10卷第5期，第6页。

### 三、改革粪业与整顿公厕

北平城内排泄之所有公厕、户厕之分。元明时期厕所由城市管理者雇用粪夫清掏。到了清朝，粪夫逐渐成为一种职业。粪夫使用粪车将各户的粪便，运交给粪厂。粪厂由粪商开设。粪厂将粪便稍作处理后，卖给城郊农户作为肥料使用。北平设市以来，居民排泄物的处理便成为城市管理与公共卫生的一项重要任务。[①]然而，粪业为粪商和粪夫所操控，且粪商和粪夫团结力很强，一旦发起罢工，市府和市民都难以应付，所以市政府也很难插手粪业。[②]

对于北平市政府卫生当局来说，首先能做的就是改良粪具和限制粪夫运粪时间。由于粪夫收取粪便用的器具落后，粪夫带着"粪汁淋漓"的旧式粪具，穿街过巷，臭气四溢，而且"北平粪夫运粪时间毫无限制，以致白昼粪车满街，过者掩鼻"。[③]针对这种情况，1931年北平市政府即规定粪车通行时间限于早8点前和晚5点后。[④]袁良就任北平市市长后，卫生处为改进粪业管理制度，采取"分步渐进"的三种办法，逐步推行。鉴于原限定粪车通行时间不切实际，卫生处将时间延长为上午10点以前和下午3点以后。[⑤]1934年卫生局恢复成立后，对粪车通行时间和路线，按区域重新加以规定。凡是最繁盛区域，早9点后一律不准通行，例如正阳门大街、大栅栏、东四大街、西四大街、王府井大街等；次繁之区，早9点前和晚6点后可通行，例如天桥大街、东直门大街、西直门大街、菜市口等；其他各街巷及各城门，虽然粪车通行时间与次繁区域一样，但粪夫可

① 曾德刚：《北平市整顿粪业研究——以1936年为核心的考察》，《北京社会科学》2015年第10期，第85页。

② 池泽汇等编《北平市工商业概况》，1932，第660-662页。

③ 《有关北平市政建设意见史料一组》，《北京档案史料》1997年第2期，第29页。

④ 《粪夫提出三个理由》，《北平晨报》1931年7月4日，第6版。

⑤ 北平市政府秘书处第一科统计股编《北平市政府二十二年下半年行政纪要》，第82页。

以随时工作通行。在规定时间和路线之后，卫生局还会同公安局，对违反规定的粪车进行取缔。[①]进入冬季后，鉴于日照时间逐渐减短，卫生局将最繁盛区域的冬季通行时间延长为早10点前；将次繁之区延长为早10点前和晚4点后；其他区域延长为早11点前和晚3点后。[②]

粪夫所用的粪具有粪勺、背负木桶、荆篓手车三件，因为均没有盖，总是散发出臭味。于是，卫生局督促粪夫将篓筐改为木桶或铁桶，并在盛器上一律加盖。为加强对粪夫的管理，卫生局还对粪夫进行登记。1934年底，卫生局发布通告，要求所有粪夫"从布告日起20天以内，前来本局呈报登记"，以期明了粪夫分段工作的情形。[③]但是粪夫登记成绩不佳，改良粪具和限制粪车通行时间和路线，对改良粪业的作用也不大。

在改良收粪制度的同时，卫生局还整顿全市公厕。1934年，北平市卫生局制订工作计划，除一方面取缔附近不需要、建筑简陋不堪、距离公共饮水井或饮食店太近，或有碍观瞻的公厕外，对于需要保留的公厕加以改善，修建具备双层防蝇纱门和铁制粪坑后门及蹲台的模范公厕。在必要的地方添建公共尿池，以替代公厕。将原由自治区坊管理的公厕，一并划归卫生局管理，私人经营的公厕，则督促承办人小埋。[④]随后，卫生局按照该计划开展了一系列公厕整治活动，如在1934年拆除了100余处不良公厕。[⑤]1934年底，在地安门、珠市大街、交道口南大街及朝阳门大街，各建一处模范公厕。[⑥]1935年10月，北平市卫生局还曾计划完全取消各繁华地区的旧式公厕，并重新修建新式公厕，但未能实施。[⑦]

---

① 北平市政府编《北平市政府二十三年上半年行政纪要：第二期》，第131页；《市当局维持市街卫生，决严格取缔粪夫》，《华北日报》1934年9月2日，第8版。

② 北平市政府编《北平市政府二十三年下半年行政纪要：第三期》，第74页。

③ 方颐积：《平市卫生局最近施政概况》，《卫生月刊》1935年第1卷第6期，第230—231页。

④ 卫生局关于整顿公厕的呈文及市政府的指令，北京市档案馆藏，1934，档号J001-003-00048。

⑤ 《北平市政府民国二十四年度预定行政计划书》，北京市档案馆藏，1935，档号J001-007-01922。

⑥ 北平市政府编《北平市政府二十三年下半年行政纪要：第三期》，第73页。

⑦ 《下月一日起全市粪业收归市营》，《华北日报》1935年10月23日，第6版。

鉴于这种渐进的改进办法收效不大，北平市政府也有进行根本改革的想法。所谓根本改革，就是将粪业收归官办。袁良上任伊始，市政府就有粪业官办的想法，在《市政初期建设计划》中也有筹设官办粪厂等内容。[1]但由于事关粪商私人利益和粪夫的生计，市政府经慎重研究后，一时未能实行。

到1935年10月，北平市政府才张贴布告，宣布从1935年11月起将粪业收归市营。[2]具体方案是，由市政府收购私人粪道及粪厂，将全市划分为10区，归属卫生局管辖，并将2300名粪夫改编成管理夫役，每人每月发给大洋11元作为薪水。[3]意料之中，市政府发出布告后，粪商和粪夫立即表示坚决反对，于11月1日组织"手持粪勺，背背粪桶"的1500余人，到平津卫戍司令部进行请愿活动。[4]

同时，粪夫之势力主要来源于他们可以操纵住户。因北平居民向来习惯使用茅厕，而不习惯使用马桶。茅厕必赖粪夫掏挖，因此粪夫有了左右住户的势力，住户莫敢得罪粪夫。粪夫往往借此向户主勒索各种数量不等的酬金，市民受气已久，对粪夫也多有不满。袁良在宣布粪业收归市营的同时，还令居民一律改用马桶，事为粪夫所闻，大起恐慌，以为将来一旦全用马桶，北平粪夫必致全体失业，乃继续举行同盟罢工。各处茅厕无人掏挖，三日以后北平市上即到处臭气熏天。宋哲元听闻此事后，大不以袁良之措置为然，袁良遂辞职而去，粪业改革就此搁浅。[5]

其实，袁良辞职并非全因害怕粪潮，粪业改革乃是大势所趋。秦德纯

① 《卫生处拟具三年卫生实施计划》，《京报》1933年12月9日，第6版。

② 卫生局关于拟具粪便处理事宜收归市办办法的密呈及市政府的密令，北京市档案馆藏，1934—1935，档号J005-001-00038。

③ 《下月一日起全市粪业收归市营》，《华北日报》1935年10月23日，第6版。

④ 《一幕臭剧：千余粪夫荷勺负桶群赴卫戍部请愿》，《北平晨报》1935年11月2日，第6版。至于参加活动的人数，各报纸报道不一，少者数百人（《粪夫数百人昨晨请愿》，《华北日报》1935年11月2日，第6版），多者则万余人（《平市粪夫大请愿》，《世界日报》1935年11月2日，第6版；《公共汽车与粪业》，《北平晨报》1935年11月2日，第6版）。

⑤ 神钻：《袁良与粪阀之争》，《金刚钻》1935年11月23日，第3版。

担任北平市市长期间，1936年8月北平市政府又重新启动粪业改革。秦德纯采取了"官督商办"的办法，首先承认粪夫对粪业的经营权和对"粪道"的所有权，由市政当局与粪商协商解决城市粪便的处理问题。1936年6月17日，经市政府批准，成立了北平市改进粪便事务委员会，粪业代表在委员中占有相当份额，标志着新的粪业管理体制将在传统粪夫群体和市政当局的合作下进行运作。

　　1936年8月，北平市处理粪便事务所开始对全市所有粪道和公厕进行重新登记，要求在全市粪商全部登记完之后，对进行了登记的粪商发放官制号衣、官制粪具，以号衣和粪具为证进行工作，自12月1日起，旧式粪具一律不准入城。但是，到9月20日登记日期截止之时，前来登记的仅740户，约占全市粪道公厕总数的1/3。尽管登记截止期限一再后延，仍有众多观望不前者。北平市政府经过调查，认为出现这种状况的主要原因是由于"少数不良分子从中为祟，或宣传反对，或挟持各该地粪商不准来所登记"，所以市政府决定采取强烈措施，三管齐下，以确保整顿措施能够持续进行。第一项措施就是拘捕首犯，以儆效尤。[1]1936年10月2日，处理粪便事务所密呈改进粪便事务委员会请公安局将阻挠粪商登记的胡玉玺、王福和、杨廷瑞三人拘押。处理粪便事务所认为，"设不将此项为首者严加究办，必于改进粪便事务前途影响至巨，且该胡玉玺等均为各本区界内粪业领袖，人均以其马首是瞻。如任其顽抗破坏，则其他粪商必更效尤不前。拟请钧座俯准，由会转函公安局将该胡玉玺等三人分别传局拘押，以警其余，免其在外阻挠蛊惑，一俟登记办有成效，或彼等确有悔悟实据，再行释放，庶可以利进行"。[2]10月3日，改进粪便事务委员会密呈

---

① 　曾德刚：《北平市整顿粪业研究——以1936年为核心的考察》，《北京社会科学》2015年第10期，第90页。

② 　北平市处理粪便事务所为请公安局将胡玉玺等三人分别传局拘押致北平市改进粪便事务委员会密呈，北京市档案馆藏，档号J005-001-00167。

市政府，要求市政府令公安局拘押胡玉玺等三人。7日，市政府批准改进粪便事务委员会的提议。8日，改进粪便事务委员会将密令转给公安局，公安局随即奉令将胡玉玺等拘押，并通饬各区署会同各清洁班切实告诫未登记之粪商迅速前往登记。[①]

同时，处理粪便事务所为防登记期间粪夫罢工或怠工，10月2日密呈委员会建议招募临时夫役，"拟请钧座仍准援照前次添募临时纠查办法，暂由卫生局就各清洁班内，每月拨给本所夫额三十六名，共合洋二百五十二元，即以该款由本所雇用临时夫役二十三名，月各支工饷洋十元，夫头二名，月各支十一元。此项工饷并仍由各清洁班内报销，其人选即在粪夫职业工会各支部内选择，以期熟习各地情形。计第一支部七名，第二至第四等三支部各四名，第五第六等二支部各三名，就中遴选夫头二名率领，分别在各该支部所在地一带，受本所及各清洁班之指挥执行工作"。[②]

此外，对那些暂时无力缴纳费用的粪夫，事务所联合北平市银行洽商提供小额贷款，达成五项原则："（一）贷款总额为国币八千元；（二）以粪商所领之登记证作押；（三）月息八厘；（四）期限三个月或六个月；（五）以城郊十五区为单位，按区编列号数，由改进粪便事务委员会通知银行拨付转发。"[③]1936年11月19日，北平市卫生局为粪商小额贷款一事致函北平市银行，并就贷款原则第二项进行了修订，于以登记证作押之下，加具"由卫生局直接送交北平市银行并担负完全责任"字样，以期妥慎。[④]

---

① 北平市卫生局为严催未登记各粪户登记致北平市公安局函（稿），北京市档案馆藏，档号J005-001-00167。

② 北平市处理粪便事务所为招募临时夫役办法致北平市改进粪便事务委员会密呈，北京市档案馆藏，档号J005-001-00167。

③ 北平市卫生局为商定粪商贷款办法致北平市银行公函（稿），北京市档案馆藏，档号J005-001-00165。

④ 北平市卫生局为粪商小额贷款事致北平市银行公函（1936年11月19日），《北平市档案史料》2007年第4辑，第108页。

本来北平市政府预计粪业改革可以在一个月之内完成，结果历时近一年才完成。与以前历次粪业整顿因种种因素无法进行的结果相比，此次改革尚可称得上达成了既定目标，整顿的两大中心工作粪道登记、粪具更新基本完成。[①]1937年5月，在册合法粪商、粪夫共1200余户。[②]在承认粪夫对粪业专营权的情况下建立起的粪夫管理体制是北平市政管理上的一项重大进步。

### 四、植树造林

北平人民历来有在房前屋后种植树木的习俗，普通市民家中，以枣树、石榴树和夹竹桃最为常见。郁达夫的《故都的秋》中写道："秋蝉的衰弱的残声，更是北国的特产；因为北平处处全长着树，屋子又低，所以无论在什么地方，都听得见它们的啼唱。"老舍《想北平》一文中也说，北平"最小的胡同里的房子也有院子与树"。但是，这些民间自发的植树行为毕竟缺少统筹规划，致使城市公共区域的绿化仍处在一个较低的水平。

1928年北平市政府成立后，城市绿化和植树工作主要由工务局负责。每年春季，工务局都会在道路两旁种植行道树。袁良担任北平市市长期间，主持拟订了《北平市行道树计划》。在整理人行道的基础上，依次实施《北平市行道树计划》，以便巩固路基，荫庇行人，从而积极整顿市容。[③]当时北平市政府每年植树3000株至5000株。[④]为推广植树造林，北平市政府还扩充苗圃，为本市树木种植提供苗木，也使苗木质量和数量都有了保证。

---

① 曾德刚：《北平市整顿粪业研究——以1936年为核心的考察》，《北京社会科学》2015年第10期，第92页。

② 刘凤祐：《平市粪便事务之改进及其展望》，《华北日报》1937年5月29日，第8版。

③ 北平市工务局关于市政初期建设计划的意见及图表，北京市档案馆藏，1935年，档号J001-004-00051；参见孙刚选编《1934年北平市筹备栽植行道树史料》，北京市档案馆编《北京档案史料》2007年第2辑，北京：新华出版社，第1—19页。

④ 《北平三千人参加景山植树典礼》，《庸报》1934年4月6日，第1版。

　　1928年，国民党政府将孙中山逝世的3月12日定为植树节。由于北平3月的天气还比较寒冷，所以北平市的植树节在时间上多加以变通，至清明节前后才开展大规模植树活动。1934年4月5日这天是北平市的植树节，北平市各机关工作人员及中小学生6000余人在景山绮望楼前举行植树典礼，袁良发表了题为"百年成林"的演讲，号召市民每年每人植树一株，这样不出十年，即能绿荫蔽天，蔚为奇观。会后，机关工作人员分为36组，学生分为两班，分别参加植树活动。①每组植树6株，袁良亲自种洋槐一株。植毕，巡视一周，到中午方散会。②当天，何应钦也亲自持锄植松。何应钦还派警卫团团长王国忠在隆福寺街花钱购买针松10余株，偕同夫人在中南海门前栽植。③至1934年时，北平已有行道树和各种花木1.9万余株。④

　　1935年的北平市植树节也在全国统一的3月12日举行。这天，北平市各界在先农坛举行盛大造林运动典礼，参加者5000余人⑤，全市参加植树者达2万余人。⑥袁良在会上演讲植树之利益与必要。会场上原来装有中国无线电机社之扩音机一架，故报告时全场皆能听见，不料中途发生故障，大为扫兴。开会时所用乐队，仅有鼓号，并无其他乐器，司仪员未加注意，于唱国民党党歌时喊令奏乐，以致乐队人员瞠目相视，不知所为。此次植树共植侧柏200余株，均由工务局工役事先挖坑植好，其旁浮土一堆，供举行植树仪式用。⑦由此可见，每年的植树节，也有形式主义的缺点。而且，政府大力提倡种树，普通市民却并不怎么买账，因为对眼前利

---

① 《北平三千人参加景山植树典礼》，《庸报》1934年4月6日，第1版。

② 《平市各机关举行植树，到六千余人》，《民国日报》1934年4月6日，第3版。

③ 《北平三千人参加景山植树典礼》，《庸报》1934年4月6日，第1版。

④ 孙刚选编《1934年北平市筹备栽植行道树史料》，北京市档案馆编《北京档案史料》2007年第2辑，北京：新华出版社，第14页。

⑤ 《本总理造林救国遗训实行造林纪念总理》，《益世报》1935年3月13日，第8版。

⑥ 《各界昨在先农坛举行盛大造林运动》，《京报》1935年3月13日，第7版。

⑦ 《本总理造林救国遗训实行造林纪念总理》，《益世报》1935年3月13日，第8版。

益并无改善。为此，市政当局甚至自1936年春季开始，由四郊保甲组织壮丁，督促市民参加植树活动，实行"强迫造林"。①1936年植树节本来也定在3月12日举行，后因气候尚寒，改为4月5日举行。②这天，北平市又在天坛祈年殿前举行植树典礼，秦德纯市长阐述造林意义。这次植树节就有很多市民参加植树造林活动。当天，北平市各界4万余人，分别在天坛、先农坛、宣外大黑寺、中山林场及城内马路两旁等处栽种树木。③四郊农民也在农会的领导下进行了植树活动。这次植树节全市总共植树达数万株。④

北平市政府于每年植树节举行如此规模宏大的植树典礼，除了宣传植树的好处，更是把植树造林升华为关乎国家民族复兴的重要活动，市民积极种树就是意义重大的"救国"行为。1937年4月5日，宋哲元在北平市植树典礼上强调植树也是生产，造林运动即是救国运动。接着，市长秦德纯发表讲话，他说："今天北平市举行造林运动，到场参加的各机关人员、各校学生，都应当认识造林运动的意义，因为植树以后，必须使它发荣滋长。我们都知道，如果到世界各国去游历，一入国境，如见其道路良好，树林茂盛，即发生一种好印象，认为这个国家，是一个有希望、向上的国家，反之，路政窳败，满处荒山，游历者必认其为不进步的国家，民族也是堕落的民族。大家能认清此点，即可知道造林的意义了。刚才委员长说，造林运动，即是生产救国运动。大家试想想，今日参加的人员，哪一位真正是社会的生产者，所以以后，应全体做生产者，而不要做社会国家的消费者。今天植完树以后，还得时常加以灌溉，使其本固枝荣，然后才

① 《本市自明春起将强迫造林》，《华北日报》1935年9月20日，第6版；《平市自明春起将实行强迫造林》，《益世报》1935年9月20日，第8版。
② 《平市植树盛典昨晨在天坛举行》，《益世报》1936年4月6日，第7版。
③ 《平市植树盛典昨晨在天坛举行》，《益世报》1936年4月6日，第7版。
④ 《平津昨日举行植树》，《国华报》1936年4月6日，第3版。

能完成生产救国的任务。"① 不仅如此，当局还对所造林地予以命名，为植树造林增加了政治色彩。在1936年的植树运动中，天坛的两处新栽林地分别被命名为"哲林"和"德林"，② 显然是取自当时冀察政务委员会委员长宋哲元和北平市市长秦德纯的名字。1937年，市政当局又将北郊的一块林地命名为"明林"。"德"也好，"明"也罢，虽有自我标榜之嫌，但毕竟为北平增添了一抹绿色。

从1935年至1937年间，北平的行道树种植规模也明显增加。仅1936年一年，行道树的种植就达到6336株，种植范围涉及东单北大街、天安门、王府井大街、西长安街、阜成门大街等20余条街道。③ 北平城市公共区域的绿化初具规模。

## 第四节　整顿风化与严厉禁毒

### 一、禁止跳舞

袁良自任北平市市长之后，对整饬社会风化，可谓不遗余力，堪与广东之提倡复古运动，并驾齐驱。上任伊始，为提倡改革奢风，决定从市政府着手，禁止赌博，禁止一切非正常娱乐，如跳舞、打高尔夫球等。④ 袁良对于跳舞一直持否定态度，认为跳舞不仅耗费金钱，鼓励奢风，而且足以堕落人格，伤害青年。所以，为革除奢风，救济青年，必须禁止跳舞。袁良说："跳舞本是西洋人的一种业余娱乐，在他们是习俗所关，相沿极久，同时欧西各国，国家太平，政治安定，种族富强，在没有内忧外患的愉快国境当中，跳跳舞，足以陶情寄兴，但是现在中国外侮日急，内乱纷

---

① 《平市当局昨举行植树典礼》，《华北日报》1937年4月6日，第6版。
② 《明日平市植树典礼，宋派刘哲代为参加》，《益世报》1936年4月4日，第7版。
③ 吴廷燮等撰《北京市志稿》第3册，北京：北京燕山出版社，1998，第440—441页。
④ 《袁良昨谈市政》，《益世报》1933年7月4日，第6版。

纷，凡属国民，正应当卧薪尝胆，发愤图强的时候，为什么还有这种醉生梦死，足以萎靡精神，颓丧志气的诲淫事体?"①

1933年7月26日，袁良致函北平市社会局局长蔡元和公安局局长鲍毓麟，要求严厉禁止跳舞，外人所营舞场禁雇中国舞女。7月27日，北平市社会局、公安局联合发出布告，令全市中西舞场，自8月5日起永远不许雇用中国舞女。凡以跳舞为营业的人及饭店，一概在禁止、取缔之列。在东交民巷的饭店，虽因权力不及，也要用正式公文，述明正当理由，函请各当局加以取缔。但如有中西人民，系正式夫妇，或在家庭开跳舞会的，则享有充分自由，决不禁止。禁令颁布之后，北平市政府除令社会局、公安局遵照办理外，并由市政府派出许多视察员随时调查，如有阳奉阴违的，一旦调查属实，从严惩办。②

当时北平市民对于禁止跳舞大多表示赞成，而对严禁办法及是否有效，极为注意。北平禁舞，舞女们还是可以到天津或其他都市继续当舞女。北平禁舞范围仅限于中国舞女，而外国舞女不在禁止之列，所以各舞场纷纷添聘俄国舞女。③这样，禁舞效果也会大打折扣。三星舞场自北平市政府宣布禁舞后，外传将由日本横滨雇用日本舞女20人，来北平为该舞场伴舞。④而且，因为大部分舞女也是由娼妓转变来的，她们不做舞女，还可以做原来的娼妓，所以外间质疑袁良既然禁舞，何不禁娼? 但是袁良对禁舞相当执着，他认为经过政府宣传，人们一经走近妓女就会感到不名誉，加上有捐税，妓女的吸引力会降低，其为害反而较舞场小姐小得多。⑤而舞场征逐，拥翠偎红，犹自视为高尚摩登之娱乐，容易使青年子弟于不知不觉中陷溺堕落。大家对袁良为何对舞女有如此强烈的恶感，

① 《袁良发表谈话决定严禁跳舞》，《世界日报》1933年7月18日，第8版。
② 《袁良发表谈话决定严禁跳舞》，《世界日报》1933年7月18日，第8版。
③ 湘如:《袁良禁舞不禁娼之理由》，《晶报》1933年8月27日，第3版。
④ 《袁良再谈禁舞》，《益世报》1933年8月23日，第6版。
⑤ 《袁良发表谈话决定严禁跳舞》，《世界日报》1933年7月18日，第8版。

颇感不解。坊间流传袁良在日本留学时，曾涉足舞场，与一位日本舞女相恋，被该舞女骗去不少金钱，袁良后得友人相助，始免流落异邦，所以从此仇视舞女。[①]

各舞场接到禁止雇用中国舞女的禁令之后，即通知各中国舞女等，她们亦无任何意见，准备一到8月5日即不再营业。但在截止日期以前的7月29日，北平市公安局即派警察到各舞场门前监视，不准中国舞女入场伴舞，一般舞女大为惊愕。又因警察对于自带家属跳舞之舞客也一律加以禁止，故有协和大夫刘瑞华与警察发生冲突。此事发生后，禁舞问题更引起市民关注。[②]因此，外间对于袁良的禁舞措施，毁誉参半。

北平禁舞之后，各舞场虽停止售卖舞票，废除舞女伴舞，但三星、高尔夫等舞场依然照常营业，中外舞客，尚称众多。盖市政府禁舞，系专禁售卖舞票之买卖式伴舞，对于以舞为娱乐之友谊的交际舞，并未明令禁止，以故一般舞客仍可大跳其舞，且更邀昔日之舞女，以友谊为名，同赴舞场合舞。而一般舞女亦以禁舞后生计断绝，愿意偕同她的熟客前去伴舞，借此以得相识舞客在经济上之补助，于是舞客舞女又逐渐公开跳起舞来。各舞场每至星期六、星期日两夜，车水马龙，又恢复禁舞前之热闹状况。袁良市长了解到这种情况后，密令公安局局长余晋龢严行查办。

1933年11月18日星期六夜晚，位于东长安街的高尔夫、三星两舞场又热闹异常，舞客如云，拥挤不堪。至凌晨2时许，正在乐声悠扬、灯红酒绿，全场男女兴高采烈之际，内一区署警察数十人包围了这两个舞场，将场内所有中国舞客和舞女以及旁观之人悉行逮捕。有舞客多人向警察质问，市政府未明令禁止交际舞，而他们又非买卖舞票伴舞，岂能逮捕，而警察以系奉命执行，并称中国人不准跳舞，于是不容分说，将舞女连同舞客一并带往内一区署。时已深夜3时40分，一行摩登男女，于朔风

① 一栗：《袁良禁舞之原因》，《小日报》1933年2月6日，第3版。
② 《袁良谈禁舞》，《新华日报》1933年8月1日，第1版。

凛冽之中悉被押解于内一区署。该署将被捕诸人姓名、籍贯略行询问，拘押一夜，至 11 月 19 日晨始由内一区署署长祝瑞霖详加讯问。①

根据讯问结果，被捕的共有 28 人，女性中有舞女、妓女，也有良家妇女。陈曼娜、许爱丽、刘丽琳、张丽贞、李爱丽等 8 人曾为舞女，还有白小马格、白秀贞两名韩国舞女，因日本舞女不承认其国籍，所以与中国舞女一律办理。②据陈曼娜等供称，她们在禁舞之后已不再做舞女生活，11 月 18 日系与素来相识的朋友同到舞场做友谊合舞，以娱乐为目的，并非买卖式之跳舞，与禁令并不违背。妓女有莳花馆红妃、洪妹、朱天妃等多名，她们也供称系与客人一起来到舞场观看跳舞，绝无伴舞情事。被捕的良家妇女有蒯淑平、陈海伦、张庄氏等，游客有董顺延、高训诚、王汉忱、杨普裕、何子任等，他们坚持主张自己到舞场完全系娱乐性质，并不违禁。祝瑞霖鉴于案情复杂，难以处理，于是在向市公安局局长余晋龢报告后，于 11 月 20 日上午 11 时，将逮捕的 28 人，用公安局大汽车，押解至市公安局第一科讯办。经第一科科长蒲志中略加审讯，暂押于市公安局内，听候处置。③据说袁良因此对公安局在这次行动中的表现颇为不满，又以内一区署在执行逮捕行动时，仅注重逮捕舞女，禾将与舞女伴舞之男客及舞场经纪一同捕去，尤认为措置失当，因此袁良下令市公安局处分内一区署署长祝瑞霖。④

在三星、高尔夫舞场被捕的良家妇女和男性游客经审讯，取保释放。对于舞女如何处理，北平市政府内部也有不同意见。有人主张从严惩办，故拟将违禁令之舞女交妇女习工厂训诲择配，但亦有人主张从宽办理，分别罚办，驱逐出城。⑤最后，市公安局在审讯后判决每人罚银圆 10 元，由

① 《北平捕舞女之经过》，《时报》1933 年 11 月 23 日，第 2 版。
② 《北平逮捕舞女狼狈不堪》，《时报》1933 年 11 月 24 日，第 2 版。
③ 《北平捕舞女之经过》，《时报》1933 年 11 月 23 日，第 2 版。
④ 《袁良令公安局议处祝瑞霖》，《华北日报》1933 年 11 月 26 日，第 6 版。
⑤ 《北平捕舞女之经过》，《时报》1933 年 11 月 23 日，第 2 版。

警察带至候审室，取保释放。因舞女取保不易，后经变通办法，着每一舞女随警士一人外出取保释放。①

在被捕的良家妇女中，蒯淑平系北大英文系教授，当时20余岁，住在西城裱褙胡同12号。根据蒯淑平自己向记者解释的情况，她于11月18日晚偕同外籍男女友人各一人，赴东安市场吉祥戏院看戏后，本来打算到北京饭店观舞饮茶，嗣因当天她只着普通衣履，且外籍友人亦未着礼服，而三星舞场未曾去过，因而就到三星舞场观舞并饮茶。其间外籍女友因事先走了，而当蒯淑平和另一名男性外籍友人要离开时，门外警察当即阻拦，虽经蒯淑平本人及外籍友人证明，警察亦不听之，坚持将蒯淑平也押至内一区署。在内一区署接受审问时，审问官警告蒯淑平嗣后不得再与外国人来往，蒯淑平不服。蒯淑平的父亲曾在英国任学生总督，本人也曾生活在英国，平日交际外国友人甚多，本人现在北大英文系教课，往来外国友人甚多。②

蒯淑平对自己因前往舞场观舞而被捕，警察并在审讯时告诉她勿再跳舞非常不满，释放后又有多名中国友人及外籍友人劝她站出来捍卫自己的名誉，因此于1933年11月21日在北平各报刊登启事，对市长袁良提出严正质问，下周某使馆举行舞会，本人被邀，想来贵市长亦被邀，请袁良答复她是否允许参加，免得到时亲眼看到她与人跳舞，加以逮捕。③蒯淑平要求袁良正式道歉，不然将诉诸法律解决。蒯淑平聘请江庸为辩护律师，控告袁良违法捕人。观舞者多系银行界人士，也加入蒯淑平一方，一致控告袁良。④

当时在北平市公安局担任卫生股主任的殷体扬是蒯淑平的学生。蒯淑

---

① 《北平逮捕舞女狼狈不堪》，《时报》1933年11月24日，第2版。

② 《捕舞女后之余波，蒯淑平质问袁良，殷体扬居中调解双方误会解除》，《益世报》1933年11月23日，第6版。

③ 《蒯淑平深恐再进拘留所》，《时报》1933年11月23日，第2版。

④ 《蒯淑平深恐再进拘留所》，《时报》1933年11月23日，第2版。

平曾在上海暨南大学任教职三年，而殷体扬那时在暨南大学读书，因此有师生之谊。在蒯淑平在报刊刊登启事之后，11月22日下午1时许，殷体扬以私人身份去拜访蒯淑平，向蒯淑平解释了袁良对于禁舞的意见，并谓袁良禁舞系奉令办理，此次拘捕舞女，因将舞客捕去，实系误会，但旋即释放，希望蒯淑平将误会解除。蒯淑平表示无条件接受调停，同意自即日起自动无条件将各报启事撤去，事件得以完全解决。

北平市禁舞之后，许多舞场完全宣告停业，只有北京饭店里的礼厅，仍在做着茶舞的营业，但并没有雇用舞女伴舞，和上海百乐门舞厅的性质相同。只是北京饭店的顾客仅限于社会上层人士，普通顾客很少。在禁舞之后的两年里，在北平经营舞厅业的人们总在极力疏通，请求解禁，可是袁良态度坚决，所以毫无结果，直到袁良辞职，北平的舞厅业仍处于停顿状态。1935年，北平曾有人创设家庭跳舞场，可是受着时局的影响，更为当局所不准，终至没有实现。[①]

1935年11月袁良辞职之后，经营舞厅业的人们纷纷出来活动，试图恢复舞市。不过，新市长秦德纯认为华北地方不靖，又值冬防期间，对于舞市的恢复，也认为仍须缜密考虑。尽管如此，事实上北平的舞禁的确已经放松了许多。[②]1935年12月，蒋梦麟夫人发起跳舞赈灾会，因此有报纸讥讽说，大概袁良并不曾知道跳舞也是可以救国救民的。[③]

### 二、禁演评戏与取缔女招待

袁良在禁舞之后，还一度禁止评戏，即评剧。在辛亥革命以前，北平尚无所谓评戏，到民国初年才在天桥地方出现评戏，1928年开始有人以评戏名称向当局呈请立案，开设独立戏院，未得批准。因在北平唱评戏的演

① 《袁良去职后北平舞市渐生气，将举行跳舞筹赈会》，《娱乐周报》第1卷第22期，1935，第536页。
② 《袁良去职后北平舞市渐生气，将举行跳舞筹赈会》，《娱乐周报》第1卷第22期，1935，第536页。
③ 《新闻网》，《社会日报》1935年12月6日，第1版。

员主要来自唐山和沈阳两处，到1931年，张学良驻北平，有人以奉天评戏名称呈请立案而获得批准，于是出现了第一个评戏戏院庆华园。但是庆华园只存在了一个月就关闭了，接着又开设了三庆园。①

评戏腔调简单，仅二三种，听者容易理解，所以受到下层民众的欢迎，然而所唱之剧目如《马思远》《老妈子开店》等等，情节淫秽，词句鄙陋。1934年春北平市社会局禁演评剧的导火索为评戏大王白玉霜演《捉苍蝇》。这是白玉霜新编的剧目，剧情之前半部与孟姜女哭倒长城相似，而后半部剧情系一个女性苍蝇精迷惑男性青年，最后被天兵捉住。苍蝇精由白玉霜及其他女演员扮演，其装饰扮相，系白色紧身衣裤，长筒丝袜，红色裤子，裤脚不及膝，紧裹其身，外披翼形，在舞台上载歌载舞，宛若裸体。剧情与唱词，均极猥亵，遂被人向北平市社会局等机关告发，更有某师团长郭龙云也致函北平市公安局，市参议会参议员石小川致函市长袁良，要求加以禁止。②戏曲调查员经过调查，也认为评戏系男女合演，猥亵不堪，于是市社会局下令禁演评戏，并函请市公安局对唱评戏之艺人加以驱逐，白玉霜、芙蓉花等知名评戏演员皆销声匿迹。白玉霜先去了上海，但因人生地疏，未能打开局面，于是回到北平闲住。自广德楼的白玉霜和三庆园的芙蓉花等评戏名演员被禁唱之后，数百评戏艺人顿失生计，于是推举安冠英为代表，向市长袁良请求允许继续演唱评戏。袁良不但没有撤销禁令，反而再次下令驱逐白玉霜，于是白玉霜挥泪偕同老母离开北平，回上海去了。③为改良戏剧，袁良还曾想将开明戏院改为市立戏院，邀请名伶轮流登台，定老生演大轴，取缔淫戏，但未能实现。④

在禁演评戏的同时，北平市政府还下令取缔女招待。市政府制定取

① 晓风：《北平评戏被禁始末记》，《时报》1934年1月24日，第4版。
② 晓风：《北平评戏被禁始末记》，《时报》1934年1月24日，第4版。
③ 《白玉霜的过去》，《新天津》1937年5月13日，第6版。
④ 《小电台》，《小日报》1934年6月5日，第2版。

缔女招待办法七条，令公安、社会两局办理。市公安局奉令后，当即拟定《管理女招待登记办事细则》十二条，对女招待进行登记，凡雇主雇用女招待，均须遵照取缔办法呈请登记，女招待提供服务时亦须遵照取缔办法。① 可是在下令取缔女招待后不久，1934年5月袁良又邀请驻北平的外宾在颐和园举行盛大的游园会，事先特邀请燕京大学女学生为招待，部分学生认为这是对大学教育的侮辱，群起反对。有人在燕大校内发出通告，劝告被邀女同学不要参加，并在5月6日的《北平晨报》上刊登启事，表明"本校同学，以素主抗日未便招待日宾贻人口实，又值国难严重国耻将届之时，断无如贵市长之闲情逸致，嬉春游园"，并要求袁良向燕大女同学书面道歉，否则当据实向国民政府监察院请求彻查弹劾。袁良不得不设法向燕大当局疏通，请转向学生解释。燕大学生不满意，即向监察院提出弹劾，控告袁良侮辱本校学生，更在国难严重、国耻纪念之时，靡费数千元，作商女歌欢之举。② 虽然袁良还是在5月6日举行了游园会，燕大男生在颐和园外监视，结果女生无人敢往。③

1934年8月，袁良又忽认为摩登女性赤足裸腿，出入公共场所，有伤社会善良风化，乃下令取缔严禁，饬令社会局、公安局负责研究取缔办法。两局提出的取缔办法除广为宣传，晓谕一般摩登女性及其家长外，派人在公共场所进行检查，发现违犯者即加以惩戒，公共娱乐场所，如公园、影院、戏园，以及大街、市场等处，一律禁阻赤足裸腿之女性出入往来，如有不服从者送市公安局区公署惩办。对于劝阻不听的，依照违警处罚办法，处以五元以上之罚金，或三日以上之拘留。④ 由于事出突然，舆论以为袁良是因为燕大女生拒绝担任游园会女招待，要对女孩子们采取报

① 《取缔女招待公安局管理登记》，《益世报》1934年2月8日，第7版。
② 凡：《燕大女生控袁良事件》，《一周间》第1卷第1期，1934年，第27页。
③ 《燕大同学质问袁良邀女生招待意义》，《时报号外》1934年5月6日，第1版。
④ 露丝：《袁良禁妇女裸足》，《金刚钻》1934年8月10日，第1版。

复措施。①

1934年11月，蒋介石电令:"要繁荣北平，须先从整顿男女风化入手。"根据曾扩情的回忆，袁良对礼教的尊崇，不亚于蒋介石和宋美龄。②自从接到蒋介石的电文后，袁良对整顿男女风化更加积极主动，当即转令社会、公安两局设法遵办。③市社会局随即提出如下九项维持风化办法。

一、各饭馆茶社之女招待除已登记者，仍准其继续服务外，将来不再登记。

二、公共场所绝对禁止男女挽肩同行。

三、坤伶妓女之服装不准标奇立异，一切服饰，均按照取缔妇女奇装异服办法办理。

四、不准戏园浴室等处所茶役工友任意咆哮喧哗。

五、各界服装亦应竭诚劝导，力崇简朴，按照新生活取缔办法办理。

六、取缔私娼，首犯者严惩，次犯者即送入救济院设法救济择配。

七、取缔各戏园演唱淫戏，及有伤风化之影片。

八、各公寓设法整理，绝对禁止男女混杂。

九、娼妓设法管理，聚居一规定地点，不准散居各处。④

整顿风化工作取得了一定的成效，如开展取缔奇装异服工作以来，在公共场所"裸腿披发者"减少了许多，⑤又如整饬戏院习俗以来，叫卖的、迟到的、抽烟的已很少见了，观众也开始遵守看戏礼貌。⑥为了减少伤风

① 辑言:《一周要闻》,《福尔摩斯》1934年8月4日, 第2版。

② 曾扩情:《何梅协定前复兴社在华北的活动》, 中国人民政治协商会议全国委员会编《文史资料选辑（合订本）》第4卷, 北京: 中国文史出版社, 2000, 第204页。

③ 社会局关于取缔私立中学男女合校的方案及办理情形的呈文、代电以及教育部、市政府的指令、密令, 北京市档案馆藏, 1935, 档号J002-003-00413。

④ 《蒋委员长令平市当局维持风化》,《新生活运动促进总会会刊》1934年第10期, 第7页。

⑤ 《北平市六七八等月新运工作概述》,《新生活运动促进总会会刊》1935年第29期, 第34页。

⑥ 《视察报告: 视察鲁冀豫三省, 北平市、津浦、胶济、北宁、平汉、陇海铁路新生活运动报告》,《新生活运动促进总会会刊》1935年第28期, 第25页。

败俗之事，市政府设立感化所，对被判轻刑的儿童及流浪儿童进行感化教育。新生活运动总会到感化所视察后，表扬北平市政府"办理皆甚完善"。[①]

### 三、取缔私中男女同校与取缔公寓男女合住

虽然北平市政府的整顿风化工作也取得一些成效，但是在整顿风化的名义下，取缔私立中学男女同校和公寓男女合住，对北平教育、经济和社会有很大影响。

北平市政府下令取缔男女同校，规定凡北平之中小学校有男女学生者，必须一律自动改组，男女生分为两班，并禁止男女学生并肩而行。北平各学校闻讯即大起反对，要求市长袁良收回成命，暂缓施行。

袁良不但没有让步，反而在取缔中小学男女同校的同时，还取缔私立中学男女同校。1935年4月24日，袁良向市参议会提出取缔私立中学男女同校议案。[②]袁良的理由是，"血气未定"的中学男女学生在一个学校里同学、同住，不仅会妨碍学业，而且影响身心修养，"实则男女生理之不同，其对于社会、国家之义务各异"，故应该分开教育。

消息一经传出，社会舆论也为之大哗，议论纷纷，尤其是与妇女解放有关的报刊，多持批评态度。如《妇女运动》曾指出：这是让"妇女回到家庭去，做贤妻良母，做生育机器"的计划，也是基于违背时代精神的"希特勒主义"。[③]此举也引起各妇女团体的反对。上海中华妇女运动同盟会、上海市妇女协进会等团体反对北平市禁止男女同校，认为袁良此举不仅违反总理有关男女平等之遗教，而且破坏政府学制。[④]1935年6月10日

---

① 《视察报告：视察鲁冀豫三省，北平市，津浦、胶济、北宁、平汉、陇海铁路新生活运动报告》，《新生活运动促进总会会刊》1935年第28期，第25页。

② 《北平市政府市政会议决案第二百四十六次常会（1935年4月24日）》，北京市档案馆编《北平历届市政府市政会议决议录》，北京：中国档案出版社，1998，第319页。

③ 君慧：《现阶段我国妇女运动的动向》，《妇女运动》1936年第2卷第1期，第56—57页。

④ 《沪妇女界反对平禁止男女同校》，《江西民报》1935年5月22日，第3版。

下午，南京市妇女界召开大会，一致反对袁良取缔私中男女同校之举，决定通电全国妇女界急起一致反对，并呈请教育部速令北平市政府维持中等学校男女同校。[1]

北平各大学、中学也纷纷成立关于男女同校问题讨论会或演讲会，对袁良的取缔男女同学、男女同校措施颇多讥评。如周作人应邀到北满女中作演讲，说家庭和社会对青年学生的影响实较学校教育更有力，与其取缔男女同学、男女同校，不如规定学生不准住妓院旁，不准住有姜婢等的家中，"在上者滥用风化二字压服在下者，以至常流于不通，诚大可怜笑也"。[2]

为解决取缔私中男女同校后女生的入学问题，1935年6月北平市政府决定扩充市立第一女中及新设第二女中。经过准备，一个月后正式发布取缔私中男女同校计划，命令除女中以外的私中，在一周之内登记校内女生信息，并严禁各该校登报招收女生。[3]计划发布之后，北平私立中学联合会立即进行集体抗议，并于7月14日致电教育部请愿维持男女同校。[4]

到了1935年8月，为避免耽误开学，市政府与私中联合会打破僵局，双方达成调解协议，男女合校的私中从1935年起不得招收女新生，旧有女生，以分校或分班为前提，可以留在原校继续学习，直到毕业。[5]袁良辞去市长职务后，北平市政府取缔私立中学男女同校计划也告一段落。[6]

由取缔私中男女同校而又牵扯到取缔公寓男女同住，因不少男女学生也住在公寓之中。当时北平尚无完善的女公寓，主要是因为女生少，男生

---

① 嘉禾：《南京妇女界反对袁良取缔男女同校》，《上海报》1935年6月14日，第3版。

② 明远寄：《周作人讽刺袁良》，《汉口舆论汇刊》第17期，1935，第160页。

③ 社会局关于取缔私立中学男女合校的方案及办理情形的呈文、代电以及教育部、市政府的指令、密令，北京市档案馆藏，1935，档号J002-003-00413。

④ 《北平广州男女分校问题》，《中华教育界》1935年第23卷第4期，第87-88页。

⑤ 社会局关于取缔私立中学男女合校的方案及办理情形的呈文、代电以及教育部、市政府的指令、密令，北京市档案馆藏，1935，档号J002-003-00413。

⑥ 浩叹：《袁良任内一趣事，今夏女中招生大牺牲》，《立报》1935年11月8日，第3版。

多，公寓掌柜唯利是图，自不愿开办女公寓，所以女生只能与男生同住一个公寓。现在袁良既然认为男女生不能同校、同班，自然也不能同住一个公寓，于是北平市公安局拟定程序，限期1935年6月1日起实行。各公寓凡能划分为两个院落，并可分门出入者，实行砌墙隔断，各开街门，甲院专寄居男学生，乙院专寄居女学生，丙院寄居携有眷属之寓客。但不能证明为真正夫妻之男女，不得留宿。凡地址狭小，不能另辟街门，划分院落者，应视原住男女生之多少，改为专居男生公寓，或改为专居女生公寓，绝对不准男女同院寄居，亦不得留宿携眷之寓客。①

北平市各公寓以限制过严，有全体休业危险，乃联合160余家公寓召开临时大会，决定呈文市公安局请求予以变通或缓期实行。一部分教育界人士也担心取缔公寓男女合住之后，部分女生因无处住宿，势将有失学之虞。②但是北平市公安局不为所动。在各公寓之中，真正能隔开院落，另辟门户者只有十分之一二，大部分公寓对于男女、眷属三部营业，只能牺牲两部，选择一部或二部，导致营业困难，东西城数十家之公寓，皆有休业之危险。③

袁良离开北平之后，北京公寓、大兴公寓等23家联名致函北平市旅店业公会请求恢复以前状态。1935年12月2日，北平市旅店业公会致函市商会，请转呈市政府。④这样，袁良为整顿风化而推行的此种措施，也归于徒劳无功。

## 四、严厉禁毒

袁良就任北平市市长以后，认为将北平建成一个文化游览区，禁烟禁

---

① 毕特：《从袁良返平到取缔公寓男女同居》，《汗血周刊》第4卷第21期，1935年，第335页。
② 毕特：《从袁良返平到取缔公寓男女同居》，《汗血周刊》第4卷第21期，1935年，第334页。
③ 《平公寓男女分寓后全体有休业危险》，《河南民报》1935年12月7日，第3版。
④ 《平公寓男女分寓后全体有休业危险》，《河南民报》1935年12月7日，第3版。

毒工作必须严格推行，首先下令公务员禁食鸦片。

禁令发布之后，参议员章备吾，以及区长韩寄湘、王觐庭、梁家义等皆被人举报有吸食鸦片情形，章备吾和韩寄湘逃走，王觐庭则被市政府送交法院审判。[①]在此期间，还发生了梁家义暴毙事件，于是自治界人士群起反对袁良，掀起轩然大波。

最初北平市自治第十区区民代表谢荆璞、王禄等人呈控该区区长梁家义朋分公款、选举舞弊，并举报梁家义吸食鸦片。市政府受理后，派员前往调查，梁家义拒不接受，也不申辩。结果，选举舞弊一节查无实据，而朋分公款一节经查属实。[②]至于吸食鸦片一节，8月30日市政府命令梁家义于三日内到外城官医院，即仁民医院接受检验。在此期间，梁家义因事请假去了天津，市政府认为其有意规避，又以第618号训令停止其职务，并令公安局强制执行调验。梁家义因势难久抗，遂于1933年9月11日自行到仁民医院接受检验。[③]结果，到9月19日，梁家义因病在仁民医院暴亡。[④]

梁家义死后，经法院先后派人检验，证明梁家义因痰壅气闭致死。而梁家义妻子孟国英在检验尸体时发现梁家义尸体胸部有青紫，口鼻有血迹，觉得梁家义死因可疑，不愿签字。[⑤]北平各界本来就对市政府调验毒品措施不满，自治界尤其如此，梁家义之死更是为他们攻击袁良提供了绝好契机。北平市各自治区区长随即召开紧急会议，认为梁家义之死为市政府对整个自治界的重大打击，决定组织梁家义善后委员会，[⑥]向南京国民党中央党部、国民政府行政院，以及蒋介石本人发电报，控告袁良，要求先

---

① 《黄郛对梁家义案决秉公处理》，《庸报》1933年9月23日，第2版。
② 《梁孟氏控诉袁良案，地方法院检察处业已裁决不起诉》，《世界日报》1933年10月29日，第8版。
③ 《梁家义妻控诉袁良案不起诉处分书原文》，《世界日报》1933年10月29日，第3版。
④ 《梁家义妻控诉袁良案不起诉处分书原文》，《世界日报》1933年10月29日，第3版。
⑤ 《北平自治区长梁家义死后纠纷》，《新天津》1933年9月21日，第2版。
⑥ 《梁妻控袁良法院昨开始侦查》，《华北日报》1933年9月22日，第6版。

暂停袁良市长职务，令其归案讯办。①梁家义案因此扩大，成为政争焦点之一。在自治界的支持下，孟国英也委托律师陈明准备状纸，到地方法院检察处控告袁良及外城官医院滥用职权，预谋杀人。

事态扩大后，北平政整会委员长黄郛自上海电复参议会，说已派员调查实情，查明后定秉公处理。袁良于9月22日致函市参议会，列举事实，反驳市参议会的指控。②袁良还在记者招待会上发表谈话，提出对梁家义案应依法办理，并对自治界指责各点，一一加以辩驳③，并谓各自治区及市参议会无权干涉梁家义案。④

应孟国英的要求，9月22日下午再次由协和医院派员对梁家义尸体进行解剖检验。⑤虽然这次解剖仍未推翻原来的结论，但是梁家义家属和自治界仍表示不服。孟国英拜访了监察院监察委员高友唐，请其对袁良提出弹劾。北平市自治区区长王慕梁等人也电请黄郛返回北平惩处袁良。对于袁良有关自治区及市参议会无权干预此案的发言，9月26日市参议会也予以驳斥。⑥同时，北平市商会、市总工会等团体也一致声讨袁良，北平市总工会还召集会员大会，决定由各会员分班留守市政府，监视袁良的行踪，以防其逃脱。⑦甚至有自称为自治区区员的过激分子，赴袁良私邸，对袁良当面大骂，袁良也无可奈何。⑧

为防止事态扩大，国民政府监察院也先后派监察委员乐景涛和邵鸿基到北平分别彻查。1933年10月8日乐景涛接受记者采访，认为市政府对自治仅有监督之权，其二根据医院条例规定调验以7天为限，而市政府坚持

---

① 《梁妻控袁良法院昨开始侦查》，《华北日报》1933年9月22日，第6版。
② 《平市长袁良解释区长梁家义身死案》，《新闻报》1933年10月2日，第8版。
③ 《黄郛对梁家义案决秉公处理》，《庸报》1933年9月23日，第2版。
④ 《袁良对自治区及市参议会有强硬表示》，《华北日报》1933年9月23日，第6版。
⑤ 《黄郛对梁家义案决秉公处理》，《庸报》1933年9月23日，第2版。
⑥ 《梁家义案袁良谈话之反响》，《华北日报》1933年9月27日，第6版。
⑦ 《平市反对袁良》，《兴华》第30卷第38期，1933年10月4日，第37–38页。
⑧ 《袁良有渎职嫌疑》，《壮报》1933年10月4日，第1版。

以 10 天为限，有滥用职权的嫌疑。[①]袁良不能接受这种说法，也对记者发表谈话，指出市政府所作所为皆根据市组织法和禁烟委员会公布施行之调验所规程第八条，市政府对于梁家义案，全系按照法律规定执行，毫无越权行为。[②]

1933 年 10 月 20 日乐景涛向南京监察院提出调查报告，弹劾袁良蹂躏人权，摧残自治。[③]但是乐景涛的弹劾并没有产生效力。10 月 24 日，地方法院检察处裁决，对袁良和仁民医院不应起诉。孟国英不服裁决，向河北省高等法院北平第一分院申请再议。河北省高等法院北平第一分院的判决仍是不予起诉。这时，某要人出面调解，愿意给梁家义家属一些治丧费和抚养费，孟国英乃同意不再上诉。[④]

北平自治界尚不死心，1933 年 11 月 16 日王慕梁等人又致电南京国民政府，请求将袁良撤职，由黄郛兼任北平市市长。[⑤]1933 年 12 月上旬，监察院又派监察委员周利生到北平调查。[⑥]12 月 29 日，监察院呈国民政府，要将袁良交付惩戒。[⑦]此事拖了很久，到 1934 年 6 月 21 日国民政府政务官惩戒委员会议决，袁良应不受惩戒。[⑧]对于此事，有人评论说，袁良因梁家义案，人为一班人所反对，中央所接平市公民团体之控袁状文，不卜数十起，而监察院亦曾派监委赴北平调查，终以袁良之手腕灵活，其地位得以安如磐石。但是，该评论也称赞袁良对于禁烟一层，确具魄力，迥非历任市长可比。[⑨]

① 《乐景涛谈调查梁案即将竣事》，《华北日报》1933 年 10 月 9 日，第 6 版。

② 《乐景涛谈调查梁案即将竣事》，《华北日报》1933 年 10 月 9 日，第 6 版。

③ 《监委乐景涛弹劾袁良》，《京报》1933 年 10 月 21 日，第 7 版。

④ 子梁自南昌寄：《袁良被控案结束》，《社会日报》1933 年 12 月 1 日，第 2 版。

⑤ 《请罢袁良市长改由黄郛兼任》，《大同报》1933 年 11 月 19 日，第 1 版。

⑥ 《周利生抵平查控袁良案》，《夜报》1933 年 12 月 6 日，第 2 版。

⑦ 《监院弹劾袁良》，《时报》1933 年 12 月 30 日，第 5 版。

⑧ 《北平市市长袁良滥用职权草营人命案》，《监察院公报》第 23 期，1934 年 5-7 月监察，第 187 页。

⑨ 《袁良治平谈》，《小日报》1933 年 11 月 24 日，第 2 版。

　　白面儿等烈性毒品也在北平为害甚大。据调查，在北平市大约150万人口中，染有白面儿等烈性毒品嗜好者在7万人左右，每日用于毒品的消耗在10万元以上，每月消耗有300万元之巨。①还有一个估计说，每日消耗在50万元以上。②北平市公安局虽对烈性毒品查禁甚严，然仍有外商以不平等条约为护身符，勾结地方官偷运毒品，导致北平市面毒品充斥。③

　　1934年3月24日，北平市公安局内二区署署长殷焕然带同员警，在和平门内细瓦厂乙18号抄获大毒窟一处，计抄出白面儿1400余两，值8万余元，并捕获犯人16名。④主犯刘永祥从上海迁居北平，以发卖无敌牌牙粉为名，实则贩卖白面儿。每由天津或上海将白面儿运来北平，换装无敌牙粉口袋，向外销售。⑤殷焕然在清末毕业于警务学堂，从此步入警界。1924年起担任内二区署署长，1928年6月间曾因办事棘手一度辞职，翌月又回任。⑥内二区署破获刘永祥贩毒案，抄获大量白面儿后，殷焕然乃交由巡官赵松林，赵松林转交与内四区阜成门内牛八宝胡同麻定三，即定俊代为出售。

　　1934年6月20日，北平市公安局督察员孟秀山等人于西城鞍匠营六号捣毁一处白面儿贩卖机关，毒犯傅某供出牛八宝胡同定俊也贩卖白面儿，于是孟秀山等又于6月23日将定俊抓获。内四区署将定俊解送公安局，严加审讯，定俊乃供出其所售白面儿来自内二区署署长殷焕然，是从细瓦厂白面儿案赃物中替换出来的白面儿。北平市公安局当于6月24日派内四区署署长邓振中率警赴西直门前桃园殷焕然家搜查，搜出证据甚多，于是将

① 《袁良谈市政》，《华北日报》1934年8月13日，第7版。
② 《袁良谈整顿市政计划》，《世界日报》1934年8月13日，第8版。
③ 《殷焕然枪决了》，《京报》1934年9月3日，第2版。
④ 《破获海洛英公司》，《华北日报》1934年3月26日，第6版。
⑤ 《后细瓦厂破获大毒窟》，《世界日报》1934年3月26日，第8版。
⑥ 《盗卖毒品之前内二区署长殷焕然昨晨枪决》，《益世报》1934年9月3日，第8版。

殷焕然传送公安局，交第三科审讯，殷焕然无言以对，乃被拘留。①市公安局将此事报告市政府，市长袁良大怒，以殷身为警察官吏，竟敢大胆贩卖烈性毒品，实属罪无可赦，即主严办。②

1934年8月南昌行营《严禁烈性毒品暂行条例》颁布实行后，北平市政府饬令有关机构严厉执行，决定在北平彻底禁绝毒品。所以，北平市政府乃据情电呈蒋介石，请求按照该暂行条例第七条之规定，对殷焕然判处枪决。南昌行营军法处先后两次致电北平市政府，令将全案卷宗送核，复经市长袁良密折呈报，蒋介石遂下令枪决。殷焕然入狱后也托人四处奔走，耗费巨万，一部分亲友就近托人关说，一部分则赴南京行政院疏通，本来听说已有相当头绪，某要人答应以私人资格向蒋介石关说，不料以公务繁忙，耽搁了若干时日。在北平市政府方面，也有殷焕然之多数好友向市长袁良请求特别减轻处分，袁良谓一切均秉大公，执法以绳，个人毫无成见，同时并为免除烦琐计，特召集所属各局大小职员，严加说明，且谓嗣后如有为殷焕然关说者，本人即认为有重大嫌疑，于是无一人敢为殷焕然关说了。③

殷焕然被关押以后，从未接见外界人士及家属，故焦急过度，眼睛红肿，模糊不清，还曾一度开启电门，意图自杀，经人发觉，加以监视，致得不死。平津卫戍司令部接到枪决殷焕然的电令之后，9月2日凌晨4时派押令官钱实超将殷焕然和定俊二人绑上汽车，押赴天桥刑场，执行枪决。④殷焕然和定俊被枪决后，与此案有关的前内二区署员许兆胜、巡官杜斌魁等人送交法院讯办。当天，北平市公安局在东单、西单、东四、西四、前门大街、天桥各地，张贴宣布殷焕然罪状布告，观者极为拥挤，人心大

① 《平贩毒警署长殷焕然枪决》，《东南日报》1934年9月3日，第4版。
② 《盗卖毒品之前内二区署长殷焕然昨晨枪决》，《益世报》1934年9月3日，第8版。
③ 《盗卖毒品之前内二区署长殷焕然昨晨枪决》，《益世报》1934年9月3日，第8版。
④ 《殷焕然被枪决，制毒官吏之下场》，《新天津》1934年9月3日，第3版。

快。市长袁良也对记者说，他个人对此案殊觉痛心，但复念及为铲除全市毒源计，不得已而有此一举。①此后，10月1日又枪决贩毒犯麦桂山，10月5日枪决设所供人吸毒犯陶长龄，12月7日枪决贩毒犯段文秀，12月29日又枪决栽赃陷害他人毒犯董全福。从9月到12月，共枪决毒犯6人。②

为戒除吸食白面儿等烈性毒品者的毒瘾，北平市政府令卫生处筹设烈性毒品戒除所及戒除医院各一所。凡自动请求戒绝者，送往烈性毒品戒除医院戒除，凡系拘捕而来者，一律交由烈性毒品戒除所执行戒除。北平市政府计划第一批戒绝1000人，以后每4周更换一批，直到市内7万人全部戒绝为止。③

1934年9月20日，烈性毒品戒除所举行成立典礼，所址借用王府井大街以北六十七军残废军人疗养院内，该地可以容纳千余人。④戒除办法分为两种，吸毒者被送入戒除所后，首先实施精神教育和体育训练，然后再送入劳役宿舍，让女性吸毒者从事洗衣、缝纫等工作，男性吸毒者从事挖土填洼、拔草、送饭等工作，最后根据工作表现决定释放时间。⑤戒后复吸者，一经查出，公安局依照《严禁烈性毒品暂行条例》第五条一律处以死刑。⑥该所自9月5日开始收容吸毒者，到9月20日已收容786人，经戒除出所者350人，经检验并无毒瘾者14人，因病死亡者1名，总计出所421名，加上9月21日又由公安局送来30名，所以9月21日在所吸毒者共

① 《前内二区署长殷焕然枪决》，《世界日报》1934年9月3日，第8版。

② 《去年八月起禁毒三项统计》，《京报》1935年2月2日，第7版。

③ 《袁良谈市政》，《华北日报》1934年8月13日，第7版。

④ 《袁良谈整顿市政计划》，《世界日报》1934年8月13日，第8版。

⑤ 《修正吸食烈性毒品人犯实施劳役办法》，《北平市市政公报》1935年第299期，法规第13—14页；《北平市政专栏：卫生》，《市政评论》1935年第3卷第16期，第26页。

⑥ 《奉蒋委员长卅电规定自动投所戒绝与拘押交医勒戒后复吸用者概依照禁毒条例第五条后段处办令仰遵照办理由》，《北平市市政公报》1935年第286期，命令第34页。《严禁烈性毒品暂行条例》第五条全文如下："吸食或使用烈性毒品有瘾者，概行拘押交医定期勒令戒绝，不尊限戒绝者，或戒绝后复吸食或使用者死刑。"

计451人。①

袁良十分重视戒毒工作，多次到烈性毒品戒除所巡视，与各毒犯对话，问答之间，颇似一幕拒毒宣传话剧。②1935年4月20日，袁良到烈性毒品戒除所训话，强调国家强弱，全看人民身体好坏，戒除所的事业是最大的救国工作，要十二分的努力。袁良还提出，依照先行规定到1936年禁绝烈性毒品，而北平市希望在1935年完成任务。因复吸者太多，依法唯有枪决。到这时，北平市烈性毒品戒除所已累计收容毒犯男4400人，女708人，共计5108人，戒除出所者男4000人，女647人，病故男11人，女3人。在所毒犯男389人，女58人，共计447人。③

北平市的禁毒工作，不仅受到新生活运动总会视察团的充分肯定，也受到国内外视察团的表扬。④著名民间组织中华国民拒毒会也称颂袁良枪决吸食或贩卖毒品的几个大人物的突出表现，并对戒除所予以高度评价。⑤秦德纯继任市长之后，也重视禁毒工作。1936年10月10日，秦德纯为建设新北平，提倡"十项运动"，劝告市民身体力行，其中戒毒为第一项运动。⑥秦德纯对于戒毒运动尤具决心，谓奉宋哲元令，决于1937年1月1日起严戒，吸毒贩毒者一律处以死刑。但不忍不教而诛，决定于10月10

① 《平毒品戒除所昨行成立典礼》，《庸报》1934年9月21日，第2版。

② 《袁良与毒犯之对话剧》，《时代日报》1935年5月8日，第1版。

③ 《市长袁良昨日在戒毒所训话》，《京报》1935年4月21日，第6版。

④ 《视察报告：视察鲁冀豫三省，北平市，津浦、胶济、北宁、平汉、陇海铁路新生活运动报告》，《新生活运动促进总会会刊》1935年第28期，第25页；《北平市政专栏：卫生》，《市政评论》1935年第3卷第16期，第26页。

⑤ 《平津烟毒近况（北平通讯）》，《拒毒月刊》1936年第104期，第30—32页。中华国民拒毒会是由40个团体联合组成的民间组织，主要有中华教育改进会、中华基督教教育会、中华卫生教育会、中华妇女协会、上海总商会、华侨联合会等团体，还包括中国国民党上海执行部，名誉会董为黎元洪、施肇基、阎锡山、冯玉祥，由此可见，其在社会、政治、经济方面的影响力。该会自1924年成立至1937年。参见《中华国民拒毒会第一年度报告》1926年。

⑥ 《秦德纯提倡"十项运动"》，《立报》1936年10月7日，第5版。

日起举行戒毒宣传，搜捕毒犯，勒令戒除，三个月后不再宽假。[①]12月3日，宋哲元、秦德纯赴烈性毒品戒除所训话，再次宣布从1937年1月1日起，仍有吸食者，一经查获，即行枪决。[②]

据官方统计，北平市吸毒男女达15万余人，占市民总数的1/10，自1934年8月到1936年10月入戒毒所戒除者仅10500余人，北平市政府预料1937年1月1日起将先枪决瘾重而屡戒不改之毒犯3000至5000人，然后再按实际情形，决定是否继续实施死刑。[③]

## 第五节　社会改良与社会救济

### 一、贫民救济

1934年，为救济无资经商之市民，使社会减少失业者，北平市政府决定投资20万元，联合银行公会创办小本借贷处。于是，市政府指派陈昌谷、卓定谋二人负责筹备，资本24万元，其中市政府筹拨12万元，再由市政府向银行界借筹12万元，凑足24万元之资本。[④]4月15日，市立小本借贷处举行开幕典礼，到场的有袁良、周作民、章元善等百余人，袁良在致辞中提出小本借贷处将来尚须扩大范围，号召社会各界积极援助，为市民造福。[⑤]

1934年4月16日，市立小本借贷处正式开始营业。小本借贷处以陈昌谷为常任经理，办公地点原为市政公所之最前部，进门即为营业部，设出纳、会计、调查三股，营业部东边为主任办公室和保险室，从营业部往西为缮写室、办公室，再往西即为大饭厅，饭厅西南边为职员卧室等。各区

---

① 《秦德纯决心禁毒》，《新闻报》1936年10月10日，第12版。

② 《冀察决心彻底清毒》，《新闻报》1936年12月4日，第7版。

③ 《秦德纯决心禁毒》，《新闻报》1936年10月10日，第12版。

④ 《小本借贷处昨日举行开幕礼》，《益世报》1934年4月16日，第7版。

⑤ 《平开始小本贷款》，《西京日报》1934年4月16日，第2版。

署指定了代办贷借人员，申请贷款金额在10元以下者，由各主管区署负责办理一切手续及调查工作，10元以上者直接向小本借贷处申请。[①]

秦德纯继任北平市市长后，北平市政府又决定由官商合股，以50万元资本组织北平市平民银行。[②]

1933年入冬以后，北平市各慈善机构先后施赈，虽贫民受惠不少，而终非彻底解决办法。为救济失业，繁荣北平经济，袁良还决定创办工厂7处。北平市第一工厂是由已经停办三年的首善第二工厂与工务局之修理厂合并改组而成。当时袁良鉴于市政府所属各局处机关，每年因公消耗物品为数很多，其中尤以关于汽碾、汽车和筑路工具、清除垃圾器械的修理和制造，以及警察工役和中小学生制服的缝制为大宗，约计每年所费在20万元以上，过去都是假手商人承办，大都采用外国货物，如果能自己生产，不仅可以减少进口，还可以救济失业，所以决定创立此厂，作为本市各机关消费合作社之基础。1934年2月10日开始筹备，内部分为铁工、织染两厂，由社会局资金项下拨2万元作为流动基金，3月先以工务局修理厂为基础设立临时铁工厂，4月织染厂也相继开工。1934年10月28日市长袁良和政整会代表周传经等三百余人先后到厂参观，然后举行了开幕典礼。[③]

秦德纯继任市长之后，对于贫民救济也非常重视。北平市各慈善团体联合会聘请秦德纯为该会名誉主席。北平市政府为加强统筹，推动各慈善团体统一行动。[④]1935年冬，北平市政府拨款2万元给社会局，要求社会局督促各慈善团体联合会办理冬赈。市社会局召集慈善团体联合会各会员，商定增设粥厂、暖厂，及救济文贫和施放赈衣赈款办法。秦德纯夫人

---

① 《小本借贷处昨日举行开幕礼》，《益世报》1934年4月16日，第7版。

② 《市民银行营业办法向秦德纯请示后决定》，《华北日报》1936年2月12日，第6版。

③ 《平市第一工厂昨晨开幕盛况》，《华北日报》1934年10月29日，第6版。

④ 《平市慈联会聘秦德纯为该会名誉主席》，《益世报》1936年2月12日，第7版。

也于1936年1月23日购买玉米面2300斤，印就面票，派员施放。[①]1936年冬季，北平市各慈善团体也循例开办粥厂，唯限于财力，只能兴办两厂。北平市政府决定由市库拨洋1万元，交给北平贫民救济会，由该会添设粥厂三处。[②]

北平贫民数量众多，据1931年3月公安局所调查，全市贫民占总人口12.1%，每八人约有贫民一人，比例甚高。而贫民之分配尤为不均，外一区贫民最少，占总人口0.3%；内四区贫民最多，占总人口22.7%，全市贫民共有约168000人，公私救济院所收容者又约有7000人。[③]当时北平市在宣武门外教子胡同、地安门雁翅楼等处设有救济院，秦德纯对各救济院办理情况也非常关注。1936年3月，以值兹春暖，最易感染疾疫，秦德纯派视察员楼迈前往地安门雁翅楼救济院所属之残老组和感化组视察卫生状况。该救济院内部分为残老4室、感化4室、养病房6间、澡房2间，此外还有办公室、讲堂、厨房数间，当时收容人数达220余名。[④]宣外教子胡同救济院也收容了200余人。因该处院址不敷应用，特迁到王府井大街前首善工厂为院址。1936年5月26日市长秦德纯与社会局局长雷嗣尚前往参观，院长安锡嘏导引他们参观了该院所设印刷、机织、手工等组，秦德纯对该院设备表示满意。接着，秦德纯和雷嗣尚又到石碑胡同视察儿童妇女救济院，这里收容的儿童和妇女也有200余人，其伙食与残老无异，每月费用为三元零五分。[⑤]

## 二、兴建平民住宅

"平民住宅"，顾名思义，是专供低收入群体改善居住条件的保障性住

---

① 《平市内外城各区昨查放赈衣赈款》，《世界日报》1936年1月24日，第4版。

② 《北平建平民住宅》，《新天津》1936年10月25日，第2版。

③ 李鸿毅：《北平市财政局实习总报告》，1934，第19页。

④ 《秦德纯注意救济院卫生》，《华北日报》1936年3月24日，第6版。

⑤ 《秦德纯、雷嗣尚昨视察救济院》，《华北日报》1936年5月27日，第6版。

房，与今天的廉租房类似。北平贫民居住条件恶劣，在以龙须沟为代表的南城和城厢，居住条件恶劣的棚户区随处可见，不仅困扰着城市的发展，也成为社会不安定的因素。而且这种情况并非北平所独有，南京、汉口等城市都存在整饬市容、搬迁棚户的问题，解决的办法就是由政府出资建造"平民住宅"，政府控制房屋所有权，然后廉价租给城市低收入者。

1936年10月，冀察政务委员会委员长宋哲元以北平贫民众多，居无定所，值兹冬令瞬届，啼饥号寒，殊堪悯恻，特以冀察绥靖公署的名义拨专款3万元，令北平市市长秦德纯"选择相当地点，建设平民住宅，俾贫苦无依者，得免流离失所，而便栖止"。[①]同时训令北平市政府"按照筹定款数，详细规划，拟具计划图说，从速呈报来署，以凭核办"。秦德纯接令即办，当即指派工务局、社会局从速筹划，力求尽快开工。[②]

市工务局经过调查，地点选在北平市天桥忠厚里迤南，天坛西北的两段空地，与公共体育场比邻，即今天天坛公园西侧、自然博物馆南面的地方，与天桥剧场、德云社隔街相望。占地12亩有奇，拟建造房屋150间左右，每间可容纳一个普通三四口之家庭居住。房屋种类为中国式普通瓦房，采取长方形排列式，即全体房屋均系北房，坐北朝南，阳光充足，空气流通，符合卫生要求。房屋前面有长方形的天井，每间房内单独设立女厕所一个，全体再设男厕所若干。炊饭地点，则系个人自理。平民住宅旁边还要建筑小学一所。总之，力求在3万元经费之内，做到设备完善，合乎现代集合住宅之条件。[③]

工务局根据南京、青岛两市平民住宅的建设图纸和说明资料，并根据地块特征，进行了测绘、制图，设计完毕，编造两种预算表，呈请市政府

---

① 《宋拨三万元，平市筹建平民住宅》，《益世报》1936年10月25日，第7版。

② 北平市工务局关于遵府令择勘在天桥南大街忠厚里迤南建筑平民住宅和报送招商、开标结果、工程预算图说等的呈，及市政府的训令、指令等，北京市档案馆藏，档号J017-001-01353。

③ 《计划中之平民住宅决定建于先农坛》，《世界日报》1936年10月27日，第5版。

转呈冀察绥靖主任公署采择核定。宋哲元亲自审阅了工程设计图纸。[①]最后，冀察绥靖主任公署核定按照甲种计划建设。[②]于是，1937年4月，工务局通过公开招标，交由兴华建筑公司承建。[③]这批平民住宅一共140间，分为14排，每排14间。该处平民住宅到1937年6月下旬已基本工程竣工。[④]但因卢沟桥事变爆发，未能及时招租，到7月23日才由社会局派管理员陈仲才前往办理招租事宜，一日中全部租竣。1938年1月1日租户开始迁入居住。[⑤]

为给住户提供生活方便，市政府还计划在平民住宅西墙外增辟一处新市场，内设菜市场。天桥至永定门电车开驶后，也在该处增设一站。[⑥]在天坛东墙外还有空地一段，市政府决定在这里再建筑一处平民住宅，计划仍建造房屋140间，工程设计与第一次大致相同，并仍由兴华建筑公司承建。因该处距离繁华市区较远，儿童上学不便，计划建筑可容6个年级6个班次之小学一所。[⑦]宋哲元还决定在天安门南再建一所平民住宅，计划建造房屋200间，并在新商场南端建筑平民小学一所，一切制服书籍皆由学校供给。但是这些计划因全面抗战爆发，未能实现。

1937年7月24日，兴华建筑公司报告工程完竣。整个工期历时83天，工程共计耗费29954.1元，没有超出3万元的拨款上限。[⑧]当时建筑的14排平民住宅，有8排位于路北，6排位于路南，最北面的2排在修自然博物馆时被拆除，其余至今保存完好，足见建筑之坚固。

---

① 警察局关于建天桥菜市场、天坛根预备建平民住宅的训令（1937年4月），北京市档案馆藏，档号J184–002–02244。

② 《平民住宅即将招商建筑》，《世界日报》1937年3月19日，第5版。

③ 《兴华工厂承建平民住宅》，《世界日报》1937年4月30日，第5版。

④ 《平民住宅不敷应用将再兴建一处》，《华北日报》1937年7月5日，第6版。

⑤ 《天坛平民住宅昨开始招租》，《晨报》1937年12月24日，第4版。

⑥ 《平民住宅不敷应用将再兴建一处》，《华北日报》1937年7月5日，第6版。

⑦ 《平民住宅即落成当局决再建一所》，《世界日报》1937年6月27日，第5版。

⑧ 北平市工务局报送修建平民住宅工款支出预算书表，北京市档案馆藏，档号J017–001–01656。

1937年8月下旬，继任市长张自忠签发《市政府元字第210号指令》，送达工务局。这份指令明确写道："经派查，应准验收，除令社会局接管外，仰即知照，此令。"[①]为平民住宅画上圆满句号，这也是后人将平民住宅归功宋哲元、张自忠的原因，而主要执行者秦德纯反而被淡忘了。

### 三、提倡集团婚礼

集团结婚是在社会上呼吁改革婚俗和"新生活运动"的背景下兴起的。它是"文明结婚"基础上的进一步发展，特点是简单、经济同时又不失庄严，参加费用低廉，而规格较高，可以在最大程度上体现婚礼的隆重，同时又减轻参加者的经济负担。此外，集团结婚的举办带有很浓重的官方倡导的色彩，即由政府推动"移风易俗"。[②]

最早一次集团婚礼是在上海举办的。当时的人们把婚礼视为光宗耀祖、显示身份和地位的良机，因此，奢侈浪费之风愈演愈烈。中国的家庭，不管贫富，每遇婚事，莫不大肆铺张，有的甚至不惜举债完婚，去逾求那虚无的荣耀，最后一生陷身债窟。[③]在此背景下，一些有识之士提出举办"文明婚礼"。1935年4月，上海市政府举办了第一届集团婚礼，并规定"每年元旦、孔子诞辰、双十节、孙中山诞辰为集团婚礼的日期，每次征求50对，每对交纳费用20元"。此后，各地纷起仿效，北平也是最先响应的城市之一。1937年1月27日北平市政府第二百八十八次市政会议还修正通过了市社会局拟定的《市民集团婚礼章程》等四种章则。[④]

为加强对集团婚礼的管理，北平市还在市社会局内设立筹办市民集团

---

① 市政府元字第210号指令（1937年8月），北京市档案馆藏，档号J017-001-01490。

② 王欣:《移风易俗中的政府作用——以民国时期上海集团结婚为例》，上海师范大学硕士学位论文，2014年4月，第72页。

③ 李凯鸿:《"集团结婚"的由来》，《民国春秋》1994年第3期，第28页。

④ 《北平市政府市政会议议决案:第二百八十八次常会》（1937年1月27日），北京市档案馆编《北平历届市政府市政会议决议录》，北京:中国档案出版社，1998，第372页。

婚礼事务委员会，由社会局秘书钱华毓、马乘风，科长唐集之、袁祚庠，督学孙世庆、萧述宗、虞建中、张肇基，股主任杨昭俊等9人组成，下设文书组、典仪组和事务组三个部门。各部门除由委员兼任主任外，另有4至6名助理员。有关集团婚礼的一应事宜，由该委员会负责办理。至于举办集团婚礼的条件、程序和费用，北平市社会局拟定的《市民集团婚礼章程》规定：

一、凡本市市民举行婚礼，得申请参加集团婚礼，每届须在十对以上始予举行；

二、规定每三个月举行集团婚礼一次，地点在中南海怀仁堂，由市长或社会局局长证婚；

三、参加者每对应缴婚礼费国币十元，登记费国币四元；

四、参加者应先向本局申请，申请书可向社会局函索，概不取费（申请书式样另定之）；

五、本局将申请登记之结婚人，于结婚前定期公布，如利害关系人对于结婚人之婚姻有异议者，应于公布后七日以内呈报本局核办（呈文须具真实姓名及详细住址，否则本局不予受理）；

六、本局于公布七日后对于申请登记人之无异议者，饬于一星期内来局为核准登记，每对应自行购备婚书两纸，依式填齐来局盖章，以便于结婚时发给；

七、核准登记人由本局发给登记证，届期凭证参加；

八、呈准参加者应依照"参加北平市集团婚礼须知"各项办理，所有时间及手续均应绝对遵守；

九、本章程如有未尽事宜，得随时呈请修正之；

十、本章程自呈准公布之日施行。[①]

---

① 《北平市筹办首届集团婚礼情形》，《北京档案史料》1989年第1期，第46页。

1937年6月20日，北平市首届集团婚礼在中南海怀仁堂举办。至此，集团婚礼作为一种新的社会风尚开始流行起来。

但是，从以上章程中我们可以算出，集团婚礼的费用是每对新人14元，对普通市民来说仍是不小的负担。当时舆论以为"本市集团婚礼收费过巨"，而当局以为"仅敷开支，并不为巨。仍应维持原案，并向市民解释，以明真相"。与上海每对20元的标准相比，14元的费用的确不算高。然而，据《北京市志稿》记载，按1935年北平市政府颁布的简易小学职教员月薪标准，第十级科任教师月薪为5元，级任教师月薪为10元。可见这对普通薪资人员来说并不低廉，这是许多贫困家庭无力参加的重要原因之一①，也影响到集团婚礼的普及。不管怎样，集团婚礼虽然作为一种新生事物具有一定的社会意义，但是并未能取代一家一户单独举行婚礼的形式。

---

① 吴廷燮等撰《北京市志稿》五《文教志》中，北京：北京燕山出版社，1997，第320页。

# 第四章　战后之复员过渡时期

　　1941年12月9日，中国正式对日宣战，艰苦卓绝的抗日战争与世界反法西斯战争合为一体，形势开始逐渐转向有利于中国的方向发展。1943年9月6日，国民党五届十一中全会开幕，以为中国抗战最后胜利之期日益接近，宜多注意于战后建国工作，尤重政治建设与经济建设。其中，政治建设应以促进宪政之实施为目标。[①]1944年5月，国民党五届十二中全会召开，通过《收复沦陷地区政治设施之准备案》，规定了收复地区政治设施的方针、原则和注意事项。[②]7月31日，国防最高委员会常务会议通过《复员计划纲要》，内容分内政、外交、军事、财政、金融、工矿、商业、教育、文化、交通、农业、社会、粮食、司法、侨务、水利、卫生、土地等部门。[③]从纸面上看，战后复员准备工作还算及时且考虑完备，但缺乏实施的必要条件，尤其是豫湘桂作战的大败退，对共产党军队和解放区政权顽固地实行限制、打压，拒绝成立联合政府的建国方案，加之沦陷区工作无大发展，在平津城市不进反退，致使战后沦陷区的收复、善后、复员之准备工作，多陷于停滞状态，无疑加剧了战后过渡时期的紧张与混乱。

---

① 《十一中全会开幕，蒋总裁指示大会任务》，《中央日报》1943年9月7日，第2版。

② 荣孟源主编《中国国民党历次代表大会及中央全会资料》下册，北京：光明日报出版社，1985，第875–880页。

③ 秦孝仪主编《中华民国重要史料初编——对日抗战时期》第七编"战后中国"（四），台北：中国国民党中央委员会党史委员会编印，1981，第351页。

## 第一节 接收及善后工作

### 一、行政机关的恢复

1945年8月6日和9日，美国在日本广岛、长崎先后投下两颗原子弹；8日，苏联对日宣战。中国战场形势急转直下。10日，国民政府得到日本投降消息，欣喜之余，遂仓促着手布置沦陷区收复及复员问题，意图摘取胜利果实，蒋介石令饬行政院复员委员会根据此前各部门所拟草案负责筹划，尽速于20日前完成全部计划。13日，国防最高委员会例会，通过了收复区重要行政单位的人事任命，包括任命熊斌[①]为北平市市长。

8月17日，国民政府内政部向收复区各级政府发出电报，要求迅速恢复各级行政机关，随即提出"收复区地方行政紧急措施事项"要点，压缩了具体工作内容，强调首先恢复各级行政机关。[②]然而，迅速恢复行政机关并非易事，更何况国民党在华北并无坚实的军事力量，还要应对已经大举进入中国东北的苏联红军和发展壮大了的共产党军队问题，北平的位置既十分重要，又有鞭长莫及之感。因此，熊斌之任命，偏重其在收抚伪军、处理接收善后事宜等项工作的经历，且试图利用其行事圆通、与北平渊源颇深以及具有处理复杂政治局面的经验，打开战后恢复的局面，同

---

① 熊斌（1894—1964年），字哲明，祖籍湖北礼山，官宦家庭出身。幼年随父迁徙频繁，曾入广西陆军干部学校，后保送入东三省讲武堂学习。辛亥革命爆发，曾投效黎元洪北伐第一军。1912年保送入陆军大学第四期，1916年毕业。1922年投效冯玉祥，渐次成为西北军主要将领。中原大战后，转而投效国民政府，任参谋本部厅长、次长。1933年以国民政府代表身份参与中日塘沽谈判，5月31日签订停战协定。全面抗战爆发后，任军令部次长。1941年6月，任陕西省政府主席，1944年4月免职，重回军令部次长任上。1945年2月，以其西北军经历和对日工作经验，被任命为华北地区负责人，后任华北宣抚使，主要开展华北伪军收抚策反工作。

② 《内政部为各陷区收复后迅即恢复各级行政机构及赶办紧急措施事项电》，中国第二历史档案馆编《中华民国史档案资料汇编》第5辑第3编，政治（1），第73册，南京：江苏古籍出版社，1994，第57页。

时，过渡性质亦十分清楚。

同样在8月17日，胡宗南部队一支先遣支队进入北平。18日，国民政府任命孙连仲为第十一战区司令长官，负责进行北平受降及接收事宜。9月1日，国民政府任命李宗仁为军事委员会委员长北平行营主任，负责督导华北各省市党政军各部门重建工作。又任命何其巩为军事委员会委员长驻平代表，于熊斌未到任前，负责北平市一切事宜。9月20日，北平行营参谋长王鸿韶抵平，何其巩代表名义撤销。随后，蒋介石又电令由北平行营统筹办理接收事宜，以免分歧。[①]由于北平地位重要，各部门纷纷插手，政出多门，相互倾轧，接收工作更加混乱。

8月20日，熊斌由西安飞抵重庆，面见蒋介石报告各项公务，开始了就任前的准备工作。同天，与熊斌行程相反，孙连仲则由重庆飞抵西安，其长官部则于21日由重庆乘汽车北上。此刻的北平，日军尚未完全解除武装，伪军收编工作正在进行，交通恢复情况不佳，国共军事斗争形势极不明朗，熊斌上任无期，只能通过函电新近收编的华北先遣军第九路军总司令门致中，对"看守政府"伪市长许修直及各局处长加以训示。

一、各项公产、公物、档案，务必切实保管，暂仍由原经管人负责。

二、从速造具民国二十六年以后迄今日职员名册。

三、平市难民现况如何，需要何种药品，希调查明白，以便就近接洽。

四、食粮、燃料存量如何。

五、应继续负责维持治安（由警察负责）。

六、职员应安心服务，将来大部分可能留用。[②]

9月30日，美军特混舰队以协助解除日军武装，遣返日俘、日侨，恢复治安的名义登陆天津，10月2日进入北平，并沿铁路线布防。美军抵平，

---

① 《蒋委员长电令北平行营统筹办理接收》，《中央日报》1945年10月5日，第2版。

② 《熊市长训示"市府"职员》，《益世报》1945年9月22日，第1版。

显然加快了北平接收事宜。

10月2日，熊斌由重庆出发，原本打算直飞北平，因天气欠佳，中途转道西安。3日中午12时，熊斌终于抵达北平南苑机场，同行有华北宣抚使署参谋长胡颐龄、社会局局长温崇信、公用局局长凌勉之、市府首席参事黄觉非、秘书处处长孙新彦、总务处处长钟相毓等17人。其后，熊斌对记者谈话称："收复伊始，百端待理，当以抚辑流亡、安定秩序为首要之图，望各界人士严守岗位，各安本业，勿轻信谣言，勿受人利用。对于应兴应革之事，并望地方贤达随时建议，只要利国福民，无不开诚接纳，以期逐渐达成建设之任务。"①6日，北平市党政接收委员会成立，熊斌任主任委员，预备接收事宜，然而，负责北平受降及接收事宜的孙连仲则以处理战区事务为由，迟至8日方自新乡飞抵北平。

10月9日上午10时，前伪北平市市长、秘书长、各局处长及全体职员齐集市府大门内等待接收，熊斌偕众官员分乘汽车三辆开抵市府，举行市长就职典礼。熊斌在对全体职员的训话中，将延迟上任归之于"受降手续未完成，不易行使职权"。并提出要求三点："第一，要奉公守法，尽忠职务；第二，要迅速确实，敬事爱民；第三，要振奋精神，转移风气。"②随后，各局处长（或代表）分别赴各局处接收，就职视事。同日，熊斌颁发第一号布告，宣告正式就职。此时，尚有副市长、市府秘书长及警察、教育、卫生、工务、地政局局长等官员滞留重庆。

10月10日上午10时，第十一战区受降典礼在故宫太和殿前举行，第十一战区司令长官孙连仲主持受降，平津地区日本官兵善后联络部部长根本博中将代表签降。熊斌在双十节广播演讲中称：

北方是我的故乡，北平是宁静的都城，一切都破坏停滞，但是人都是诚恳的，希望知识分子能教他们"努力""团结""振作""勤劳"来完成北

---

① 《熊斌市长抵平履新，征尘甫卸畅谈抱负》，《益世报》1945年10月4日，第2版。

② 《平伪市府昨接收完竣，熊市长正式就任视事》，《益世报》1945年10月10日，第2版。

方的建设。同时，现在来治军从政的人都是经过抗战七八年盘根错节、颠扑不破的，各方面一定联系密切，共同努力，必不容任何挑拨离间，要为我们的共同目的"恢复""整理""振作""进步"而祈求伟大的成就，也决不放过这一个复兴中华民国的机会。①

在激情和抱负之中，也包含着诸多忧虑。

### 二、遣返日侨及敌产处理

依据国民政府规定，战争结束后，凡属日本国民，皆须遣返归国，其中日军遣返由军方负责，日侨遣返由地方政府与军方配合处理。北平为日本侨民一大聚集地，战争结束时又会集了来自东北、河北及天津的部分日侨，故北平市政府承担的日侨遣返工作较重。

自国民党军队抵达北平后，即命令日本居留民团造册准备集中。10月22日上午，部分日侨在东四北329号日本国民小学、府右街李阁老胡同日本中学、西直门内崇元观5号西城国民学校等地集合，经由阜成门赴西郊新市街集中，日侨遣返工作开始。原定在一周间完成集中，可实际过程远为复杂。

11月16日，第三次北平市政会议以陆军总司令何应钦电饬成立日侨管理处，并由警察局拟具组织规程草案，决议成立北平市日本侨民管理处，暂设于警察局内，以局长陈焯兼任处长，下分五管理所，分区办公。②西郊新市街日侨管理所房屋，很快住满，自12月1日开始向西苑日侨管理所集中，其他三处日侨管理所，则仍在觅筹地址中，实际未能设立。

12月4日，北平日侨遣送行动开始。决定先行遣送日侨中单身男子

---

① 《熊市长昨首次播讲，把握复兴中国良机》，《益世报》1945年10月11日，第2版。

② 《北平市政府第三次市政会议决议录》（1945年11月16日），北京市档案馆编《北平历届市政府市政会议决议录》，北京：中国档案出版社，1998，第517页。《平成立日侨管理处》，《北平日报》1945年10月25日，第2版。

7000余人, 自丰台乘火车转塘沽登轮船返国, 限三日内完竣。[①] 日侨集中、遣送工作时断时续, 干扰颇多。16日, 日侨管理处再奉令加紧集中, 西郊与西苑两管理所已集中约3万人, 居住城内日侨仍有约6万人。[②] 其后, 日侨管理处又指令日侨自治会, 自1946年元旦起限7日将所有居留城内之日侨4万余人集中完竣 (各机关留用者不在此限), 返国于1月15日以后继续进行。[③] 北平日侨转送塘沽后之返国事宜, 原由驻天津美军司令部负责, 因驻华美军总司令魏德迈命令, 遣送日侨、日俘返国事宜由中方自行办理, 自1月18日起, 开始向第十一战区塘沽港司令部移交。同时, 美军登陆舰因担任运输国民党军赴东北任务, 原定运输日俘、日侨工作暂缓。

1946年4月下旬, 北平警察局日侨管理处将西郊及西苑两处集中日侨, 业经遣送回国, 特令两管理所结束。截至5月底, 华北各地日侨尚有12488人, 其中北平有留用日本技术人员2544人[④], 按规定应于6月15日以前一律遣返回国, 不予留用。遣送日侨事宜6月止办理完竣, 经北平遣送日侨共78536人, 各机关留用技术人员继续住平者1226人。[⑤]

较之遣返日侨工作, 敌产的接收、处置要棘手得多, 各部门纷纷插手抢夺利益。在市政府的职权内, 又以处理日伪占用房产地产最为迫切。1945年10月11日, 战后第一次市政会议的第一项议案, 便是熊斌交议的"关于北平市日伪占用房产地产应如何处理案"。[⑥]第十一战区司令长官部则制定解决房产纠纷办法两项, 通知市府遵照施行。

一、市民与日人之房屋纠纷问题, 须俟日军日侨集中后, 由市政府查

① 《平市日俘日侨返国定今日起开始输送》,《华北日报》1945年12月4日, 第2版。

② 《平市日侨集中亦加紧》,《华北日报》1945年12月18日, 第2版。

③ 《平日侨尚有四万余限七日止集中完竣》,《大公报》1946年1月3日, 第3版。

④ 《华北各地日侨尚有一万二千余名》,《大公报》1946年6月1日, 第3版。另记载华北日俘、日侨尚有13113人, 其中北平2796人。计算标准有所不同, 但出入不大。《平市德侨开始集中》,《华北日报》1946年5月30日, 第3版。

⑤ 《光复一年之北平市政》, 北平市政府编印, 1946年10月, 第29页。

⑥ 北京市档案馆编《北平历届市政府市政会议决议录》, 北京: 中国档案出版社, 1998, 第512页。

明归还原主，房主不得私自强迫迁移，以保日侨之安全。

二、任何机关所用房屋，须由市政府统筹分配后，由十一战区长官部令知日军办理，不得擅自封闭房屋，以维持地方之秩序。[①]

10月25日，市政府奉第十一战区司令长官部代电，饬将日、伪占用盟国产业及日侨留存产业造册封存。26日，第二次市政会议参照行政院公布之《收复地区土地权利清理办法》及《敌产处理条例》规定，通过《北平市日、伪占用公私房产、地产清理办法草案》和《北平市日伪占用公私房产地产清理委员会组织规程草案》。规定"凡日、伪对公私产业之处分及其所发给之权利证件一律无效"；"被没收、征收或强占之公有房地产得发还原用机关"；"被没收之私有房地产由所有权人提出确切证件后发还之，有特殊原因不能发还时得依法征收，被征收之私有房地产，如目前政府认为无重大需用者，得准原所有权人提出确切证件缴价领回"；"在日、伪组织势力范围内，被非法强占之私有房地产准由原所有权人提出确切证件，具保领回，其在强占期内原所有权人所受之损害，应由强占人负责赔偿一切损害"；"经日、伪组织放领之公有土地一律无效，但其承领人为自耕农而愿继续耕作者得限期办理承领手续"；"日、伪组织及日人（包括自然人及公私法人）及其化名购买之公私房地产一律由市政府主管局处勘查登记，暂行接管，听候处理"。[②]30日，房地产清查委员会举行成立会，设委员19人，市长、副市长、秘书长及财政、地政、警察、公用、社会各局局长为当然委员，市长熊斌兼主任委员，副市长张伯谨兼副主任委员，负责处理一切日、伪占用（包括没收、强占、征收、放领、价购）房地产事宜。

在具体操作上，房地产清查委员会决定，日伪官私占用房地产一经挪出，即由警察局封存，呈报房地产清查委员会登记调查。凡属强占者，原

① 《十一战区长官部制定解决房产纠纷办法》，《益世报》1945年10月14日，第1版。
② 《市府组房地产清理委员会》，《益世报》1945年10月29日，第2版。

所有权人在平持有正确证件而急需应用者，可至警察局呈验证件，请求暂先移入；属于征用或价购者，原所有权人可至清理委员会或地政局呈报，可能尽速办理调查发还手续；至于租赁者，为避免意外烦琐及请求赔偿等，原所有权人可至地政局申请调查，可免封闭。[①]可谓官员及政府主管机关大权在握，原所有权人想要提交正确证件、请求发还及赔偿，则颇有难度，自然为贪污中饱提供了机会。

日、伪在北平经营的工厂会社，一部分由国民政府主管机关特派员接收，其余由北平市公用局组织日营工厂会社接收办事处，分铁工、面粉、化学、造纸、酿造、木材、窑业七组，按照各厂社性质分别接收。自1945年10月23日接收办事处成立至12月31日，接收日营工厂会社共91个单位。[②]

12月1日，日营工厂会社接收办事处结束，另行成立北平市营工厂临时管理处，开始筹拟复工计划。此时，已接收燕京造纸厂、日清面粉厂等大小工厂200余处（全国性者除外），郊区工厂因治安关系未能接收，在已接收的工厂中1/3以上系规模较大者，可能按照北平行营小组会议决定于12月10日开始恢复。[③]随即，公用局拟就《北平市营工厂临时管理处组织章程》，并提交第五次市政会议追认。[④]

然而，12月3日，敌伪产业河北平津区处理局开始在北平办公，强调北方各工矿业均由经济部及战时生产局会同接收，战时生产局结束后，则由经济部统一办理。资源委员会亦有通令到达，令将已接收工矿业可供国营者分别具报。地方当局则在北平行营会报席上吁请从速决定何谓全国

① 《房地产清委会决定工作步骤》，《华北日报》1945年11月2日，第2版。
② 《光复一年之北平市政》，北平市政府编印，1946年10月，第93页。
③ 《平市已接收之日营工厂下月初旬即可复工》，《华北日报》1945年11月30日，第2版。
④ 《北平市营工厂临时管理处组织章程》（1945年12月11日），北京市档案馆藏，档号J001-002-002004。《北平市政府第五次市政会议决议录》（1945年12月14日），北京市档案馆编《北平历届市政府市政会议决议录》，北京：中国档案出版社，1998，第521页。

性、何谓地方性，以为民生工厂不应皆由经济部主管。[①]31 日，行政院院长宋子文在北平对全体接收人员宣布处理敌伪产业办法 16 条，最重要者为："所有各机关业已接收各项敌伪产业，均应依照院颁处理办法规定造册，交河北平津区敌伪产业处理局汇办；关于处理方面，亦依照规定报由河北平津区敌伪产业处理局审议，呈行政院核准后办理。"各项产业均交由经济部及中央政府主管部门接收，仅规定"小商店由市政府接收、保管、运用"。[②]此举被认为是"北方接收局面转换方向之指标"[③]。

其结果，北平市所接收之敌伪产业，只有小系重机工业株式会社、野田酱油株式会社、白雪酒造合资会社、北平制冰冷藏会社和大同制管会社五单位呈准由市府保管、运用，除大同制管会社由工务局经营，其余四单位都由公用局接管，并分别改称为北平市市营机器厂、市营酱油厂、市营制酒厂和市营制冰厂。[④]其后，公用局就又接收、运用四工厂资产，提议成立北平市实业特种股份有限公司，以期切实推进业务。[⑤]1946 年 3 月 15 日，第十一次市政会议通过决议，将决定组设之"北平实业特种股份有限公司"定名为"北平企业公司"，并派定总协理，"以提倡恢复战后经济，并发地方生产，调剂盈虚，昭苏民困为主旨"。[⑥]

至于日营小型商店的接收、运用，也是一波三折。依据宋子文宣布的处理敌伪产业办法，北平市日营小型商店的接管应由市政府负责，具体工

---

① 《北方工矿业接收分别进行，亟须调整事权加强工作》，《大公报》1945 年 12 月 2 日，第 3 版。

② 《河北平津区调整接收工作》，《华北日报》1946 年 1 月 2 日，第 2 版。

③ 《处理敌伪产业宋院长宣布办法》，《大公报》1946 年 1 月 1 日，第 3 版。

④ 《北平市政府第七次市政会议决议录》（1946 年 1 月 11 日），北京市档案馆编《北平历届市政府市政会议决议录》，北京：中国档案出版社，1998，第 526 页。《光复一年之北平市政》，北平市政府编印，1946 年 10 月，第 93 页。

⑤ 《北平市政府第十次市政会议决议录》（1946 年 2 月 22 日），北京市档案馆编《北平历届市政府市政会议决议录》，北京：中国档案出版社，1998，第 535 页。

⑥ 北京市档案馆编《北平历届市政府市政会议决议录》，北京：中国档案出版社，1998，第 537 页。《光复一年之北平市政》，北平市政府编印，1946 年 10 月，第 94 页。

作由警察、公用、地政、社会四局实施。先由警察局转饬各区段，将日营商店编列成册，详填营业性质、种类、财产现状等，汇集后共列小型商店230余家。再由四局各派员组成小组，从事进一步调查，并拟订标租办法、地价、原则等呈报市府。4月1日，市政府将标租办法和调查报告函送河北平津区敌伪产业处理局备案。不料，处理局通知称，为求对敌伪产业普遍调查，期无遗漏，以备分门别类，向各部门委托运用，拟定会同经特处、中央信托局、海关、警备司令部及北平市政府4局共9个单位，组成北平市敌伪产业统一普查组，待调查工作结束后，经审议凡属小型商店者，即可委托市政府运用。是故，市政府颇有微词："是以本府运用日营商店，虽早经调查完竣，拟订标租办法，但迄未准处理局委托，故未能正式运用。"① 调查过程冗长，大大迟滞了接收后的恢复、运营，同样成为滋生各种弊端的温床。

### 三、人事甄别与损失调查

甄审是国民政府针对收复区公教人员的一项重要善后措施，试图通过审查战时历史和思想状况，甄选留用人员。由于战时大片国土沦陷，且后方行政机关多闲冗人员，人才有限，收复区只能接收大量留用伪政府人员，尤其需罗致技术人员，以及广征未供敌伪利用的人才，② 从而产生甄审的必要。

北平市政府接收之始，即宣布伪组织职员经保留试用者，须具保切结，以昭郑重。留任人员具保办法规定，凡在伪市府任职人员，除有利于抗战之积极行为，经其主管机关主官之证明者外，必须出具自新结方可供职，另觅保证人（曾任国民政府简荐任官而确未参加伪组织者及现任简荐任官，或武官校官以上一人，或省市党部委员一人，或铺保），填具保证

---

① 《光复一年之北平市政》，北平市政府编印，1946年10月，第93-94页。

② 社论：《收复区的行政》，《中央日报》1945年10月3日，第2版。

书后，再试用三个月，审核成绩加委。<sup>①</sup>所谓自新结，乃是写自述一篇，借以观察沦陷八年来受敌伪思想统制之影响。<sup>②</sup>

接收之后，市政府将职员任用标准暂分五项：（1）后方来平人员；（2）在收复区邀用人员；（3）原任日伪市府专门技术人员；（4）在日伪市府任职期间，曾协助抗战或有利于人民人员；（5）原任日伪市府委任职以下低级职员。除第一项外，均须经组织甄审委员会分别予以甄审。

因留用人员较之为多，尤其是警察局避免大变更，公用局、工务局技术人员集中，大半留用，故而简化甄审程序。1945年12月25日，市府会报决定，日伪机关留用人员甄审，即由各局局长执行，市府秘书长主持其事。<sup>③</sup>市政府职员甄审结果，淘汰不合格者为51人，合格重新依法派代者1121人（包括依甄审办法免试人员），约占据甄审人数的95%。<sup>④</sup>就市政府人员结构而言，在总数1518人中，日伪市府留用者599人，占39.46%；在平邀用者621人，占40.91%；后方来平者298人，占19.63%。除后方来平者之外，依甄审办法免试者371人，甄审及格者750人，依考询办法任用者99人。<sup>⑤</sup>半数以上市政府职员通过甄审及考询，得以重新任用。不过，在市政府各局处主官中，除教育局局长英千里外，均为后方来平者。

其后，1946年8月，行政、考试两院会同制定《曾在伪组织及其所属之机关团体任职人员候选及任用限制办法》，由行政院通令施行。办法规定：曾在日伪组织及其所属机关团体任职之现时在职人员，由长官查明一律停职，停止选用期一至五年不等，简任、荐任职人员选用尤应限制。办法一经公布，收复区各机关职员以前凡涉及"伪"字者，一时大为恐慌。市政府留用人员虽占6/10以上，但大多数为委任职，简任、荐任人员较

① 《平市府留用公务员试用办法公布实施》，《益世报》1945年11月7日，第2版。

② 《张伯谨谈北平市政》，《大公报》1945年11月9日，第2版。

③ 《平市府会报决定》，《大公报》1945年12月26日，第3版。

④ 《光复一年之北平市政》，北平市政府编印，1946年10月，第141页。

⑤ 《光复一年之北平市政》，北平市政府编印，1946年10月，第143页。

少，故市政府一面电报中央陈述困难情形，请求暂缓办理，一面安抚留用人员少安毋躁，安心守职，静候结果。①此举尽管未引发大的政治动荡，但也反映善后政策制定之混乱。

在甄审政策中，教育甄审的争议最大。究其原因，一是由于文化教育界人士对彻底肃清日伪影响的呼声最高，一是甄审对象涉及学生，尤其是在校学生借助强大的战后学生运动激烈抗争。

1945年9月26日，全国教育善后会议闭幕。就收复区教育处理，会议通过了《收复区中等学校教职员甄审办法》《收复区专科以上学校教职员处理办法》《收复区中等以上学校学生甄审办法》等提案。依照规定，凡敌伪中等学校教职员未经甄审，或甄审不合格，各校一律不得聘用；各省市教育厅局为甄审敌伪中等学校教职员之主持机关，应组织甄审委员会，以教育厅局长为主任委员，负责办理甄审事宜；甄审时，由所在地甄审委员会调查曾在敌伪所设中等学校充任教职员者，开列名单并通令登记，详填登记表，缴验保证书、学历证件、经历证件，经审查合格后，即发给证件，准予继续服务。又规定审查后，如甄审委员会认为必要时，得予以考询或训练，其中训练主要科目为三民主义、抗战史料、国际情势、敌伪奴化教育之检讨等，训练期满考核合格者，再行发给合格证件。②

学生甄审分毕业生和肄业生（在校生）两部分。凡敌伪中等学校毕业生应向甄审委员会登记，填写登记书，取具保证书，呈缴学历证明；证件合格者由甄审委员会定期甄试，科目为三民主义、史地、国文、数学、理化、英文（师范生免试英文），成绩及格者给予毕业证书，必要时得予以相当时期之训练，不及格者按其成绩分发相当年级肄业。对于在校生的规定较为简单。敌伪所办中等学校经接收后继续办理者，由学校组织编级考

① 《留用人员停职办法市府请中央缓办》，《华北日报》1946年8月27日，第3版。

② 《收复区中学教职员教部订颁甄审办法》，《中央日报》1945年10月31日，第3版。

试，决定其年级；停办或合并者，其学生得适用甄审毕业生办法办理。①

依据甄审办法，教育甄审明显偏重于教职员甄审，即突出教师职业操守及资质。学生方面，则偏重于专科以上学生，尤其是毕业生甄审，在于强调文化程度及专业水平。在反甄审的抗争中，最令人不满的是给日伪校的教师、学生加上"伪"字，以及甄试中的三民主义、英文为沦陷区学生未修之科目，迫使教育行政部门多番进行解释，并减少了训练时间，修改了考核方式，降低了及格标准，如三民主义科目考试，改为提交阅读报告。由于中等学校学生并非反甄审主力，教职员的政治影响力较低，市政府主持的教育甄审在风潮中得以完成全部程序，甄审政策预想之实效，反而变得不那么重要了。

抗战损失调查工作在战时即已开始，据以向日本侵略者索取赔偿，并载入国史，昭告天下及后世。抗战胜利后，1945年9月19日，国民政府公布《抗战损失调查委员会组织条例》，规定抗战损失调查委员会隶属内政部，负责调查自1931年9月18日以来，因日本侵略造成的直接或间接的各项财产损失和人民生命损失。人民损失由各省、市政府负责组织调查、汇总及呈报，团体损失分别向隶属或有关部会呈报，由各部会汇总报告。随着美国启动日本赔偿委托磋商，国民政府加快了抗战损失调查的速度，要求统一在1946年2月办理完竣，并撤销内政部抗战损失调查委员会，合并于行政院赔偿调查委员会，以期损失调查与赔偿调查两项工作紧密配合。

因美国独占管制日本，对日采取怀柔宽大政策，意图保留并扶植日本工业，借以在远东遏制苏联，明显损害中国利益。可是，国民党政府坚持内战政策，在东北问题上亦与苏联有所冲突，在国际事务上只能追随美国，对于日本赔偿问题，"则表现了无主张，无力量"。②此外，收复区

① 《收复区敌伪中等学校教职员、学生甄审办法》，《华北日报》1945年11月3日，第2版。

② 社评：《日本赔偿问题》，《大公报》1946年10月28日，第2版。

地方政府，对于新接收地区控制能力有限，也无法进行准确的抗战损失调查。

社会局接到行政院的调查战时损失以便向敌索偿的命令后，除饬令各区公所办理外，并颁布公告，凡本市人民在战时公私受损失者，可于一个月内向该管区公所呈报损失，以便汇转呈报。[1]时间如此紧迫，组织如此松散，调查结果自然很难完整。

依照市政府公布的沦陷期间北平市民间损失调查结果，市民伤亡307人，其中，死亡257人，失踪27人，重伤3人，轻伤20人。公私财产损失总计7 456 586 886元（国币），其中，民营事业财产直接损失4 548 561 011元，民营事业财产间接损失2 792 381 214元，市营事业直接损失530 391元，机关学校财产直接损失5 895 498元，机关学校财产间接损失109 218 772元。敌伪强征至各地服役劳工6536人，仅有1944年4月至1945年8月的不完整数据。[2]

抗战胜利后，教育部亦设立收复区文物保存委员会，不久改称清理战时文物损失委员会，专司调查文物损失及接收敌伪机关文物事宜。凡公私机关及个人在战时期间遭受文物损失者，均可向委员会申请登记，个人申请登记须附送当地有关机关或团体之证明书。登记汇总后转报抗战损失调查委员会，并专案呈送国民政府办理文物追偿事宜。文物损失调查亦十分粗糙，尤其是"各地私家或个人文物之损失报告，实寥寥无几，其法律上之正确性尚不许焉"[3]。北平乃文物重地，有大批文物毁于战火，包括大批铜器被熔炼制造枪炮子弹，其中，北海铜塔、颐和园铜缸被敌伪劫掠至天津大王庄卜内门仓库，1946年2月，市政府派员自天津运回。

① 《人民战时损失可向市府申报》，《益世报》1945年12月25日，第2版。
② 《光复一年之北平市政》，北平市政府编印，1946年10月，第31—32页。
③ 贺昌群：《抗战中我国文物之损失与近代流落日本之文物》，《大公报》1946年9月3日，第6版。

### 四、抗战纪念及消除敌伪遗迹

1945年11月，国民政府行政院命令各地筹建忠烈祠。随后，社会部会同军委会政治部、青年团中央团部等机关为配合庆祝1946年元旦，发动表扬忠烈及优礼荣军抗属运动，通令所属各单位积极筹备。12月26日，市政府决定将西郊新市区八宝山日人所筑"忠灵塔"改建为忠烈祠，有纪念与警惕双重意义，并由有关机关及社会贤达组织忠义事迹审查委员会，负责入祀官民忠义事迹调查、审核、呈报等事宜。改建工程包括修筑道路、平整广场、补配损坏门窗及油饰全部门窗、修建匾额对联及纪念碑，栽植路树和松墙，并新建了神龛，用以祀奉抗敌殉难军民之灵位。

1946年4月5日清明节，举行抗战殉难先烈入祀忠烈祠典礼，入祀将领为张自忠、郝梦龄、冯安邦、佟麟阁、赵登禹、戴安澜、王凤山等22人。7月7日为抗战胜利首次"七七"纪念日，北平市在中山公园中山堂、八宝山忠烈祠和卢沟桥三处分别举行追悼抗战死难军民大会，以及忠烈祠第二次先烈入祀典礼，入祀将领为李守维、谢晋元等16人。

在卢沟桥的纪念活动中，宛平县政府还有意将1938年7月7日日人在拱极城（宛平古城）建立的"一文字山"纪念碑移送中山公园或历史博物馆，以使后人警惕，并提议将拱极城、县城、卢沟桥一带建为复兴城。[1]

历史纪念亦是重要的宣传手段，在新收复区，抗战史迹宣传尤其重要。作为抗战胜利周年庆祝的重要活动，市政府奉令联合在平党政军机关举办抗战史迹展览，6月18日开始筹备。后决定展览会在中山公园中山堂举办，自9月3日起至12日止，筹备会于8月20日开始在中山公园水榭办公。除向各机关团体函请供给展品外，并公开征集有关抗战史迹，有纪念意义的照片、画报、木刻、雕塑等，邀请在沦陷区忠贞志士各自撰述其曾

① 《宛平追悼殉难军民》，《华北日报》1946年7月5日，第3版。

受敌伪诱惑、恫吓之经过，以及不甘心附逆之决心。9月3日，北平各界及民众团体在太和殿前广场举行庆祝胜利大会，抗战史迹展览会亦正式揭幕，分别在中山公园中山堂及市立图书分馆两处进行，有各种展品5000多件，包括敌军枪械、敌机残体、签降典礼纪念物品及抗战照片等。为扩大宣传，展览会期间还邀请了远征军第207师四维剧团，在中山公园音乐堂演出抗战名剧。

此外，市政府于接收之后，还采取了一些措施，借以消除日伪遗迹，特别是与大后方保持一致。诸如，第一次市政会议决议，市政府各单位办公时间改为每日上午8时至12时，下午2时至6时，遵照中央规定办理。在整理市容工作中包含整理广告，市政府因商业区各街巷道口尚有日人残留广告牌匾，要求工务局督导清除。更名的情形十分普遍，象征性色彩浓厚。如沦陷时期敌伪所辟"启明""长安"东西两新城门，其命名初意暗寓侵略性质，遂分别改称"建国"与"复兴"。1946年元旦，全国公路车辆一律改靠右行，电车公司全力修制四辆新车，命名为"胜利""建国""和平""复兴"，在天安门举行新车运行典礼，以示新年新气象。

## 第二节　机构设置与施政表述

### 一、市府构成与市政会议

完成接收之后，市政府机构设置主要依据国民政府之规定，即行政院颁发之《市政府组织原则》，并具体接收情况，以及参照收复区其他城市政府接收、重建的经验。

根据1946年3月制定的《北平市政府组织规程》，在市长、副市长之下，设秘书长，市府直属机关有秘书处、总务处、人事处、外事处、会计处，以及参事室、专员室、视导室、技术室、编审室等。其中，秘书处、总务处分别掌理市府文牍和庶务等，人事处依人事管理条例规定职掌市府人事管理，外事处、会计处受市长指挥、监督，分别掌理市府对外交际联络和岁计、会计、统计等，参事室掌理市单行法规及命令之撰拟、审核等。[①]接收时，原定无宣传处，后熊斌鉴于华北事情之特殊，决定暂时保留，由参事胡寄聪接收伪宣传处并兼任处长，待一切就绪后即行撤销，或将于秘书长之下设一个专司宣传的机构。

市府下属机构为社会局、警察局、财政局、教育局、卫生局、工务局、公用局、地政局，负责具体市政建设事务，并于局内各设人事室、会计室、统计室。接收时，撤销了伪经济局、自来水局，由公用局接收。新设地政局，为伪财政局地政科扩大而成。

在人事安排上，熊斌任北平市市长期间，副市长为张伯谨，秘书长为杨宣诚。市府直属各处中，秘书处处长孙新彦，总务处处长钟相毓，人事处处长胡颐龄，外事处处长唐悦良，会计长欧阳葆真。市府下属各局中，社会局局长温崇信，警察局局长陈焯，后改汤永咸，财政局局长傅正舜，教育局局长英千里，后改王季高，卫生局局长韩云峰，工务局局长谭炳训，公用局局长凌勉之，地政局局长张道纯。

对于各局处基层官员及普通职员，共同面临的紧迫问题，即实行公平、公正的考核任用，同时裁撤冗员，以及办理留用人员的"自新切结""填具保证书"等。

在市政府运作机制方面，恢复市政会议最为重要。沦陷时期，市政会议制度被严重破坏，尽管在常会会次上延续战前排序，以标榜连续性，可召开时间无定，次数大为减少。至日伪统治末期，市政会议几近荒废，自1944年7月13日第三百七十八次常会之后，没有再举行市政会议。1945年10月11日，即市政府接收后的第三天，北平市政府召开了复员后的第一次市政会议，[②]事实上恢复了市政会议制度。11月16日，第三次市政会

---

① 《北平市政府组织规程》（1946年3月），北京市档案馆藏，档号J001-004-00219。

② 北京市档案馆编《北平历届市政府市政会议决议录》，北京：中国档案出版社，1998，第510-511页。

议修正通过了由市长交议之参事室提出的市政会议议事细则，由市政府公布，以法规形式将市政会议制度固定了下来。《修正北平市政府市政会议议事细则》对市政会议召开的具体程序有详细规定，市政会议每月召开两次，市长为召集人，与会人员有副市长、市府秘书长、参事、各处处长、各局局长与会计长，会议讨论内容为：

一、提出于市参议会之案件。

二、本府所属机构办事章则。

三、本府所属机构间不能解决之事项。

四、市长交议事项。

五、其他有关市政之重要事项。[①]

也就是说，市政各重要事项及办事规章，须经市政会议讨论、表决，才能送交具体机构执行，或提出参议会审议、表决。需要说明的是，1946年6月1日，北平市临时参议会筹备会才得以召开，6月25日，召开临时参议会第一次大会；1947年12月1日，北平市参议会方才正式成立。因此，在熊斌的市长任期内，虽然强调所谓宪政准备，但临时参议会对市政府影响有限，对市政影响较大的实为党政联合机制，国民党市党部主任委员通常列席市政会议。

此外，纪念周活动亦是重要的施政运作形式。在每周一上午的纪念孙中山仪式上，市长得以通过对部属及职员训话，转达上级意旨，布置重要工作，提出要求和训诫。各局处长返回后，在各自部门的纪念周上，再行传达与训诫。

于工作日每日晨，由市长召集各局处长举行朝会，研讨各项市政事务，则是日常工作的重要形式。

---

① 《修正北平市政府市政会议议事细则》(1945年12月12日)，北京市档案馆藏，档号J001-002-00281。

## 二、各局机构、职掌及工作目标

依据规定，各局科室设置及职掌分别为以下安排。

社会局设六科五室，增设了视导室、合作室，接收时撤销了伪社会局调查室。其职掌为：关于人民团体组织训练事项；关于农工商业之管理、改进及保护事项；关于劳工行政及劳资争议之处理事项；关于粮食储备及调节事项；关于礼俗及宗教事项；关于造林、垦牧、渔猎之保护及取缔事项；关于合作互助事业之组织及指导事项；关于公共娱乐场所之设置及取缔事项；关于出版事业之登记、审查事项；关于推行地方自治事项；关于育幼、养老、济贫、救灾、社会福利事项；其他关于社会行政事项。主管事务十分之庞杂。

警察局在接收时，取消了伪警察局的特务、警防、经济三科，设一处六科四室。其中，一处为督察处；六科为总务、行政、司法、户政、外事、政训诸科；在常设的三室之外，增设秘书室。此外，警察局得于辖境内设立分局，下设分驻所或派出所，以及保安警察总队、消防警察总队、特务大队、侦缉大队、警察训练所等。其职掌为：关于保安事项；关于消防事项；关于户籍事项；关于兵役事项；关于特种营业之调查、取缔事项；关于交通安全维护事项；关于违警案件之处理事项；关于刑事案件之侦查事项；关于警察之教育事项；其他关于警察行政事项。

财政局接收了伪财政局事务科、调查科、征税科事务，设四科三室。其职掌为：关于市库收支事项；关于捐税征收事项；关于公产之收益事项；关于公债募集事项；关于自治财政监督事项；其他有关财政行政事项。

教育局设五科三室，并得设督学若干人。其职掌为：关于各级学校事项；关于社会教育事项；关于国民体育事项；关于文化事业之推行事项；关于教育文化团体之指导事项；关于图书馆、博物馆、公共体育场与一切文献之设置、管理及保存事项；其他有关教育行政事项。

卫生局设四科三室。其职掌为：关于公共卫生事项；关于保健及防护事项；关于医药之监督、检验及取缔事项；关于医院、菜市、屠宰场之设置及取缔事项；关于环境卫生事项；其他有关卫生行政事项。

工务局设四科三室。其职掌为：关于都市计划之设计及推行事项；关于市公共建筑、园林之设计、监修事项；关于公私建筑之指导及取缔事项；关于道路、桥梁、沟渠、堤岸及其他土木工程之设计、建筑、保养事项；关于河道水利及市营飞机场之管理事项；其他有关工务事项。

公用局设四科三室。其职掌为：关于水电及其他公营或民营公用事业之监督事项；关于车辆之登记、检验事项；关于度量衡之制造、检定、监督事项；关于公共场所广告之管理及一切广告、揭帖之取缔事项；关于公园、市场、菜市场、公墓及一切游览场所、风景地区之监督、指导事项；其他有关公用行政事项。其中，车辆登记发照，原由伪警察局负责，接收之后，市政会议决定改由公用局办理。①

地政局设四科三室，并设测量队。其职掌为：关于土地测量、登记之规划及实施事项；关于地价之申报与估价事项；关于土地之使用、管制事项，关于土地征收、租用及地权诉愿处理事项，关于公有土地之清理、保管事项；关于土地金融事项；其他有关土地行政事项。

市政府各局机构基本恢复后，如何着手进行重建工作，无疑对展示施政成绩、树立全新形象至关重要。从各局对公众的自我表述和传媒报道上观察，亦可以部分说明接收初期各局的工作目标选择。

社会局最急迫的工作是救济灾民难民，第一批赈款600万元于10月10日发放，是接收后首个展开市政工作且有较大动作的部门。社会局还表示，期望今后将筹集更多款项，以备彻底救济；同时调整伪政府制定之各区坊里制度，并采取严厉措施禁止烟毒。警察局除维持治安外，并以沦陷

---

① 《车辆登记发照事宜移公用局办理》，《益世报》1945年11月7日，第2版。

区民众受敌伪"居住证"制度限制，应予以取消，于近期内发行国民身份证。财政局方面，因征收中央税之中央机关尚未建立，暂由财政局代征及保管，并积极商讨豁免苛捐杂税事宜。教育局则设法迅速印刷中小学教科书，以期尽快复学。卫生局着手筹划搬运积存之秽土、秽水。工务局设法整修年久失修之市街马路，以整市容，而利交通，但又称因经费及天气关系，只能先行修补王府井、西单等地段。公用局的工作重点是整理广告及度量衡。地政局首项工作为调整公私土地所有权，尤其是日人所有地产，不论强制收买或购买，或假冒中国人购买，一律收归官有。

可见，救济灾民难民乃是接收后的北平市政府最为紧迫的问题，借以消除战争影响，安定社会秩序，创造负责的必要条件。然而，要想彻底救济，则需根除产生灾民难民的原因，非筹款所能奏效，更何况去哪里筹集大批款项尚不清楚。地方财政是决定施政实效的基本条件，可财政局对自身角色却认识模糊，除对代征并保管中央税的工作略有微词外，便是想以豁免苛捐杂税博得政望，如何开源节流？还没有具体应对措施。其他各项工作，均与消除沦陷时期敌伪统治的印记相关，以起到革旧鼎新之效果。但细细分析，革旧容易，鼎新十分困难。调整各区坊里制度和颁发国民身份证，还与加强社会控制和实行地方自治相关，涉及户口调查、基层社会组织建设等复杂工作，并严重受制于国家政治生态和经济环境。城市垃圾、烟毒及基础设施落后，既是敌伪统治的遗迹，又是长期未能根本解决的顽疾，需要切实的综合性治理，非短期内能够收效。于是，在工作目标选择上，很容易陷于选择那些短期易于收效的、表面的、象征性的事项，或者是雷声大雨点小，貌似态度坚决、计划周密，实际行动却大打折扣。

### 三、政纪、政风及施政目标

虽说市政府接收之初诸多情况尚不明朗，可官员们还是信心满满，不断以各种训话或谈话，阐述施政目标，力求革新政纪、政风，借以展现抗战胜利后可能出现之新气象，并为自己打气。

1945年10月12日，在市政府接收后的首次朝会上，由熊斌亲自升旗，并对全体股长以上官员训话，重申三点要求。

第一我们要奉公守法，尽忠职守，尽责任，守秩序，守公法，如此政治方能上轨道。第二我们要迅速确实，敬军爱民，涤除因循拖延弊习，尽力保护守法人民。第三我们要振奋精神，湔洗萎靡风气，为公务员者，每天要以身作则，期将此风气遍布全市。总之为公务员者，要凭良心尽责任，为市民谋福利。①

见识可谓高远，充斥着新开端新气象的祈求，可以视为熊斌任职市长时期施政理念之核心，在缺乏具体应对措施和法制尚不健全且无实施条件的情况下，尤其强调行为、风气之改变，突出精神建设的作用。②

然而，从接收一开始，各种弊端屡屡发生，诸如各机关相互争夺接收利益、接收大员营私舞弊、复员官员享乐腐败，留用人员则趁机欺骗敲诈，使收复区的形象和信誉遭严重损害。10月29日，熊斌在市府纪念周的训话中，宣读26日蒋介石手令，借以强调纪律。

委员长对收复区党国军政人员之纪律，极为注意，不仅严禁娼赌，及擅设办事处，占用民房，及奢侈宴游等事，亦均在禁止之列，并责成地方长官对今后公务人员娼赌及各机关擅设办事处、占用民房等事，应严厉制止，将办理情形，随时报告委员长，不得徇私隐匿。③

① 《熊市长亲临主持致训》，《益世报》1945年10月13日，第2版。
② 熊斌所讲三点与蒋介石将新、速、实作为建国风尚有相似之处。蒋介石的所谓建国风尚："第一我们必须以新的精神，新的努力，来创造新的社会。我们决不能故步自封，而要荡涤旧染，日新又新。第二我们必须以迎头赶上的精神进行建设，凡是一切行动、习惯、生活，乃至订例计划、执行方案，都要不延误、不松懈，力求迅速，争取时间。第三我们必须以实事求是的精神，摒弃虚骄，力戒欺伪，更要事事精确，步步踏实，切勿再有笼统含糊的意识和苟且随便的行为。这三点实为我们建国成功的基本。"《胜利国庆纪念之前夕蒋主席对全国广播》，《益世报》1945年10月10日，第1版。
③ 《蒋委员长颁发手令肃正收复区内官箴》，《益世报》1945年10月30日，第2版。

相较于蒋介石"杀无赦"①的严词咄咄，熊斌训诫所属有则改之，无则加勉，在高悬尚方宝剑之余，似乎多少有些轻描淡写，在措施上则以学习教育为主。熊斌组织了星期日公余读书会，有市府主要官员参加，自12月9日上午开始活动，请到萧一山讲解300年来之民族革命史，以及对孙中山遗教的阐述。11日，蒋介石抵达北平视察，以为"各党政军机关之工作未能配合，致数月工作尚未能走上轨道"②，并颁发公告，准许人民陈诉痛苦，凡沦陷期间所受各种枉曲，以及收复接收人员如有非法苛扰举动，均可呈递，以收人心。17日，熊斌在市府纪念周上对全体职员训话，提出两点应对措施。

①应遵从主席对大家之训示，努力建国工作，提倡新生活运动，尽到迅速、确实、整齐、清洁四点，及切实实行分层负责制，尽可能以电话联络，节省办公时间。②为使留用人员明了中央法令，增加工作效率，现已拟定训练办法，对留用人员施以短期训练，一俟主席批准，即可成立训练机构。③

所谓清除积弊，仍然虚多于实。1946年2月4日，熊斌在市府纪念周上训话称："四个月来由于各公务人员之工作热忱，积弊已清除甚多，但缺点仍有，如公事迟缓等。"④展现了政客的老练与圆滑。事实上，市府对贪污苛政的查处并不积极。例如，公用局日营工厂会社接收办事处接收组组长张雨农利用职权舞弊潜逃案，虽经揭发，但市政府只是将案件移送北平地方法院了事，地方法院则拖延审理，以致发生潜逃。1946年8月，冀

① 蒋介石在手令中称："入各地文武主官再不及时纠正，实无以自赎，当视为我革命军之敌人，必杀无赦。""无论文武公务员及士兵长警，一律不得犯禁。责成高级官长连带负责。倘再有发现而未经其主官检举者，其主官与所属同坐，决不宽贷。"《蒋委员长严厉告诫扰民败行官员杀无赦!》，《益世报》1945年11月5日，第1版。
② 《主席指示各机关首脑深望党政军切实合作》，《益世报》1945年12月18日，第2版。
③ 《熊市长昨勖勉僚属遵从训示努力建国》，《华北日报》1945年12月18日，第2版。
④ 《市府积弊大部清除公事迟缓仍须改善》，《益世报》1946年2月5日，第2版。

察热绥区接收工作清查团到平复查，该案引起注意，熊斌对外界谈话依然轻描淡写。

关于张雨农舞弊案，市府于数月前已函送地方法院办理，惟法院因积压案件甚多，致此案未能早日审理完竣。……本人对市府所属各机关服务人员，如有贪污舞弊行为，当一秉大公，依法办理，绝不袒护属下，并望市民检举，惟须有事实有证据，本人即可依法查办。[1]

9月11日，清查团致函市府，以为"仅移送案卷而置人犯于不顾，造成例外之事实，显有庇护放纵之嫌"，要求追究直接主管公用局局长责任。[2]其实，严厉的追责也就是说说而已，至少在熊斌的市长任内，公用局局长马纱依旧安稳，难怪市民对清查团抱消极态度。[3]随着熊斌的去职，凌勉之才以辞职方式卸下局长职务，但仍在平津工业接收部门中担任重要职位。

如此懈怠之精神面貌，官官相护，推卸责任，自然难有新风气，在施政目标上也就多穷于应付，少有较为成熟、全面的建设举措。1946年1月3日，熊斌在北平广播电台作"胜利后第一新年对于本市之希望"讲演，阐述施政目标。

首先就是推行地方自治，建立各阶层民意机关，需要地方贤达，共同负担起建国建市的双重使命。领导人民，辅佐政府，向民主政治的大道迈进，训练全市人民成为负责任、守纪律的良好公民。

其次谈到教育，……我们要循着这种方针，求本市学校量的增加，质的改进。尤其要使教育目的与政治目的一贯，使培植的人才，能配合社会国家的需要。

关于建设方面，……我们不能抱残守缺，因循敷衍，需要有整个的计

---

① 《熊市长对记者表示绝不袒护属下贪污》，《华北日报》1946年9月1日，第3版。

② 《张雨农潜逃责任清查团函市府促请注意》，《华北日报》1946年9月12日，第3版。

③ 《希望平市民勿过于消沉》，《益世报》1946年9月2日，第4版。

划，请求中央就财力许可的范围，逐步兴修道路，整饬市容，如电车、自来水等公用事业，必须首先改进。

复次说到本市的财政，本市是一个文化的城市，经济企业向未发展，因此财源枯涩，收不敷支，相差甚巨。现承凋敝之余，理应与民休息，除了中央规定合法的税捐，应彻底清厘，剔除中饱，以增加收入外，不愿加重人民负担。中央俯念民瘼，分别补助，但是我们应当逐步讲求自足自给之道。根据中央规定市造产办法，发挥民众的力量，来建立各项小手工业及轻工业，先求市民经济的充裕，然后取之于民，再用之于民。

其余如肃清烟毒，改良环境卫生，均为市民保健的要政，现奉主席严令督促，务于短期内肃清改善。①

可谓熊斌任内较为完整的对外施政表述，其中务虚多、设想多，实际内容少、措施少，诸如此前决定于4月底前成立市参议会、继续建设新街市和整理自来水设施以期市民均能食用等项工作②，不是不能按期完成，就是停留在计划上难以推动。6月26日，熊斌向市临时参议会第一次大会报告市府施政，将1946年度施政方针概括为九点：推行地方自治，尤重恢复民族固有的自治能力；整编警队，以重治安；注重教育，尤重教育的目的与政治目的一贯；整顿税收，以裕财政；整理文物，呈请中央组设故都文物整理委员会；整理道路河渠，以利交通；整理公用事业，以应民需；改善环境卫生；推进测量登记。③施政重心已经明显偏向维持既有秩序，市政建设也就是应付和言辞而已。

① 《熊市长昨广播勖勉市民》，《华北日报》1946年1月4日，第2版。
② 《平即展开积极建设》，《益世报》1945年12月22日，第2版。
③ 《熊市长报告本年度施政方针》，《华北日报》1946年6月27日，第3版。

## 第三节　重建财政税收金融

### 一、废除苛捐杂税

一切市政措施非财莫举，北平地方财政因经济结构有先天不足，战后恢复重建更显力不从心，实为市政府工作重中之重。

抗战胜利前夕，国民政府中央设计局制订《收复地区政治设施纲要草案》，规定收复沦陷区之后，地方政府应"整理合法税收，严禁摊派，所有敌伪举办之各种苛捐杂税，一律公告废除"[①]。随后，财政部颁发《民生主义的自治财政政策纲领草案》，以为："苛杂摊派久垂厉禁，但年来县市收支无法平衡，临时需又甚浩大，遂有种种苛捐杂税，以及无奇不有之政治摊派，军事摊派与自治经费摊派，巧立名目，中饱自肥，败坏官常，病民祸国。现在胜利实现，复员伊始，自应与民更始，廓清积弊，铲绝苛杂摊派之根源而废除之，不容稍缓。"[②]显然将收取人心放在财政工作的首位，也是胜利后应有的政治举措。

接收之后，财政局即刻布告市民："自即日起，继续开始征收，至各项税捐，亦暂行照旧缴纳，合行布告周知，凡应缴纳各商民人等，务即遵照办理，幸弗观望为要。"[③]同时，亦着手筹划废除苛捐杂税，其原则是：现行捐税凡非中央规定所有者一律免除；税率与中央规定不合者应改归一律。10月26日，在第二次市政会议上，熊斌提出财政局局长傅正舜签呈

---

[①] 《行政院为审查"收复区政治设施纲要草案"致中央设计局函》(1945年8月1日)，中国第二历史档案馆编《中华民国史档案资料汇编》第5辑第3编，政治（1），第73册，南京：江苏古籍出版社，1994，第52页。

[②] 《财政部所属各部门报送拟定抗战胜利后财政政策函件》(1945年8—9月)，中国第二历史档案馆编《中华民国史档案资料汇编》第5辑第3编，财政经济（1），第81册，南京：江苏古籍出版社，1994，第81页。

[③] 《在新规章未颁布前各项税捐照旧征收》，《益世报》1945年10月16日，第1版。

交会议公决。

现值光复伊始，本市前由伪机关施行之一切税捐，合于税法呈报有案者应予保留，名义不符迹近苛杂者应予分别更正或废止。拟将土药营业税、戏艺捐废除，筵席捐、娱乐捐、基地税，改称筵席税、娱乐税、地价税，至游兴捐、旅宿捐，虽与税法不符，惟全年收数在三千八百余万，应否废除未敢擅拟。①

会议决议的结果是：土药营业税、戏艺捐、游兴捐、旅宿捐均免除；筵席捐、娱乐捐、基地税改称筵席税、娱乐税、地价税。可见，对于废除苛捐杂税，市政府主要考虑的是财政收入，免除的只有土药营业税和戏艺捐，前者征收有违禁烟政策，后者则已不合时宜。游兴捐拟并入娱乐税征收，旅宿捐暂行保留，另案呈请中央核示。至于筵席捐、娱乐捐、基地税，仅是改名获取合法地位而已，并在税率上依照中央规定调整。

11月8日，在布告豁免伪市政府之苛捐杂税的同时，市府发言人还发表谈话，强调现有税捐均遵照中央法令办理，税捐率悉照中央规定，决不超越范围，无论机关或公务员及商民均应照章缴纳。以为漏缴筵席税至为普遍，且断言："最近来平之各党政军人员，深明法令，断无拒缴之理，惟饭馆取巧，亟应取缔，日内即令财政局派员详查，如果属实，当从严惩办。"②所谓合法、适用与否，完全视中央有无定章，基本未能考虑地方社会、经济之具体情况。

依据市政府统计，与中央法令不合而明令废除的伪市府所征税捐，计为旅宿捐、游兴捐、戏艺捐、土药营业税、教育附加捐、妓女捐、警察弹压费、屠宰场使用费、购肉登记费、申请屠宰手续费、家畜市场入场费、家畜市场买卖费、家畜市场交换费、家畜市场检疫费等14种。又以特种营业捐不合中央规定，于1946年1月予以废除；铺底税于法无据，5月停

---

① 北京市档案馆编《北平历届市政府市政会议决议录》，北京：中国档案出版社，1998，第514页。
② 《一切捐税均依据定章，希图避免者决予严惩》，《益世报》1945年11月9日，第2版。

征。先后废除捐税共16种，每月减收之款约占全部税捐收入30%以上。①表面上看，减免力度甚大，实则多数只是取消了名目，或改头换面，或合并到其他税目之中征收，商民所得好处有限。

### 二、税种及税率的整理

市政府接收之后以为，旧有捐税合于中央规定及呈准有案者，计有田赋、契税、营业税、屠宰税、房捐、基地（铺底）税、筵席捐、娱乐捐、烟酒牌照税、车捐等10种，均照旧征收。其中，名称不合者则改换名称，如基地税改称地价税，筵席捐改称筵席税，娱乐捐改称娱乐税，烟酒牌照税改称营业牌照税，车捐改称使用牌照税，以符合规定。又遵照中央规定，将营业税移交冀察热区直接税局平市分局征收，1945年田赋奉令豁免，其余各税种则悉遵中央法令及参照了陕西省的相关法令标准，修订征收细则，陆续实施征收。

屠宰税为施行多年的税种，1945年7月被伪市政府废除，所有汤锅无论以屠宰为业或兼营批发肉类者，一律按肉类贩卖业改征营业税，同时停止征收特种营业捐。②接收后，为增加地方税源，1945年11月30日，第四次市政会议追认通过《北平市屠宰税征收细则草案》，自12月起恢复征收。实行之初，系按市斤单价依实有重量课征，为方便计算，防杜流弊，自1946年3月1日起，改为按平均标准重量计算，即每只猪70斤、牛280斤、羊30斤。4月26日，第十三次市政会议通过了财政局修正的《北平市屠宰税征收细则》，规定屠宰税税率依所屠牲畜评定重量计算，按照市斤单价，从价按4%核定税款，由屠宰场直接征收。又规定凡市外已屠之牲畜运肉入市者，应先赴就近之稽征所所属城门驻在所报领证单，持凭运肉至屠宰

① 《光复一年之北平市政》，北平市政府编印，1946年10月，第19页。
② 北平特别市政府财政局呈拟废止屠宰税征收章程改征营业税及市府核准的指令（1945年7月），北京市档案馆藏，档号J001-005-00236。

场，经检验核准缴纳税款后方准贩卖。①

　　12月28日，第六次北平市政会议修正通过财政局呈拟的《房捐征收细则》《北平市营业牌照税征收细则》，均于1946年1月1日起实施。《房捐征收细则》规定，本市城郊各区房屋均应缴纳房捐。房捐由房屋所有人负担，出租或转租房屋得由承租房客代缴，凭房捐收据抵付租金。公共用房及公产、善产所有自用房屋，居民自住房屋每户不超过一间者，得予免征。房捐捐率按年计算，分营业用房屋和住家用房屋两类：营业用房屋出租者为全年租金的20%，自用者为房屋现值的2%；住家用房屋出租者为全年租金的10%，自用者为房屋现值的1%。房屋租金、现值的等级评价，按本地情形，每半年或一年举行一次，并将原来的按月征收改为分四季缴纳，每季首月为缴捐期，以及规定逾期不缴的处罚办法。②据估计，全市房捐共14万余户，除免捐者，缴捐者为12万余户。营业牌照税征收后，烟酒牌照税同时废止。营业牌照税的征收对象为本市境内经营之各种商业，依全部资本额分八等三十七级课税，按年征收，最低为辛等二级资本额不及1万元，全年征收10元；最高为甲等一级资本额1000万元，全年征收5万元；资本额1000万元以上为特等，按资本额的3‰递加课税。③营业牌照税征收的弊端较多，主要在于核定等级的混乱，以及各种商业类别经营收益的差距，致使以后多次修正。

　　1946年1月11日，第七次市政会议追认通过了《使用牌照税征收细则》和《筵席税及娱乐税征收细则》。依据规定，凡通行于本市之车轿、驼驮、游船等均应缴纳使用牌照税，分年、季、日三种征收，年税者主要为人力车、畜力车，每年1月征收，同时换给收据，后为多征税款，又改

① 《北平市政府公布北平市屠宰税征收细则各条条文》（1946年5月），北京市档案馆藏，档号J001-005-00342。

② 北平市财政局关于房捐征收细则的呈文（1945年12月），北京市档案馆藏，档号J001-005-00347。

③ 《北平市营业牌照税征收细则》（1946年1月），北京市档案馆藏，档号J001-005-00377。

为半年税；季税主要为各种汽车，每季首月征收；日税主要为乡间进城之人力车、畜力车，当日征收，因为是收入大宗，故而暂予保留。使用牌照税税额按交通工具各有不同，自用者为营业者之一半，并规定凡在他县市领有牌照缴纳税款者，经过或停留本市时间在一月以内者免征。筵席税和娱乐税均由顾客负担，凡属中西荤素饭馆及饮食店、兼营饭菜之饭店、旅馆、舞场等，承办筵席之庖厨，承办筵席供应顾客之住户，均应代征筵席税；凡属电影院、戏剧院、游艺场、书场、杂技等娱乐场，球房（台球、地球、乒乓球等）、舞场（包括饭店或酒馆附设舞场）、乐户等，均应代征娱乐税。沦陷时期筵席捐捐率为44.5%，改称筵席税后，税率减为按菜食价20%征收，家主自制筵席宴客或餐馆专供日常饮食价格在百元以下者免征；旧娱乐捐捐率为50%，改称娱乐税后维持不变，均按入场费价额50%随券代征，如无规定价格者，得按每场收入总额50%征税，由营业人随时向顾客代征。[①] 由于筵席税与娱乐税对地方财政十分重要，市政府特别关注，多次指令加强对偷漏现象的劝导、调查和惩戒，并刻意将妓馆名称及妓女、舞女收入计征等暧昧内容从细则中删去，实则继续容留此种所谓的奢侈特种经营。

契税整理过程较为复杂。1945年10月29日，市政府接奉行政院训令及《收复区各省县市整理税契办法》，要求整理沦陷时期契税，凡敌伪加盖印信之契纸，均须向经办机构投验，换领新契；原契遗失毁损者，须提交相关证件、证明，申请补契。整理期以六个月为限。[②] 11月30日，第四次市政会议审议会计处提出以下内容。

奉交核财政局签呈，为沦陷期内人民所税契纸依照部颁整顿契税暂行

① 北平市财政局关于使用牌照税、筵席及娱乐税征收细则的呈文（1946年1月），北京市档案馆藏，档号J001-005-00347。
② 《行政院令发收复区域各省市县整理税契办法》（1945年10月22日），北京市档案馆藏，档号J001-005-00225。

办法第六条之规定应补缴契税。此项税款向按房产值价核定，而值价系以联币计算，惟自联币折合率公布后，一切税款自应改收法币，前项契税因有按联币值价定税关系，如改按法币实数征收，则人民负担过重，签请核示，……可否按照天津市公布办法暂照原数五分之一征收，以期兼筹并顾之处，请公决一案。①

由于换发新契时有补征内容，又逢伪币兑换法币，而按法币征收依伪币核算的契税，显然加重了民众的负担。可是，市政府似乎并无决定权力，而以"保留"作为决议结果。

1946年1月25日，第八次市政会议审议财政局提出的契税缴税款标准，即将伪契原评价增加四倍，按十五分核税。决议为："依原契纸所载评价额数改作法币，遵照中央契税条例所定税率征之"，并修正通过《整理沦陷时期投税印契实施办法》。②无论采取何种有利于增加税收的计算方法，均赶不上物价飞涨、货币贬值的速度。6月29日，第十七次市政会议决议："沦陷时换契准照原契载价按法币加五倍征收。"③此外，契税应移交冀察热区直接税局平市分局征收，还是归属地方财政收入，在法令规定上亦含糊不清，也影响到契税法规的制定及施行。

2月22日，第十次市政会议追认通过财政局呈拟修正契税征收细则草案，于3月1日起开征。《北平市政府契税征收细则》规定，本市区内不动产之买典、交换、赠与、分割之承受人及因占有而取得所有权人，均应领用官印契纸，完纳契税。契税税率在草案文本中规定：买契按契载价15%征收，但载价过低得依照本市土地房屋评价规则评定之；赠与契和占有契分别按评价15%征收；典契按房地典价10%征收；交换契就交换人所承受

① 北京市档案馆编《北平历届市政府市政会议决议录》，北京：中国档案出版社，1998，第519页。
② 北京市档案馆编《北平历届市政府市政会议决议录》，北京：中国档案出版社，1998，第529页。《北平市政府公布整理沦陷时期投税印契实施办法》(1946年2月7日)，北京市档案馆藏，档号J001-005-00364。
③ 北京市档案馆编《北平历届市政府市政会议决议录》，北京：中国档案出版社，1998，第560页。

部分照评价6%征收；分割契按评价6%征收。在追认通过并公布的修正文本中，税率有了较大变化，买契按契载价6%征收；赠与契和占有契分别按评价6%征收；典契按房地典价4%征收；交换契就交换人所承受部分照评价2%征收；分割契按评价2%征收。对于逾限、匿报现象，制定了详细的惩罚条文，并不断修正加罚。[①] 对于税率降低举措，当局标榜乃是为减轻人民负担，实则暴露接收初期在货币兑换、房地评价和税率制定等方面的混乱，以致难以实行。

地价税系遵照中央规定征收，但具体操作程序和标准如何，接收时并不清楚。1946年4月29日，国民政府修正公布《土地法》及《土地法施行法》，财政局方得以着手拟具《北平市地价税征收规则》，提出地价税的推行，先就已举办土地登记、编造地价册的城内各区开始征收，四郊各区经举办土地登记之后，赓续开征。规则规定，本市土地除依法免税者外，均依规则征收地价税。以现行土地登记标准地价数额的15‰为基本税率，依法定地价按累进税率征收，每年征收一次。[②] 10月25日，第二十五次市政会议修正通过地价税征收规则，又以土地总归户册尚未办理，决定累进课税本年度暂缓施行。此次会议，已是熊斌市长任内最后一次市政会议。

此外，收益之市有公产，计有内外城各区土地130余亩，定着物935间，东安、西安、广安、文化、劝业五市场，东单、西单两菜市，以及四郊之水田730余亩。自1945年10月起，市内各市场均已按照中央法令核定租金。

据统计，市政府1945年10月至12月捐税收入总计为44 854 489.94元，1946年1月至8月捐税收入总计为1 945 802 734.02元，从账面上看，每

① 《北平市政府公布修正本市契税征收细则》(1946年2月)，北京市档案馆藏，档号J001-005-00327。

② 北平市财政局呈拟地价税征收规则及市政府的指令（1946年9月），北京市档案馆藏，档号J001-005-00323。

月皆有增长，似乎说明税收体制的重建已经收取一定实效，还未计算通货膨胀的影响。在各项捐税收入中，依征收数额多寡，按娱乐税、筵席税、契税、屠宰税、使用牌照税、房捐、营业牌照税排列，又以娱乐税和筵席税最为重要，1946年1月至8月的征收数额为637 469 831.98元和553 602 715.40元，分别占同期捐税总收入的32.76%和28.45%。[1]

然而，在1945年10月至12月的岁入预算中，地方收入为56 905 935.91元，中央补助收入为301 270 000元，地方收入仅占岁入的15.89%。[2]如果说1945年的最后三个月恰逢接收之初，税收未上轨道，那么，在1946年岁入中，地方收入为7 454 399 359.45元，中央补助收入（未计入若干专款补助）为11 914 467 041元，地方收入占岁入也只有38.49%。[3]地方财政的能力实在有限。

### 三、成立北平市银行

抗战之前，北平市银行已经成立，沦陷时期遭日伪取消。接收之后，考虑到北平市银行对地方财政及市政府进行金融调控十分重要，故积极筹划恢复。1945年10月26日，第二次市政会议审议财政局提出议案。

查前北平市银行章程二十三条于二十五年二月公布施行一年有余。事变后，前伪市政府将市银行取消。惟市银行之设立原以调剂本市金融及救济社会为宗旨，有恢复之必要，核阅原章程条文尚属妥协，拟将第四条之资本总额原定为五十万拟改为法币五千万元，可否即用原章程由府公布施行，即日设立之处，请示。[4]

---

[1] 《光复一年之北平市政》，北平市政府编印，1946年10月，第22、26页。

[2] 《北平市卅四年度岁出岁入预算书及国家部分岁出单位预算书》（1947年7月），北京市档案馆藏，档号J001-005-00498。

[3] 《北平市卅五年度整理地方岁出岁入总预算书》（1947年7月），北京市档案馆藏，档号J001-005-00480。

[4] 北京市档案馆编《北平历届市政府市政会议决议录》，北京：中国档案出版社，1998，第514页。

市政会议即刻决议修正通过。其后，财政局又据7月国民政府公布的省银行条例进行了修正，增加了银行盈利分配比例的规定，即每年纯益项下除提20%法定公积金、10%特别公积金外，其余为：员工奖励及理事、监事酬劳20%；福利基金10%；地方公益事业基金10%；红利60%解缴市政府。11月16日，第三次市政会议决议通过。[①]1946年1月4日，北平市银行开始营业。

值得注意的是，恢复后的北平市银行按预想类似官商合办的地方商业银行，名称为"北平市银行股份有限公司"，以调剂地方金融、扶助经济建设、发展合作事业为宗旨，资本总额国币一亿元，分为十万股，市政府认购六成，其余在市境内有住所人民中尽先招募，如有不敷得在市区外招募足额。经营范围包括收受存款、有确实担保品为抵押之放款、保证信用放款、汇兑及押汇、票据承兑或贴现、代理收解各种款项、经理或代募公债公司债或农业债务、仓库业、保管贵重物品或有价证券、与其他银行订立特约事项。[②]

经修正后公布的《北平市银行章程》，则突出了官办的色彩。章程规定：北平市银行以调剂金融、辅助工商业、救济社会为宗旨，隶属于市政府。资本总额5000万元，由财政局拨定1/2，即可开始营业。如需增加资本或召集商股，得由理事会议决呈报市政府核准施行。在经办业务上，强调对市政的服务功能：为促进市政复杂业务，办理有关市政建设之投资及拨款；为辅助工商业，办理超过小本借贷处限定数目之放款；为救济社会，办理不动产抵押之放款；受财政局委托代理市金库。同时经办各种存款、放款、汇兑、贴现及代客买卖各种有价证券等商业银行业务。[③]市政府加强了对北平市银行的控制，降低了资本总额及开办条件的限制，使得北平

---

① 北京市档案馆编《北平历届市政府市政会议决议录》，北京：中国档案出版社，1998，第516—517页。

② 《北平市银行章程准则》（1945年11月），北京市档案馆藏，档号J001-005-00298。

③ 《北平市银行章程》（1946年1月），北京市档案馆藏，档号J001-005-00212。

市银行成为市政府重要的财政工具。

自1946年3月1日起，市金库改组为财政局第四科，办理公库行政事务，并将接收的伪市金库存款拨作北平市银行基金。6月1日起，委托北平市银行代理市金库，所有地方税捐收支，统由该行收集保管，各重要稽征处所，均由该行派员前往经收。[①]北平市银行的财政功能明显加强。

### 四、法币兑换之冲击

法币兑换乃抗战胜利之必然结果，兑换办法及兑换率也非地方政府所能左右，然而对北平市的社会、经济影响甚重。

伪联银券（伪中国联合准备银行钞票）折合法币率，由财政部呈奉核准为伪联银券五元折合法币一元，定于1945年11月22日起实行，在收换截止期前，准按折率流通。[②]财政局立即宣布，一切税收均按法币征收，并由市府令饬商会转知各商店，各种物价一律以法币为计算单位，从而出现不动产价值评估、制定税率及市场物价折算等方面的波动。市面上亦出现不遵比率兑换从中渔利的现象，市政府除分令警察局随时严行查禁外，并于24日颁发布告，倘有违反以扰乱金融论罪，从严处罚，决不宽贷。此外，邮政、电报、铁路等公营事业改用法币全国统一价格后，高出平津地区原伪联银券价格数倍，加之华北物价水准相对较低，法币折合率自然抬升了地方物价上涨。

随后，财政部核定公布伪联银券收换办法，1946年1月1日起至4月30日止，共计四个月为收换期限，由中央银行及其委托机关办理收换事宜。[③]又依据办法制定了收换规则，为便利收换，中央银行得委托其他银

① 《光复一年之北平市政》，北平市政府编印，1946年10月，第21页。
② 《伪币折合率核定》，《华北日报》1945年11月22日，第1版。
③ 《伪钞收换办法公布》，《益世报》1945年11月27日，第2版。

行或机关代为办理，收换时每人每次以国币一百元为最低限额。①意味着除国家行局得办理收兑业务外，获准继续营业的商业银行也得以代为收兑。为办理委托手续，收换日期延至1月7日开始，结束日期顺延。

伪联银券开始收换之后，各种问题渐次暴露，较多的是因交通不便造成的收换困难和小额面值货币的兑换困难，伴随大批复员人员到平和法币涌入，以及生活必需品供给不足而出现的物价波动，都助长了收换的投机行为，黑市上法币一元折合外联银券七至十元，而且越临近收换期限，拒用伪联银券的现象越多，投机行为愈盛。对此，当局将伪联银券收换期限延展至5月底，但于5月15日起停止流通，并加大了小额法币的供应。后行政院又将伪联银券收换期限延展至6月底，同时停止流通。至收换期限止，北平方面共计收兑伪联银券390余亿元。

诚然，伪联银券收换只是导致物价波动、金融投机的诸多因素之一，但所造成的社会心理影响巨大，尤其在地区间价格差异较大的情况下，按照统一比率收换及评定价值，在持有伪联银券的沦陷区民众与持有法币的复员人员之间，存在着较大的利益差异，极大地挫伤了民众对政府的信任。因此，在政治、经济局势极不明朗的环境下，各种传闻甚至谣言风行，更显问题之严重，既助长了贪污、投机行为，又加重了平抑物价的工作。

## 第四节　社会救济、平抑物价与社会管控

### 一、战后难民、贫民救济

北平沦陷时期，造成大量民众流离失所，可谓待救孔殷，故救济难民乃是善后紧迫工作之一。接收后的次日，市政府向城郊难民发放赈款600万元，并展示光复后之德政。

① 《北平市政府抄发财政部关于伪联银券收换规则》(1946年1月)，北京市档案馆藏，档号J004-001-00800。

华北沦陷八年，北平遭害尤甚，贫苦流离，触目皆是，现光复伊始，实应设法救济，熊市长、社会局温崇信局长，于受命之初，即计划首先赈济平市城郊难民，业呈中央批准，来平后即联合市党部、三民主义青年团、警察局三机关，着手调查城郊难民，现已调查完竣，共计难民一万五千人，每人发给四百元，共需款六百万元，已呈准国府批准，定于今（十日）国庆日会同市党部、三民主义青年团、警察局，组织五大队，按警察段路分组按户发送，平市难民，值此光复后第一国庆日，又可领得赈款，可谓双喜临门。[①]

11月初，又有消息传来，陆军总司令何应钦转请粮食部拨杂粮20万斤，计红粮22000斤、玉米粉90000斤、高粱米88000斤，交市府办理冬赈。[②]

然而，善后救济首需恢复秩序，使逃难来平者能够顺利还乡，同时恢复经济，使城市贫民得以自我谋生，可两者对战后北平均为奢望，致使救济主要表现为政府的临时施舍行为，又主要寄希望于向中央政府呈请救助，以及指望国际组织，如联合国善后救济总署（UNRRA），提供更多的物资援助。

11月21日，行政院善后救济总署署长蒋廷黻、联合国善后救济总署副署长韩雷生等一行抵达北平，与市府就善后救济事项交换意见。蒋廷黻称：总署为救济失业，并谋修葺北平市容，拟采取以工代赈的办法。并证实已有载运面粉、药品、衣料及卡车等物资的货船到达天津，且很有决心地保证，倘若交通运输不发生问题，中国任何地方都不会有饥馑与瘟疫发生。[③]12月，蒋介石莅临北平期间，市府曾恳请拨大批粮食救济贫民，为表示关怀，蒋介石指令有关机关急速办理平粜，对于粮食部加速拨杂粮作

① 《市府发赈款六百万元》，《益世报》1945年10月10日，第2版。
② 《平市贫民福音》，《华北日报》1945年11月23日，第2版。
③ 《策划平津区救济》，《华北日报》1945年11月22日，第1版。

为救济平粜之用，以及联合国善后救济总署之面粉一部交社会局救济平民，具有一定的推动作用。① 不过，问题也很清楚，上级的推动和外部的援助总是有限的，在局势没有根本好转的情况下，大多数许愿也只能是空头支票。

就市政府而言，善后救济的主要对象是本市贫民，尤其是失业工人。对于一般社会救济工作，接收之后很快便面临办理冬赈，问题也仍然是缺钱、缺物资，社会局只能期盼："各有关团体，大家合作，人力集中，财力集中，于社会贫胞贡献当必尤大。"其实，施政者的认识十分清楚，即冬赈不过是消极的"救急"，"在积极方面，如经济许可，决大规模举办各种信用、生产、消费等合作社，尤以生产为切要"②，以及各机关、工厂低级或技术人员缺额，应尽量择优补用北平失业人员；由市府成立行政人员干部训练班，专收沦陷时期毫无劣迹，确属失业且有相对学历者，加以三个月军事政治训练，以备政府职员及乡镇保长选材之用；由教育局成立中小学教师人员训练班，专收具有高中以上学历，确属失业且志愿教育者，加以两个月军事政治及教育法训练，以备中小学教师选材之用；由教育部设立大中学进修班，专收失学青年学生，以备将来分发正式学校就读。③

显然，所谓积极措施，适应面很窄，主要挤向充当公教人员。合作社举办的实际情况，也同设想距离甚大。据官方统计，1946年3月至8月，北平市总计有合作社233个，其中消费合作社225个，社员167517人；期望大力发展的生产合作社仅有4个，社员394人。在消费合作社中，由机关、团体所办138个，社员65822人；由学校所办76个，社员29445人，不过是将参加平粜的机关、团体、学校及公教人员统计在内，并非真正的经济合作组织。在生产合作社中，有三个所谓特种生产合作社，即地

---

① 《大批食粮即将开始平粜，救济面粉无价发给贫民》，《益世报》1945年12月21日，第2版。

② 《平市社会局筹划办理冬赈》，《华北日报》1945年11月6日，第2版。

③ 《救济失业人员》，《华北日报》1945年11月15日，第2版。

方手工艺特产的针织、雕漆、景泰蓝生产合作社，社员人数分别为13人、16人和7人。另一个生产合作社为社会局员工眷属生产合作社，社员358人，[①]可谓凭借权力自办的福利机构，或可理解为实际工作进行甚微。

如此，市府主导的冬赈，依旧以开办传统的粥厂、暖厂为主。1945年12月10日至1946年3月10日，粥厂、暖厂一律开场，内外城及四郊有公立粥厂18处，私立粥厂1处，公私合办粥厂3处；公立暖厂7处，私立暖厂1处，开设数量略少于预计，且开场时间也有所推迟。粥厂、暖厂所用粮柴，绝大多数由社会局供给，粥厂8时领牌，9时放粥，粥量以每人用米一斤计算，年节则酌情增加米量；暖厂每晚入场，给粥一次，翌晨出场，容纳人数不限。据统计，三个月期间，粥厂累计救济贫民2200361人，共用粥粮603725262.5斤；暖厂每日可收容贫民约500人，共用粥粮756000斤。[②]在办理冬赈过程中，社会参与十分消极，反映战后北平经济恢复迟缓并在接收中遭进一步削弱的境况，社会救济差不多完全成为政府职能。社会局曾依照社会部冬令救济实施办法，召集有关机关、团体及各界代表人士，组织冬令救济委员会，借资扩大推进冬令救济事宜，但未见下文；[③]也曾举办冬赈音乐会、义务戏等活动，以募集赈款，但效果甚微，且账目混乱，"闻所得款项中亦包括跑龙套之贫伶所得，以代窝窝头"。[④]

对于常规社会救济机关，社会局也曾有所抱负，于市政府接收之后，立即着手接收乞丐收容所等附属机构，并加以调整，可实际变动也就反映在改名之上，乞丐收容所改名平民教养所，1946年6月又改平民习艺所。救济院的情况相似，8月间，将原儿童部改名育幼所，妇女部改妇女教养所，习艺部改习艺所，残老部改安老所，并筹备成立医疗所，以符合相

---

① 《光复一年之北平市政》，北平市政府编印，1946年10月，第11—12、15页。

② 《光复一年之北平市政》，北平市政府编印，1946年10月，第6页。

③ 北平市政府为检发冬令救济实施办法给社会局的指令（1945年12月），北京市档案馆藏，档号J001-002-0022。

④ 《义务戏早唱了，赈款遥遥无期》，《大公报》1946年1月9日，第3版。

关法规之规定，并表示在经费拮据的情况下仍谋有所改进。[①]10月14日，市长熊斌率一干人巡视救济院及习艺所，院长报告令人沮丧："用煤原领三十吨，现仅领十四吨，不敷甚巨。如按平价购煤，则牵扯口粮费不敷甚巨。"粮煤似难两全。又临近冬季，救济院的棉衣筹集仍在"商请"。熊斌指示："救济事业必须有事实表现，院中基金不足可设法向各方捐募。"社会局局长更倾向争取分得一些美国救济款，市府秘书长则以为可发动募捐运动。[②]共同点都是放空炮，可又想要政绩表现。

必须指出，无论如何努力，善后救济就如同掉进了无底洞，旧的问题尚未解决，内战政策又制造出了大批新的难民、贫民，尤其是在北平这座文化城，出现了所谓"文贫"，即文化教育界中大批人沦为需要救济的贫苦群体。东北学生尚未能够全数返乡，受内战影响，出现了再度流亡北平的现象，成为新难民；北平师生不堪物价飞涨重负，生计日益艰难，从中学生到大学生，从中小学教师到大学教授，许多人沦为新贫民。这是一种结构性的变化，是制度整体性衰败的前兆，已非社会救济所能补救。

### 二、平抑物价措施

市政府接收伊始，便遭遇物价上涨。10月9日，熊斌召见市商会会长，"面谕转知各商号，务须自动平抑物价，以安社会"。[③]以为物价问题主要由人为所致：其一是人民心里恐慌，利用游资储存物品；其二是奸商大贾乘机囤积居奇；其三是复员来平人员中有利用北平物价低于后方之机会，利用公款囤积物资，购买房屋。10月16日，副市长张伯谨的对外发言亦颇为自信："平市食粮，尚有相当储存量，大军即将源源开到，各地治安即可

---

① 《光复一年之北平市政》，北平市政府编印，1946年10月，第7–8、15页。
② 《北平市市长巡视救济院及习艺所》(1946年10月)，北京市档案馆藏，档号J001–002–00300。
③ 《熊市长面谕邹泉荪》，《益世报》1945年10月10日，第2版。

恢复，四乡各处食粮自可大量运至市内，今后食粮问题当可告无虞。"①也许，更多的是想安抚市民及树立市场信心。

然而，北平物资极为缺乏乃客观事实，市府除电告重庆，呈请拨运物资救济，在应对物价上涨措施上，则以查禁囤积、限制消费为主。10月25日，社会局令东安市场各商店、摊贩，自即日起，所有商品均须以中英文明码标价，防止任意索价。②在法币兑换伪联银券比率公布之前，北平物价再度上涨，11月15日，社会局局长召集市商会所属同业公会会长训话，最后令各业公会将本日各物价格于16日上午送局，以凭参酌，"嗣后发现故违法令希图巨利者，定当从严惩办"。③11月23日，北平行营第三次接收会报，决定由市府饬令商会转知各商店，各种物价一律以法币为计算单位，但需按所报物价照一比五比率核定折算标明，不得于改换法币为价格单位时乘机提高物价，否则以高抬物价破坏国币治罪。④其他平抑物价措施还包括：由市府筹备资本，交涉车辆，至各地采购食粮；由市府与经济部商筹，解决冬季用煤；电救济总署，请将援华物资迅速运来；将本市没收日人之物资，廉价售卖，如市府将廉卖伪华北合作事业总会之杂粮350吨，于所得中抽出200万至300万法币，作为成立市府合作金库之资金。⑤

十分明显，物资缺乏的另一主因的来源不畅，但更难有所作为。11月13日，市府与市各银行及食粮业公会商筹疏畅粮源对策，决定由各银行以最低利率贷款，交由食粮业公会派员分赴各处收买杂粮，运平桀卖，并商得交通部方面在运粮方面提供便利。⑥多家大粮店则联合将所存杂粮750吨捐献市府，唯此批粮食系日本投降前在密云、顺义等地购买，却始终未

① 《平市食粮煤炭可无虞》，《益世报》1945年10月16日，第2版。
② 《售货一律明码标价》，《益世报》1945年10月26日，第2版。
③ 《高抬物价者决严惩》，《益世报》1945年11月16日，第2版。
④ 《严惩扰乱金融者》，《华北日报》1945年11月24日，第2版。
⑤ 《市府将廉卖伪合作社杂粮》，《益世报》1945年11月28日，第2版。
⑥ 《妥筹平桀食粮办法》，《华北日报》1945年11月14日，第2版。

能运抵北平。冬煤供应也主要是运输问题。为此，市府与战运局洽商，自11月16日起，每日从门头沟运煤600吨，从开滦矿务局运煤1000吨。并商洽从井陉矿局每日运煤200吨。[1] 并由北平行营、市政府、经济部特派员办公处、交通部特派员办公处及各大煤矿公司合组北平市煤炭供应委员会，12月7日正式成立，以促进煤炭生产，提高运输效率及合理分配。

如此，便形成了以粮食平粜及燃煤廉售为基础的平抑物价格局。1946年1月，社会局又以物价高涨，制定平抑物价具体办法，再向商号发出严厉警告。

严惩抬高物价之商号，现已查获粮煤商八家抬高物价有据，决定予以严惩，除收回其营业执照外，同时并以其所存之粮煤，以最低价格平售。

社会局令北平市商会整理委员会召集各商同业公会代表开会，劝导各商号勿再抬高物价。

派员抽查各商店，如有抬高物价情事，即予严惩。[2]

行政高压手段，并不能阻止物价上涨狂潮。熊斌以为，平抑物价非有实物不可，政府不能以大压力强制平抑，但政府亦不能不尽量设法。[3] 事实上，不仅私营部门经营价格在上涨，公营事业也不断涨价。自3月1日起，电车公司和自来水管理局宣布涨价，电车票价改为40元，公共汽车不分远近一律60元；四分口径水表基本水量3吨，水费500元，零售水费每担3元，无表供水（以10人为度）月1000元，每超过5人月加500元。对此，电车公司解释道：

公司接收车辆，多破旧不堪，如此车辆行驶市间实有碍观瞻，而修理此项车辆又须款甚巨，加之原料缺乏，采购不易，……同仁待遇，较之市府职员相差一倍又半，公司收入以现票款计，实与支出相差悬殊。因此，

① 《救济平市煤荒》，《华北日报》1945年11月17日，第2版。

② 《平抑物价安定民生社局拟定具体办法》，《益世报》1946年1月11日，第2版。

③ 《熊市长谈平抑物价》，《益世报》1946年2月17日，第2版。

各方筹措经济来源，拍卖旧物，抵押借款，然长此以往，恐将不能维持，因之势不能不略增票价，以提高员工待遇及修复车辆之用。总之，事关公益，尚望市民有以谅之。①

自来水管理局则抱怨称："以往收入不敷支出，供水工作已感困难，自春节后，各项工料价格激增，更无法维持。"②随之，警察局会同社会局重新调整了人力车价，自3月24日起实行，每公里改定为40元；如按时计，每小时150元，但须以三小时起算；如按日计，以十小时为一日，定价1300元。③铁路客货运价格已于2月15日始加价一次，又以物价上涨，亏累颇巨，自5月1日起再度调整运价，客运票价由每人每公里2元改为12元，货运最低者每吨每公里4元改为16元。④

公用物品价格上涨，自然带动更大一波涨价浪潮，除警局决定派员密查居奇商贩，尤其是赴市内各处黑市缉捕操纵金价奸商，市府积极从外地采购大量食粮，并急电行政院拨运民需物品接济之外，平价限购的商品种类亦有增加，以维持最低水平的日常必需品供应。

砂糖在平售日用品中地位重要。1946年春节平售砂糖时，弊端层出，3月间，第二批平售砂糖2600包（每包180斤）陆续运平，河北平津区敌伪产业处理局日用品处理委员会北平办事处将平售办法改为分两步办理：第一步由饭庄、西点、糕点、糖果、西餐、干果六同业公会以需要数量卖予，各商有足够应用砂糖，市价可自行抑低；第二步再办理市民平售。同时惩处了东四北大街晋义源干果店等11家舞弊奸商，其或亏欠分量，或用假名套购，或存货拒售。⑤布匹亦是平售大宗商品。因有大批漂白市布抵平，3月21日开始平售，机关团体均可备函至中国纺织建设公司接洽购

---

① 《本市公用车辆再度增价》，《益世报》1946年3月1日，第2版。
② 《自来水管理局调整水费》，《益世报》1946年3月2日，第2版。
③ 《警局重订人力车价》，《益世报》1946年3月28日，第2版。
④ 《火车票价暴加民间物价猛涨》，《益世报》1946年5月1日，第2版。
⑤ 《晋义源等十一家分被惩处》《续到砂糖肥皂》，《益世报》1946年3月9日、21日，第2版。

买。随之，日用品处理委员会北平办事处由津运平各种布匹12000匹，均由中国纺织建设公司负责平售。[1]5月15日，日用品处理委员会委托中国纺织建设公司天津分公司北平临时办事处平价代售浅蓝市布、士林蓝布、白府绸1320匹，本市市民均可前往购买，售完为止，每人限购半匹。[2]火柴、肥皂、纸烟、花生油等日用品，很快相继加入平售行列。至10月间，由日用品处理委员会委托合作社抽签平售的物品，已经扩展到毛巾、卫生衣裤、线袜、牙粉、石碱、洋蜡、雪花膏等多种，[3]足显市场供应之紧张。

随着没收敌伪物资逐渐消耗殆尽，以及全面内战爆发后交通状况日趋恶化，平抑物价也就成为不可能完成的目标。

### 三、食粮平粜的努力

在食粮平粜和燃煤廉售之间，粮食供应及粮价的影响更大，政府干预的力度更强，食粮平粜也是中国传统政治常见的市场干预方式。

市政府主导的食粮平粜，从辅导粮商购粮着手。自1945年11月始，市府便筹划辅导粮商购粮事宜。12月间，第一次辅导粮商34家，向银行低息贷款2920万元银圆，购运杂粮568772斤，来平廉价发售，但以数量过少，收效不大。其时，北平市人口以160万人计算，每人每日平均需粮一斤，合825吨，即每月24750吨，据警察局调查各城门每日输入粮食约400吨，不敷甚巨。故第二次辅导粮商购粮计划规模有所扩大，由市府、粮栈业、米面业公会及全体会员担保，向四联总处借款20亿元银圆，各粮商每户贷款500万元银圆，由市府制发运粮证，交各粮商持证赴产粮区购运，并请沿途驻军协助赶运。购粮运回北平后，分别储入指定仓库，由

---

① 《大批细布由津运平》，《益世报》1946年3月31日，第2版。
② 《布匹平售开始》，《益世报》1946年5月15日，第2版。
③ 《日用品处理委员会开始办理廉售物品》，《益世报》1946年10月1日，第4版；《平售百项零星物品》，《华北日报》1946年10月15日，第3版。

平粜粮食购运处借款采购，廉价发售。1946年3月1日，平粜粮食购运处成立，由市府拨交资金249313003.91元，银行息借3亿元，在北宁路、平汉路一带购粮，截至8月底，购粮2374070.90斤，运抵北平2321377.90斤，其中小米占42.25%，小麦占43%。[①]

与此同时，食粮平粜工作亦有所推进。12月22日，社会局草拟了《三十四年度办理食粮平粜暂行办法》，规定为调剂民食平抑物价，特举办食粮平粜，并组织食粮平粜委员会主持办理，由社会局负执行责任。平粜以粮食部平津特派员办公处拨到杂粮（小米、玉米、黑豆、谷子、高粱、绿豆等）1万吨为配售基数，对象为一般生活艰苦，必须购买普通食粮之市民。市民购粮应持已经报查之户口证，赴该管区公所领取购粮凭证向平粜站购买，购粮证上载明食粮种类、数量、价款及购粮地点。购粮证按人口多寡分为两种，每户人口逾五口者配售240斤，未满五口者120斤，不得零购或指购某种食粮。遵照市府会议修正通过之意见，1946年1月10日，社会局将《办理食粮平粜暂行办法》和《办理平价煤暂行办法》合并修订为《北平市政府办理食粮平粜及平价煤供应暂行办法》，组织粮煤平价供应委员会，并减少了配售标准，五口以上之家配售食粮100斤，未满5口60斤，煤每户300斤，均以一次为限。[②]可见粮食供求相差甚大，官方的早先估计也过于乐观。

在食粮平粜开始之前，自1月1日起，按《北平市粮商登记暂行办法》登记，作为管制粮商营业的办法，执行粮食管理政令的重要措施。规定凡在市内经营粮食购销、加工、仓库业务的公司、商号、行栈、仓库、厂坊，无论专营或兼营，均需登记验照，不得囤积居奇，不得经营登记以外

① 《光复一年之北平市政》，北平市政府编印，1946年10月，第9-11页。

② 社会局干预拟定粮食平粜及平价煤供应暂行办法的签呈（1945年12月—1946年1月），北京市档案馆藏，档号J002-004-00239。

的粮食业务。[①] 1946年1月10日，食粮平粜开始，由社会局派员主持，区保甲长及有关慈善机关团体人员办理。历时三个月，共分区两次发售平价杂粮16500吨，所得粮款拨作本市调剂粮食周转金。[②] 4月间，粮食部驻平特派员办事处及市平粜粮食购运处均筹措资金，并借东北、华北内战局势有所缓和，东北开放粮禁的时机，大量购运东北杂粮和华北小麦。尽管有粮食陆续到平，仍然止不住粮价上涨，粮价评议委员会遂建议平粜粮食购运处将所存食粮于短期内办理平粜，以及粮食部特派员将购自东北锦县的杂粮数百吨在平廉售。平粜粮食购运处亦决定提早办理平粜，并原则上确定委托基层行政单位代理。[③] 然而，此后粮价波动不大，甚至还有所降低，当局又试图以限价方式控制。

北平市粮价评议委员会于2月20日成立，由各机关法团18个单位及地方士绅3人组成，分设调查、评议、管制、总务四组，评议粮价公布后，即由管制组派员调查实施情况，惩处违反议价粮商，试图以限价方式平抑粮食市场。5月9日通过的第八次评议粮价，零售价小米每斤上等175元法币，下等155元法币；玉米面上等140元法币，下等120元法币。5月18日通过的第九次评议粮价，小米分别为195元法币和170元法币，玉米面为155元法币和135元法币。感觉到需要尽快平粜的压力。可是，5月29日通过的第十次评议粮价，较前有所低落，小米为180元法币和160元法币，玉米面为140元法币和120元法币。6月8日通过的第十一次评议粮价，白米、小麦价格轻微回升，杂粮价格维持不变。6月15日通过的第十二次评议粮价，白米、小麦价格猛涨，杂粮价格涨幅稍低，小米为190元法币和170元法币，玉米面为160元法币和140元法币。已有难以控制之势。7月2日，因内战局势愈演愈烈，在小麦登市的情况下，北平粮价急剧上

---

① 《粮商登记办法公布》，《益世报》1946年1月3日，第2版。
② 《光复一年之北平市政》，北平市政府编印，1946年10月，第11页。
③ 《平市提前办理平粜具体办法在研讨》，《益世报》1946年5月13日，第2版。

升，上等大米批发价每斤涨30元法币，小米每斤涨20元法币，粮商无利可图，请求主管机关停止评价。粮价评议委员会以方便粮食输入为由，决定暂时停止评议价。在实行评议价期间，共查处违反议价粮商58家，均将存粮按议价八折出售。

尽管当局不断宣称有粮食陆续到平，可食粮平粜难有作为。9月14日起，平粜粮食购运处以夏去秋来，正值新旧食粮青黄不接之际，特将前购存小米90万斤平粜售出，委托合作社分区办理，每户可购20斤，每斤202元，凭户口单购取。并以推动平粜工作为由，倡导所谓千元运动，即全市每户缴纳资金1000元，由购运处印发入股证，作为购买食粮资金，办理平粜，每年如有余利尚可分红。①试图以个人集股方式筹集资金。10月8日，平粜粮食购运处再次委托合作社平粜杂粮，至多也就能起暂时缓解的作用，无法达到平抑粮价之目的。

在食粮平粜的配售过程中，也产生了一些新问题。除去短斤、掺砂、私藏、冒领等惯常的投机行为外，更重要的莫过于如何高效、准确、公平地将平价粮食配售给需要者。理论上讲，按照户口及人口平售是比较公平的办法，食粮平粜开始之前，当局也试图调查市民人数及每月消费粮煤数量，可户口调查非短期内可以完成，而无户口人口甚多，1月10日，社会局就平价购买粮煤办法另行规定。

至最近始迁居北平而无户口表者，亦可购买，由社会局制定表格，交由各警厅派出所代为登记，无户口表之住户，可径往登记，于有户口表者领购终了后，即可领取。②

虽说仍有不确之处，有假冒之嫌，但平价配售生活必需品，无疑推动了户口登记和清理。另外，社会局并无能力执行庞大的登记、审核、配售工作，原设想是委托基层行政部门办理，可区公所及保甲组织尚不健全，

① 《市民可购廉价小米》，《益世报》1946年9月12日，第4版。
② 《无户口者亦可购买》，《益世报》1946年1月11日，第2版。

也缺乏承担委托的动力，于是，平粜粮食购运处便效仿日用品处理委员会配售日用品的办法，委托合作社办理，而各种消费合作社又多由社会局所组织。如此，合作社依靠官方委托获得平价商品及启动资金，再通过配售平价商品的权力吸纳社员，结果就是"各区大多以社员为标准，非社员无从购得。有人说我一千元加入合作社才能买到米，殊不得已"。平粜粮食购运处强调："应以市民为对象，凡持有户口单者，均须售给，至加入合作社一节，可从旁劝导之，万勿要挟。"但也承认，"委托合作社平粜，又以社员优先购买，预料社员当有大量增加[①]"。

面对物资短缺、价格飞涨的困境，市府试图掌握生活必需品的供给，以限价配售方式维持低水平消费，尽管结果非市府所能把握，但可以肯定地说，政府已经越来越多地介入市民的日常经济生活，市场机制逐步行政化，并深刻地影响到基层社会的组织形态。

### 四、清查户口和编整保甲

抗日战争胜利前后，国民政府制定的关于收复区地方行政工作的文件中，均有清查户口和编整保甲两项内容。1945年10月17日，内政部公布《收复区实施户口清查办法》，以为户口清查为复员阶段中首要工作，规定：每一收复区县市政府成立或迁回时，首先实施，于三个月内办理完竣；举办户口清查，应同时整编保甲，办理程序依《县保甲户口编查办法》之规定；县市政府为查编之主办机关，除责令所属户政及警察人员并发动当地知识分子协同办理外，必要时，当商请当地驻军、宪兵队及其他团体机关，派员协助办理；对当地原有保甲组织，应于实际情形尽量利用，其经摧毁者应重新编组，乡镇保甲长人选，应就资望相孚之纯正知识分子选任之。[②]

---

① 平粜粮食购运处呈报各合作社办理平粜情形（1946年9月），北京市档案馆藏，档号J002-005-00018。

② 内政部电发收复区实施户口清查办法（1945年10月），北京市档案馆藏，档号J001-001-00412。

应该注意到，编整保甲由市府指定社会局牵头办理，户籍登记在城市以区为管辖区域，由区保甲负责办理①，也就意味着除维持地方秩序，清查户口和编整保甲，还与推行地方自治等战后建国目标相关。10月19日，社会局局长温崇信对记者称："伪组织时代规定之各区坊里制度，今后将改为区保甲制度，十户为一甲，十甲为一保，保甲长由民选决定，今后并将依据中央规定设立市参议院。"②警察局负责人亦称："沦陷区民众受敌伪之种种限制，如'居住证'问题，使市民感觉非常不便，兹以国家光复，警局亦曾考虑及此，预备最近期内发行国民身份证明书一种，届时'居住证'即告取消。"③均有减轻市民身份束缚之表态。

不过，因战后北平市内流动人口众多，四郊与城内的关系日益密切，况且保甲组织尚未建立或健全，利用警察局组织体系推行清查户口，便成为重要选项，也就自然偏向于维持治安之目的。11月21日，警察局户政科科长在谈及清查户口事宜时称：

现警局已开始准备彻查平市户口，惟鉴于平市人口繁杂，局内人数所限，一时恐难查清。故现积极妥筹良策，俟户口清查竣事后，即编制保甲，同时取消伪警察所发之居住证，发给国民身份证。又为防止户口之重复（即一人有两个以上户口者），并将于局内设户口卡片，以便于查考，今后尤特别注意人口之异动，如遇市民出生、死亡、移迁、婚嫁等，随时登记，以期户口正确。在国民身份证未发前，前伪警察局所发居住证暂时保留，其有遗失者亦可依法向警局补领，但新请求领居住证者暂不办理。④

谈话反映了户政状况的混乱与落后，更严重的是，当清查户口主要为

① 1946年1月3日修正公布的《户籍法》第六条规定：户籍登记，以乡镇为管辖区域，以乡镇长兼任户籍主任，并设户籍干事若干人，由乡镇长指定所属自治人员兼任之，本法关于乡镇之规定，适用于市之区。《户籍法修正公布》，《华北日报》1946年1月5日，第2版。
② 《废除坊里实行保甲制度》，《益世报》1945年10月20日，第2版。
③ 《"居住证"即将废除》，《益世报》1945年10月20日，第2版。
④ 《警局户政科长茅复山谈》，《益世报》1945年11月22日，第2版。

维持治安服务时，工作态度也有所倒退，甚至不惜保留日伪时期的恶政。当然，社会局方面也在后退。由社会局制定的《北平市保甲编整暂行办法》规定，将原有的内七区、外五区和四郊联合办公处改称为十六区，原有分区一级裁撤；原有坊名改称为保，里名改称为甲；原有区坊里改为区保甲，其管辖区域仍如旧暂不变动；原有区公所、坊办公处组织人事经费暂不变动。[①]可谓公然地新瓶装旧酒了，伪坊里长摇身一变改任新保甲长，改变的只是在办公处所应备置党国旗、国父遗像和遗嘱、党员守则，并举行纪念周仪式。可以说，制度构想完全缺乏实际操作的可能，为维持既有秩序，也只能利用现存社会基层组织。

实施清查户口方法分为普通调查、特别检查、联合检查三种。普通调查即经由警察局转饬各段户籍警，在管段内随时详加调查。或会同关系单位，实施特别检查。又为确保本市治安，可会同关系单位，实施联合检查或总检查。1945年12月30日和1946年4月5日，警察局曾两次会同各治安、党政机关，共同组成各检查班，实施户口总检查。尤其是第二次，由4月2日晚至3日晨的抽查，发展至5日晨结束的三日总检查。检查首日，当局声称查获私藏军火、鸦片烟犯、赌博犯、狎妓冶游、漏报户口及形迹可疑者多名，"其中以外二区方壶斋九号新华通讯社漏报户口者达五十三名之多。"[②]清查户口被用来进行政治迫害，初衷已经完全改变。

8月30日，警察局呈拟《北平市户口调查办法》，实施步骤分一般调查、抽查、特查、总查4种。一般调查即普遍的调查，由各管段户籍警士轮流持册到管界内挨户详查，并随时注意各户人或物，调查结果及统计数字逐日呈报备查。抽查为考核复查，各分局主管局员应随时考核各管段户警工作，对管界内户口加以抽查，本局主管科处亦随时派员予以查考。特查为特定目标之检查，本局发现可疑户口或特种目标，以及遇有特别事

① 《平市保甲整编暂行办法公布》，《益世报》1945年12月7日，第2版。
② 《检查户口被留置人由叶委员带回》，《华北日报》1946年4月5日，第2版。

故，得由主管科处会同各分局实施检查，也得会同其他治安机构编组特种检查队实行之。为达成确保治安、预防奸究之活动，得举行户口总检查。9月27日，第二十三次市政会议修正通过。参事室在修正意见中特别强调："查警察局本身系负有维持地方安宁秩序之责，而本市户政工作，现又划归警察机构掌管。"①清查户口以维持治安的功能突显。

1月4日，社会局举行整编保甲指导人员讲习会，商请教育局选派优秀中小学教师30名为整编保甲指导员。整编工作以第五区为示范区，先调查区内户口，俟户口清查后，即举行甲户长会议及保民大会，推选保甲长。虽然方法上有所不同，但由于缺乏组织基础，所谓工作目标也就是要符合中央法令，并在最短期内完成。②随即，编整保甲工作陆续展开。据官方记载，先后动员中小学教师252人，大学生102人，分区参加编整工作，历时三月，整编完竣，全市共划分为16区，332保，5518甲。清查户口的结果，全市共有318297户，1681797人。③按工作程序，清查户口，鳞次编组，每甲清查完毕，即举行甲户长会议，选举甲长，每保查毕，即召开保民大会，选举正副保长，训练民众，使用四权。④

编整保甲只是搭建起了基层行政组织的架子，内容尚十分单薄，实际情况甚至难以想象。有保书记对记者称：

本市"保甲"，自去冬开始调查，改选，圈定保长接收敌伪时期之"坊里"，以迄于今，工作可说毫无；即最主要之保办公处地址，届至目前，仍有未觅妥者。至于内部编制，办事规程，亦未确定。书记一职，五月时招考一批，录取后必须兼代保丁职务，言明每月三万元，每日到保长公馆听令，路未少走，汗未少出，同时还要参加地方人员自治训练，差不

① 北平市公安局呈送户口调查办法（1946年8—9月），北京市档案馆藏，档号J001-001-00484。
② 《平第五区保甲昨开始整编》，《益世报》1946年1月5日，第1版。
③ 《光复一年之北平市政》，北平市政府编印，1946年10月，第27页。
④ 《光复一年之北平市政》，北平市政府编印，1946年10月，第1页。

多三个月，仅由区发给补助费二万元，至于各保至今分文未见，有时一纸一笔，亦须保长购备，每保之内，除有两个正副保长，两个书记，几本破乱不堪之旧账，其它器具等项，一无所有。[1]

尽管言语中透着怨气，可如此基层状况，实堪浩叹。

### 五、民众组训

既然推行地方自治被列为市政首项工作，编整后保甲又仅具外表，市府的着力点便放在所谓地方自治人员训练上。1946年6月上旬开始筹备，择定中南海万善殿为地方自治人员训练班班址，由市长熊斌兼任班主任，市党部主委关铸人、副市长张伯谨兼任副主任，社会局局长温崇信担任教育长。预定训练三期，每期为两星期。训练目的为使保甲人员了解行使职权时应有之认识，以及对国父遗教和党义之研读。训练对象以区公所工作人员、保甲长及保书记为主，还有部分社会局、市党部相关基层工作人员。

地方自治人员训练班第一期受训学员438人，其中调训自治人员350人，党务人员88人，7月8日开学，7月21日毕业。受训期间按军事化管理，每晨4时半起床，整理内务，5时半晨操，8时早膳。9时至11时学科。午饭后继续上课，校方安排学科术科并重。晚饭后有自习，整理笔记及日记等，晚10时睡眠。熊斌在毕业典礼上训话，勉励学员以受训之精神和心得，加强各人工作效能，并对今后工作提出4项训示：一、取信于民，以身作则；二、分别缓急，检讨改进；三、立大志，做大事；四、认识环境，创造新精神。随后分组实施业务演习，择定第六区第十、十一、十二保为清查户口演习区。[2]

其后，地方自治人员训练班第二期于7月28日开学，受训学员486人，其中调训自治人员355人，党务人员131人，8月10日毕业。第三期

---

[1] 《胜利后的平市保甲有名无实形同虚设》，《益世报》1946年8月18日，第4版。
[2] 《自治人员训练班第一期昨毕业》，《益世报》1946年7月22日，第2版。

于8月15日开学，受训学员397人，其中调训自治人员220人，党务人员177人，8月28日毕业。基本完成了训练计划。

为巩固训练结果，并使训练班组织常态化，社会局又制定《地干班毕业学员工作督导办法》，成立地干班毕业学员工作督导处，主任由教育长兼任，负责办理工作督导事宜；每区设督导员一人，由本班教职员派充之，必要时得一人暂兼两区。区督导员每月得与本区毕业学员谈话一次，必要时得召开工作讨论会，其记录应报告督导处；督导处每月得召开会议一次。[①]训练班组织常态化的另一表现就是继续举办。9月15日，地方自治人员训练班第四期开学，调训学员除正副保长外，主要是所谓合作人员，亦称合作班，9月28日毕业。

就在市府大肆鼓吹地方自治人员训练，借以刷新地方政治之际，9月21日，内政部对乡镇保甲自治人员执行职务作出规定。

查乡镇保甲长等自治人员负执行县政府委办事项及办理本乡镇保甲自治事项之双重责任，其于执行委办事务如有违法渎职情事时，该管县政府自可予以处分，将其撤职或免职，即其办理自治事项，如确有违背法令妨碍地方公益时，县政府自亦应有立于监督地位予以纠正或处分之权，并得按本部前于二十二年五月一日公布并于同年九月十六日修正之《修正各县市办理地方自治人员考核及奖惩暂行条例》办理。[②]

依然是政府独揽大权，训练的主要成果，也就变为加强了政府的控制能力。另一项民众组训的内容，则是直接强化政府控制的组织工具。

据治安当局统计，北平自光复后屡有抢案，1945年11月至1946年4月，共计发生抢案460件，每日平均达四五件，治安状况堪忧，文化城被

---

① 北平市社会局给地方自治人员训练班的训令等（1946年9月），北京市档案馆藏，档号J002-001-00497。

② 市政府转发内政部关于地方政府有权监督考核自治人员的代电（1946年9月），北京市档案馆藏，档号J002-001-00497。

称为"匪的世界"。[①]5月31日，第十一战区司令长官司令部召集有关机关商讨治安问题，会议决定组训国民自卫团。市府随即拟定《国民自卫团组训纲领》，规定：全市按照警察区域，每一分局组设国民自卫团，受警察局统一指挥，社会局副之。各团按每一警察分驻所之管区设置分团，下按警察派出所管区设组，组下分班，每班团员16人，各团每期以组训40班至60班为准则。各团设团长、副团长各一人，由警察分局局长及区长兼任；分团长、组长由警察分局派员兼任；班长由各团所在乡军官或曾受军训之优秀团员中选充（必要时得商请附近驻军选派）。军训科目至各团之学科教官，由战区长官部、政治部派员或就各团附近机关中聘请适当人员担任之。凡本市男子年龄在18岁以上40岁以下，除有残疾、重大疾病、公教人员及在校学生、现役军警等，均有充任团员之义务。组训每期暂定一个月，每日受训一个半小时（暂定上午5时30分至7时）。[②]又依据《北平市国民自卫团组训纲领》订定《北平市国民自卫团训练计划》，强调训练以灌输正确政治思想、训练现代军事知识、养成市民自卫能力为主旨，训练课程分学术两科，学科分精神讲话、警卫常识两种，精神讲话讲述三民主义、新生活运动及时事报告等，警卫常识讲述警戒警卫、防谍除奸、防空救护、通信情报等，各十课，以半小时讲完一课为原则。术科为制式教练，以完成排教练、战术教练，注重街巷战术为原则。

7月1日，国民自卫团第一期开训，8月4日期满结业，于东单练兵场举行检阅，警察局局长汤永咸在训话中称，国民自卫团完全是市民自己的武力组织，也就是实行地方自治的警察组织。[③]8月10日，第二期开训，至9月10日结业。随后，一直持续到双十节，警察局主持了一系列的检阅，展示并巩固训练的结果。警察局一并制定了《北平市国民自卫团服勤

---

① 《平市抢案天天有》，《益世报》1946年5月12日，第2版。
② 北平市国民自卫团组训纲领等，北京市档案馆藏，档号J001-002-00391。
③ 《首期国民自卫团昨晨在东单检阅》，《华北日报》1946年8月5日，第3版。

办法》，规定训练期满，以派服勤一个月为原则，必要时以命令延长或征调之。服勤每日不超过三小时，服勤事项包括：协助军警维持治安；协助警察执行命令；协助军警查报匪犯，防缉奸宄；协助军警检举不良户口或隐匿户口；协助军警检查来历不明及形迹可疑之人；协助军警检举贩卖或存藏违禁物品；维护交通设施；整理市容清洁；推行新生活运动，等等。服勤事项由各警察分局会同区公所指挥监督考核。[①]可见，国民自卫团完全是军警的辅助工具，与市民武装和地方自治关系不大。

事实上，在所谓民众组训的过程中，借维护地方治安需要，警察局的权力得到进一步扩张。7月，行政院通过并发表由中央宪兵参谋长汤永咸继任市警察局局长，27日汤永咸就职，即对记者谈三件事：一是充实警察装备，调整警察局机构；二是提高警察待遇；三是加强教育训练，选择优秀青年入学，施以相对训练，用资补充年老退休之名额。[②]随之，警察局在市政中的地位提升，诸如反复宣传的换发国民身份证工作，亦从强调消除敌伪恶政，建立宪政基础的美丽言辞，渐次趋向于为维持地方安宁秩序，并强调由警察局施行。[③]通过民众组训，警察局职权渗透基层政权及社会组织，并于双十节在东单广场举行阅警及自卫团大检阅，计有1973名员警及着黑衣白帽的自卫团员6668名，代表"维持地方治安的力量的新表现"。[④]

## 第五节 市容整理、修建与习俗改造

### 一、清除秽土秽水

北平的垃圾问题，即秽土秽水堆积问题，为城市老大难问题，沦陷时

① 北平市政府公布北平市国民自卫团服勤办法，北京市档案馆藏，档号J001-002-00362。
② 《平警察局长汤永咸昨就职》，《华北日报》1946年7月28日，第3版。
③ 《办理国民身份证警察局告市民书》（上），《华北日报》1946年9月25日，第3版。
④ 《全市警察大检阅》，《华北日报》1946年10月11日，第3版。

期更形严重。自市政府完成接收，为求光复之新气象，试图首先从市内清洁入手，尤以秽土问题为重，特令卫生、社会、警察三局会同讨论清除市内秽土办法。经三局派人开会讨论，卫生局拟具垃圾处理办法，其中，治标办法为：督促各清洁班现有夫役加紧工作；会同社会、警察二局发动清洁运动十日，自1945年10月20日起至29日止，以社会力量清除之。治本办法为：对于新垃圾之清除，由夫役按街摇铃取土运至待运场；由夫役、杂役清扫主干街道；使用载重汽车将垃圾由待运场运至消纳场。预计将使用各种夫役3000余人，汽车40辆，以及手推车、铃等工具。对于陈旧垃圾之处理，则计划使用载重汽车运输，以包商方式完成。①在操作上，首先由卫生局强化对秽土车夫的管理，并由三局会同通告市民，使全体市民周知。11月1日后，由警察局各分局派员巡视，如有乱倒秽土、沿街大小便者，则加以严惩，或予以拘留，或予以罚款之处分。②为提高运输秽土效率，卫生局又会同社会、警察二局制定运除积存秽土办法三项：一是利用出城空厢车携带秽土，运至距城一公里外之指定地点；二是晓谕各部乡民，可进城选运能做肥料之秽土；三是铺装旧有小轨铁道，及利用大汽车装运。③

因准备仓促，人力、经费、工具有限，清洁运动只能集中于新垃圾的清除，对于垃圾积存数量的估计不降反升，由126万吨增至135万吨，再增至150万吨，故需重新拟订运除秽土计划。卫生局与善后救济总署冀热平津分署商洽，实行以工代赈办法，分区运除垃圾，自1946年2月7日起至3月10日止为试办期，计划应募难民、贫民500人，每人每日发给面粉4斤，由善后救济分署提供。④卫生局并与善后救济分署订立合同，组设北

① 《北平市处理垃圾治标治本办法》(1945年10月)，北京市档案馆藏，档号J001-003-00140。

② 《整顿市容保持清洁，本市积极清除秽土》，《益世报》1945年10月19日，第2版。

③ 《卫生局拟定清除秽土办法》，《益世报》1945年11月2日，第2版。

④ 北平市工赈考核委员会组织规程及北平市以工代赈运除垃圾暂行办法，北京市档案馆藏，档号J001-003-00183。

平市垃圾运除委员会，期于5月1日开始，展开为期一年的彻底清运活动。

同时，又因运除秽土所需经费甚巨，绝非市府所能承担，第九次市政会议决议自2月15日开始征收清洁捐，暂以三个月为限，美其名曰发动全民力量。每月征收数目，住户甲户法币300元，乙户法币200元，丙户法币100元，丁户免征出力；娱乐场所、商铺、饮食店法币3000元至法币1000元不等。① 在具体实施上，卫生局约请市党部、青年团及社会、警察二局，负责发动全市清洁运动，诸如青年团平津支团部将发动全体团员，协助警察、社会、卫生各局共同努力，期于最近将污水、秽土一律除清。② 由工务、公用、卫生三局负责设施轻便路轨、电车、手车等运输工具。在分区负责计划中，内六区由日俘办理，内一区由以工代赈办理，内二区架设轻便道办理，内三区由汽车公会负责，内四区及内五区均由大车公会办理，时间均为一个月。③ 另外，卫生局还拟定了《北平市住户清洁管理规则》，规定住户清洁由卫生局管理，但因事务上之必要得由警察局、社会局协同办理，还对保持户内外清洁禁例有详尽规定，诸如：不得倾倒抛弃或排泄污物于道路、河道或雨水沟渠内；不得在秽土待运场及垃圾箱筐之外倾倒垃圾，不得在秽水沟池及秽水桶之外倾倒或积存秽水，不得在公共厕所或公共尿池之外大便及小便或在尿池内大便；不得将粪溺倾倒或排泄于公共沟渠内；不得将粪便及大宗建筑物废料倒于秽土待运场内，等等，④可谓考虑周全。

实际完成情况则不尽理想。市民清洁费于6月1日继续征收，标准不变，预计征收三个月，试图于双十节前完成清运工作，并于9月2日由卫生局会同市府及警察局等，举行全市街巷清洁大检查。检查的结果多少有

① 北平市卫生局签拟清洁专款委员会组织规程及清洁专款征收管理规则，北京市档案馆藏，档号J001-003-00221。

② 《厉行清洁运动》，《华北日报》1946年2月10日，第2版。

③ 《平市展开清洁运动》，《华北日报》1946年2月15日，第2版。

④ 北平市卫生局呈拟北平市清洁管理规则（1946年3月），北京市档案馆藏，档号J001-003-00161。

些令人沮丧，市民清洁费的征收被延长至1947年4月截止，从而要求旧有秽土由工程委员会负责清运，新秽土由卫生局负责清运，务期1947年4月底以前，将全市各处旧秽土清除净尽，新秽土亦随时清除，绝不再堆积市内。[1]不过，市府似乎仅看重声势，自10月1日起至31日止，又发起清洁市容工作竞赛。竞赛办法规定，竞赛区域以内外城各警区为单位（郊区暂缓），由各警察分局局长协同各区区长及保甲长，领导市民参加竞赛。[2]警察局在清洁市容方面也占据了主导地位。

无论市府对清运垃圾表现得如何积极，规章和办法如何严密，清运垃圾的实际结果却无法令市民满意，有报纸带有几分嘲讽地报道：

为了美化故都，曾经下了决心，铺设轻便轨道，清除市内闻名的垃圾堆。日久天长，旧的垃圾也许都拉光了，而新的垃圾，却比以前声势浩大，当你走到皇城根一带，只见垃圾堆将与城墙看齐，轻便铁轨已被掩埋。据说，枕木都被人们拆去当木材烧。有人开玩笑说：天长地久，等把新垃圾清除以后，铁轨也可以搬到故宫博物院做陈列品了。[3]

经接收后一年的努力，北平垃圾问题依旧严重。

## 二、查禁烟毒

市政府完成接收后，另一件大张旗鼓的工作即查禁烟毒，也是依据中央政府命令的全国性工作。

接收之初，卫生局于广安门内日本戒烟疗养所及地坛前传染病院筹设戒烟所，除收取伙食及注射药品费外，免费为市民戒烟。1945年12月，行政院修正公布《肃清烟毒善后办法》《收复地区肃清烟毒善后办法》《查

---

[1] 《本市新旧秽土》，《华北日报》1946年9月6日，第3版。

[2] 《北平市清洁市容工作竞赛办法及评定报告表》（1946年9月），北京市档案馆藏，档号J001-003-00188。

[3] 《敷铁轨原为清除垃圾，谁知垃圾掩埋了铁轨》，《益世报》1946年9月30日，第4版。

缉毒品给奖及处理办法》，规定：为贯彻断禁政策并履行国际禁烟公约，全国各地烟毒（包括种、运、售、吸、制、藏）统限于抗日战争结束后两年内彻底肃清，各省市应分别依限提前完成，不得展缓。肃清烟毒以地方政府为主办机关，应列为重要中心工作，各地驻军及交通、财务、教育、卫生、社会、救济等机关为协办机关，并应由各地地方政府普遍发动社会制裁，厉行纵横联保连坐，鼓励自治机关、学校、社会团体及热心公益人士共同自治禁烟协会，辅助办理宣传、检举、施戒、救济等事项。对于收复区吸食烟民得视交通及政令传达情形酌予施戒期限，但每一省市施戒总期限至迟不得逾6个月。① 随之，内政部拟具《收复地区禁烟紧急措施》11条，经行政院核准通令各省市政府切实施行。②

禁烟运动的直接推动因素则是蒋介石的亲自督促。蒋介石在北平巡视时，对敌伪在平津各地所施长期毒化政策之遗祸，表示特别关注，并于12月18日离平时手令北平、天津两市市长：

北平与天津，应严禁毒品。凡鸦片、吗啡、海洛英，应一律严禁，无论吸者、贩者与运者，一经查获，应即照前所颁发禁烟条例执行，并限三个月内，限明年二月一日以前一律禁绝，否则即以各该市长失职是问。③

随即，社会、警察、卫生三局会同拟定《北平市禁烟禁毒暂行办法》，规定实施肃清烟毒期为两个半月，自1946年1月1日起至3月20日止，定期举行禁烟禁毒扩大宣传周，广泛张贴布告、标语，本市各日报出禁烟禁毒专刊，北平广播电台增设禁烟禁毒节目，各中小学举行禁烟禁毒宣传，并由警察、卫生、教育、社会四局组织宣传队分区集会演讲，挨户劝诫。举行烟民总登记，在肃清烟毒期间，凡种植、贩运、存储及介绍买卖、吸食者赴警察分局及区公所自首具结自新，一律不予治罪。并提出运用保甲

---

① 《行政院令发肃清烟毒善后办法》，北京市档案馆藏，档号J001-002-00369。
② 《清除收复区烟毒颁发禁烟紧急措施》，《中央日报》1945年12月20日，第3版。
③ 《北平市政府禁烟工作报告》（1946年3月），北京市档案馆藏，档号J001-002-00765。

机构策动民众实行秘密检举，择地设密告箱，实行联保连坐，肃清烟毒期后如再有吸毒、贩毒、制毒者，保甲长须受相当惩罚，"三户连坐"中一人吸毒则三家受惩，具结自新者需三户以上担保等办法。同时，设置烟毒戒除所4所，指定公私医院18所分别负责施戒。[1]可是，暂行办法迟至1月26日公布，2月8日第九次市政会议才修正通过追认案。

依据蒋介石手令，北平行营立即代电北平市政府于1946年1月1日将各机关接收之烟土、毒品、烟具集中一处，当众焚毁。12月24日，市府邀集各机关人员及士绅等在西花厅举行会议，协商焚毁事宜，同时组织焚毁毒品检察委员会。决定各机关接收之毒品限26日前分别种类、数量、接收机关、保管经过等造表册送交检察委员会，并自行送至焚毁场，于1月1日上午10时在太和殿前焚毁。据调查，北平行营、第十一战区长官部、法院、社会局、卫生局等机关接收烟土毒品等共达29吨，除保留烟土6万两供制药（其中3万两作卫生局配制戒烟药，以北平有烟民10万人计算，每人约需3钱）外，尚有27吨有待焚毁。[2]

表面上看似准备周密的行动，却因一个小纰漏导致整个计划告吹。官方强调原因为毒品过多，时间仓促，赶办不及。其实，主因乃是敌伪时期土药业公会曾以烟土80余万两联合准备向银行押款，该批烟土存放于银行保险库内，中央银行接收后，因该保险库钥匙被伪禁烟总局科长吉士安携去，而吉某已畏罪藏匿，故保险库未能打开，致使焚毁烟毒一事不能不延期举行。[3]有如黑色幽默。经过两次延期及调换焚毁地点，最后确定1月26日在东单练兵场焚烧，共焚毁各机关接收之毒品95.6万余两及烟具，约合29吨。

1月10日，市府成立禁烟联合办公处，由社会局视导主任薛品源任处

---

① 《北平市政府公布禁烟禁毒暂行办法》（1946年1月），北京市档案馆藏，档号J001-002-00371。
② 《元旦太和殿前焚毒邀各机关派员监视》，《益世报》1945年12月25日，第2版。
③ 《吉士安携走钥匙焚烟延期又一原因》，《益世报》1946年1月1日，第4版。

长，警察局、卫生局、财政局和市会计处分别派员联合办公，并将烟毒戒除所增至11所，专为贫苦烟民免费施戒，市内指定公私医院则负责办理烟民自费施戒，同时设立烟民戒除管训所，负责烟民在烟毒戒除后，集中施以合理之分组管训责任。1月11日晚，熊斌在北平电台作禁烟广播，内称：

> 鸦片为吾人共同之敌人，应下最大决心，肃清烟毒，倘再不知自拔，甘为国家民族之罪人，则律有明文，决不宽假，勿以身试法。①

1月16日，社会局发布公告，要求烟民即日起开始登记，规定登记由各区公所代办，烟民认定自戒者，登记后三日内持证赴医院戒烟，逾期即行传戒。可是，登记者寥寥无几，各区公所忙于办理平粜，烟民多观望不前，且登记表亦未及时发至各区公所，截至3月底，主动登记者仅233人，而之前在伪禁烟总局登记之烟民即达2万余人。②

限令时间紧迫，肃清烟毒工作进展却不尽如人意，只能依靠宣示严刑峻法及制造官方活动以壮声势。1月23日，副市长张伯谨在接见记者时警告烟民，3月20日以后即按法律制裁。1月29日，社会局局长温崇信召集各区区长及同业公会会长讲话，要求区保人员及各同业公会负责人晓谕各住铺户，如有烟民要切实自动登记，前往医院或戒除所施戒。并再强调禁毒法律之严厉，如种、运、售、制烟毒者处死刑，吸、藏毒者处死刑，吸、藏鸦片烟者处五年以上徒刑，戒后复吸者处死刑，公务人员、军警包庇烟毒者处死刑，持有烟具者处三年以下徒刑。又强调联保连坐办法，春节后将分组挨户检查，如逾期仍发现吸毒者，区保甲长与吸毒者同罪。③在活动方面，市府决定自2月10日起至20日举行烟毒检查，全市共分30个检查组，由警察局、卫生局、社会局和警备司令部派员担任检查人员，根据前伪禁烟总局登记底册及人民检举、密告之烟毒案件，由区公所拟定检查

---

① 《熊市长作禁烟广播》，《益世报》1946年1月12日，第2版。

② 《禁烟工作未见积极，烟民登记寥寥无几》，《益世报》1946年1月29日，第2版。

③ 《春节后挨户调查烟民吸藏毒品者一律处死》，《益世报》1946年1月30日，第2版。

日程及地域，汇集检查材料，会同当地保甲长施行检查。如无烟毒嫌疑之各户，须由户长具结交与该管甲长，再由甲长会同该管户籍警立具无烟毒各户切结，交由该管保长、区长签名盖章，转交检查人员汇送社会局备查。查获之烟民应立即办理登记手续，觅取妥善铺保或人保，并责成该管甲长立刻将该烟民送交警察派出所，转送就近指定之医院或戒除所施戒。[①] 具体实施同样是心有余而力不足，虽并非挨户检查，而且延长到3月6日结束，还是感觉人力不足，共计查获烟民5823名，其中男3853名，女1970名。[②]

为振奋烟民精神，社会局拟定《北平市施戒烟民管训手册》，规定各戒除所内烟民戒绝烟毒后，一律加以集中，采取以工代赈方式，暂分劳动服务和知识服务两个管训组，由善后救济总署拨发面粉，从3月11日开始执行。3月19日，于禁烟运动期满前夕，市府通过了新的禁烟法案，但对于肃清与否，并无明确说明。22日下午，社会局举行禁烟会报，据禁烟联合办公处报告，烟民受训所成立迄今共收容127人；各烟毒戒除所及指定医院共施戒2210人，其中，各烟毒戒除所1286人，医院924人。[③]当局宣称禁烟工作已步入一个新阶段，拟定了禁烟新办法，尤其强调奖励人民告发和检举售、吸者。

所谓新阶段也并无多少新气象。除了将部分烟毒戒除所改名烟民调验所，即是进一步强调严惩加以震慑。4月22日，市府有关机关举行禁烟工作检讨，决定今后检获毒贩办法：种、售、运、制及收藏烟毒者被捕时，当即送法院依法严惩；被捕吸食烟毒者先送烟民管训所管训三至六个月，送法院依法惩办；戒而后吸者送法院处以极刑。在活动上，则欲借"六三"禁烟纪念日制造声势。5月23日，北平市各界举行"六三"禁烟节纪念大

---

① 《本市昨日开始烟毒大检查》，《华北日报》1946年2月11日，第2版。

② 《光复一年之北平市政》，北平市政府编印，1946年10月，第2页。

③ 《平市戒烟人数》，《益世报》1946年3月23日，第2版。

会筹备会议，决定6月3日在东单练兵场举行纪念大会。

6月3日上午，北平各界参加的"六三"禁烟纪念大会在东单练兵场举行，到会党政军各级首长、各机关各学校代表、各区保甲长及各界民众2万余人，市府秘书长杨宣诚代表市长熊斌在致辞中声称：政府对查缉烟毒工作，绝不松懈。非彻底肃清烟毒不可。行营处长王捷三代表李宗仁致辞称：希望明年今日纪念林公则徐之伟大精神时，平市已无毒可焚。当场并焚毁一批查获的毒品、烟具。[①]

尽管严词咄咄，可还是雷声大雨点小。此后，市府主导的禁烟工作仍在继续，但表现仍多停留在制定法规和建立组织的浮面之上。当局为提升禁烟工作效率，特拟定《禁烟案件处理办法》，内容包括查缉、受理、调验、管训等项工作。[②]市府设置禁烟检查小组，由社会、警察、卫生三局各派职员一人组成，在社会局内办公，由社会局局长指挥、监督。[③]此外，还建立具有官方背景的禁烟团体，作为民意之点缀。由市各法团、自治团体与区保甲长筹组禁烟纪念协会，发挥检举和劝导作用，决本"勤教严审"政策，完成禁烟使命。[④]实际效果依然平平。

### 三、基础设施的整顿与修建

1945年12月10日，工务局局长谭炳训在市府纪念周上报告接收后工作情形，认为敌伪统治时期机构紊乱已极，工程毫无进展，故接收后第一步工作即调整内部机构及设计今后都市建设计划，第二步着手整理市容，诸如：市内外道路年久失修，起伏不平，然以经费所限，仅能局部填补；为处置秽水，正极力修理所有沟渠；宣传牌灯等过去为敌伪宣传所用，须

---

① 《六三禁烟纪念会昨在东单盛大举行》，《益世报》1946年6月4日，第2版。

② 《加强禁烟工作烟案处理办法公布》，《华北日报》1946年7月19日，第3版。

③ 《北平市政府公布禁烟检查小组办事细则》（1946年8月），北京市档案馆藏，档号J001-002-00371。

④ 《平市将成立禁烟纪念协会》，《益世报》1946年10月5日，第4版。

重加改装修整。[①]1946年3月25日，谭炳训又在市府纪念周上报告工作，已有经费并施工的仅永定门至南苑间道路加宽6米，中南海、和平门等处补修2万平方米及交通灯伞修竣，其余则在准备施工及筹措经费，或仍停留在计划之中。[②]

从官方的统计材料看，光复后一年的市政道路建设，主要工作是既有道路的养护，至于改善和新建道路已规划工程，依旧处于准备施工和等候预算审批之中，进展不大。整理沟渠情况亦同，一年来掏挖修理明沟、暗沟、管沟等各胡同支沟：内城2950.6米，外城2486.3米，郊区562.3米，共长5299.2米。重要沟渠已实测龙须沟、崇内大街、大石桥及御河（自地安桥至望恩桥一段）等处，并拟具计划，使用以工代赈方法施工，但还只是处在与善后救济总署商洽之中。作为文化城，整理文物建筑亦是光复后的要务，可受限于经费，也只能是提出计划与小修小补。能够快速完成的为后圆恩寺主席官邸修缮工程，包括土木、暖气、卫生等，原定两个月完成，又续加工程一个月竣工。[③]9月16日，当谭炳训再次在市府纪念周上报告最近工作概况时，报刊上已无具体内容了。

新建部分规模最大者为沦陷时期西郊新市区的续建。新市区原规划面积65平方公里，主要面积30平方公里，东至距城4公里，西至八宝山，南至平汉铁路，北至飞机场，光复时由工务局接收日人住户瓦房800余座，楼房7处及电报局、邮政局等。[④]市府决定建设未完成的7/10部分。然而，因管理权及经费问题，新市区自光复后实际处于停建搁置状态。1946年5月31日，蒋介石在平巡视新市区后，曾手令该区管理权交北平市，借以克服军政事权不一、接收工作欠佳状况。工务局遂决定继续

① 《整顿市容计划》，《华北日报》1945年12月11日，第2版。

② 《修路通渠整饬市容》，《益世报》1946年3月26日，第2版。

③ 《光复一年之北平市政》，北平市政府编印，1946年10月，第57—59页。

④ 北平市关于西郊新市区由工务局接管等问题的训令（1945年11月），北京市档案馆藏，档号J001-004-00115。

兴建，并拟具计划，特设新市区建设委员会，由市府一至二人，工务、公
用、财政、地政、社会、警察、卫生、教育局各一人，地方士绅一至二人
组成，职掌新市区建设审议及执行事项、土地整理事项、新市区内行政及
自治工作之协助及联系事项。7月26日，新市区建设委员会组织规则草案
由第十九次市政会议修正通过。① 光复近一年，新建事宜仍停留在组织规
划层面。

　　在公用事业方面，尤其是公共交通和自来水设施，光复后的市政府
也是颇有雄心，力图在短期内有所建树。接收之初，每日行驶电车仅20
至30辆，均损坏不堪，且多为炭车，以后才陆续改装为油车，至1946年
8月，共新修机车28辆，拖车22辆。1945年12月蒋介石莅平时，曾手
谕战运局将接收汽车100辆拨交市府办理公共汽车，着实使人兴奋了一
阵。② 1946年1月，公共汽车筹备处设立，可拨交的卡车72辆、客车28辆，
损坏严重，只能赶修，至5月16日，才有前门至交道口第一线路开始通
车。9月，公共汽车筹备处改组为管理处，时有汽车44辆，其中客车31辆，
卡车13辆。③ 整顿自来水方面，重心依旧在调整组织，裁撤冗员，以及一
些规章制度的建立，工程上只能小修小补。据官方统计称，　　年以来积极
扩充用户，由1945年10月的26229户，达到1946年7月的28331户，十个
月增加2102户。如果仅看用户数，增速不能算低，但观察售水量，1945
年10月为781462吨，1946年7月为782295吨，增加有限，若再计算总送
水量，反而有所下降，主要成绩则是损失量有了较大幅度的减少。④

　　在都市建设和市容整顿上，国民政府及市府均表现得过于急切，多少
有些脱离实际。诸如市府为整饬街道，决定拆除有碍交通之路棚，引发天

① 《北平市新市区建设委员会组织规程》（1946年8月），北京市档案馆藏，档号J001-004-00205。
② 《本市公共汽车近期可望恢复》，《益世报》1945年12月29日，第2版。
③ 《光复一年之北平市政》，北平市政府编印，1946年10月，第97、88、99页。
④ 《光复一年之北平市政》，北平市政府编印，1946年10月，第101页。

桥东一带商号联名向当局请求收回成命，竟被驳斥，作为补偿，凡私有土地每亩按法币40万元征收。①为整顿市容，市府曾令饬警察局取缔街头浮摊，但浮摊多系小本经营，赖以赡养家口，一旦取缔势必影响生活，故虽三令五申，终未彻底，不得已改为酌情指定空地，依浮摊性质集中摆摊营业。②为加强人力车的管理，公用局制定《北平市政府管理人力车规则》，9月20日开始登记，领取牌照。因中枢有令营业人力车限期废止，发放牌照将加以限制，并由车业公会登记有营业人力车11924辆，公用局预计两期废止，至年底前全部废除。③在公共交通发展乏力和人力车夫复员无明确保障的情况下，急速的变动显然难以实现。再者，新市政建设亦有可能增加市民负担。例如，路灯在敌伪时期数年未修理整顿，光复后灯泡被窃遗失甚多，以致街道黑暗，市府又以经费所限，并无解决办法。电力公司先行垫付各项费用，装修主要街道路灯，又因所需工程及维持费用较多，遂与市府商洽路灯收费办法。④

诚然，城市建设规划需要先行。9月15日，市政工程学会在北海公园举办展览会，分文物工程、都市计划、道路沟渠及自来水4部分，其中含有城市交通十点计划。

最先开辟几条要衢：（一）由复兴门通建国门直达西郊，建地下电车道。（二）游览线由天安门经西单到西直门建地下道；出西直门建电车道，经万牲园、清华园、卧佛寺、碧云寺、香山、八大处、石景山达西郊。（三）为公务员、工人及津浦车来平旅客之便利，由丰台筑公路直达新市区。（四）前门车站迁至城外，在阜成门与新市区中间建一中间车站，如实

① 《为整市容势必拆棚，当事商民准先领价》，《益世报》1946年5月12日，第2版。
② 《平整顿市容浮摊将集中》，《益世报》1946年8月20日，第4版。
③ 《废止人力车本年底完成》，《益世报》1946年9月18日，第4版。
④ 《修路灯壮观瞻，平电力公司开始办理》，《益世报》1946年5月15日，第2版。

践时，天津至北平之火车轨可直线北上达中间车站，避免穿城之浪费与种种阻碍。（五）疏通北平通州间运河，使运输东郊工业出品，并在东郊建大规模国际飞机场。（六）平津间建高速度车道，与今之路线稍异，成直线不必经通州。（七）将臭水沟毁的护城河填平，使成环城马路，下设地下水道。（八）疏通西直门高梁桥至昆明湖水路，点缀风景，并增加水源。（九）将西直门北面开凿与南面对称之出入门，分上行路下行路。（十）城内打通东四猪市大街与景山大街道路，即将双辇胡同房屋拆毁，建设行道；将太平仓平安里一带拆毁改修电车轨；哈德门外将蒜市口打通，可直达广渠门，并由左安门建一干线与此道相衔。[①]

其实，参观者深知，"在此经济支绌的今日，什么时候能实现这个美丽的梦，尚不能臆测"。但又以为，在满园秋色中，展览还是给北平市民带来了一些新的希望。

### 四、新生活运动的继续

城市基础设施建设的不足，市民生活状况改善有限甚至下滑，当局就更加需要从社会道德和国民精神层面上寻求弥补。

1946年2月18日，新生活运动十二周年纪念前夕，蒋介石在重庆电新运总会并转各省市分会、各机关团体，重申新生活运动"主旨在以食衣住行之整洁、简朴、迅速、确实为起点，革新个人之生活，改造社会之风尚，进而求国家民族之进步"。[②]19日，新近组建的新生活运动促进会北平分会以正值抗战胜利、国土光复，亟应扩大举行纪念会，会同三青团平津支团部邀请在平机关团体27单位召开新生活运动十二周年纪念大会，

① 《新北平幻想曲：市政工程展览参观记》，《华北日报》1946年9月20日，第3版。
② 《新生活运动十二周年蒋主席勉全国同胞》，《中央日报》1946年2月19日，第2版。

市长熊斌首先致辞，阐述倡导新运转移风气之意旨。①北平的纪念活动较之重庆冷落了几分，在新运内容操作上，则是既要跟随又各取所需。

节约为新生活运动重要内容之一，很快当局便将民食供应短缺演绎为节约问题，转而成为新运任务。3月26日，行政院令各省禁止粮食酿酒。随后，粮食部发出代电，就节约粮食消费提出数条规定：绝对禁止以粮酿酒，受灾较重省区即应实施禁售禁饮。减低麦面、食米精度。策动社会，改变消费习惯，如以米面为主食者，尽量配食杂粮；日食三餐以上者，减少次数；日食干饭者，配改稀饭。都市、城镇严格禁止制造及售卖奢侈食品，宴会、筵席以新运会规定之篮数为限，并就各地物价情形规定最高限价。市财政局、社会局相应拟定《北平市节约粮食消费办法》，规定：禁止以食粮酿酒；禁止以食粮熬糖；严禁以米、麦、苞谷、白薯等主要粮食饲养牲畜；减低面、米精度；禁止各餐馆及食品商店制售奢侈食品，凡宴会、筵席以新运会规定菜数为限。②两者内容基本相似，不过，北平作为都市，在标准制定上更为宽松，如粮食部规定的麦面成粉率不得低于85%，北平则规定在75%。在实施上更为拖沓，4月粮食部发出代电，6月财政局、社会局拟定了暂行办法草案，8月30日修正备案，9月19日市府令准实施，但尚需报行政院复核，迟至12月才接到行政院的复令。

显然，仅限制民众消费难以推行。北平行营主任李宗仁为提倡简朴风气，改革故都奢靡浮华旧习，特谕市府、党部，草拟《北平市党政军警节约办法》，并于行营党政军汇报通过公布实行，稍后，第十一战区长官部亦令饬各附属机关切实遵行。具体内容如下。

（一）免除一切无谓馈赠，遇有同事及戚友婚丧大故，必须赠送礼金者，其礼金不得超过总收入百分之四。（二）各机关人员非必要时不得宴

① 《纪念新运十二周年各机关团体联合举行》，《华北日报》1946年2月20日，第2版。
② 北平市节约粮食消费办法等（1946年6月），北京市档案馆藏，档号J001-002-00335。

客，如必须宴客时，每客以两千元为限。（三）各机关因公宴客，以采用茶点为原则。其必须餐叙者，餐费每人不得超出两千元。（四）纸张笔墨应极力节省使用，旧信封应利用公役余暇翻转，以为机关内部往来公文之用。（五）煤火电力不用时应即闭息，以免浪费。（六）规定专用小汽车数目，并限制使用汽油。公用局应设法增加电车及公共汽车开行次数，并增加新线。（七）饭馆内宴客，司机及随从伙食由乘车主人自付。（八）本办法由各机关主管人员督促实行。①

表面上看，办法条文考虑细致，可与民众对权力机关官员的观感及期待相距甚远，于是，所谓新生活运动，便成为搞形式、走过场，成为少数人的表演。

为给建国期争取时间，国民政府通令5月15日至9月30日全国改用节约时间，即夏季时间，将时间提前一小时。北平各机关奉令后，已先后遵照实行，但有许多机关是在"阳奉阴违"。

电影院将二点半、五点、八点半三场电影，改为新钟二点半、六点、九点半，这是否节约了时间呢？广播电台只将每晨第一次节目提前一小时，其余仍旧。前门车站的挂钟，的确是报着新时间，但实际列车出发，仍较夏季时间迟一小时。城门每日晨五时启开，晚七时关闭，现在启开与关闭的时间改为六时与八时了。几个私立的医院，市内的两个私立大学府，及若干市私立中小学校，听说从今天（20日）才改用夏季时间。②

如果将此种现象，归之为保守的惰性，那么，报刊上最热闹的集团结

---

① 《李主任倡导简朴生活，公布实行党政军警节约办法》《党政军节约法当局督令遵行》，《益世报》1946年4月21日、5月18日，第2版。

② 《夏季时期实行后》，《华北日报》1946年5月20日，第3版。

婚，则由当局一手操办。活动由社会局社会服务处负责，该处于5月5日成立，目的为改善社会生活，增进社会福利，业务分文化指导、工人紧急贷款、民众诊疗、社交会堂、补习学校、集团结婚、升学就业指导、学术讲演、书报阅览等项。[①]其中，集团结婚活动易于操作，且争议较少，又最具仪式感，因而得到官方及传媒的炒作。

5月26日，光复后第一届集团结婚在社会服务处社交会堂举行，参加新人19对。依典礼规定，男子着中服蓝袍黑马褂，女子礼服由社会服务处代为介绍租赁，每套约3000元。典礼由服务处主任崔士吉司仪，警察局乐队奏礼乐，社会局局长温崇信朗读结婚者及介绍人姓名，市长熊斌担任证婚人并致辞。礼成后，由服务处准备大汽车一辆，分别载送新郎新娘返还新居。[②]7月28日，举行第二届集团结婚，参加新人17对，除女子礼服租赁更换一家承办商，仪式如旧，只是改由社会局局长代表市长证婚。[③]8月11日，第十一战区政治部在铁狮子胡同长官部大礼堂举办首届官佐集团结婚，由孙连仲担任证婚人，仪式的政治意味更加浓厚。礼堂正面交叉国民党旗，悬孙中山遗像、遗嘱及"革命尚未成功，同志仍须努力"之遗训，新郎着军服，典礼开始时，先脱帽向国父遗像行三鞠躬礼。[④]10月20日，社会服务处举办第三届集团结婚，依然由熊斌证婚，温崇信宣读婚书。参加者职业以公务员为多，且有男方因北宁路发生阻碍未到而取消参加者。[⑤]

第十一战区长官部政治部及党政处曾推动筹组民运模范区活动，并拟定《北平市民运模范区组织及工作办法草案》，内称：为强力推行北平民运工作，健全基层组织，促进新生活运动，奠定自治基础，以建立整

① 《光复一年之北平市政》，北平市政府编印，1946年10月，第9页。
② 《光复后首届集团结婚昨隆重举行》，《益世报》1946年5月27日，第2版。
③ 《十七对有情人昨日成了眷属》，《华北日报》1946年7月29日，第3版。
④ 《官佐集团结婚昨晨隆重举行》，《益世报》1946年8月12日，第2版。
⑤ 《集团结婚第三届昨举行》，《华北日报》1946年10月21日，第3版。

洁、规律之模范区，发挥领导示范作用，要求市政府明令设置内一区为模范区，并邀集相关单位举行了两次会议。草案规定，模范区内工作实施期限暂定为三个月（8月1日至10月31日），每期一个月。第一期工作为清查户口，健全保甲，整理地基，举办国民自治训练，编组国民自卫团，整饬市容，举行清洁大扫除。第二期为考核保甲机构，调整保甲长人选，设立中心小学校及保民夜校，设立并加强消费合作社，举行清洁检查，整饬公共场所，管制交通秩序，彻底完成第一期各项工作。第三期继续完成第二期各项工作，设立模范区自治人员训练班，完成各种民众组训，完成各种团体，指导召开保民大会。模范区内各项工作实施，由市政府主持，并由市党部、青年团支团部、第十一战区政治部及党政处全力协助。[①]8月30日，第二十二次市政会议在审议模范区组织及工作办法时，作为原拟工作项目"均正由市属各局依照计划推动，如纳入区公所中，不仅职权完整有碍，且反足减低效率"，遂决议保留。[②]

不过，市府另拟了一个无关地方权力的替代活动。依据《北平市茶水站设置办法规定》，在内外城各重要通衢设置茶水站，由市府主办，并由市党部、青年团支团部、第十一战区政治部及党政处协助，目的在宣扬政府德意，适应实际需要，以倡导善举，实惠民众。茶水站设置由各设立地点之区公所及警察分局负责实施，或选派专人负责，或委托商户办理，设置期限预定一个月（8月），凡劳苦贫民均可至茶水站饮用，概不收费。同时提倡各宗教、慈善团体于附近要衢举办。[③]已经近乎无聊。

---

① 《北平市民运模范区第一次会议及第二次会议记录》（1946年7月），北京市档案馆藏，档号J005-001-01251。

② 北京市档案馆编《北平历届市政府市政会议决议录》，北京：中国档案出版社，1998，第575页。

③ 社会局函送茶水站办法的公函（1946年8月），北京市档案馆藏，档号J005-001-01059。

## 第六节　熊斌市长任期的结束

### 一、无奈的去职

1946年10月9日上午9时，市府举行复员一周年纪念大会，熊斌主持并致训词，内称：

> 本府复员以来，转瞬周年，吾人一年来工作成绩，虽不容抹煞，惟距理想境地尚远，回忆去年今日，人民对吾人之期望何其殷切，然结果如何？客观上种种障碍，虽为吾人未能满足人民期望之原因，但吾人在各方面，是否已尽最大及最善之努力，实应虚心加以检讨。[①]

继而提出以奉公守法、任劳任怨、迅速确实、和衷共济、刻苦自励为今后努力目标。态度谦和，要求高远。不过，熊斌仍然按捺不住想要夸耀一番的激情。10日下午，又于市府举办茶会，招待中外来宾参观一年来各项工作统计图表，每位来宾获赠由其题写书名的《光复一年之北平市政》一册。

当主持北平市政周年的兴奋劲还未完全过去，10月22日，行政院第七百六十四次例会通过任免案：北平市市长熊斌另有任用，应免本职，任命何思源为北平市市长，未到任前，派副市长张伯谨代理，[②] 可谓兜头浇了一瓢凉水。23日，正式命令仍未送达，熊斌照常办公，并视察了第十二区公所、妓女检治所等单位。熊斌向记者表示，"个人做事一向尽到最后五分钟之责任"[③]，随时可办理交代。可是，在恪尽职守姿态的背后，话语中明显夹杂着几分酸楚，他强调事前并未得知，在北平居住已有十五年之久，家属刚来，北平气候适宜，故暂不欲离平。表现得多少有些恋栈。25

---

① 《市府纪念复员周年》，《华北日报》1946年10月10日，第3版。

② 《政院通过何思源调任北平市长》，《大公报》1946年10月23日，第2版。

③ 《市府工作照常进行》，《华北日报》1946年10月24日，第3版。

日，第二十五次市政会议，也是熊斌主持的最后一次市政会议，所议多是一些久拖不决或议而不行之事，如突击公布《北平市地价税征收细则》，但最重要的累进课税，因土地户册尚未办理，本年度拟暂缓施行，关于二五减租一案提请讨论公决，以及修正通过了简化工程手续办法等；再就是一些鸡毛蒜皮之事，如中山公园董事会及委员会章程修订，属历史积案，拿出来再议仍无结果，以及修正招商承印发售户口用纸等。①29日，熊斌电蒋介石报告为其祝寿计划，北平市特成立"献校祝寿委员会，发起募集运动，拟订三年计划，增设国民学校一百三十九所，借以救济失学儿童"。②这也许是熊斌以北平市市长身份的最后公开政务活动，多么荒唐且不靠谱。

有关市长任免的消息传到北平，舆论普遍感觉出乎意料，坊间更是流行各种传闻，似乎任免案背后存在着更为复杂的政治运作。考虑到同时通过及稍后的天津、南京市市长任免案，熊斌的免职，也并非完全针对个人，而是标志着所谓战后过渡时期的结束。此刻，尽管内战已经局部开打，国共谈判陷入僵局，第三方面立场飘忽不定，蒋介石仍然信心满满，试图以召开国民大会，制定宪法，获得国际支持，取得政治优势。宪政需要新的气象，新的政治人物和施政作风，熊斌这般政治经历的人物已经过时。其实，熊斌的免职也并非完全没有迹象，9月22日，国民政府通过一批停役将领名单，其中包括陆军中将熊斌。被免去北平市市长一职后，熊斌很快被发表为军队系统国民大会代表，可谓到了政治生涯的末期。

不过，与官场送别中常见的赞颂政绩之客套相反，坊间议论对于熊斌主掌北平市政的评价却多呈负面。议论最多者，当数接收时发生"五子登科"之流言，引起各方不满。③其次，熊斌在等待交接期间，有擅自将库

---

① 北京市档案馆编《北平历届市政府市政会议决议录》，北京：中国档案出版社，1998，第585–586页。

② 《熊斌昨电主席肃陈》，《华北日报》1946年10月30日，第3版。

③ 阿临：《熊斌与平市府物资》，《铁报》1946年12月11日，第2版。

存物资如面粉、布匹等分配给市府职员，并有出卖转移嫌疑，为收买人心并自肥，又能给继任者制造麻烦。[①]两种指责对于政治人物都是致命的，虽然都是些摸不着边际的小报消息，但仍具有相当的杀伤力，且要求政府重行清查。当然，直接公开评价政治人物的政治道德，尚有一定的困难及风险，报刊上的负面议论多针对熊斌的施政能力，几乎所有的市政问题都被拎出来加以批评。例如，市内轮流停电广受诟病，但当局不思解决，反将原因归之天津电力设备损坏故需要北平支援，要求用户节电。[②]有人认为，美军在北平制造多起车祸，熊斌应负一半的责任，理由是北平的柏油路中间虽尚平坦，两边却都崎岖不平，自行车、三轮车挤向中间行驶，容易发生车祸。[③]办理居民身份证对于政府是急务，对于居民则不然，反而加重了负担，照相费用涨三倍，保甲处代理填表亦收费，成为意外财源。熊斌雄心勃勃的取缔人力车计划因条件限制，只能搁浅，却激起了人力车夫的不满和反抗。物价高涨，市面萧条，商业前途可悲，就更是批评的话题。[④]所涉问题，原因复杂，既有议而不行的执行不力，又有不顾客观条件强力推行的反弹效应，但在熊斌去职时进行责任之清算，可谓时势比人强，自然也是矛盾积累的结果。10月31日，熊斌发表留别市民书，自诩"布政有方"，又强调"只以甲兵未洗，环境犹艰，轮轨鲜通，资源匮乏"，致使"成效莫彰，无补时艰"。[⑤]将责任通通推之于时运不佳。

11月1日下午1时，何思源由济南抵达北平。下午4时，在市府礼堂举行新旧市长交接印信仪式。熊斌介绍何思源与市府同人见面后，扼要说明任内已经准办及须继续进行的各项事业。交接仪式后，熊斌向记者称："本人服务国家二十余年，未得稍事休息，此次市府交接，得卸仔肩，此

① 铁夫：《杂感》，《沪报》1947年1月3日，第3版。
② 《本市仍将轮流停电》，《华北日报》1946年10月30日，第3版。
③ 海生：《见到提到想到》，《大公报》1946年10月26日，第6版。
④ 《北平市政无进步》，《飞报》1946年11月4日，第1版。
⑤ 《熊斌留书告别市民》，《华北日报》1946年11月1日，第3版。

后将小住北平，稍事游览，并愿分阅厂肆各书肆书摊，最近不拟赴京出席国民大会。"① 再次表达了对北平的依恋。然而，熊斌留居北平明显不合时宜，在蒋介石电召催促下，无奈地离开了北平。

### 二、未能完成的战后过渡

作为过渡时期的北平市政，有其不利之处，即多年沦陷的破坏难以在短时间内修复，或许一年时间真的显得太短了；另一方面，亦有其有利之处，抗战胜利给予施政者除旧布新的良好机遇，革新的阻力减小，成绩则更加明显。然而，战后北平市政之过渡，显得困难重重，革新有限，可谓是未能完成的过渡。

首先，国内外局势均不利于平稳过渡，甚至可以说，抗日战争胜利并未向和平建国方向过渡，而是直接走向了全面内战，即过渡时期所需的环境并没有真正到来。也曾有过短暂的和平希望，但被国民党政权的独裁、内战政策所打破。在国际局势上，随着冷战局面的逐步形成，美国选择支持国民党政权，作为遏制苏联、争夺世界霸权的一部分，使得中国深陷于内战之中。"本来胜利后的北平有如沉疴初起，急需休养生息，正是转弱为强的一个极良好的机会，不幸内战扩大"，② 北平市政建设自然无从发展，也就剩下"痛心遗憾"了。

其次，企图借战后过渡取得快速发展，北平尚存在结构上的缺陷，主要表现为工商业发展落后，无法提供市政建设所需要的财政和物资保障。市政府亦继续进行东郊工业区规划，可远水解不了近渴，主要还是标榜文化城，以期得到中央更多财政拨款。同时，借抗日战争胜利，鼓吹迁都北平，尤其是1945年12月蒋介石来平时，更是四方游说，又称美国人对此

① 《熊斌在平小住》，《华北日报》1946年11月2日，第3版。
② 北平市政府向记者介绍有关北平建设的材料（1946年9月），北京市档案馆藏，档号 J001-003-00445。

亦颇感兴趣，曾有所建议，并与安定东北及察热问题联系在一起，熊斌甚至表示70%有望。[①]无论是发展地方工业，或者是抬升城市地位，均缺乏实际可操作性，只是停留在愿望之上。

再次，在大发展环境和地方条件等客观因素之外，主政者能否审时度势，清醒定位，明辨可行与不可行，也是观察施政效果的重要标准。事实上，无论是中央政府还是市政府，都有借抗日战争胜利谋求快速发展的急功近利之嫌。重庆政府仅凭战前及战时经验制定战后政策，市政府则是在完全不了解或了解不多的情况下展开接收复员工作，往往形成政策执行的走样，或造成新的社会矛盾。诸如对沦陷区公教人员及学生的甄审，对留用人员的仕用，都造成了新的社会恐慌，成为重要的不稳定因素。强行推行所谓地方自治，又只能利用沦陷时期组织及人员来整编保甲，使得健全基层组织成为空话。新生活运动的推行，则完全是历史经验在新环境中的生搬硬套，缺乏应有的进步。当快速发展的愿望受挫后，很容易恢复到战时状态或战前经验。时人曾有"复员"不是"复原"的议论，以为"复员工作是进步的建设工作，绝对不是带有保守性的仅仅恢复原状而已"。[②]如果多数民众感觉新不如旧，对于当局则是致命的。

最后，仍需观察主政者的能力及作为。熊斌作为战后第一任北平市市长，其仓促任命，主要考虑还是他与地方军政势力关系深厚，仍是战前华北政治运作方式的继续，任职一年之施政表现，则以接收、维持为主，开创不足。具体而论，北平接收工作多有问题，熊斌本人也遭广泛诟病；救济贫民、查禁烟毒、清运垃圾、整顿市容市貌、基础设施修建等常规市政工作，也大多流于表面，实际收效平平，甚至有所下滑；至于恢复并发展生产则成就更少，不堪捐税负担呈报歇业的商家却日渐增加。[③]十分明

---

① 《熊市长表示国府迁都北平百分之七十有望》，《益世报》1945年12月23日，第2版。

② 忆非：《"复员"与"复原"》，《益世报》1945年11月20日，第2版。

③ 《苛政猛于虎！》，《益世报》1946年9月28日，第4版。

显，旧式政客已经无法适应发展需要，熊斌的被免职，在某种程度上说，标志着旧式地方政治的终结，市长需要一种更加清新的形象。

不过，对战后过渡时期而言，其由战乱走向建设的使命，则非更换市长所能解决，各种遗留问题也会反复显现。

# 第五章 动荡时局中的市政实践

1946年11月至1948年6月，何思源主政北平。此一时期，战后接收已基本完成，城市建设运转面临着从战时非常秩序向和平时期常态化转化的要求，同时，内战的阴云日益浓重，社会依然动荡不安。何思源接任后，一面续小前任的各项工作，一面谋划北平的市政前景。

何思源，字仙槎，1896年出生于山东菏泽，1915—1919年在北京大学学习，1919—1926年辗转美国、德国、法国留学。1926年冬，何思源由法返国，任教于中山大学，1928年受戴季陶举荐任国民革命军军事委员会政治部副主任，随军进入故乡山东。在此后直到1946年长达18年的时间里，何思源一直在山东为官，曾任国民党山东省党务整理委员会委员、山东省教育厅厅长、民政厅厅长、山东省政府主席等职。何思源是学者型官员，身跨党、政、学三界，以其出身北大和留学欧美的学术背景以及作为一名文职官员而长期坚持敌后抗战的传奇经历，在国民政府时期的地方官员中是比较耀眼的。特别是他长期担任山东省教育厅厅长，对山东文化教育事业的发展贡献尤多。何思源任职北平期间，虽受制于时代动荡、财政艰窘，未能在市政建设上做出明显的成绩，但以民主的姿态和平民化的作风纾解民困、勉力维持，还是留下了不错的口碑。

## 第一节 何思源赴任北平

何思源在山东为官18年，颇有政声，深受百姓拥戴。其所以不得不离开山东，当是时势使然，而其调任北平则多半是人事运作的结果。

## 一、辞别山东

1944年，第二次世界大战的形势发生了重大变化，胜利的天平开始向盟军倾斜，中国人民抗日战争的最终胜利也初露曙光，蒋介石和国民党开始考虑中国的战后布局。而作为战略要地的山东，此时的情况对国民党来说却不容乐观。一方面，经过多年沦陷，山东已无国民党的正规部队存在，只有一些没有稳固根据地的地方武装。另一方面，中共领导的山东抗日武装却在艰苦的斗争环境中不断壮大，已发展成拥有几十万人军队的强大军事力量。在这种情况下，若想在日本投降后有效地控制山东，就必须提前在山东形成一种力量。此时，"有效的办法是派一位在山东有影响、能起作用的人，不惊动日军，不惊动共产党，秘密潜入，掌握和团结人心涣散但还有一定力量的国民党地方游击队。等待日军投降，可以利用这一部分力量，抢占敌伪统治区，建立国民党地方政权，利用国民党正在执政的有利地位，从敌伪手中接管一切。这是在当时形势下，国民党争夺山东地区唯一可行的途径。"[①] 因此，在任何应认的推荐下，蒋介石找到何思源详谈山东现状，决定让何思源负责山东的事务。1944年11月，何思源被任命为山东省政府主席、省党部主任兼保安司令，随即着手改组山东省政府，并伺机秘密进入山东。1945年6月，何思源从安徽阜阳经河南商丘秘密进入鲁南曹县地区，后又几经辗转，屡历风险，于9月1日日本宣布投降半个月后进入济南，开始履行山东省政府主席的职权。

何思源主政山东期间，虽然百般多难，但他还是踌躇满志，力图整治，但历史的发展并没有给他留下施展抱负的机会。抗日战争胜利后，国内的形势发生了很大的变化，国共矛盾的不可调和预示着内战的不可避

---

① 王强、马亮宽：《何思源：宦海沉浮一书生》，天津：天津人民出版社，1996，第182页。

免。早在1946年1月，蒋介石就决定加强在山东的军事部署，他特地召见王耀武，谈了对山东的设想。

山东在地理上很重要，况共军在该省已有基础，我们必须加强力量占领山东。控制山东可以支援华北和东北，任务繁重，而非李延年所能担任。我想将第十一战区副司令长官李延年调任徐州绥靖公署副主任，将第四方面军司令部及直属部队改为第二绥靖区司令部及直属部队，以你任司令官，司令部驻济南。[①]

1946年2月，王耀武带部队到达山东，就任第二绥靖区司令。6月，国共内战全面爆发。"蒋介石为了在内战中迅速取胜，对军事力量进行了重新调整，山东被划为重点军事区。他把部分精锐部队调到山东，交王耀武指挥。王耀武要求军政一元化，事权统一，便于指挥。在当时是军事第一，一切服从军事，蒋介石于是对山东军政领导进行调整，免去何思源省主席职务，由王耀武兼任。根据事先安排，1946年10月18日何思源由济南飞抵南京，次日进谒蒋介石，面递了辞去山东省主席的辞呈。"[②]何思源是在全面内战爆发的大背景下，出于军事的需要而被迫辞去省主席职务的，正如丁岚生后来所说："何思源是一介书生，国民党蒋介石既已决定进行反革命内战，所以他最后必须让位于军人王耀武。"[③]

10月31日，济南各界为何思源离任举办了盛大的欢送会。11月1日，何思源与王耀武办理交接后飞赴北平。离开济南时，济南的市民、学生组成了声势颇大的欢送队伍，通向机场的大街两旁都排满了欢送的群众。国民党山东省党政官员王耀武、庞镜塘和何思源的一些部属前往机场送行。何思源乘坐的飞机起飞后，他还命驾驶员绕济南市区飞行一周以示惜别。[④]

① 王耀武:《蒋介石指示我在山东破坏和谈和调处真相》,《文史资料选辑》第28辑，第19页。

② 王强、马亮宽:《何思源: 宦海沉浮一书生》,天津: 天津人民出版社，1996，第218页。

③ 丁岚生:《何思源任山东省政府主席前后》,载《一位诚实爱国的山东学者》,北京: 北京出版社，1996，第232页。

④ 王强、马亮宽:《何思源: 宦海沉浮一书生》,天津: 天津人民出版社，1996，第221页。

被迫离开工作了18年之久的故乡，何思源的心情是沉重而不舍的。

### 二、赴任北平

如果说何思源离开山东是时势使然，而他出任北平市市长则更多是人事运作的结果。

关于何思源离职后的安置问题，据万永光回忆，最初，外交部部长王世杰建议由何思源出任驻阿根廷大使，但何思源认为去这样偏远的国家当大使，无异于充军，大发牢骚，一些与何思源关系亲近的人也为之鸣不平。后来由时任行政院秘书长的蒋梦麟建议，由何思源出任北平市市长。<sup>①</sup>之所以说是人事运作的结果，则与一个叫张伯谨的人有关。

原来在何思源的前任熊斌当市长时，北平还有一位副市长，就是张伯谨。此人原为三青团中央干事（相当于中央委员），据说是陈诚把他安排进北平，以便接替过渡人物熊斌继任北平市市长的。而任命何思源为北平市市长的决定是陈诚不在南京时作出的。据王振中说，蒋介石之所以同意任命何思源为北平市市长，只不过是想给何思源一个台阶，实际上是不打算让何到任的。如果何思源知难而退，不去就职，那张伯谨就可以由行政会议开会"真除"<sup>②</sup>，这是蒋梦麟在何未去北平前把这个底细私自透露给何思源的。当时何思源正在南京向蒋介石递交辞呈，在他最后一次拜谒蒋介石时恰巧碰见了刚回南京的陈诚，但只略作寒暄，未得多谈。何思源本想离京前专程拜谒陈诚一次，但被陈果夫所劝阻。陈说：

你现在去见他，时机最不适宜。要你去北平的这一决定，他是不会欢迎的。你去见他，若他当面对你讲：抗日战争时期，你一个文官在山东敌后苦撑了8年，够辛苦的了。现在华北仍要打仗，你何必再履险地，去受

---

① 万永光：《何思源在北平》，载《一位诚实爱国的山东学者》，北京：北京出版社，1996，第152页。
② 王振中：《我所知道的何思源》，载《一位诚实爱国的山东学者》，北京：北京出版社，1996，第200页。

这份辛苦。我去对委座讲，在南京安排你一个相当的位置，岂不更好？不要到北平去了吧！对于这样的"关怀"，你却之不恭，受之又不能。我看你很难表态。何如不见，根本不给他开口的机会。夜长梦多，你最好是马上回去，尽快到北平接任，杜绝各种非分之想。何思源接受了这个建议，马上飞回了济南。[①]

因无档案佐证，这些说法只能聊备一说，权资参考。不过何思源与张伯谨之不睦倒是事实，一个显见的例证是，在熊斌主政期间所召开的历次市政会议上，张伯谨悉数参加，但在何思源到任视事后，张却长期缺席，拒不参加会议（也许是赴南京活动，亦未可知），其对何思源之抵触可见一斑。另一个更确凿的证据是，张伯谨屡次鼓动中小学风潮，给何思源制造麻烦，而何思源也千方百计想让张伯谨调离。

1947年11月3日，何思源致电朱家骅，请其转呈蒋介石，报告北平市中小学几次发生学潮都是因为副市长张伯谨的操纵，要求将其另调他地。

"急，教育部朱部长骝先先生，密。极机密并转呈主席蒋钧鉴：平市中小学向称平静，……不料近数月来忽借端要挟，如第一次反对会考，第二次要求配发杂粮，第三次藉钧座来平转沈钧集体赴官邸请愿，要求增加公费待遇，第四次为最近要求垫发面粉差额金，酿成罢教一日。初以为奸匪鼓动，经详探背景原因，每次酝酿风潮，均系本府张副市长暗中操纵，……拟请将该员另调他地，以遏纷争……"[②]

后经保密局调查，张伯谨鼓动风潮属实，终被调离北平。

### 三、一个烂摊子

1946年11月1日下午1时，何思源的专机在北平降落，受到北平各界

---

① 丁岚生：《回忆何思源先生》，载《一位诚实爱国的山东学者》，北京：北京出版社，1996，第111页。

② 左双文：《1946至1948年何思源、朱家骅往来函电选编》，北京市档案馆编《北京档案史料》2005年第3辑，北京：新华出版社。

人士的欢迎。下午4时，何思源到市政府视事，与原市长熊斌办理了交接手续。11月18日，在中南海怀仁堂举行了正式宣誓就职典礼，从此，何思源开始在北平市行使职权。

何思源以怏怏的心情离开山东，而迎接他的北平也是一个烂摊子。

北平是北方重镇，文化古都，但经八年沦陷，原先的市政设施已破败不堪；抗日战争胜利后，国民党接收人员以接收之名，行劫收之实，大肆抢掠，北平又遭受一次浩劫。何思源接任时，北平虽已初步完成复员接收，但内战的影响由此接踵而来。此时的北平已是经济凋敝，物资匮乏，物价急剧上涨，财政收入几近枯竭，劳动人民和一般公教人员生活困苦不堪，社会上盗窃、抢劫、凶杀等事件层出不穷。何思源很快就感到，在人、财、物等各方面均是困难重重、举步维艰。

第一，北平的人事关系错综复杂。中央与地方、军统与中统、CC系与政学系等派系众多，各自为政，矛盾冲突不断，而北平市政府又是各派政治势力角逐的主要场所，这从北平市政府的组成可见一斑。何思源到北平时仅带了少数随从人员，接任市长后，除对原秘书处做了一些调整外，为了照顾各方面关系，对各处、局都没有更动，因此市政府可以说是各派势力的大杂烩。其中副市长张伯谨是三青团中央委员，与陈诚关系密切；警察局局长汤永咸，原任宪兵团团长，是蒋介石侍从室的人；民政局局长马汉三，是军统特务头子，其秘密身份是保密局北平站站长；工务局局长谭炳训，是政学系头子张群的亲信；财政局局长傅华亭，是负责华北军政事务的十一战区司令长官孙连仲的亲信；教育局、卫生局、社会局的局长也都是南京国民党政府派来的。可以说是人人有来头，个个难伺候，非有大魄力与技巧者所不能应对。

市政府的内部如此，其上头还有一众管它的"婆婆"，仅北平城内就有三大机构拥有支配和指挥它的权力：一是国民政府北平行辕，驻中南海丰泽园，为华北地区最高行政机构，行辕主任是李宗仁；二是十一战区司令长官部，设在北平东城区，司令长官孙连仲；三是北平警备总司令部，司令陈继承，不仅掌握北平的警卫部队，而且是军统特务的总头目，职权也在北平市市长之上。这些机构之间相互制约，但都有权支配北平市政府，这就使何思源常常疲于奔命，四处受制，无法自主。[①]

第二，财政收入微薄，仅赖中央支援。

第三，物资匮乏，物价飞涨，民生日艰。

第四，社会不宁，盗匪丛生，治安事件频出。

对于北平现状，何思源感触尤深，1947年初，他曾撰文指出：

北平为一文化都市，非以工商业而繁盛。故凡百市民所需均仰给于外埠及其四乡。今由于交通阻滞，四郊多垒，不惟市民生活必需品之输入维艰，即工商业以及复员所用之物资，亦复不能源源运入。因此，市民生活益困，工商业益趋萧条，并以四郊外县难民入境者多，市民日需物品亦复愈见增益，节用不可，开源不能，于是市民之生活负担，无形遂更加重。更以四围之环境欠佳，奸匪未靖，其于市民精神之扰害尤难言喻。坦白言之，胜利后之北平，名义上虽属光复，实际上其内心精神上的痛苦与物资上的困难，较前更甚。言念及此，无任痛心。[②]

## 第二节　北平市政的愿景

虽然面临着复杂而严峻的局面，但何思源也并非毫无优势可言。北平作为千年古都，历史名城，文物古迹众多，文化教育繁兴，基础犹在，底蕴尚存；此外，何思源青年时代在此求学，师友故旧众多，有不少同学校友在捧场，人事上自然显得玲珑圆通。同时，何思源又是一位典型的学者

---

① 此节内容参见王强、马亮宽：《何思源：宦海沉浮一书生》，天津：天津人民出版社，1996，第223页。

② 何思源：《北平市政展望》，《申报》1947年1月11日。

型官僚，有着自己的理念与理想，在其任职北平期间，对于北平市政的发展进行过周详缜密的思考，也曾设想和计划过这座文化故都的未来。

### 一、履职初期的施政方针与思考

据有关回忆，何思源上任后，专门"召集了各局、处科长以上人员讲话，提出了四项施政措施：一是平抑物价，严办奸商；二是提高公教人员生活待遇，消除失业；三是减轻税收，各城门开放城乡自由经商；四是取缔私娼妓院，整顿社会，保持燕京文化古都的纯洁"。① 仅从字面上看，这四项措施确属有的放矢，针对性很强，说明何思源在来北平之前已经对北平市作了相当多的功课。但细究起来，这四条无一不是棘手的难题，绝非表个态、下个决心、调整一下政策即可奏效。无论是物价还是就业；税负还是娼妓，皆非一时一地之问题，而是系统性的社会沉疴，牵一发而动全身。后来的事实也证明，这些问题在当时的历史条件下非但没能解决，而且愈发得严重了。

何思源自己很快就意识到了这些问题。在11月4日首次出席纪念周训话时，何氏使没提这些问题，在表明对丁熊斌市长的施政要萧规曹随、市府的人事不会轻易更动之外，只是承诺日后的财政要绝对公开，对于市府同人的生活待遇"自当尽力之所及设法调整"。② 11月9日，何思源假北京饭店举行鸡尾酒会招待新闻记者，席间致辞时表白了自己的施政特点："本人历年从政，最注重真干实干，埋头苦干，而不注重表面文章，若到任不过数日，而骤向市民宣示成本大套之施政计划，不仅有自我夸大、自我宣传之嫌，而徒开空头支票，将来能否兑现，将来环境及时势能否允

---

① 王振中：《我所知道的何思源》，载《一位诚实爱国的山东学者》，北京：北京出版社，1996，第201页。
② 《何市长首次出席纪念周训话》，《北平市政府公报》第一卷第十二期。

许，亦殊成问题。"①11月18日在举行宣誓就职典礼时，何思源更是指出："市政建设，任重事繁，有非市政府本身力量可能单独完成，胥赖党政军民各方协力以赴。"②

上任两个多月以后，何思源对在北平的施政有了更为具体的思考。他把北平市的工作分为两个部分：一是复员，即恢复旧有之基础；二是建设，即建设新的基础。在具体的工作上确立了以下原则。

1.依据中央法令，参酌地方情形，来办理复员工作，俾人民能迅速得到休养生息，国家迅速走上建设坦途；2.针对敌伪对我实行之政治经济各种侵略之遗毒，以改正市民心理思想及生活上的不良习惯；3.整理发挥被敌伪压抑已久之生活力与组织力，以应付当前的困难；4.整理修补被敌伪摧残一切有形事务；5.简化行政手续，革除一切陋规；6.完成地方自治；7.发展地方经济。③

对于要实施的工作，何思源也分门别类作了具体的说明。

（一）民政工作

除了要依据中央法令，竭力推行编组保甲、训练自治人员、整理人民团体外，何思源强调尤其要注意的是切实注意民间之疾苦以及人民之希望与要求，务求做到"民所好者好之，民所恶者恶之"，使行政人员能与人民打成一片。

（二）教育工作

何思源是教育家，对于教育注意尤多。特别是北平为文化城，是全国文化区之代表，北平市民之知识应普遍提高，才能与北平的身份相符合，北平"仍有40%以上的失学儿童，此实为文化城之一大遗憾"。所以他认为，北平的教育除了修整校舍、添加设备、调整经费和教职员待遇、提高

---

① 《何市长招待新闻记者讲词》，《北平市政府公报》第一卷第十三期。
② 《何市长举行宣誓就职典礼答词》，《北平市政府公报》第一卷第十二期。
③ 何思源：《北平市政展望》，《申报》1947年1月11日。

教职员素质、改善教材等为政府所必须实现者外，更应该着重于增设国民学校和临时中学，以便收容失学青年及扫除文盲。特别是增设中小学及扫除文盲在何思源看来是必须进行之事，并把增校增班的具体数字列入到1947年度的工作计划中。

（三）财政经济

财政是北平市政的最短板，影响市政最重。但对于收支相差过巨的现实，市长也只能徒唤奈何。在象征性地喊几句废除苛杂、整理税收、剔除中饱、减少耗费的口号外，何思源以"但问耕耘，不问收获"的态度提出几点发展经济的举措：1.设立合作农场，改良农业；2.办理农贷，扶助农民生产；3.想方设法增进果蔬鱼肉蛋奶的生产；4.成立苗圃，鼓励民众造林。

（四）公用事业

何思源觉得北平的公用事业很落后，缺乏现代都市之条件，但在国家穷地方更穷的窘状中，维持现状已不易，建设发展就更难，但事业又不能因此而中止。何思源的设想是将北平的公用事业合组为一个公司，向外国贷款或者吸收投资，以建设新北平，并将此列入政府的工作计划中。

（五）卫生卫生

何思源初到北平时所最为关注的卫生问题是堆积了八年而未运出的垃圾，据估计有150余万吨。为了清除垃圾，何思源动员党政军民各界组织清洁运动委员会，以数月之功，清除积存的垃圾。另外一个问题是北平缺乏完善的下水道，但以北平之财力，短期内为不可能完成之事。

（六）吏治问题

关于吏治，何思源讲了两个问题：一是要淘汰浮滥，洗除贪风，整肃官场，树立政治上的新作风，期使每一个行政人员都能达到现代公务员的水平；二是行政人员要以身作则，为社会示范，以改善社会之风尚。

此外，关于治安维持、民食供应、市容整修、警卫加强、地籍整理等等，在人力物力之合理推动运用下，均可循序渐进，计日程功。

通观何思源对于北平市政的思考与安排，虽不能说是面面俱到、巨细无遗，但还算实事求是、有的放矢。其中有力所能及者，也有力所不及者；力所能及者后来多付诸实施，而力所不及者只能俟诸将来了。

### 二、北平市政的未来愿景

1947年5月，北平成立了都市计划委员会，由何思源任主任，开始着手编制北平城市规划。何思源对北平城市规划编制提出一个总的指导思想，即表面要北平化，内部要现代化。不得不说，这一指导思想高屋建瓴，含义丰富，既切合实际，又远瞻未来，具有明确的指导意义。"这个原则既体现了要保留和保护北平历史风貌和历史建筑，保持北平本身的城市特色，又体现了城市建设、基础设施建设要现代化的双重含义。"[1]根据何思源提出的指导原则，以谭炳训为局长的工务局对全城进行实地调查后，提出了包括基本方针、纲领、市界、交通设施、分区制、公共卫生、游憩设备、住宅建设等八个专题的规划设想，供都市计划委员会研究采用。

1948年初，国务会议决议定北平为陪都，北平的地位较之以前有了某种提升。不久，有记者就定为陪都之后的北平前景采访了市长何思源。在访谈中，何思源以上述专题规划为蓝本，详述了他对北平的远景设想。

首先，明确了以后北平市政建设的基本方针。

第一，完成市内各种物质设施，使成为近代化的都市，以适应今日社会经济的需要。

第二，整理旧有名胜古迹、历史文物，建设游览区，使成为游览都市。

第三，发展文化教育区，提高文化水准，使成为文化城。

---

① 王亚男：《1900—1949年北京的城市规划与建设研究》，南京：东南大学出版社，2008，第192页。

第四，建设新市区，发展近郊村镇的卫星市，开发产业，建筑住宅，使北平成为自给自足的都市。

具体说来，北平的都市计划不外乎以下四项：改造旧城区；发展新市区；建设游览区；建设卫星市。

旧城区改造的主要内容是把北平城建设得更适于工业的发达，更适于市民的居住。在外城方面：把外城东南部建设为手工业区，以改善崇文门外和前门外的拥挤状态；把外城的西南部建为平民居住区，以改善天桥一带的贫民窟；改良前门外的商业区，展宽道路，疏散工业，设置广场绿地，发展琉璃厂一带为文化街。在内城方面：划定东交民巷与西交民巷以北为市行政中心区，以东、西长安街为东西林荫大道，天安门到永定门为南北林荫大道，保留东单练兵场空地，建筑体育场、市民广场和音乐堂。内城住宅区改造为细胞式的近邻住宅单位，设置近邻公园、儿童体育场、学校、图书馆、商店诊疗所、托儿所等建筑。根本调整各胡同的房基线，把城区各处宫殿、坛庙、公园等名胜古迹划为名胜区，绕以园林道路，限制附近建筑物的高度和外观，永远保留积水潭、什刹海、北海、中南海和前三门护城河等处的河道湖泊，加以疏浚整理，通行游艇，在沿岸开辟园林道路，使其成为一个天然公园。

新市区的建设，是在日本人开辟的基础上重新规划，接续建设。日本人曾经在北平的东西郊开辟新市区，以西郊为居住区，以东郊为工业区，并以东西长安街为东西新市区的联络干路。西郊新市区距城约4公里，到日本人投降时共建成道路约9000公里，已建成建筑581栋。东郊新市区在广渠门外，距城约2公里，主要为工业区，已建工厂9家，其余均系空地。今后计划将继续完成西郊新市区的建设，使之成为一个能自立的近郊市，利用已有的建筑物和道路疏散城区的人口，解决市民的居住问题。在新市区北部建设文化教育区，南郊丰台附近设立小工业区。新市区的周围绕以绿带，使与城区隔离，并建筑高速铁路，同时又因为北平的名胜古迹多在西郊，与西郊新市区很近，新市区交通系统和住宅、卫生等设备完成后，可以成为各名胜古迹的中心地，促进游览区的建设。至于东郊新市区，可将原有土地、建筑改作屠宰场、废水处理厂和易燃物品仓库之用。

游览区的建设是北平市政最重要的一项，也是何思源最感兴趣的一项。北平游览区包括城区宫殿、坛庙、公园和西郊名胜古迹，如颐和园、玉泉山、香山、八大处、大小汤山温泉等，用园林式的游览路联络起来，完成游览区的整个系统，并恢复颐和园到北平的游览河道。开通城内的水路和下游的通惠河，使舟艇能从西郊穿行城内或护城河，直达通县。在各游览区内，视环境情形设置旅馆、食堂、别墅、疗养院、游泳池等，并在城区和西郊新市区建筑大规模的戏院、商场、饭店，满足中外游览人士的需要。另外，可在卢沟桥建设民族复兴公园，对长城、八达岭、明陵、妙峰山等名胜地区加以整理，划入北平游览区内。何思源认为，北平游览区的整理与建设并不仅仅是个市容问题，同时更在吸引国际游客，一方面增加国家外汇的收入，一方面繁荣了地方的工商业。像法国和瑞士等国对于游览事业莫不锐意经营。北平的名胜古迹驰名世界，可以说是一个国际游览区，游览事业的发展当然是有前途的。

关于卫星市的设想，是以分区制为原则，规划丰台为铁路总货站区，海淀为大学教育区，门头沟、石景山为工矿区，香山、八大处为别墅区，通县为重工业区，南苑、北苑、西苑为军事防卫区。因为这些地方与北平的建设具有密不可分的关系，所以北平应该扩界，应该把这些都划在大北平的新市界里。北平各城门向西郊卫星市和各名胜古迹建设放射性的公路，并延长到邻近县市。在阜成门与复兴门之间建筑北平铁路客运总站，以丰台作为货运总站，北平到天津、北平到通县建设高速铁路，西郊新市区与旧城区间则建设地下铁道，等等。

除此以外，还有三件大事事关北平的建设与繁荣。一是文物整理，二是河道整理，三是垃圾处理。文物整理事关保存古迹、宣扬文化、古建研究、推广游览，是北平之所以是北平的关键问题；北平的河道本属完备，但后来逐渐废弛，以致淤积，亟待疏浚；垃圾问题关系市容与市民健康，年久日深，解决不易。①

何思源任职期间对北平市的这些构想为人们提供了关于北平未来的美好愿景，是对历史经验的总结，也是众人智慧的结晶，其中许多合理的因素也予后来者很大的启发。

### 三、自由、民主、康乐的新北平

何思源曾把市政建设分为工程建设、经济建设和社会建设三个部分，而社会建设才是他心中所追求的最终目的，或者说是他的施政理想。关于这个理想，何思源有着十分明确而清晰的界定，那就是要把北平建设成为自由、民主、康乐的新北平。何思源曾在不同时间、不同场合多次阐发自己的这个理想，其中，以1946年11月4日参加北平市党部扩大纪念周讲话时阐述得最为全面。他着重指出：在市民的千差万别，市政的千头万绪之中，"可以寻绎出一个共同要求的关键，自由，民主，康乐，是每个人的最高愿望，也就是政府努力以赴的目标，也就是本人今后对于平市的政治理想。"②

关于自由。何氏认为，若想获得真正的自由，必须每个人的智慧教育程度达到水平线以上，这样自由才有保障，才不会有流弊，这样的自由才有其价值和意义。北平是文化城，有很高的文化水准，具备优良的基础和条件，可以利用这种优良的凭借来寻求自由。他把自由分为四种：学术的自由，思想的自由，言论的自由和生活的自由。所谓学术自由，就是可以自由研究；思想自由，就是可以自由发展；言论自由就是可以自由主张；生活自由就是可以自由规定其生活方式。人们所追逐的自由必须

① 《北平的远景》，《华侨日报》1948年5月27日。

② 《何市长参加市党部扩大纪念周讲词》，《北平市政府公报》第一卷第十三期。

是向上的，高级的，合法合理的，而不是低级的，恣意放纵的，更不是自私地越范逾规。自由必须有一定的尺度。如果侵犯别人之利益，违背国家民族的需要，抵触社会的法律道德，自由就会成为妨碍社会进化的阻力。

关于民主。何氏认为，自由是民主的基础，只有真正获得自由，政治才能真正走入民主。民主政治的极致就是民之所好好之，民之所恶恶之。这里的所好所恶，必须是由人民自由地表达出来，政府才能根据民意去规划出施政的方针，这样政治才能有所进步。假如人民的意志不能自由表现，对于政治的兴革不能有所可否，则政治必将永远停滞于官僚政治中。基于这种认识，何思源希望民众对于市政能够勇于过问、乐于自由说话。

关于康乐。何氏认为，自由与民主是政治修明的两大原动力，而政治修明，又是民生康乐的前提。康乐的内容包括：政治上的康乐；生活上的康乐；生命上的康乐。所谓政治上的康乐，是要扫除政治上的病态，以求政治的清明。政府有能，人民有权，权与能相辅相成。只有把政治的病态毒素清除以后，人民生活上的康乐才能有所保障而奠定其基础。举凡北平市民最感痛苦的煤粮问题、物价问题、交通问题、居住问题均事关生活的康乐，而治安问题、卫生问题则事关生命的康乐。

何思源最后宣称："本人的政治理想和施政方针是要执简驭繁，提纲挈领，自由、民主和康乐是本人施政的最高原则与纲领。一切设施与兴革，都要以此原则而衡量取舍的标准。"在11月9日举行的记者招待会上，他再次宣告："本人对于北平有一为政之理想，此理想乃欲将北平造成一自由、民主、康乐的新北平。"①

---

① 《何市长招待新闻记者讲词》，《北平市政府公报》第一卷第十三期。

## 第三节　成立市参议会与疏导学潮

何思源任北平市市长期间的政治事务有两项重要内容：推行宪政与应对学潮。对于前者，他是依据自己的政治理念和中央的要求积极推进，其主要内容是推动北平市参议会的成立及运作；对于后者，则是在中央与学生的夹缝中不得不直面以对，其应对策略是反对镇压、尽力疏导。

### 一、北平市参议会的成立

何思源是一个文人官僚，他身上既有传统士大夫的气质，又兼具现代官员的民主作风。在他众多的演说中，不止一次地提到"天视自我民视，天听自我民听"，显示出他对民间疾苦的关注和注重倾听人民的声音；同时，多年的欧美学习经历使他亲炙了现代民主制度的熏陶，形成了现代民主政治的理念。何思源梦想着自己的国家有朝一日也可以成为真正自由、民主、平等的国家，这在上述关于北平施政目标的设想中已经有了很好的体现。他还主张中国若想建立民主制国家，应从实现普通选举、组织民意机关和地方自治制度三个方面予以保障。他认为"普通选举，为民主国家之第一要素"，"有组织的民意，为民主国家之根本要素"。[①]可见，推动民意机关的成立与何思源的政治理念是完全吻合的。

战后的政治环境也为民意机关的成立提供了制度空间，或者说本身就是战后政治制度运作的要求。本来，早在1934年国民党政府就应该按照计划结束训政，实施宪政，但事实上国民党并没有完成训政工作，只好在1935年第五次全国代表大会上又提出了一个"宪政开始时期"的概念，以四年为期，继续完成训政时期工作，逐步实现"分期归政于民"，其核心

---

① 何思源：《英法美民主政治之比较》，转引自刘传勇《何思源政治理念初探》，《大庆师范学院学报》第31卷第1期。

内容便是完成各级地方自治，进行选举和成立民意机关。抗日战争爆发后，国民政府继续推进地方自治，各地纷纷成立县、市参议会等民意机关。1946年6月，北平市成立了临时参议会，依据规定，临时参议会参议员的任期到1947年6月届满，但实际上临时参议会并没有如期结束，而是以驻会委员会的方式继续存在并履行职能。1946年12月国民党主持召开了"制宪国大"，通过了《中华民国宪法》，准备实施宪政，迫切要求各地方尽快成立正式参议会。1947年1月北平的报纸上就传出北平市参议会即将成立①，但事实上，直到8月，北平市参议员选举的具体日期才算确定下来。在此之前的一段时间里，有关成立北平市参议会的准备工作一直在紧锣密鼓地进行着。

户政事关整个市政全局，是市政建设和市政管理有效进行的基础，同时也直接关系到选举工作能否顺利进行。北平市的户政工作本来归警察局负责，1947年2月，为了适应行宪要求，需加强民政工作，在中央的要求下，北平市新成立了民政局，户政工作移交给民政局办理。1947年4月市政府制定了《北平市各级户政机构编制纲要》，规定各区保均应设立户籍机构，每区公所增设一户政股，每保办公处增设一户政员，全市共应增设户政人员三百九十六名。因缺少足够的合格户政人才，市政府先后举办两期户政培训班，训练学员八百余人。1947年5月，市政府又制定了《北平市户籍登记申请规则》《北平市户口调查实施程序》《北平市户口统计实施程序》等多个有关户政的法规，开始进行户口登记、人口调查、整理户籍卡等工作。人口调查于6月下旬完成，计全市共有328898户，1683426人（其中男981673人，女701753人）。②为确保户籍正确及异动考查便利，于民政局内设卡片室，分户卡口卡，从事整理，至1947年9月已完成市民户口

---

① 《北平市正式参议会决于本年春季成立》，《益世报》1947年1月3日。

② 《北平市政府施政报告（三十五年十二月至三十六年九月）》，北京市档案馆藏，档号J001-007-1921。

登记卡片148万余张，在卡片室内只需一分钟即可找出个人登记信息。①

　　但是，警察局向民政局移交户政工作的过程并不顺畅，主要是警察局不够配合，非但不积极协助民政局工作，甚至"各警段原来的户籍簿册，不但一概未交，即在举办户口查记的时候，各警段的户籍册，竟有连各区保参考使用时都不借给的"。②何思源于1947年6月26日召集各区区长及各警察分局局长开会检讨工作，在讲到户政问题时对这一现象提出了严肃批评。

　　另一项准备工作是进行保民大会、区民大会代表的选举，成立基层民意机构，同时训练保甲人员。1947年5月市政府制定《北平市区民代表选举实施办法》，规定每保选举区民代表二人组成区民代表会，8月中旬区民代表选举办理完毕，至9月1日全市二十个区均次第成立了区民代表会。③

　　为了筹备市参议员选举，北平市政府依据《市参议会组织条例》和《市参议员选举条例》等法律制定了一系列法规，主要有《北平市参议员选举实施办法》《北平市参议员选举事务所组织规程》《北平市参议员选举事务所招待服务站服务规则》《北平市参议员选举区域、职业投票所组织简章》《北平市第一届市参议员候选人登记须知》《北平市第一届市参议员选举人须知》《北平市第一届市参议员选举登记工作人员须知》等，在机构、组织、人员、经费、程序等事关选举的方方面面进行规范并提供保障。

　　首先是成立了北平市参议员选举事务所，专门负责选举事务。事务所设主任和总干事长各一人，均由市长从市政府高级职员中指派兼任。这个选举事务所负责所有有关市参议员选举的事项，包括制定选举法规、办理选举人和选民登记等。④

---

① 《世界日报》1947年9月28日。

② 《何市长对各区区长及各警察分局局长训词》，《北平市政府公报》第二卷第十四期。

③ 田尚秀：《北平市长何思源、熊斌任职期间之政绩比较》，北京市档案馆编《北京档案史料》2000年第3辑，北京：新华出版社。

④ 《北平市参议员选举事务所组织规程》，《北平市参议员选举法规集览》（1947年7月），北京市档案馆藏，档号J001-007-01915。

为了给选民和候选人提供帮助，该所在各区设立选举事务所招待服务站，"各站设站长副站长各一人，干事及助理干事若干人，由选举事务所就各区保人员聘派兼任之"。服务站主要办理下列事项。

"一、对选民法律手续之解释。

二、协助各候选人公开竞选（如民众大会之召集，传单标语之制帖及其他一切正常宣传办法等）。

三、承办选举事务人员旅居招待。

四、候选人与承办选举人之正当交际联络。

五、其他有关选举范围内招待服务事项。"[1]

除了在各区设立选举事务所招待服务站外，还在各区及各职业团体设置投票所，每个投票所配置正副主任、监选人、监察员、事务员等。投票所负责办理场地布置、秩序维护、验证发票、指导选民写票、代写选票、协助开票等事项。[2]同时在全市设立选举监督代表办公处，何思源为选举监督代表。各区派遣督导组，一般各区派总督导1人，督导官3人。[3]

依据规定，北平市参议员名额分两部分产生：一部分是由区域选举产生，其名额约占参议员总数的7/10，共72名；另一部分是由职业团体选举产生，占参议员总数的3/10，共31名，两者合计共选出参议员103名。[4]参议员候选人的资格由《市参议员选举条例》规定，凡有资格者必须到选举事务所登记后方为有效；而选民资格由《北平市参议员选举实施办法》规定："凡中华民国人民，无论男女，在市区内居住六个月以上，领有本市公民证或国民身份证或有住所达一年以上，报有户口，年满二十岁者，

① 《北平市参议员选举事务所招待服务站服务规则》，《北平市参议员选举法规集览》（1947年7月），北京市档案馆藏，档号J001-007-01915。

② 《北平市参议员选举区域、职业投票所组织简章》，《北平市参议员选举法规集览》（1947年7月），北京市档案馆藏，档号J001-007-01915。

③ 《北平市第一届市参议员选举各级机构职员名录》，北京市档案馆藏，档号J001-007-01915。

④ 《北平市首届参议员选举登记今开始各区参议员名额公布》，《新民报》1947年8月1日。

均有选举人资格。"但要参加选举，也必须持合法证件到保公所进行登记方可。①

市参议员选举是1947年北平政治生活中的一件大事，也是何思源十分关心的一件大事，但是社会的反响并不积极踊跃。8月11日开始参议员候选人登记后，当天前来登记的只有5人，选民的登记人数也很少，这多少使热心于此事的何思源有些忧虑和沮丧。在此期间，他曾"勤奋地鼓动着对行将到来的选举的兴趣，并且敦请大学教授们和其他人士到城市的各区去讲述选举"。②

为了实现他心目中真正的选举，何氏曾多次邀请当时平津地区的学者名流座谈，一方面是想劝说这些人参加竞选，另一方面是要他们提供专业知识，以备顾问。8月1日，选举登记还未开始，何思源就"鉴于素孚众望之名流学者率有隐退之辞"，出面劝告这些学者万勿"自命清高"，并从公私两方面劝导鼓励这些人参加竞选。③8月11日，《新民报》报道说何思源"以此次选举市参议员，本市尚系创举，定于日内，假市府西花厅邀宴胡适、谷钟秀、梅贻琦、邓萃英、崔书琴等30余人，讨论竞选之民主方式及各种有关法令，而弦外之音，乃在当面劝驾参加竞选，俾使第一届参议员造成极坚强之学者阵容，达成好人政治之宗旨"。④何思源甚至专门发表书面谈话，劝这些学者积极参政，以便造就好人政府。他希望"本市德高望重，学识渊博的公正人士，赶速取得被选的资格，以便膺选，而代表民众直接参与政治""我知道有品学的人，愈不愿自炫自售，与人相

---

① 《北平市参议员选举实施办法》，《北平市参议员选举法规集览》(1947年7月)，北京市档案馆藏，档号J001-007-01915。

② 《司徒大使对华北和满洲局势的观察》，《中美关系资料汇编》第1辑，第299-300页。

③ 《劝学者名流竞选，市长望勿鸣清高》，《新民报》1947年8月1日。转引自肖守贸：《党意与民意：北平市参议会研究（1928—1948）》(以下简称《党意与民意》)，北京：社会科学文献出版社，2017，第250页。

④ 《讨论竞选参议员，市长将邀宴学者》，《新民报》1947年8月11日。转引自《党意与民意》，第250页。

争"，但是民主时代和专制时代不一样，"从前国事弄不好，大家可以怨政府，今后国事弄不好，就得怨我们自己。本人无论站在政府和民众的立场，殷切希望议会要成为好人议会，政府要成为好人的政府，国家才能成为一个好国家。想达到这个目的，必须好人都热烈出来竞选，以学问、道德、能力作为选举的资本，以政治主张作为选举的口号，不欺骗，不贿买，幽谷之兰，自然馨香，希望好人都要投给好人，才算达到模范选举的理想"。①8月17日，何思源邀请胡适、周枚荪、钱端升等五十多位学界名流召开座谈会，讨论选举问题，他致辞说："虽然诸位也许无意于竞选，但诸位都是北平市民，现值全国民主自治开始之时，端赖诸位扶持其向上，若诸位忽略而不关心，便民党交出之政治向下坡走，不但是国民党之责任，也是诸位之责任。所以不管诸位对此有无兴味，对北平市选举仍须协助，以造成真正之选举"，并表明"若此次北平市不能做到真正自治，则全国更无一地有此条件"。②与会学者讨论了社会对选举反应冷淡的原因，并推举十一人为选举技术顾问。

从何思源的言论可以看出，他对于推行宪政、实行民主是真诚的，希望能进行一次真正的选举，以达成真正的自治，进而为全国做表率；希望"好人"能积极参与选举，并且选出"好人"来，因此把希望主要放在那些具有高端学识的名流学者身上。这种想法可以看作是20世纪20年代"好人政府"主张的一种回想，也是社会上一般人的朴素愿望。不过，从历史和理论上看，政治的运行虽然也受参与者学识、理念、良知等的影响，但更重要的还是利益的博弈；况且，在完善的民主制度下，民选的议员并非仅代表个人，而是代表着选民的利益。民主制度是各利益主体在法治环境下的公开博弈过程，是能否自由表达其利益诉求而不是学识程度决

---

① 《市长向往好人政府，打倒坏蛋请君参政》，《新民报》1947年8月16日。转引自《党意与民意》，第251页。

② 《华北日报》1947年8月18日。

定着民主的质量。因此，名流学者是否参与就显得不是那么重要了。

北平市参议会就是一个利益博弈的场所，像北平市政府一样，各种势力掺杂其间，而斗争主要体现在对参议长的争夺上。原来的临时参议会，议长是谷钟秀，副议长是许惠东，参议长的竞选主要在这两人之间展开。谷钟秀已经七十多岁，是个老资格，许惠东正当壮年，是地方势力的代表，刚刚在与吴铸人争夺北平市党部主任的选举中败下阵来。何思源是希望正式参议会仍保留原临参会的格局，由谷、许二人任正、副议长，给地方势力保留一些地盘，以便保持各种势力的平衡；但以吴铸人为代表的中央系势力极力反对许惠东，在参议会选举中表面上支持谷钟秀，实际上是想把许惠东挤出参议会。这与何思源的想法不符，他试图去调和，但未成功，以至于何思源告诫他们说："你们不要过于低估了许惠东，他在地方上是有一定实力的，你们并没有必胜的把握。"[1]由于参议长是由当选参议员投票产生，一切都取决于票数的多少。选举结果出来后，证实何思源所言不虚，许惠东以明显的领先优势获胜，当选为议长。

1947年12月1日，北平市参议会终于正式成立，并于1日至14日召开了第一次大会。何思源在大会开幕典礼致词中明示"国父所规定的宪政时期，今天在北平市是初步地实现了"。除了表示祝贺外，他还就议会的工作提出了三点希望：一是希望议会不仅仅是监督政府，还要给政府以积极的建议与指导；二是议会自身要团结一致，成为一健全的机关；三是要群策群力，使市自治早日完成。[2]

### 二、处理学潮：有力还是不力

何思源执政北平期间正值北平学潮风起云涌的时候，身为市长，这是

① 丁岚生：《回忆何思源先生》，载《一位诚实爱国的山东学者》，北京：北京出版社，1996，第134页。关于北平市参议员选举的详细研究可以参考前引书《党意与民意》。
② 《何市长于北平市参议会开幕典礼致词》，《北平市政府公报》第三卷第四期。

一个他无法回避的棘手难题。关于何思源对学潮的处理，无论在当时还是后世都有不同的认识，甚至于牵涉到他后来的被免职。不同的认识源于迥异的角度和各自的立场，强求一致是不太可能的，也是不必要的，但作为历史研究，力求还原真实的场景和进行较为客观的评价则是可能的，也是必要的。

何思源对于学潮的态度在他到任不久就得到了一次很好的体现。1946年12月下旬，北平发生了美军士兵强奸北大女生沈崇的事件，北平的大中学生十分愤慨，发动了抗议美军暴行的示威游行，并引发了全国性的反美抗暴运动。当游行的学生到市政府请愿时，何思源在西花厅接见了学生代表，对学生们的行动表示肯定和支持。据丁岚生回忆，何对学生们说：美国人在北平竟敢这样胡作非为，政府要提出抗议，向他们进行严正交涉，你们学生要为政府做后盾。同时也告诫同学们说："我们是受过教育的学生，有很高的知识水平，在行动中一定要保持良好的秩序。"[1] 对于这次游行，何思源自己的回忆是，当时北平有十几家报纸的记者争着要他发表意见，他说："游行示威是青年学生干的事，我青年时代在北平街上游行过几次，现在老了，不能干了。不要怕青年人，他们表示过意见后，自会回家的。"[2] 虽然何思源说这是他"临时应付的圆滑答复"，但实际上却反映了他的真实想法，因为在北平市政府1947年1月2日给国民政府行政院以及1月7日给北平行辕的汇报中说："将交涉经过及美方口头答复由中央社用记者采访语气发表，并于二十九日分函各大学，说明详情，且与各大学当局晤商一切，金认为学生游行不便制止。"[3] 可见，在12月30日大规模学生游行发生前，何思源已经理解并认可了学生的游行。

① 丁岚生：《回忆何思源先生》，载《一位诚实爱国的山东学者》，北京：北京出版社，1996，第119页。
② 何思源：《回忆我的一生》，载《一位诚实爱国的山东学者》，北京：北京出版社，1996，第342页。
③ 《何思源致国民政府、行政院等代电（稿）》，《何思源致李宗仁代电（稿）》，《北平市政府有关沈崇事件来往函电选编》，《北京档案史料》1994年第1期。

何思源之所以同意甚至支持学生的游行抗议，缘于在事件初期双方对此事的认识与立场是基本一致的。12月28日，在北平市警察局对整个事件的调查初步完成后，何思源即以市长名义向美国驻平海军陆战队司令官递交照会，表明"鄙人对发现此种行为，不得不向贵司令提出严重抗议，并望贵司令对于受屈者有相当之对待，以彰公道"。[①]照会同时附有备忘录，提出四项要点。

一、本案系在华美军违犯中国军刑法，依中美一九四三年六月九日协定在华美军人犯罪惩治条例第一节第一条及第二条甲项规定，应即执行军事法庭裁判惩处，当开庭时得允许被害人及其监护人出庭，并由本府警察局派员参加。更依同条例补充办法第三项规定，应在中国迅速公开审判之。本案审判惩处之结果，请以书面通知本府，以便转达被害人。

二、被害人遭受恐吓、胁迫及污辱行为，其身体、精神、名誉已受莫大损害，应请（一）由美方当局以书面道歉；（二）由驻平美军最高长官亲至受害人家中慰问；（三）由美方赔偿被害人身体、名誉、精神等损失以及因此所引起生活上之一切损失。

三、驻平美军当局对其部属应严加管束，重视军纪军律，以防任何有关伤害中国平民之行为及中美事故之发生，并保证今后绝不再有类此事件发生。

四、当地美军当局应与中国当局切取联系，求得更密切之合作，以维护中美传统友谊。[②]

而游行学生向市政府提出之正式要求为：（一）切实负起保护平市市民安全之责；（二）公布事实真相；（三）会同美方当局组织联合法庭，公审肇事美兵。

我们把两者相对照，可见其立场相去并不远，学生们的要求并不过

---

① 《北平市政府致美国驻平海军陆战队司令官照会（稿）》，《北京档案史料》1994年第1期。
② 《北平市政府致各大学函（稿）》，《北京档案史料》1994年第1期。

分。后来，行政院又迭电北平市政府，要求"此事为该犯事美兵之私人行为，犯事者自应受法律制裁。至中美两国间之友谊，自不应因此而受损害，任何人亦不应以此种私人行为为借口，而有损侮我友邦或友邦人民之行动。各学校当局及地方行政机关，务各本此旨，负责劝导，遇有可能越轨行为，并应负责阻止为要"。[①]何思源也只是批转了事。虽然还有一些后续事宜，但对何思源来说，一场风波也就算这么过去了。

更大的难题在1947年5月到来，因为此时出现了全国性的反饥饿反内战反迫害运动，而北平正是运动的中心之一。5月18日，北大、清华、燕京、天津南开、北洋等13所院校联合成立华北学生"反饥饿反内战"联合会，并组织许多小组进行街头宣传。当天，北大学生宣传小组在西单做宣传时，遭到青年军208师部分士兵的寻衅，双方发生冲突，学生受伤8人，其中2人重伤。这一行径激起了学生更大的怒火，当晚学联决定发起新一轮抗议活动，自5月19日起全体罢课，并决定5月20日举行大游行，向北平行辕请愿。

同一天，李宗仁召集各大学负责人及教授代表开会讨论时局，商讨应对5月20日学生游行的办法，决定不加干涉。李宗仁还对有武器者郑重告诫："即使学生先动手，你也不要还手"，并严禁任何武装单位徘徊街头。[②]但是第二天，北平警备司令部却以行辕的名义下令禁止游行，并将公文送至各学校，以致北大秘书长郑天挺收到公文时诧异地表示，"学校当局昨联合访李主任，要求当局采疏导态度。本日官方除警备司令部命令外，尚无任何通知"。[③]非但如此，北平警备司令陈继承与同属军统的马汉三商定在20日派军警埋伏在学生请愿的必经之路，对学生进行镇压。何思源得

---

① 《北平市政府有关沈崇事件来往函电选编》，《北京档案史料》1994年第1期。
② 《平津学生昨大游行》，《大公报》，1947年5月21日。转引自严海建《1946—1948年北平学潮：国民政府中央与地方处置的歧异》，《民国档案》2008年第1期。
③ 《行辕一纸命令禁止学生游行》，《大公报》1947年5月20日。

知消息后，觉得如果此阴谋得逞，将会造成学生的流血牺牲，但他自己又无力制止。因此考虑再三，决定去找李宗仁，希望李宗仁出面制止。李宗仁立即约见马汉三，马承认打算通过武力镇压牺牲几个人来平息学潮。李宗仁反问：你打死学生不是更替共产党制造反政府的借口吗？严令马汉三务必将军警特务撤回，马汉三只得服从了命令。①这样，北平学生5月20日的游行基本上没有遭到军警特务的阻挠和镇压，并顺利到达北平行辕，提出自己的要求，李宗仁亲自接见，安抚学生的情绪，然后，学生有秩序地返回了学校。

但是，此后的几天，北平并没有因此而平静，军警特务四处寻机挑衅，逮捕毒打学生的事情时有发生，仅5月22日就发生了两起闯入学校打人的事件。华北学联为抗议国民党最高当局通过《临时维持社会秩序办法》，决定6月2日罢课，并以6月2日为"反内战日"。因此，从6月1日开始，北平的国民党军警宪特如临大敌，全城戒严，在北大沙滩附近设置沙包、铁丝网，清华与燕京之间的电话线被割断，两校之间布满军警和特务，北平警备司令部扬言要采取断然处置措施。

在此情况下，为了避免学生大规模流血，许多教授联合签名劝阻学生不要再游行，避免无谓的牺牲，北大校长胡适、清华大学校长梅贻琦也对游行进行了最后的规劝。学联最后决定不出去游行，在宣言中说："局势十分险恶，但我们更应沉着。为了避免当前的牺牲，为了让我们队伍更强大，我们接受师长的劝告，暂时忍痛终止游行。"②但军警并没有因为学生的终止游行而撤退，反而准备进一步行动。当局派两辆满载士兵的卡车撞坏北大西斋大门，准备入校镇压。校长胡适打电话给何思源，想让何思源去解围。接到电话后，何思源立即乘车赶往北大，但北大的同学却发生误

---

① 更详细的内容参见李宗仁口述、[美]唐德刚撰写《李宗仁回忆录》，桂林：广西师范大学出版社，2005，第611-612页。

② 《华北学联"六二"声明》，载《反饥饿反内战运动资料汇编》，第236页。

会，认为何思源是镇压他们的主使者，立即把何思源包围了起来，并几乎把何思源乘坐的汽车砸坏。胡适知道后，赶紧跑来向同学们解释说："何市长是我打电话请来替我们解决困难的。"学生才罢手。何思源命令军警撤除，并立即拆除沙包、铁丝网等障碍物。同时为避免冲突，何思源劝同学们暂时不要外出。由于何思源出面做工作，再次避免了学生流血事件的发生。

由于何思源的努力，又化解了一次严重的冲突，胡适因此写信给何思源表示感谢和道歉。

仙槎吾兄：

昨天卜午承老兄亲自到北大四周指挥在场警士，拆除戒备障碍物，我对老兄爱护母校信任青年的诚意，特别要表示感谢。当时西斋的同学，因终日看着景山东街西口外的情形，不免情绪愤慨，所以他们看见老兄和我走来，都忍不住要向我们申诉一肚子的冤枉，其中有极少数人出言不检点，侵及老兄，使我感觉十分不安。我们走后，又因西口外警士神经过敏，发出了不确实的警报，以致武装军警到来，几乎闹出一个乱子。当时又蒙老兄赶到西斋，亲自弹压。老兄本以满怀善意，帮母校解除困难，不意此事反使老兄两次受误解，老兄体谅青年人，不加责怪，还写信来向母校道歉，我特别感谢老兄的雅量与好意，并且借这机会很诚恳地向老兄道歉意。敬祝

大安

弟胡适敬上<br>卅六，六，三①

时间进入1948年4月，也就是在北平学运史上被称作"四月的风暴"时期，何思源又数度出面，化解危难。

---

① 《胡适档案中有关学生运动函电选（1947—1948）》，《北京档案史料》1994年第3期。

先是4月7日。此日凌晨，北平警备司令部以"华北学联"首要分子鼓动罢课罢工为名，要求逮捕12名北大学生，并向北京大学秘书长郑天挺出示要逮捕的学生名单，要学校协助逮捕，并告知天亮前必须完成逮捕任务。郑天挺当即予以拒绝，双方争执到天亮，遂改为北京大学在早8时前将12名学生送交警备司令部，再经交涉，延期到中午12点。为保护学生，北京大学的领导积极活动，秘书长郑天挺，训导长贺麟等人去警备司令部找陈继承，同时让周炳琳找何思源，让何思源出面斡旋。校方提出两点请求：一、12名学生填具负责证书，不再活动，由学校看管；二、如必须逮捕，请移送法院。经过何思源做工作，陈继承允许立即移送法院，但必须先将学生送到警备司令部，司令部可以不讯问，只是表明是由司令部移送而已。经过何思源反复做工作，最后改由法院传讯，同意了学校的解决意见。①

接着是4月8日。是日晚，军警特务袭击了北平师大，打伤学生，逮捕8人。第二天，数千学生到北平行辕请愿，北平12所大专院校的负责人集体去见陈继承，但陈避而不见，他们只好去找何思源。何思源去找陈继承，但陈推说不知。恰好行辕主任李宗仁此时不在北平，这便成了一件无人做主的事。何思源感慨地说："北平有行辕，有警备司令部，有战区长官部，还有我这个无权无用的市长，竟然发生了这样的事！现在学生们在外等候答复，学生不散，却是个市政问题。"然后何思源就走出去对请愿的学生说："请同学们回去吧，今晚一定把八个学生送回去，如不送回，你们明天在报上看我的辞职书。"②结果，晚上8名同学就都送回学校了。

4月11日，北平又发生了一次游行，但这次是所谓的"反共大游行"，是由国民党北平市党部假借民众名义组织的。在听说游行队伍砸了北大东斋后，何思源即派秘书丁岚生代表他前往慰问，并表示市府可以帮助维

① 《胡适档案中有关学生运动函电选（1947—1948）》，《北京档案史料》1994年第3期。
② 何思源：《回忆我的一生》，载《一位诚实爱国的山东学者》，北京：北京出版社，1996，第343页。

修。北大秘书长郑天挺说："我们知道，近来何市长连日辛苦，帮了我们很大忙，替学校解决了很多困难。我们实在感谢他。"[①]

何思源对待学生游行的态度是明确的，就是保护学生、避免冲突。这除了他自身的思想认识因素以外，北平特殊的政治局面也为他提供了转圜的空间。

首先，他不必承受镇压的压力。因为北平行辕、北平警备司令部都比市政府权力大，北平市警察局也不完全听他指挥，这就给他撑起了一个避免承压的空间。

其次，李宗仁对待学潮的态度与之相近，又比他位高权重，这使他维持和平的愿望有了更多实现的可能性。

最后，北平教育界有很多师友故交，这也为他居间调停提供了有利条件。

## 第四节　改善市政民生

日本占领北平期间，除了开发建设东、西郊新市区的部分区域以满足自身的军事政治统治、居住和资源掠夺需要外，在旧城区的市政工作仅仅限于对日本人居住集中区的条件的改善，因此在北平的经济发展、城市基础设施建设和环境卫生方面积累了大量问题。熊斌主政期间，除了致力于接收工作外，北平市政府制定了一系列关于恢复市政机构、维护市场经营秩序和社会秩序、整理市容、清洁街道、改善道路条件、维护和管理交通、加强房地产管理等方面的法规，对稳定北平社会经济秩序、恢复发展工商业起到了一定作用。何思源任市长期间，在市政基础设施建设、经济社会秩序管理、整治城市环境卫生、救助人民群众生活等方面陆续开展了一系列比较实在的市政改善工作。

---

① 丁岚生：《回忆何思源先生》，载《一位诚实爱国的山东学者》，北京：北京出版社，1996，第127页。

### 一、市政基础设施的建设与改造

市政基础设施是城市运营的基础，同时又需要大量的款项，由于市款支绌，此一时期北平的市政基础设施建设主要进行了以下一些工作。

（一）修筑道路。修筑沙滩、汉花园、东皇城根、平安里等处沥青路面8770平方公尺；修筑邱祖胡同、报子胡同、东直门、南小街、海运仓等处水泥灌浆石砟路12250平方公尺；修筑朝阳门大街、复兴门外等处石砟路约3180平方公尺；修补土路44000平方公尺，修补沥青路34.5万平方公尺，修补石砟路17.4万平方公尺。在西单报子街至复兴门建设了一条水泥灌浆路面；由西四至东四的路面划为干线高级路面进行了整修。

（二）整理沟渠，疏浚河道。新筑洋灰混凝土管暗沟3900公尺；新筑砖帮石盖暗沟230公尺，修理工程50公尺，掏挖4251公尺；新筑缸管沟142公尺，修理工程62公尺，掏挖1687公尺；新筑探井46座，掏挖103座；掏挖明沟3290公尺；掏挖龙须沟3760公尺。在疏浚河道方面，主要是掏挖自地安桥至望恩桥等处御河3000公尺，疏浚永定门外护城河6500公尺。此外还设计完成了内外城旧沟掏挖改善工程、龙须沟改建暗沟工程、建筑秽水池419座工程、修筑示范水井工程、疏浚护城河工程及整理长河、什刹海、三海水源工程等，均列入了救济工赈计划。

（三）整顿城市供水。熊斌主政期间成立了自来水管理处，由政府经营自来水事业。1948年3月遵照行政院命令，又把自来水事业发还自来水公司经营，采取官督商办方式，并派监察员驻在公司执行监察职务。何思源任内监督改进自来水供水业务及供水工程，使用水户由28170户增至31500户，零售水站增至140处；增加水源井一处，每月送水总量由1008904公吨增至1248832公吨，配水总量由801631公吨增至1073683公吨，售水总量增至597407公吨。在工程方面，完成安定门水厂电机房及土墙和工人宿舍的建设，修建安定门水厂越城干管800公尺及各水源井联络管6寸、8寸干管2200公尺，完成中南海改建配水干管工程；扩充了达子营、新街口等处的配水管3000公尺。此外，为整顿水井，自1947年3月开始进行全市水井调查。

（四）整顿交通。一是添建交通设施，如建设各路口的照明灯、交通伞、岗楼以及划设快慢车线等，共计完成34处工程。二是加强车辆管理。熊斌主政期间，北平市政府制定通过了一系列管理车辆的法规，包括北平市政府管理汽车规则，管理自行车规则，管理人力车规则，管理大车、轿车、排子车、手车规则，对车辆登记、发照及行车规则进行规范，何思源任内继续办理各种车辆管理事宜。三是整顿电车和公共汽车。北平市第四路电车西皇城根至太平仓一段，路线弯曲、路面低洼，每遇阴雨积水甚深，不能行车，1947年3月动工拆通平安里改修直道，同年5月完工，6月通车。电车行车辆数由1890辆增至2843辆，行车次数由50940次增至51460次，行车里数由282672公里增至400468公里。北平市公共汽车附属于电车公司管理，因油料涨价以及无票乘车等关系，营业亏累，无法维持。经市政会议决议，1947年11月该二汽车机关合组为北平市公共汽车有限公司，统一经营，以节开支。汽车行车辆数由1107辆减至798辆，为谋收支平衡，不得不紧缩范围。

其他工作还包括：建设市有公共建筑工程，修建复兴门等处城防工程13处，修缮先农坛坛墙工程、勤政殿屋顶工程，修缮河墙堵塞城洞等工程；加强文物整理工作，修缮保养午门和天安门等处城楼、宫殿等26处，继续办理颐和园、孔庙、景山及各城楼等25处的维修工程。拨款修复保护文物古迹，如中南海、中山公园、北海公园等。

## 二、整顿社会经济秩序

### （一）推行保甲自治

整编保甲工作在熊斌任内是由社会局负责办理，全市共编为332保

5518甲。其保甲长之选举系于每甲编竣后召开甲户长会议选举甲长，每保编竣后召开保民大会选举正副保长各三名，然后呈报上级机关考察后分别委派。1947年2月，为适应行宪要求、加强民政工作，根据《北平市政府组织规程》的规定成立民政局，整编保甲工作改由社会局负责。北平市以往保甲编制，所辖户数多寡悬殊，特别是甲辖户数，有的一甲多达一二百户，执行任务难顾周到。何思源任内依照法令规定，参酌事实，对甲的编制加以调整，每甲至多不得超过三十户，至少不得少于十户，最终共编为338保9264甲。为了提高保甲长工作能力，北平市政府制定了训练保甲长办法，在各区区公所召集保甲长，由民政局派员予以业务训练，从1947年5月26日起讲习五周。为加强民间自卫力量，市政府对原有二百名队员的郊区自卫队进行了扩充，经国防部批准，发给步枪五百支，分发八个郊区，在不脱离生产的原则下，组织保甲自卫队，协助军警，维护治安。

（二）查禁烟毒

禁烟工作以前由社会局主办，设置了禁烟联合办公室，并分区设立烟毒戒除所及烟民管训处，设置烟毒调查小组，规定查获毒品奖金并办理禁烟宣传。北平市民政局成立后，为加强效率，与行辖军法处、绥署军法处、警备司令部、河北监察使署、高等法院、地方法院、宪兵十九团及北平市政府有关各局会同组织禁烟联合办公处，办理查禁烟毒工作，并举行全市烟毒大检举。1947年7月5日颁布《北平市政府检举烟毒人犯及处理暂行办法》，规定各机关团体学校及民众得知某人有私运售制吸藏烟毒或其他抵瘾药品的违禁事实，应立即破除情面向民政局、警察局、主管自治区公所或主管警察分局踊跃检举告密，并将被告姓名、住址、违禁事实及有关特征给予详细书面说明，密封寄到指定主管禁烟机关，由首长核办，并应自行将姓名、住址注明以备查考，但检举告密人自己不得有禁毒治罪条例规定的行为。事后检举告密人可以此得到奖金。受理机关应代守秘密，以息纠纷，并应在收到检举告密件后及时派人清查办理。如果被告为现役军人则应送北平市警备司令部依法办理，而其他人犯应连同赃物一起交警察局依法办理，对吸食烟毒的嫌疑犯，应送烟民调验所，其他种售制藏烟毒的，应在二十四小时内送指定审判机关依法办理。烟毒调验所被调验的烟毒人犯应于十天内调验完，无论有无烟瘾都应填具鉴定书，并把鉴定书、被调验烟毒人犯送原机关依法处理。而受理查缉或审判机关，每月则应将案件处理情形列单、数字表报北平市政府备查，并将查获的烟毒品在案件处理终结后，送北平市政府验收并依法处理。为震慑毒贩，早日肃清烟毒，1947年6月3日，北平市政府在太和殿举行林则徐禁烟精神纪念大会，将应行焚毁之烟毒及烟具当场焚毁，并由北平警备司令部将运毒犯李云武押赴会场，游行示众，绑缚大桥刑场执行枪决。同时，市政府还规定了烟民施戒限期，提经禁烟联合会议议决，以1947年8月底为施戒届满期限，凡在9月1日以后烟毒各犯一律处以死刑或无期徒刑，并广贴布告，俾众周知。

（三）强化户口管理

强化户口管理是整顿社会秩序的重要内容，当时的北平市同全国大中城市一样，居民户口管理异常混乱。抗日战争胜利后在北平市警察局的主持下实施了户口清查，并办理各项异动登记。民政局成立后，户政改归民政局主管，主要进行了以下工作。

第一，建立区保户籍机构训练户政人才。按照计划，各区保均设立户籍机构，计每区公所增设一户政股，内设股长一人，助理员二人，每保办公处增设户政员一人，全市共增设户政人员396名。专门户籍机构建立后，又办理户政班两期，培训专门户政人才，学员来自中央警官学校特警班毕业生及招考高中以上毕业学生，先后训练学员八百余人。

第二，查记全市户口。为建立户政基础，在各区保户籍机构建立完竣后，即举办全市户口查记，从1947年5月开始，6月下旬完成，计全市共有328898户，1683426人（其中男981673人，女701753人）。

第三，整理户口卡片。为求户籍正确及异动考查便利起见，北平市政府按照世界各大都市通行之户籍卡片办法，设置卡片室，分户卡口卡，从事整理，对全市无论任何人之户籍考查，二分钟内即可明了。1947年10月曾有记者去民政局户籍卡片室采访，只一分钟的时间，管理人员便将记者亲自填写的卡片找出。

第四，制发国民身份证。办理国民身份证之前由警察局负责，手续烦琐，枝节横生，在警察局与民政局交接主管期间曾一度停顿。民政局接办后制定颁布了《北平市政府民政局办理户籍登记实施程序》等法规，修正了户口统计登记办法，简化了身份证办理手续，方便了群众，市民对此比较满意。

（四）倡导移风易俗

何思源在任期间开展了禁止不良习俗、提倡善良风俗的运动。1947年4月11日北平市政府依据内政部查禁民间不良习俗办法制定颁布《北平市政府查禁民间不良习俗施行细则》（以下简称《细则》），规定由民政局执行，警察局、教育局协助，分调查、宣传、查禁三期对不良习俗实行查禁，每期一个月。由民政局派员督同各区保甲长详细调查各不良习俗的主体、种类、心理影响等；在查禁工作宣传期间由民政局利用广播讲解不良习俗的弊害，阐述禁止民间不良习俗的办法及实施细则的内容；并下令报业及各同业行会转告各报社登载有关不良习俗的弊害的文字或记事，下令各影剧院及各同业行会转告各影剧院、剧场、戏院协助进行宣传，如利用放映序幕标语或编入剧词等；教育主管机关督令中小学教员率领学生分区对居民进行宣传活动；民政局、教育局举办通俗讲演，以达到使恶俗的弊害及《细则》的内容家喻户晓、市民自觉改善的目的；最后民政局对优良者予以嘉奖，以资鼓励。在查禁不良习俗的同时，1947年5月10日，北平市政府又公布了《北平市政府倡导民间善良习俗施行细则》，规定通过宣传、调查、督导、示范、视察、比较、公告和嘉奖鼓励等方法进行良俗宣传。由民政局利用广播随时讲解良习种类及倡导意义并分饬报业影剧业同业公会分别转知各报社尽量登载关于善良习俗之文字记事，各影剧院多方放映序幕标语以期普及。民政局依照项目制定各种表格令各区公所按期调查呈报以便考核；教育局、警察局随时随地对宣传工作予以协助；各种不同类型的善良习俗按其性质由各主管机关分别办理，如敬老养贤和养幼恤孤由民政、社会两局会同办理；取缔奇装异服和举行清洁运动由民政局、警察局、卫生局会同办理；出入公共场所上下舟车规定秩序保持肃穆及提倡团体活动等由社会、公用、教育等局分别办理。每年年终由民政局将倡导成果按项分区综合比较择优嘉奖。

（五）打击囤积居奇

社会越不安定，经济投机行为就会越发猖獗。由于连年战乱，北平市居民的日用必需品供应非常紧张，一些不法商人趁机囤积居奇、哄抬物价，牟取暴利。何思源对此极为气愤，下决心采取有力措施打击奸商。首先对囤积居奇进行了整治，1947年4月15日北平市政府发布命令，制定了《北平市取缔日用重要物品居奇办法实施细则》，规定严禁对食米、杂粮、面粉、纱布、燃料、食盐、白糖、食油等日用重要物品进行囤积居奇。其体内容规定：凡本不是商人或不经营本业的商人大量购存所规定的日用重要物品，经营本业的商人购存并进行居奇的或代理介绍买卖并无实际买卖货主而化名购买者都是囤积居奇者；市政府会同有关机关根据情节轻重对储存物品不应市场需要销售或应市场需要销售但抬高价格超过合法利润的人予以处理，并随时接受市民的检举告密；对本不是商人或不经营本行业的商人在本规则公布前囤积居奇的，应立即向社会局申报并由社会局核定期限和价格进行出售，之后由该行业的行会对其随时考核呈报社会局；而对本不是商人或不经营本业的商人在本规则公布期间居奇的，应立即没收物品实行平价销售，所得收入的30%归检举人，20%算作经办人的奖金，余下的作为居奇者的罚金收归市库以用于公益事业。

### 三、整治环境卫生

垃圾问题是战后北平面临的严重问题之一，据估计，当时市内积存垃圾有160万吨之多。大街小巷垃圾堆积如山，有些小胡同简直是垃圾的世界。有报纸直接以"北平将被垃圾埋没"来形容北平的垃圾状况。梁实秋在《北平的垃圾》一文里说，靠近各城根处都堆着垃圾，几乎高与城墙齐，垃圾堆的上面都开辟出了道路，可以行车走人。胡同里的垃圾很少堆在墙角路边，而是平铺在路面上填补坑洼，而这坑洼又是永远填不满的。更有甚者，负责清除垃圾的人穿着制服摇着铃铛公然在路面上铺垃圾。极度脏乱的城市环境严重影响了市容和市民的身体健康，人民怨声载道。而有关部门因缺乏经费和运输车辆束手无策。何思源体察到民众的疾苦，深感问题的严重，上任之初就躬亲此事，在市区进行了一次大规模的卫生清运。

首先，清运垃圾的主管机关由卫生局改为警察局。为使清运工作有章可循，警察局制定了《北平市政府警察局清除垃圾实施办法》，对清运工作做了具体规定。全市清运工作分三期实施。第一期为清除各街巷垃圾，实施时间为1947年3月7日至3月20日，具体步骤是各派出所会同当地保甲通知街巷住户、商店自行准备清运工具，各自清除门前垃圾；各警察分局发动国民自卫团团员协助清除及运输垃圾；各分局派员负责传唤住户、商店依规定时间工作并督导清除；督察处每日派督察员到各分局切实考核工作；清运会致函各机关、学校、工厂、部队、团体发动劳动服务，各自清除门前垃圾并协助各街巷清除。第二期为清除各土场垃圾，实施期间为3月21日至5月底，实施步骤为由清运会总服务组购荆条筐、十字镐等配发各分局，并征配电车、民用大卡车等协助清运，把垃圾拉到城外消纳场。第三期为就地铲平土场垃圾，实施期间为6月1日至6月底。此外，该实施办法还规定了清运垃圾工作的宣传办法：请各报社在报端开辟清运垃圾专栏，请名流专家著垃圾专论刊登，并请广告社绘制含有清除垃圾之布置大型图及大型横幅标语悬挂重要街巷，把违反清洁办法规定而受处罚者的姓名披露报端，在电影院放映清除垃圾的幻灯片等，请名流在广播电台讲播有关清除垃圾之各种专题等。

其次，为调动人们的工作热情，保证清运工作按时按质按量完成，北平市警察局制定了《北平市政府警察局清除垃圾工作竞赛办法》（以下简称《办法》）。《办法》规定竞赛和奖励的依据是警察局清除垃圾实施法的第六条；参加的单位是城区十二个分局及各区清洁队；竞赛事项分为工具的保管、街巷和垃圾场的清洁保持、垃圾运出城外是否及时，各人力、物力工具是否发挥最高效用。清运的结果由警察局派员定期检查并根据警察局督导处及各分局清洁队日报表来评定，对于有损车辆、工具者要负赔偿责任。

1947年3月19日，北平市政府在市政府西花厅召开清除垃圾运动专题检讨会议，对清运垃圾工作做出几项原则性规定：一是每日运清新产生垃圾，严禁住户沿街倾倒垃圾，旧存垃圾由各清运分会集中清除，对于发动车辆、工具、人力等由各分会自行筹措；二是加紧催缴清洁捐；三是完成清运工作各区可购备载重汽车以为经常运输之用，未完成积存垃圾清运的则暂缓购买；四是各警察分局与各区公所要力谋配合；五是由各警察分局局长负责各清运分会的工作；六是扩充清洁夫名额。

作为市长的何思源主持开展了一系列的清运工作。经过多方筹划，专门成立了"北平市清洁运动委员会"，并争得上司对工作的支持和援助，邀请北平行辕主任李宗仁担任该委员会主任，自己任副主任，负责实际事务。他亲自召集全市的清洁工人和淘粪工人开会，动员他们积极地投入清洁卫生运动，命令清洁队车辆全部出动，加班加点向市外运送垃圾。此外又邀请各机关单位参加和支援这一工作。号召全市民众向垃圾宣战，并层层落实；征用各机关、部队、社会团体、企业和商民的卡车、电车、兽力车、排子车近千辆，还借用美军部分卡车；装卸人员由北平市十二个区的二百国民自卫团团员组成；他又动员市属机关、学校、工厂等单位进行"勤务服务"；向四联北平分处借款8亿元，购置柳条筐10万只，十字镐1.2万把，大头锹3万把及其他运输、劳动工具；并规定郊区农民运粮车辆及其他空车出城时必须带运垃圾，此外还联系铁路局协助用火车带送垃圾，各银行也献车帮助运输。各城外设专人驻守检验运载垃圾的车辆运到消纳场，出城带运车辆和电车运载的垃圾可卸到城外设置的暂置场。全市的清运工作由"清洁运动委员会"统一分配任务，规定名额，并由警察局组织执行，工务局、卫生局专门负责安排把车辆等运输工具打扫彻底，保持清洁。在全市动员、昼夜清运的情况下，在两个多月的时间里，终于把多年积存的160多万吨垃圾全部清除干净。

回顾当时国民党政权腐败，内部钩心斗角、争权夺利，全国政治局势动荡不安，何思源躬亲清运垃圾这样的社会事业似乎显得不如政治军事那样重要，也看似与加官进爵相悖，但正是基于此，才越发显出何思源精神的高贵和远见。强烈的社会责任感促使他以解决民众的疾苦及北平市发展的大局为己任，不计个人得失。垃圾的彻底清运为北平市民的健康提供了保障，也为北平市的发展奠定了基础，人们称誉他为"垃圾市长"。①

何思源集中清运垃圾的行动，解决了北平市积存多年的垃圾问题，赢得了社会各界的一致赞誉，其有功者也获得了国民政府的嘉奖，但北平市的垃圾问题并没有如计划的那样得到持久的解决。因为日常资金问题无法解决，每日运除新产生垃圾的计划便难以付诸实施，不久之后，北平市又再次陷入垃圾围城的困境。北平和平解放后，人民政府不得不又开展了一次垃圾清除运动。

---

① 吴家林、徐香花：《何思源与北平的城市建设及管理》，《北京社会科学》2000年第1期。

### 四、救助市民生活

（一）疏导粮源，加强粮食市场管理。

北平不是一座生产性城市，市民日常生活物质多赖外埠输入。何思源主政北平后，随着内战危机加深，北平市居民非但得不到足够的生活必需品供应，就连粮源也面临枯竭，导致粮价快速上涨。究其原因，北平市有关机关经研讨认为有以下四点：华北产粮区治安不靖，粮食供应不畅；敏感者大批储粮；交通受阻，东北存粮不克南运；人民争购食粮，奸商乘机操纵。因此，加强粮食市场的管理，疏通粮源通道，保证市民基本生活，已经显得非常紧迫。首先是解决粮源问题。针对面临粮源枯竭的严重局面，北平市政府召开粮食调配会议和粮源讨论会，决定成立储粮贷款委员会，向西北购粮，并千方百计争取南粮北运。经过北平市政府再三向南京中央政府申请，获准在沿江各产粮区采购面粉50万袋，大米3万市担。所需资金由市政府向中央银行贷款并由中央信托局代为购运，出售后所得钱款，除成本外如有剩余，则应全部做平津贫民粮食购储基金。1948年2月何思源去南京出席粮食配售会议，争取到为北平170万名市民，不分年龄性别，一律每人每月配售15斤面粉，共计2550万斤，约合58万袋，其中一半由美国救济物资委员会供应，一半由粮食部会同地方政府统筹供给。此外，经粮食部同意，准许北平市每月向沿江产粮区域自购芋头粉等75000袋的杂粮和4万袋次粉。这样就疏通并拓宽了北平市的粮源渠道。其次是加强粮食流通环节的管理。1947年4月22日，《北平市政府加强粮食市场管理办法》出台，规定北平市的大批粮食必须在市场内进行交易，所有粮商都是市场员；从粮商中抽选15人组成市场管理委员会，负责管理粮食市场；各粮商都要佩戴市政府核发的粮食市场入场证；买卖双方入场时必须佩戴市政府制定发给的臂章；批发粮食的商人只准在市场内卖粮而不准买粮；无力向外埠采购的零售商，准许在市场内买粮而不准卖粮；备有加工设备的粮商，准许在市场内买原料卖产品；为便于统计管理，制定粮食交易登记册，记载每天各种粮食买卖的数量，以备将来考查；为了保证居民粮食的持续供应，卖方市场员在两个月内不卖粮的吊销入场证和营业执照；市场管理委员会每天需要有3至5人轮流值日，并根据每天市场交易价议定第二天的零售价格，逐日登报公布；市场管理委员会可雇用若干职员协助办理登记统计事宜；市场管理经费由市场员承担，并应经管理委员会呈报社会局核定等。最后，实行粮食配售制度，以保证下层市民的生存和生活。通过以上措施的实施，基本上保证了北平市的粮食供应，从而也稳定了社会秩序。

（二）发展卫生事业，实行免费诊疗。

北平市民生活困苦，贫民众多，基本无力就医。又因战乱和灾荒等，有大量来自冀东、东北的难民涌入。这些人衣食无着，流落街头，无法就医，处境十分悲惨。在此情形下，何思源领导下的市政府在前任举办卫生事业的基础上采取了一系列措施来提高卫生救治的能力。

一是加强医疗机构设置。熊斌时期已经成立市立第二、第三医院，市立北平医院，传染病医院，牙科医院，妇婴保健院，卫生试验所等7处医疗机构。何思源任内除继续推进扩充及按月补充医疗器械、药品材料之外，并于1947年由善后救济总署争取到五十病床设备一套，一百病床设备一套，分别拨给市立第一、第三医院。由北平医院在崇文门外抽分厂设立分院一处，1948年3月1日开始门诊，分内、外、妇产三科，并于4月下旬加设病床20张，收容住院患者。此外还恢复了妇婴保健所，加强妇幼保健工作。

二是实施免费诊疗。各市立医院及卫生所自1946年9月至1948年5月，门诊免费111069名，住院免费246名；增设免费病床，1947年与善后救济总署接洽，比上年增加55床，1948年以美国援华款项设立贫民难民免费病床，1月20张，2月100张，3月100张，4月120张，至年底比上年增加69张；宣布北平市市立8家医院都可为东北流亡学生免费治疗；利用卫生部下拨款项外出免费接生；为救济来自冀东的难民，北平市卫生局特令各附属医院每天派人赴各收容所施行免费治疗，从1947年6月至12月底共治疗3850人次；从1948年2月25日起又从各附属医院抽调医务人员组织巡回医疗队，每天乘汽车到指定的10处地点实施免费诊疗，到5月底共计治疗患者21033人。

三是重视学校卫生工作，普遍实施学生健康检查。自1947年4月28日起至6月14日止，在市内共设检疫站11处，共检查学校268所，学生92611人。对于学生增加缺点矫治次数。1947年度学生缺点矫治共计13706人。各学校实施各项预防注射及接种，1947年度学生霍乱预防注射计19332人，霍乱伤寒混合预防注射10374人，伤寒预防注射3534人，白喉预防注射12628人，种痘38268人。改善学校环境卫生，1947年度学校卫生视察及改善共计进行53次。

四是改善公共卫生状况。除了集中力量清运垃圾外，何思源任内还着力解决居民的饮用水安全问题，1947年北平市卫生局派人员对公共饮水井实施消毒5824次，基本改善了饮用水的质量。改善与添修公厕楼水池。加强疾病预防：扩大春季种痘，举办霍乱、伤寒预防注射，举办斑疹、伤寒、白喉、猩红热、天花等扩大预防注射，对厕所、贫民住宅、小店、医院、监狱看守所、慈善团体、粥厂、暖厂等公共场所实施DDT喷射消毒。

五是加强医疗从业人员的培训与管理。1947年10月由北平市医院成立护理人员训练班，抽调各市立医院所护士入班受训，以提高各医院护士人员的学识；1947年3月10日至5月10日，对卫生稽查人员实施为期两个月的基本训练，以期充实卫生稽查人员的专门学识，合格后才允许到有关卫生营业场所视察改善工作，同时也对他们的身体健康状况进行合格核查；针对无照行医、借照行医、地址不符、地名不合格或伪药充斥市场以假乱真的状况，卫生局对中医药师、医院及药店分步进行分区检查，严加管理。从1947年10月至12月底，共计检查中医师634人、医师47人、诊疗所186家、医院94家、助产士54人、镶牙生70人、新药商164家、成药商239家、国药商187家、代售成药商44家、接生婆6人、牙医师9人、兽医师1人、药剂生1人、兽医生2人，总共1738家，其中合规者1021家/人，不合规者717家/人，对不合格者严令加以改正。

六是开展卫生宣传。为增进市民卫生知识起见，1947年5月在中山公园增开第二卫生陈列室一处，陈列内容主要是有关卫生书报及小型卫生图画，免费任人参观；1947年5月18日在中山公园举行春季卫生运动会一次，前后举办10天时间，参观人数达442252人。

从1946年11月到1948年6月，何思源当了20个月的北平市市长。此期间正是从接收复员到步入正轨、谋求市政发展的时期，同时也是一面要求得市政发展，一面又不得不面对内战的时期。可以说抗战虽已结束，但动荡并未远离。特殊的时代背景没有给市政事业的发展提供正常的环境，约束或是限制了主政者自由发挥的空间，同时也考验和展现了主政者应对非常状态的一种能力和风格。

与前任市长、军人出身的熊斌相比，何思源更多地展现出了明显的平民作风。虽然身居高位，与各级大员迎来送往不可避免，但何思源并没有多少官架子，而是始终保持着平民作风，用心了解民情，关心民间疾苦。当时有人描述他看上去像是一位穷酸的数学教员，也在一定程度上说明何思源"官威不足"。刚到北平时，正赶上市民对办理身份证的繁杂手续发泄不满，何思源了解情况后，及时地简化了手续，省却了市民们的奔波与额外花销，博得一片喝彩。清运垃圾是何思源任职期间办的一件大事、一件好事，虽然不无借此博取上级赏识的味道，但也确实赢得了普通市民的好感。当时的北平，粮荒、煤荒、电荒是常态，何思源想方设法开辟粮源，组织分配，亲自到电厂探查，并且下到门头沟煤矿的井下调查，以示市长并无任何的特殊之处。

何思源任职北平的另一个特点是他的民主意识。他注重来自底层的意见和声音，上任伊始，就在市政府门前和一些重要街道设置意见箱，以采集众议，"举凡要政兴革，个人痛苦，均盼据实申述"；市民如果有意见陈述，也可以随时给市长打电话或书面报告市长。何思源的民主意识还体现在他对市参议会的关注上，因为参议会的成立和有效运作是民主宪政制度的具体体现。何思源的政治理念和理想使他对参议会的成立和宪政的实施倾注了热情，但国民党实施宪政以装饰门面的本质使得这种热情注定落空。

何思源是一位勤政的市长，为解决市民的实际生计问题奔波不停。上任一个多月，何思源在给朱家骅的信中就说：北平"难民麇集，青年失学，市容残破，垃圾山积，益以人口集中，煤粮匮乏，伏莽潜滋，秩序不宁"，他需要做的工作是加强冬防、筹办冬赈、调剂煤粮需供、清除垃圾、增加教育补助、收容失学青年、整理交通、防止车祸、修补道路、疏浚沟渠，以及整理文物、整理市容等。此后的时间里，何思源也确实为这些工作努力操劳，但限于条件，总的来说，成果有限。特别是棘手的财政难题，一直没能得到解决。虽然市政府也有一些增加收入的举措，但北平的财政基本是依赖中央救济的。中央的补助款项又仅够人员开支，或是维持局面，对于市政发展来说只能是杯水车薪。何思源在财源上开拓不足，这也导致在市政上仅限于维持而难以有所发展。

# 第六章　弃旧迎新的终局

　　截至1948年3月15日，东北野战军胜利结束冬季攻势，国民党军被压缩在长春、沈阳、锦州等孤立据点。人民解放军在山东、西北、苏北、晋察冀、晋冀鲁豫等地区，亦展开攻势作战，中共中央判断："五年左右（一九四六年七月算起）消灭国民党全军的可能性是存在的。"[①]以北平学生为主体的学生运动掀起"四月的风暴"，第二条战线发展壮大。国民党政权犹作困兽斗。3月25日，立法院例会通过《特种刑事法庭组织条例》及《特种刑事法庭审判条例》，加紧镇压爱国民主运动。同时，继续玩弄宪政骗局，3月29日，"行宪国大"在一片混乱中开幕，并于4月18日通过《动员戡乱时期临时条款》，赋予总统不受限制的紧急处分权。4月2日，美国国会通过援华法案，继续支持国民党政权。4月30日，中共中央发布纪念"五一"劳动节口号，号召："各民主党派、各人民团体、各社会贤达迅速召开政治协商会议，讨论并实现召集人民代表大会，成立民主联合政府！"[②]5月19日，国民政府公布修正之《戒严法》，规定戒严时期地方行政及司法事务移归最高司令官掌管；并撤销各地行辕，东北、北平行辕职权与业务分别归并东北、华北"剿匪"总司令部，武汉、西北、重庆、广州各行辕均改为绥靖公署，[③]是谓进入区域总体战的战时体制的前奏，北平的新生亦由此展开。

---

① 毛泽东：《关于情况的通报》（1948年3月20日），《毛泽东选集》第4卷，北京：人民出版社，1991年第2版，第1303页。

② 《中共中央发布纪念"五一"劳动节口号》，《人民日报》1948年5月2日，第1版。

③ 《北平东北行辕撤销，汉渝穗等行辕改绥靖署》，《中央日报》1948年5月21日，第4版。

## 第一节　刘瑶章临危受命

### 一、市长人选之产生

1948年5月20日，中华民国第一任"行宪"总统蒋介石、副总统李宗仁在南京宣誓就职之时，远在千里之外的北平，已经在为适应战时体制酝酿更换市长，尽管人选尚无定论，可也绝非空穴来风。①

现任市长何思源，以其留学欧美、党政学兼跨的身份，颇具战后实行宪政之"明星"色彩，然而，当战争日渐迫近北平时，在处理学生运动、解决市民生活、征收城防款项等诸方面，均显露出明显的无力与无奈。三、四月间，特务曾在景山东街向何思源开过一枪，幸而没有打中。②就在新市长任命令送达北平的次日，6月24日，警察局局长汤永咸在市参议会接受质询时，态度傲慢，与参议员演成相互诟骂后拂袖离场，参议会遂决议请市府撤职查办。③何思源只好以未能约束部下，自觉有愧民主宪政，自请中央严厉处分，并亲赴参议会道歉，呈请傅作义物色警察局局长人选，④同时催促赶办交代。紧接着，民政局局长马汉三因涉嫌贪污被捕。⑤市府两位重要成员相继落马，表明市长对市府内部已无法有效掌控。

另一方面，自2月起，华北"剿匪"总部总司令傅作义与北平警备总司令陈继承的矛盾逐渐尖锐化，傅作义三次致电蒋介石，以辞职相要挟。5月间，傅作义在北平处理了河北省政府，极力抵制蒋介石在华北安插亲

---

① 《平津地方人事调动说无所闻》，《大公报》1948年5月4日，第2版。

② 何思源：《我参加和平解放北平的活动》，中国人民政治协商会议全国委员会文史资料研究委员会编《文史资料选辑》第60辑，北京：中华书局，1979，第78页。

③ 《行宪前途极大讽刺，市参议会搅作一团》《汤局长态度问题参议员群起质问》，《益世报》1948年6月25日，第4版。

④ 《傅作义召见汤永咸，何市长请中央处分》，《平明日报》1948年6月25日，第4版。

⑤ 《马汉三等贪污被扣》，《平明日报》1948年7月2日，第4版。

信,①并决定在华北"剿总"内成立政务委员会,由傅作义兼任主委,力求军政之配合与灵活运用。②李宗仁离开北平之后,北平行辕面临撤销,傅作义实际上已取得支配华北军政的大权,北平市市长更换势在必行,③以便配合其总体战战略。

得到傅作义属意的是河北省临时参议会议长刘瑶章④。

此刻的河北省党政机关,虽已客居北平,但在配合军事方面表现得颇为积极主动,各项工作俨然走到了北平前面。河北省政府以傅作义提出的"以军事掩护政治,以政治开拓经济,以经济团结人民,以人民协助军事"和"二分军事,三分政治,五分经济"为原则,以"生产自卫"为策略,试图在"为了人民"的口号之下刷新省政。⑤除强调战时经济生产外,"新政"首重政府机关作风转变,强调干部训练和简化机构,厉行人才、经费下乡,乡镇保长均为有给职,并仿察哈尔的办法,乡级办公费每月120斤小麦,由县级公粮内开支;⑥其次是实行开源节流的财政政策,明令严禁非法摊派,并将负担中的不公平不合理现象,主要归之于大户逃避负担;再次则是救济与生产并重,训练并动员难民返乡。河北省还准备公布土地改

---

① 王克俊:《北平和平解放的经过》,全国政协文史和学习委员会编《平津战役亲历记(原国民党将领的回忆)》,北京:中国文史出版社,1989,第275–277页。

② 《华北剿总设政委会,现正准备傅兼主委》,《大公报》1948年5月18日,第2版。

③ 邓广铭:《我所知道的何仙槎先生》,何兹全、丁岚生、万永光编《一位诚实爱国的山东学者》,北京:北京出版社,1996,第5页。文章称由傅作义接替北平行辕主任,记忆有误。北平行辕在5月间已决定撤销,8月间办理移交。

④ 刘瑶章(1897—1993年),河北安新人。1922年北京大学哲学系毕业。1925年加入中国国民党。曾任北京《益世报》编辑、天津《益世报》总编辑、南京中央通讯社编辑主任,对于新闻报道、政治宣传颇有经验,且时常撰写文章发表。1928年任国民党河北省党部委员、宣传部部长,抗日战争时期任国民党中央训练团教官、中央执行委员、河北省党部主任委员,长期从事党务工作,并任国民参政会参政员。战后曾任制宪国民大会代表等,1946年任河北省临时参议会议长,主要从事民意机关工作。

⑤ 孟北:《冀省新政三个月》(一),《平明日报》1948年6月4日,第1版。值得注意的是,《平明日报》从4日至10日连续7天连载署名孟北的文章,较为全面地总结河北施政经验。

⑥ 《人才经费下乡,冀省厉行新政》,《大公报》1948年6月18日,第2版。

革方案，新收复区土地分配将比较彻底，安定区则着重按照规定减租平均
负担，处理不在地主之土地等。①虽对所有权及原形变动甚少，且停留在
口头上或纸面上，但实施问题很多②，宣传调门要比北平高很多。《平明日
报》曾发表社评，公开批评北平基层组织涣散，治安案件频发，保甲编制
只是一个形式，为征收自治捐、清洁捐等方便。③北平富户对摊派救济特
捐持消极态度，何思源亦无办法应对，只好自己卖字认捐做表率。④刘瑶
章则公开声言，政令越是大都市越难推行，北平比乡村难，都市成为掩护
自私的地方了。并断言，不能以平津局部不好的现象代替河北，所以决不
悲观。⑤

6月21日，行政院通过北平市市长何思源另有任用，应予免职的决
议，任命刘瑶章为北平市市长；22日即以总统令颁布，并先在报刊上发
表。⑥对于何思源的去职，市府解释称：

何市长因患失眠症，请辞职以便休息。政府如需要彼任他职，仍将力
疾以报党国。何氏美国母校曾电约其赴美讲学，如得息肩，则将赴美。⑦

不亢不卑，进退自如，可谓滴水不漏。刘瑶章对被任命的态度，更是
飘忽不定，令人难以揣测：

事前曾有人来征求意见，彼曾逊谢，谓对仕途至感淡漠，此次彼未得

① 《推行土地改革冀省府即公布方案》，《大公报》1948年6月15日，第2版。
② 如通县农会自1947年8月已开始实行二五减租，可有大地主不接受减租，要求减租的佃农反被夺
佃，并致使全乡十几个村不能减租，经农会、县府乃至专署调解、强制都走不通。《冀土地改革一考
验》，《大公报》1948年6月15日，第2版。
③ 社评：《北平市的保甲问题》，《平明日报》1948年6月15日，第1版。
④ 《何思源卖字》，《平明日报》1948年6月10日，第4版。
⑤ 《刘瑶章说都市不如乡村》，《大公报》1948年5月20日，第2版。
⑥ 《政院通过北平市市长刘瑶章出任》《总统命令》，《中央日报》1946年6月22日，第2版。
⑦ 《北平市长刘瑶章继任》，《大公报》1948年6月22日，第2版。据何思源回忆，他是被撤职而非辞
职，消息也是从收音机中听到的。何思源：《我参加和平解放北平的活动》，中国人民政治协商会议全
国委员会文史资料研究委员会编《文史资料选辑》第60辑，北京：中华书局，1979，第75页。

见任何正式命令，故亦未便发表任何意见，刘氏二十一日出席国大立委座
谈会，发表彼对物价意见甚多。①

对政治、经济时事依然持积极进取态度，可对市长一职又淡漠视之，
可见此时这一职务已非仕途功名所能解释。6月23日，市长更易命令送达
北平，市府各局处赶办交代，有个别局处长自动请求辞职。②

为什么会选择刘瑶章？据刘瑶章自述，主要源于傅作义的推荐，以及
蒋经国和行政院秘书长郑彦棻的促成。傅作义与刘瑶章关系不深，也许确
是通过几次工作接触，看上他是个干才。③蒋经国、郑彦棻的关系，则与
刘瑶章积极参与"反贪污运动"相关。④

抛开人事因素，细加分析，任命仍具内在合理性。刘瑶章长期从事国
民党宣传及干部训练工作，深谙精神动员之道，战后担任省临时参议会议
长，擅长与议会及各方面打交道，尤其注重基层舆情，作风朴实无华。此
外，战时在重庆任国民党中央抚恤委员会主任秘书时，曾一度租住在曾家
岩50号（即"周公馆"），对中共应该也有一定的了解。因此，刘瑶章的
工作经验及作风，应该更符合傅作义的总体战要求，非实力派或无复杂人
事背景的情况，也可能成为选择的重要平衡因素。6月21日，北平市参议
会第一届第三次大会开幕式上，何思源与刘瑶章前后致辞，生动地展现了
二人的不同风格和态度。何思源严厉批评了内部各部分之间、个人之间利
害冲突，闹党派，彼此攻击，彼此不信任，遂造成人民不相信政府，却提
出"保卫华北，保卫北平，保卫全国"三个大而空的口号促进市政标的。
刘瑶章作为来宾，强调了省市之间的密切联系，要求北平发挥神经中枢的
作用，强调物价、匪患、兵役是参议会应研究的三个问题，并以为"有正

① 《北平市长刘瑶章继任》，《大公报》1948年6月22日，第2版。

② 《换市长命令到平，各局处赶办交代》，《益世报》1948年6月24日，第4版。

③ 《刘象山先生访问记录》，台北：中央研究院近代史研究所，1998，第64页。

④ 刘瑶章：《忆蒋经国在华北的"反贪污运动"》，中国人民政治协商会议全国委员会文史资料研究
委员会编《文史资料选辑》第42辑，北京：中华书局，1964，第211-212页。

义感革命性的人出来，团结各部克服困难，戡乱便不致成为问题"。[①]无怪乎，报纸对国人在求新思变之际的市长人选有短评称：

何市长思源在职一年有半，处境甚苦，支撑匪易，其勤求治理之心，则不可否认。刘瑶章氏两年来任冀省临参会议长，博采舆情，勤求民隐，其朴实无华的作风，颇予人以新颖之感。这次出长平市，在此时不失为适当人选。

北平凋敝已甚，在这大环境中，苏民困，餍民望，真是一桩艰难而极吃力的工作。[②]

## 二、交接过程之曲折

即使不失为适当人选，刘瑶章似乎并没有马上接任市长的意思。

行政院任免令送达北平后，6月24日，市政府立即备文，以"现在适值上半年度告终，下半年度即将开始，为划分段落便于结束起见"，咨请刘瑶章于7月1日接任。[③]刘瑶章答复称：

前阅报载行政院临时会议，任命为北平市长后，当以河北省临时参议会议长任务重要，不便遽以摔脱，对市政力薄，不能胜任，迳呈翁院长请辞，至交接问题，歉难具复。[④]

要在不足一周的时间内，接掌并不熟悉的北平市政及交代已较熟练的河北省临参会工作，的确有些强人所难。可是，刘瑶章在回忆中，将困难主要归之于人事方面：一是与北平市参议会议长许惠东、市党部主任委员吴铸人、警备总司令陈继承交往较少，各有成见，对其任市长，或很冷淡，或无什么好感；一是根本没有一个"班底"，很难拼凑起一个比较满

---

① 《何思源提出三个口号》《当前三大问题，刘瑶章说大家应该研究》，《平明日报》1948年6月22日，第4版。

② 《北平市长易人》，《大公报》1948年6月22日，第3版。

③ 《市府咨请刘瑶章七月一日来接篆》，《益世报》1948年6月25日，第4版。

④ 《刘瑶章电请辞职》，《益世报》1948年6月26日，第4版。

意的班子来。①回忆明显带有事后评价的色彩，强调派系和内斗，是解释国民党政权之所以失败的惯用的重要因素。其实，在半年多的市长任期内，刘瑶章受到各方面掣肘的现象并不严重，相反，较之前任何思源，甚至还有些改善的迹象。

辞职不就的主要原因，应该是此时的北平市市长职位有如烫手山芋，尤其是由负责立法、监督的议长，转为承担具体行政责任的市长，即由擅长言论到专注实干，风险明显更大。刘瑶章接任市长后，在接受参议会质询时，仍有参议员对其市长任命的背后运作提出质疑，追问其究竟事先是否知道提名情况。刘瑶章的回答含糊其词，但却明言"本来我没有能力担任此职，且不愿担任此职"。②当然，辞职之举也可能只是一个讨价还价的姿态，以获取更多的支持或许诺。

于是乎，伴随惜别何思源的各种社交活动的，是一连串的敦请刘瑶章接任的活动。何思源得知刘瑶章拒绝办理交接后，即刻电告翁文灏、傅作义，请求敦促早日到任接收。并对新闻界称："他很担忧，北平市政不要就像河北省府接交之时，拖延时日历两月之久。"③市党部的劝进电文称："中央命兄担任市长一职，必有其倚重之处，而地方及社会舆情，亦均认兄为适宜之选，务祈打消辞意，从速就职。"④教育会则以"当此时势紧张之际，市政不可一日无人"，致电行政院请迅促刘瑶章就职，以安人心。⑤总工会亦以"市政大计不容停顿"，特电翁文灏促刘瑶章即速就职，并电请刘瑶章"本数十年为国为民之精神，不避艰危，早日就职，以安人心

---

① 刘瑶章：《我任北平市长的七个月》，《平津战役亲历记（原国民党将领的回忆）》，北京：中国文史出版社，1989，第359页。

② 《刘市长解答参议员各项质问》，《平明日报》1948年9月28日，第3版。

③ 《何市长话别新闻界》，《益世报》1948年6月27日，第4版。

④ 《吴铸人等电请刘瑶章打消辞意从速就任》，《华北日报》1948年6月27日，第4版。

⑤ 《教育界举行茶会惜别何思源欢迎刘瑶章》，《平明日报》1948年6月28日，第4版。

而慰众望。"① 商会电文则称："我公勤求民隐，饥溺为怀，早已口碑载道"，"望早日履新，地方幸甚"。②

6月28日，翁文灏急电傅作义转刘瑶章称："在此戡乱期间，平市关系倍增重要，总统为地择人，并为市政与傅总司令剿匪工作更增配合起见，请兄继任市长，共济时艰，倚畀至为殷切。本院此后自当特为支持，即希兄克日就职，以定人心，而利公务，至深企盼！"29日，刘瑶章接电后，曾作深长的考虑，以为各方纷电促任，甚难辞谢，北平市政不可久悬，政府态度既如此坚决，且服务人民义不容辞，只得勉力以赴，遂决定接任北平市市长。③ 当天下午，刘瑶章访何思源，研商交接手续。晚上，又遍访驻北平各高级首长，交换有关市政各项意见，作为市政方针的通盘考量，并提出市政府各局处长人选，待最后决定。④6月30日，许惠东代表市参议会往访刘瑶章，表示欢迎。刘瑶章深表感谢，并谓今后市政之推进，深赖参会与市府之合作。⑤

7月1日上午8时，刘瑶章赴市府参加朝会升旗典礼，与市府全体职员晤面谈话。10时，举行新旧两任市长简单的交印仪式，市府各局处长参加。刘瑶章开始正式办公。由于时间仓促，未能举行正式的宣誓就职典礼。7月15日上午10时，在怀仁堂补行刘瑶章就职典礼，市政府要求"本府及各局处除必要人员外希全体出席"。⑥傅作义代表中央监誓并致辞，言语亦有特别之处。

按照普通的习惯，对于就职的人应该是热烈地祝贺，而我却是以沉重

---

① 《市总工会电刘瑶章勿避艰危早日就职》，《华北日报》1948年6月29日，第3版。

② 《北平市商会昨日电请刘氏早日履新》，《平明日报》1948年6月30日，第4版。

③ 北平市政府关于总统、副总统和刘瑶章市长视事日期的训令（1948年6月），北京市档案馆藏，档号J077-001-00203。

④ 《刘瑶章决出山》，《平明日报》1948年6月30日，第4版。

⑤ 《刘瑶章今就任市长》，《华北日报》1948年7月1日，第4版。

⑥ 北平市市长刘瑶章补行宣誓就职典礼的通知，北京市档案馆藏，档号J001-007-01405。

的心情对他表示慰问。因为中枢发表他继任北平市市长后，他一再表示有许多困难，担负不起这个重任，他所列举的理由也都是事实，我曾以朋友的资格，就国家的前途与人民的期待一再地劝勉他，其间有过两次以上的谈话，然而他的辞意还很坚决，最后我说："今天我们不牺牲，让谁去牺牲呢？"这才变更了他的初衷，而接受了市长的任命。就职到现在，还仅仅是半个月的时间，他的体重已经减轻了几磅。再看看他过去的为人，我们深深相信他是一位忠勤于事业的人，同时，我们也相信他绝不爱钱，绝不贪污舞弊，他也绝不会为享受，他只是比过去更增多辛劳。[1]

听来多少有些伤感悲壮。当然，官方话语和报纸报道，无疑带有冠冕堂皇的色彩，可也道出了北平末任市长更替之波折，以及注定了多舛之命运。

## 第二节　努力进取的施政态度

### 一、施政原则与人事安排

刘瑶章自述就任北平市市长，得到了傅作义"大胆去干"和蒋经国"积极去干"的支持，[2]他也的确满怀苦干进取之抱负，至少言语层面的表述甚为积极。

7月1日，刘瑶章就职后即向新闻界发表书面谈话，在谈及就职过程且自谦难以胜任后，对北平问题提出几个要点。

（一）今年中心的工作是戡乱，乱源在华北，华北戡乱的中心在北平，因此北平市的一切工作当然以戡乱为前提，为目标，而不只是配合。

（二）民主不是一句空话，最要紧的是能顾到大多数人民的利益，享受

---

[1] 《傅总司令亲致训词》，《华北日报》1948年7月16日，第4版。

[2] 刘瑶章：《我任北平市长的七个月》，全国政协文史和学习委员会组编《平津战役亲历记（原国民党将领的回忆）》，北京：中国文史出版社，1989，第358—359页。

不患寡而患不均，负担不患重而患不均，今天一切必须走向公平合理，不能再让畸轻畸重的状态继续发展下去，尤其不能再让少数坏人的利益妨害了多数好人的利益。

（三）□□的扰乱威胁着我们的生存，物价的跳动威胁着我们的生活，财政的困窘限制了我们的建设，这虽然不尽是地方性的问题，但是地方要先在可能范围之下尽了最大的努力。

（四）个人的能力固然微薄，就是整个市政府的能力也很有限，今后一切问题的解决，必须以人民的意见为意见，以人民的力量为力量。[①]

在施政目标上，就是必须真能做到总动员，从精神动员到人力、物力、财力的动员，从军事动员到政治、经济、文化的动员，不再分前方和后方，保卫者和被保卫者，尤其富者、贵者、有知识能力者，应该有特别的贡献。由此，从扩大生产中增加物资，从疏导汇兑中减少游资，以解决物价问题；在合理分配中减轻负担，在祛除积弊中增加收入，还进一步希望金融配合生产，在组织计划中交织交流，谋全面经济的活跃，以解决财政问题。并以为中央的补助已经不少，本市也不能不悉力以赴。尽管认识多为一般性原则阐述，但态度可谓十分积极，并确信："局势虽然相当严重，但是困难不是不能克服，因此我们没有理由悲观，同样没有理由虚骄，只有在艰苦奋斗中求我们共同的生路。"

7月15日，在补行的就职宣誓仪式上，傅作义在致辞中就北平施政方针提出四点：（一）增加生产；（二）组织难民自救还乡；（三）彻底清查户口；（四）注重社会教育与民众宣传，设法使人民了解政府措施，多运用甲户长会议、保民大会的形式。许惠东致辞提出两点建议：（一）发展地方特种手工艺；（二）使北平成为名副其实的游览都市。刘瑶章在答词中称，傅作义、许惠东所提各点，都切合北平市当前需要，当研拟实施办法，逐

---

① 《刘瑶章书面谈话》，《益世报》1948年7月2日，第4版。

渐见诸事实。并重申就职后一再宣誓的四大施政原则:(一)财务要廉洁;(二)处事要公正;(三)办事要负责;(四)和人要合作。①

新市政府人事安排,刘瑶章就职前已经基本内定。市府秘书长由社会局局长温崇信兼任;民政局局长程厚之,曾在河北、山西、河南、江苏、湖南、四川等省民政厅任职,后任内政部参事、主任秘书等职,尚在南京;财政局局长翟维淇,前任货物税局局长,后调任广州,现仍留沪,已允来平就任;公用局局长由前任财政局局长王任民继任;警察局局长由副局长白世维暂代;新闻处处长原定《平明日报》社长崔载之,但崔氏一再谦辞,后由前河北省府教育厅主任秘书田文奎暂代;人事处处长张叙清,前为市府专门委员。此外,教育局局长王季高、工务局局长谭炳训、卫生局局长韩云峰、地政局局长张道纯均蝉联。

最为重要的是警察局局长的职位,自汤永咸被停职后,市府以为新人选不仅只是北平市的问题,而须等待中央解决。结果,行政院对汤永咸辞职照准,任命前河北省警务处处长杨清植为警察局局长。7月15日,杨清植由南京乘机来平,程厚之亦到平,得以在刘瑶章就职典礼之时,分别就任视事。另外,财政局局长翟维淇已于12日到任接交。

在市府各局处中,警察局和民政局为两个最关键部门,因不同原因在刘瑶章就任前得以更换,显然有利于新班子的组建。新任命的局处长,大多有在河北任职的经历,应该说刘瑶章较为了解。加之陈继承因"七五"事件很快被解职,继任者周体仁为滇军出身,因此,新市府的人事安排及其运转相对顺利。

## 二、注重民意与官员操守

刘瑶章很清楚,非常时期以非常方式就任北平市市长,更需要政绩表

---

① 《刘市长宣誓就职典礼昨在怀仁堂隆重举行》,《华北日报》1948年7月16日,第4版;《刘瑶章昨日宣誓》,《益世报》1948年7月16日,第4版。

现，也就更需要180万市民的支持和协助，故而反复强调人民与政府的配合："最软弱的政府是不容纳民意的，最愚蠢的政府是敌视人民的力量。"[1] 上任后，即刻摆出一副亲民姿态，树立新市府形象。7月4日至6日一连三天，刘瑶章在《华北日报》《平明日报》等报刊刊登大幅启事，公开答谢各方面的劝进和鼓励，对借机在市政府谋职的各方好友以"限于编制无法延揽"婉拒，并公布工作电话欢迎预约当面听取意见。7月13日至15日，再次一连三天刊登大幅公务启事三条。

一、奉命继长北平市，深感责任艰巨，除努力工作，用答各方期许外，尤盼全体市民，随时提出消极批评或积极建议，藉资参考。

二、市民遇有急要事项，盼随时与本人通电话（三局六一八七号）。

三、市民如有必须面谈事项，请先以电话（号码同前）约定时间。[2]

7月24日，新闻处处长田文奎在市府记者招待会上称，为征求一般市民对市政的意见，新闻处每周将各报所载有关市政的短评、社论、新闻及市民意见，分别提要剪辑，经市长阅过后，分发有关各局处采择参考，其应办而能办者即速办理，已获重要建议30余件。市长电话及约定时间见面，均由市长亲自接见和接听，如市长不在则指定秘书代理，14日至23日接获重要书面意见39件，打电话者更多。新闻处并拟具市政问题三则：北平最重要的问题是什么？市政最应改革的是什么？市政首应举办的是什么？征求市民意见。[3]

报纸上曾报道过一个案例。市民李景书日前赴谦兴银号缴款，因所持之款均系万元法币被银号拒收，与其理论，仍然不收，李景书一气之下，打电话向刘瑶章汇报。刘瑶章接到电话后，根据中央在发行大钞前曾公布

① 《平参议会昨闭幕，傅作义、刘瑶章出席致词》，《大公报》1948年7月2日，第3版。

② 《北平市市长刘瑶章就职启事底稿》（1948年7月），北京市档案馆藏，档号J001–007–01407。《刘瑶章启事》，《华北日报》1948年7月13、14、15日，第1版。

③ 《刘市长虚怀若谷，征求市政改进意见》，《华北日报》1948年7月25日，第4版。

小额钞票不得拒收之法令，特将此事交财政局致函金管局北平分局，查照办理。① 事情很小，市民因一时气愤，便打电话向市长告状，幸而解决起来也不困难，也就可能被报道出来，作为市长与市民联系紧密的典型案例，彰显其愿意并且能够为中下阶层市民解决琐细的日常问题。

不过，在具体表述上，刘瑶章的人民概念十分含糊。他以为"市长绝对不应专为少数坏人的不正当行为来办善后、来服务"②，因此，征收捐税务必以有钱出钱、钱多多出为原则，如有特权阶级拒纳，市府定予各区代表以有力支持；③ 城防工事务必照规定的期限完成，希望大家任劳任怨，没有任何特殊势力从中阻挠；④ 征兵是顶困难的工作，以有钱出钱、有力出力为原则，任何人不能坐享其成，让旁人牺牲来保护我。⑤ 可见，就如何分辨好人与坏人，刘瑶章主要依据市民对战争动员的态度，在满足战争需求之下分辨好坏，显然不是清晰、可行的分析方法，更不可能走向公平合理。

无论如何，要想实现高度的战争动员，仅有亲民姿态还远远不够，官员的表率作用十分重要，更何况刘瑶章就职前市府主要官员因贪污和态度蛮横解职，已经严重损害了市府声望。刘瑶章甫一就职，便在市府升旗典礼对各局处职员训话提出三项，切盼全体同人遵守。

一、不贪污：要公私分明，不营私舞弊，不无端接受馈赠，本人决以身作则，希望各局处长切实注意属员，倘知而不举，或加袒护，当负连带责任。

二、负责任：首应增加工作效率，不患人多，只患没事做。

三、守秘密：对外言行须谨慎，时时注意奸匪耳目，对潜伏之匪谍分

---

① 《李景书电诉市长》，《平明日报》1948年8月10日，第4版。
② 《刘瑶章书面谈话》，《益世报》1948年7月2日，第4版。
③ 《平调整区保组织，刘瑶章昨召开座谈会》，《大公报》1948年8月15日，第3版。
④ 《刘市长广播词：谈谈城防工事问题》，《平明日报》1948年7月17日，第4版。
⑤ 《征兵今正式开始刘市长对工作详加指示》，《平明日报》1948年11月15日，第3版。

子，严加监视，随时警觉，倘知而不举当负连带责任。[1]

刘瑶章并自揭短处，就是怕应酬，怕热闹，不会敷衍，也不会应付人，摆出一副高姿态。7月26日，刘瑶章在市府朝会上训话，又勖勉全体同人实行施政新作风：（一）用人公平；（二）财政公开；（三）贯彻政令；（四）生活节约。[2]

如果说，廉洁乃是官员基本操守，包含防止舞弊贪污和推行施政节俭两方面，在实践中，后一方面更易于有所表现。

1948年中秋节来临之际，为防物价波动，影响经济管制措施，内政部、社会部特订《推行秋节节约办法》，规定各地首长及富裕阶层不得接受馈赠或相互馈赠，劝告各界人士不送礼、不举行宴会，商店不得制售高价糖果、饼饵及其他礼品，不得悬系或张贴各种应节宣传广告，仅得制售二两或四两两种小型月饼等，分宣传、劝导、调查、检举等方式进行。[3]9月8日，傅作义在西郊总部召集陈继承、楚溪春、刘瑶章等开会，选定节省汽油、减少宴会、倡导守时为推行节约消费运动重点。14日，刘瑶章训令市府各机关迅即切实执行秋节节约办法，并于节后详细汇报办理情形。[4]15日，蒋介石就发起勤俭建国运动发表广播讲话，以为该运动"就是国民革命在现阶段的实践"[5]，作为实施总体战的重要内容。

9月17日是中秋节，刘瑶章整日工作，见到记者时，自述有勤俭习惯，现在亦如学生时代，吃得很简单，不吸烟，不饮酒，也决不做"礼尚

① 《刘市长昨勖勉僚属》，《华北日报》1948年7月3日，第4版。

② 《刘市长倡导实践新作风》，《华北日报》1948年7月27日，第4版。

③ 北平市警察局关于推行秋节节约运动的训令（1948年9月），北京市档案馆藏，档号J181-024-05468。

④ 北平市政府转内政、社会部关于推进秋节节约运动办法的训令（1948年9月），北京市档案馆藏，档号J001-002-00591。

⑤ 蒋介石发表题名为"勤俭建国运动纲领"的讲演词（1948年9月），北京市档案馆藏，档号J001-007-01297。

往来"那一套，并借传媒高调提倡五月节不吃粽子、八月节不吃月饼。[①]
市长的节俭表率，却未能得到市民的响应，有报道称：

在节约声中，北平市民又在欢乐与哀愁的交织里，度过了三十七年度
的中秋节。点缀这美好的佳节，人们原来是准备用"吃"和"玩"来打发
的，可是在小市民阶级，任凭他费尽了心思终得弄个美中不足，不是缺了
吃的，就是缺了那点高兴的心情，不过如此一来，到刚刚和"节约"不谋
而合。[②]

虽说官员与市民的要求互不搭界，但市府的节俭宣示仍在提高。9月24
日，第七十三次市政会议通过推行勤俭运动要点，内容涉及衣食住行各方
面，诸如早眠早起、劝导市民勤扫内外门口及附近街道、提倡利用空隙地
方种植食粮蔬菜等，以及劝诫烟酒，提倡中菜每席不得超过六菜一汤、西
餐每客不得超过二菜一汤，提倡服用国货，提倡住室简单清洁，取缔空房
拒租，禁止非公使用公车等。[③]秘书处拟具了市政府的节约消费简则，大到
公车使用、水电管理，小到铅笔、墨汁、信纸、信封的领用，都作了严苛
规定。[④]30日，刘瑶章训令市府各机关，就实际情况及职掌范围拟定勤俭建
国运动实施办法，展开业务竞赛，每星期六下午检讨本周业务及勤俭运动
各项工作进度，每月第一个星期一由各机关首长主持召开总检讨会议，评
定优劣，并发表公报布告。[⑤]规则严密，内容细致，甚至有些繁复，但对整
体市政工作已无多少帮助，要想借此振奋精神、力挽颓风，更是空想而已。

结果多少具有一些讽刺意味。为要革新政风，越是施政目标及措施难
以推行，就越是要强调工作人员的主观能动性，强调精神动员。刘瑶章就

① 《刘市长力倡节约》，《平明日报》1948年9月18日，第4版。

② 《悄悄的买肉过中秋》，《华北日报》，1948年9月18日，第4版。

③ 北京市档案馆编《北平历届市政府市政会议决议录》，北京：中国档案出版社，1998，第715页。
《拥护勤俭建国运动》，《大公报》1948年9月25日，第3版。

④ 《北平市政府厉行节约消费实施简则》（1948年9月），北京市档案馆藏，档号J001-007-01316。

⑤ 《勤俭建国运动纲领及讨论大纲》（1948年9月），北京市档案馆藏，档号J001-005-01662。

职后，在各种场合大讲工作的主动性和勇于担当精神，以为非常时期必须发挥革命精神，才能于万难中克服困难，于不可能环境中创造环境。[1]并借孙中山诞辰纪念，提出重拾中山先生的革命精神，以革命精神和革命历史之无形力量，增加应付当前局势的勇气。[2]可是，由于对革命环境、任务、对象的认识完全错误，所谓精神动员也就不可能收取实效。

### 三、要求实干及关注基层

从议长到市长的身份转换，刘瑶章以为特点是"过去只是说，今后必须做；过去批评人，今后要受人批评"，经过两个多月的市长工作，也将面临参议会质询时，更见"'做'比'说'还要重要"。[3]

若论实干，刘瑶章可谓以身作则。接任后，整日四处游走公忙，如前往华北"剿总"、河北省临时参议会、北平市参议会、市党部、市总工会等机关拜访，出席会议及演说，去市政府各局处和各区了解情况、训话，最棘手的是"七五"事件善后、安置东北流平学生和征收城防捐工作，忙得不亦乐乎，以致勤劳过度，营养不良，患上轻微泻痢，但仍坚持工作。[4]直至7月21日，刘瑶章才得以腾出手来，准备召集市政府九局五处局处长个别谈话，并亲往视察，以拟定《北平市施政计划》。[5]24日，秘书处为刘瑶章制定了视察各局处及所属机关程序表，自29日起到8月24日止，除星期日外，每日下午3时起视察二至三个单位，范围包括各区公所、警察局分局，以及救济、医疗、公交、消防、清洁、社会服务、公园管理等

---

[1] 《刘市长连日检阅郊区民众自卫队》，《华北日报》1948年11月16日，第4版。

[2] 刘瑶章：《以革命精神完成戡乱——纪念国父孙中山先生诞辰》，《平明日报》1948年11月12日，第3版。

[3] 《平市奋起清匪除奸一面宣传一面实地去做》，《平明日报》1948年9月21日，第4版。

[4] 《刘瑶章违和仍力疾从公》，《大公报》1948年7月13日，第3版。值得注意的是，该篇报道同时称"前任市长何思源连日携女公子漫步街头，悠闲自乐"，反映时人对前后两任市长在危局下不同处境和态度的一种观感。

[5] 《平施政计划即拟定》，《平明日报》1948年7月22日，第4版。

基层单位，并要求各机关预先准备其人员、经费及工作改进意见等文件。①
在刘瑶章任期内，市政会议的举行和刘瑶章出席的频度，为战后北平市中
最高者，除一次因公出未能参加外，刘瑶章出席了25次市政会议中的24
次，展现了其实干精神和勤政态度。

对于市府工作人员，刘瑶章尤重负责任，亦即注重做事和提高工作效
率。8月2日，刘瑶章在市府朝会上阐述今后工作精神，要求观念和思想
必须转变，不能只一味地拘泥于法令的条文，要针对新事实、新问题，寻
求解决的办法。市府应将人力、物力、财力尽可能往下面沉淀，要把基层
做好。局、科、股要分层负责，只要肯负责任，就可以省掉不必要的公文
承转，始可提高行政效率，打倒官僚作风。②程厚之在谈及民政局工作时，
提出三个基本原则：（一）使民政工作纯化、简化；（二）平实推进，不务
高远；（三）把握简要，不求广泛，但求实效，不拘成规。③刘瑶章则多次
要求工作人员，须注重实际、基层，主动地工作，人民反映，不要坐办公
室专看上层，专办公事。工作要自动、主动、创造、积极，不要等事做，
听命令，计时间，称分量。④

相较于市府日常机关工作，刘瑶章更注意深耕基层，以期发挥更大的
施政效率。7月10日，刘瑶章接任北平市市长后主持的第六十六次市政会
议，决议搁置了原拟北平市各自治区区长、副区长选举实施办法，由参事
室、民政局另拟区长、副区长被选之资格，⑤15日，刘瑶章召集各区长指
示城防捐募集办法，要求由警察局分局、区公所会同办理募集事宜。⑥进

① 北平市市长刘瑶章视察各局程序表及财政局业务改进意见（1948年7月），北京市档案馆藏，档
号J001-007-01170。

② 《市府昨日朝会上刘市长剀切训示》，《华北日报》1948年8月3日，第4版。

③ 《民政工作推展方针但求实效不拘成规》，《华北日报》1948年7月27日，第4版。

④ 《市战工总队成立》，《平明日报》1948年12月9日，第4版。

⑤ 北京市档案馆编《北平历届市政府市政会议决议录》，北京：中国档案出版社，1998，第690页。

⑥ 《怎样加强市民安全》，《平明日报》1948年7月16日，第4版。

而，原由主管各局分别征收的清洁、教育、自治等地方捐款，亦改为统一征收自治捐，由财政局统收统支，由各区负责代征，要求发动保甲人员逐户征收，并列为市动员工作之一。[①]区保组织的重要性凸显，区长、副区长人选则与各项基层工作任务相捆绑。

经过一个月来的走访调查，刘瑶章以为北平市政基层成绩太差，遂于8月10日下午召集警察、民政、地政、卫生各局局长及20个区区长、警察分局局长举行座谈会，决定将原附属于民政局之区公所改由市府直辖，扩大编制，赋予大权，使能直接传达市府与市民意见。[②]14日下午，刘瑶章再邀请各区区民代表大会主席举行座谈会，声称：为加强区保基层工作，决将区保组织及人事了以合理调整，务期办到人员下注、经费下注之目标。[③]16日，在市政府朝会上，刘瑶章要求纠正各保配粉捆绑城防捐办法，又强调对其他捐税仍应照旧催征。[④]加强区保组织愈显急迫。20日，第六十九次市政会议参酌沪、津等市区公所组织经验，决议追认民政局拟订的区公所及保办公处组织调整办法，扩充区保机构，增加人员及职能，特别是办理捐税征收事务，并允诺增加人员的经费由市库开支。区公所由原民政、户政、兵役三股13人，增加文经股为四股17人；保办公处增设主任干事（兼民政干事）、文经干事各1人，增加人员由市府及各局处现有人员中遴选拨派。[⑤]刘瑶章认为，调整区保组织是人才及财政向基层下注的重要措施，指示民政局研究将区保人员纳入文官制度及实行警保合一的办法。[⑥]调整办法原定9月1日实行，但因改组规模庞大，尤其是经

① 《平市征收列为动员工作》，《大公报》1948年7月30日，第4版。

② 《平基层政绩太差》，《大公报》1948年8月11日，第3版。

③ 《平调整区保组织》，《大公报》1948年8月15日，第3版。

④ 《北平市政府每晨朝会纪要》（第一册），北京市档案馆藏，档号J001-007-01912。

⑤ 北京市档案馆编《北平历届市政府市政会议决议录》，北京：中国档案出版社，1998，第701页；《北平市政府民国三十七年六至八月施政报告》，北京市档案馆藏，档号J001-007001204。

⑥ 《平即改变基层组织》，《大公报》1948年8月22日，第3版。

费、物资过于困难，<sup>①</sup>未能如期进行。不过，增加基层行政组织编制与职能，强化市府的直接控制，已是市政的一种趋势。

对上级军政机关布置的工作任务，采取服从、紧跟态度，积极贯彻执行，乃是市府勤政表现的又一特点。

8月19日，蒋介石颁布《财政经济紧急处分令》，为发行金圆券代替法币和东北流通券，规定按法币300万元、东北流通券30万元兑换金圆券1元，限期收兑人民所有黄金、白银和外汇，各地物品及劳务价格应照1948年8月19日当地价格折算执行等。消息传来，市政府立即制定应对措施。20日下午，刘瑶章接见记者时称，币值改革结果如何须视演变情形而定，不过就一般局势以及此项措施之内容与精神而言，自会较过去情形大佳。<sup>②</sup>官话意味十足。21日上午，市政府召集有关机构负责人举行紧急经济会报，决定实施《财政经济紧急处分令》七项办法，并于下午由市政府、警备总司令部、宪兵第十九团、警察局、社会局各派一人成立监视交易小组，负责巡视各粮、布、油、菜市场，监视交易价格不得超过19日市价。为达家喻户晓，22日晚7时半刘瑶章向市民广播，同时印发市长告市民书，市政府还编写了《财政经济紧急处理办法问答》，印刷3万份在各主要街道散发。<sup>③</sup>23日，金圆券开始兑换。刘瑶章在市府召集有关同业公会理事长举行谈话会，要求切实遵行法令，再度保证实施后绝对不会再有膨胀现象。<sup>④</sup>

其后，傅作义为所谓清匪除奸发表《告华北同胞书》，要求立即开始

① 北平市政府各局处关于区公所组织调整以后办事人员增加四人所需增添的办公文具应如何办理给财政局的指令（1948年8月），北京市档案馆藏，档号J001-005-01572。
② 《刘瑶章谈币值改革》，《华北日报》1948年8月21日，第4版。
③ 北平市政府新闻处等关于宣传解释财政经济紧急处分办法给报社广播电台的函（1948年8月），北京市档案馆藏，档号J001-003-00419。
④ 《行政院关于财政经济紧急处分及制定金圆券发行四种办法令》（1948年8月），北京市档案馆藏，档号J001-005-00532。

在乡村彻底清匪，在城市彻底除奸，人人参加，人人宣传，人人检举，人人立功，定9月20日至10月4日举办清匪除奸自救运动宣传周，并制定了实施办法。[①] 为积极响应，市府作出数项行动决定：21日刘瑶章在北平电台广播"为什么要清匪除奸"；22日陈继承、刘瑶章在警备司令部联合招待记者，报告清匪除奸之意义；市府发动各局处及所属各机关、学校分别举行清匪除奸座谈会；各区保举行国民月会，讲述清匪除奸要义；举行清匪除奸宣传剧艺表演及展览会。[②] 教育局制订了庞大的宣传计划，依托各中小学、剧艺团体、社会教育促进会等机关，利用座谈会、讲演会、展览会、表演、唱习歌曲、电影露天映演、广播等形式开展宣传，除完成市政府分派任务外，还搞了编写剧本唱词、摄制幻灯片及唱片等自动项目。[③] 民政局拟定了清匪除奸十项公约，发给各区在开会时宣读。10月5日，第三、六、八、十一、十五、十八、十九区等七个区分别举行国民月会，其中，第六区国民月会在中山公园音乐堂举行，刘瑶章母亲与会，直至清唱、魔术、国术表演完毕始去。不过，该场国民月会参加民众并不多，以小学生最多，其次是比较寒苦的人，即多是被组织者拉来凑数或看热闹者，"看不见跳华尔兹喝咖啡荼的人物"。[④]

## 第三节　难以支撑的困局

### 一、应对"七五"事件

尽管新市府施政态度积极，然而时运不济，一开始便遭遇重大危机。

7月5日，东北流亡学生因反对市参议会通过《救济东北来平学生办

① 《傅作义告华北同胞呼吁清除城乡潜伏分子》，《大公报》1948年9月20日，第2版。
② 《平津冀各界纷纷响应清匪除奸运动》，《华北日报》1948年9月21日，第4版。
③ 北平市教育局关于签发北平市清匪除奸自救运动教育部门施行办法（1948年9月），北京市档案馆藏，档号J001-005-01150。
④ 《偷半日的清闲去参加国民月会》，《华北日报》1948年10月6日，第4版。

法案》①举行游行请愿，激愤的学生先行到市参议会抗议，无人接见，便冲进参议会，捣毁了部分设施。②请愿队伍继而转去北长街李宗仁官邸，仍然不得要领，再将目标转向参议会议长许惠东。在东交民巷许惠东宅前，学生与警宪发生冲突，待军队赶到后，开枪镇压，酿成9死21伤③之惨案。

惨案给了刘瑶章当头一棒。5日晨7时许，刘瑶章得知学生请愿队伍出发，曾电话告知参议会方面派人接见，婉加解释。④惨案发生后，市府夹在军方、参议会、学生之间，境地尴尬。刘瑶章采取与军方一致的立场，即将事件与戡乱相联系，虽然大叫"遗憾"，还是认为"这不只是对参议员的问题，而是对政府的问题"，⑤学生的声援斗争，更说明"奸匪从中操纵昭然若揭"。⑥

---

① 该案由参议员丁履进于7月3日北平市参议会第一届第三次会议上提出并通过，主要内容为：一、对于已到平之东北学生，不论公私立学校，凡有确实学籍及身份证明者，应请傅作义予以严格军事训练。在训练期间，切实考虑其背景、身份、学历等项。确有学籍及思想纯正之学生，暂时按其程度分发东北临大或各大学、中学借读。其身份不明、思想悖谬者，予以管训。学历不合者，即拨入军队，入伍服兵役，期满退伍。二、电请中央停发东北各国立、公立学校之经费及学生公费，全部汇交傅作
∨ 义会同省市政府审核发放，贴补东北来平学生费用，或改汇东北临大作为经费。三、东北国立公立学校停办，停发经费，令教职员一律关以原薪（照平津指数）在学生训练班，或东北临大工作。试图加强对东北流亡学生的管理。《北平市参议会关于救济东北来平学生办法案》（1948年7月3日），北京市档案馆编《解放战争时期北平学生运动》，北京：光明日报出版社，1991，第454页。该案通过后，尚未提交市政府和华北"剿总"，便于次日在报纸上公开发表，引发学生不满。
② 《北平市参议会为送本会"七五"事件被捣毁物品损失清册及临时开支清单的公函及市政府的复函》（1948年7月），北京市档案馆藏，档号J001-005-01610。
③ 有关死伤数字记载不一。死者中8名学生、1名市民，伤者中重伤8人、轻伤13人。《"七五"事件死伤学生军警抚恤慰问金卷》（1948年7月），北京市档案馆藏，档号J001-005-01102。
④ 《北平市教育局长王季高为报告"七五"事件经过致朱家骅函》（1948年7月6日），北京市档案馆编《解放战争时期北平学生运动》，北京：光明日报出版社，1991，第455页。
⑤ 《平参议会谈话会陈继承刘瑶章等参加》，《大公报》1948年7月6日，第2版。刘瑶章在回忆中称，当时他"晕头转向，不知所措"，只是宣读了军警方面准备的底稿。《我任北平市长的七个月》，《平津战役亲历记（原国民党将领的回忆）》，北京：中国文史出版社，1989，第361页。
⑥ 《刘瑶章致行政院、教育部电》，北京市档案馆编《解放战争时期北平学生运动》，北京：光明日报出版社，1991，第462页。

在善后问题上，市府遵行傅作义的"忍耐"①政策，力求迅速妥慎处理。6日，刘瑶章先赴参议会慰问。继而向学生伸出橄榄枝，宣称政府仍向宽大处着想，虽学生有越轨行动，不愿普遍加以深究，仍将按照教育部规定之补习计划，予各生以暑假补习，并许诺吃的方面暂由社会局每人每日拨垫十六两，其他用品由"剿总"承担，将来一并向中央请求拨垫。②8日，刘瑶章派代表前往医院慰问受伤员警及学生，本人则赴傅作义处，详细研讨筹办东北学生暑期补习班事宜。12日，华北"剿总"宣布"七五"事件善后四项办法，主要内容如下。

（一）东北来平学生之安置，除临大、临中尽量收纳外，并筹设临时补习班，东北各私立学校学生均可登记学籍，补习功课，以便开学时期分别转学；除临大、临中已由教育部拨有经费外，另先由剿总垫拨二百亿元，……将尽可能在五日内，做到学生有房住，有饭吃，最短期内有书读。

（二）由市府协助有关方面，拨款修缮被捣毁市参议会房舍，并办理死者安葬、抚恤，伤者治疗慰问。

（三）调查东交民巷不幸事件经过及放枪之实际情形，严惩肇事者，捣毁市参议会之最初煽动者，亦一并调查，……确实具报，以便严惩。

（四）对于阴谋破坏分子于颁布戒严令时期，煽动聚众游行，并表现反国策、反政府之行动，由警备总部查明具报核办。③

市府虽处于协助角色，行动上还是颇为积极，拟定了死伤学生、员警抚恤办法，并在职员中进行了捐款活动。市府还试图利用"九一八"纪念

---

① 贺江枫的研究，以傅作义的"忍耐"与陈继承力主"坚决"的善后政策歧异，突出围绕处理"七五"事件国民党内的派系斗争。《从学潮走向政潮——1948年北平"七五"惨案研究》，《南京大学学报》2012年第1期，第90页。

② 《北平惨案善后》，《大公报》1948年7月8日，第2版。

③ 《"七五"事件善后问题剿总指示迅速办理》，《华北日报》1948年7月13日，第4版。

日，在东北旅平社会人士及青年学生中展开清匪除奸运动，①借以转移或淡化"七五"事件造成的紧张，并走在清匪除奸自救运动的前列。善后工作还算顺利，7月17日，华北"剿总"乐观地宣布，善后处理已大致获得结果，关于东北来平学生之安置校址、班址，已迁让完竣，即可搬入上课；关于死者安葬、抚恤，伤者治疗、慰问，已由市府妥善办理；关于事件经过及放枪之实际情形，已组织调查委员会，即日开始进行调查；关于调查戒严期聚众游行，正由警备司令部审慎进行中。②显然，结果只是表面的，是面对危机的应付，难以根本解决问题。刘瑶章为"七五"事件善后的奔走辛劳，不仅耗费了大量体力，也深切地感受到国民党政府内部中央与地方、地方与地方之间，以及内部复杂的派系利益冲突和相互不合作，③也许，用于内耗的精力损失要更大。

相对来平东北流亡学生的困境而言，其他各种难民的问题更加严重，也是困扰施政的要素之一。《平明日报》曾将解决食粮配给、职业与居住、治安与组织、应付物价纠纷四大难题列为新市长施政的重点，其中，难民又是各问题的焦点。

北平既然是战乱中一个比较稳定的都市，在东北河北战局未能好转以前，大批难民的继续袭来，成为都市游闲人口的超重负担，是不可避免的事情，人口继续增加，居住问题必然日益严重，职业问题必然尤为严重。④

并以为解决居住问题的优厚条件，已被三年来分赃式的接收政策所糟蹋，是采用修建平民住宅办法，或是严格管制房屋租赁，都需要有更大的

---

① 北平市政府抄发在"九一八"纪念日发动展开"清匪除奸"运动决议提案的函（1948年9月），北京市档案馆藏，档号J001-001-01139。

② 《"七五"事件善后问题剿总发表处理经过》，《益世报》1948年7月18日，第4版。

③ 王春林的研究，利用辽宁省档案馆藏刘瑶章与卫立煌往来电文，揭示了北平方面试图借"七五"事件善后要求东北方面协助管理流亡学生及难民源头而遭拒绝的情形。《国共内战中的国民政府、地方当局与流亡学生——以1948年北平"七五"事件为中心》，《南京大学学报》2012年第1期，第111—112页。

④ 社评：《送旧迎新谈北平市政》，《平明日报》1948年7月1日，第1版。

魄力。解决职业问题本是北平短板，只能指望高层从平津冀察绥三省两市统筹，或组织还乡，或强制移垦。居住与职业问题解决不善，势必影响民食与治安。

刘瑶章对难民问题的施政方针，最初偏向促进难民生产，一面继续办理救济，一面仿照河北省办法，组织救民先锋队，配合军事，协助难民还乡，不能还乡者，设法辅导其生产，使之逐渐自谋生活。无奈接任两个月下来，难民人数不降反升。各方来平学生由市府供给食粮者达2万人，难民约13000人，救济粮款时而告罄，只能由市府垫借，或由"剿总"在军粮项下拨给一部，[①] 难有保障。眼看着秋尽冬来，已来难民的救济，市府已经感觉力量不够，而各地难民向往源源而来，食住衣都无着落，势必造成粮食、煤炭等紧缺物资分配紧张，导致物价上扬，秩序不安，迫使刘瑶章呼吁参议会协助，多方面宣传募集款物。[②] 难民救济转向消极应对，同时难民也成了施政工具。10月6日，救济特捐劝募委员会决议，对抗缴各捐户，凡已缴部分捐款，但在最后劝捐逾一周仍未缴全者，即分发难民前往，由其负担食宿；至于全部未曾缴纳者，即通知官立难民机构，按每五千万元配发难民一名，前往就食就宿。就食日自11月1日起。此办法被称为"最后王牌"。[③]

至11月中旬，北平难民总数已在12万人以上，难民收容所仅能收容11000余人。据救济福利事业审议委员会负责人谈：目前最大困难为粮食问题，难民救济食粮已减为每人每月米10斤，且审查标准极为严格。到月底，市府以难民人数庞大，无力救济，由救济福利事业审议委员会饬所属各收容登记处，暂时停止难民登记。[④] 态度由积极面对转为消极躺倒。

① 《刘市长报告施政方针》，《华北日报》1948年9月5日，第4版。
② 《刘市长提出两大事至望参会协助达成》，《华北日报》1948年10月3日，第4版。
③ 《救济特捐募委会决摊出最后王牌》，《华北日报》1948年10月7日，第4版。
④ 《平难民待救》《平难民日增》，《大公报》1948年11月14、26日，第3版。

### 二、财政、物资短缺之窘迫

北平作为文化都市和消费都市，生之者寡，食之者众，财政来源历来匮乏，已是城市发展之症结。刘瑶章就任市长之前，财政已近崩溃。据5月26日至6月30日现金收支报告，中央补助约占市总收入的61%。如果依物价上涨指数调整公务员薪津，收支情况将更糟。增加地方税收的办法差不多已经用尽，并未真正解决问题，其中，自治捐最难收齐，且永远追不上中央的调整；为补助清洁费加征煤炭捐，也引发煤炭业的强烈反对，反而使得本就紧张的煤炭供应更加紧张。

刘瑶章上任后，在财政上也曾有过积极进取的许诺，对下半年度预算各项捐税如营业税、房捐、筵席捐等进行了税率调整，并提高了附加税征收的比例，以平衡市库收支。例如，为筹征基教经费，9月17日，第七十二次市政会议决议由契税项下从价附加20%。①24日，第七十三次市政会议修正通过，拟将自治捐改就筵席、屠宰等税附带征收一部并开征汽车月捐，以负担原办法征收数额。②然而，更重要的开源手段，还是试图从摊派方式和征收办法上入手。

由各商户所负担的城防捐，原规定7月10日止一律缴清，因收缴数目与规定相差仍远，9日下午，市商会召开理监事会议，商讨催缴办法，决议暂准展限5日，如过限仍不缴纳，则照原定负担数目加倍缴纳。③10日，第六十六次市政会议决议，改捐城防工事费之各户，由民政局提供资料，俾转饬各区各分局办理。16日，刘瑶章在北平电台讲演，强调城防工事费征收的原则是"有钱出钱，钱多多出"，第一期先行募集4000亿元，除去商会负担2200亿元，工业会负担600亿元，早经分别募集外，市民方面分

---

① 北京市档案馆编《北平历届市政府市政会议决议录》，北京：中国档案出版社，1998，第712页。
② 北京市档案馆编《北平历届市政府市政会议决议录》，北京：中国档案出版社，1998，第715页。
③ 《缴交城防捐准展限五日》，《华北日报》1948年7月10日，第4版。

配1200亿元，由各警察分局和区公所负责办理。依照5月统计，全市户口为380972户，赤贫户及上尉以下军人家属和外侨免征，其余划分为5级：甲级500万元，乙级200万元，丙级100万元，丁级50万元，另有特级是1000万元以上，由各区参照自治捐的等级，就住户财力自行酌定。郊区各户一律减半征收，关厢地区仍比照城区。①力图依靠基层行政力量向多数市民分摊负担，尤其扩大财富阶层的负担比例。

利用基层行政机关的办法，也用来治理拖欠。北平地方捐款，如清洁、教育、自治等费，一向由主管各局分别征收，手续较繁，后改为统一征收自治捐，自1948年起，由财政局统收统支，但仍有拖欠不齐现象。刘瑶章接任后，市府特拟定自治捐征收补偿办法，将征收列为动员工作之一，由各区负责代征，并发动保甲人员逐户征收，无论商号或住户，凡6月以前拖欠之自治捐，统限于8月15日以前一次缴齐。②即便如此，征收效果也未见明显改善。7月31日，为缴纳救济特捐期限的最后一日，仅有16户至市银行缴款，均为小额，连前共40户，共缴款510余亿元，"其他富户，均似胸有成竹，拒不交款，似不相信或不畏惧政府处罚办法"③。自治捐的征收亦不顺利。8月15日后，以前拖欠部分刚刚清理，又因法币贬值，需重新核对征收级别及标准，商号按卅六年度营业税额及营业状况核定等级；城区住户以住房间数、郊区以种地亩数为标准分为十级，并按生活状况核定等级。并规定七八两月需补齐欠额。④

基层行政机关的介入，有可能简化划等、催缴工作，但也会滋生滥用权力、贪污、浪费等弊端，因此，传统征收方式依然有效。10月29日，第七十八次市政会议决议同意社会、财政两局提案，比照旅栈业代征教育

① 《刘瑶章市长昨在电台播讲词》，《华北日报》1948年7月17日，第4版。
② 《平市征收列为动员工作》，《平明日报》1948年7月30日，第4版。
③ 《救济特捐缴款昨截止》，《平明日报》1948年8月1日，第4版。
④ 《平自治捐级额核定》，《平明日报》1948年8月19日，第4版。

捐的捐率及征收标准，由旅栈业代征冬令救济捐，代征手续费按40%给。①

无论采取何种补救措施，均难掩财政之窘况。8月7日，财政局局长翟维淇在市府记者招待会报告市政收支及捐税情况，一开始便唉声叹气。

过去的日子不好过，今后的日子更要难过了，市府各局处职工待遇月月调整，开支数字月月增加，市库收支势难平衡，财政赤字也越加多了，办财政的真难以应付当前的局面。②

对于7月千亿余元的赤字，翟维淇以为只能采取治标的办法，即请求中央继续补助和整理捐税。事实上，刘瑶章接任后，财政收支已经更依赖于中央补助。据7月1日至9月10日的现金收支报告，中央补助已经占到总收入的84%强③，整理本市捐税的效果并不明显。

财政拮据，刘瑶章感叹每天像过腊月三十，中央补助款每月总迟来20天；以及来平学生及难民救济、今冬民用煤及学校用煤购储、公教人员配煤差价、杂粮采购等紧迫问题，曾预定去南京向中央请求协助与请示办法，④后因财政救济紧急措施的颁布未能成行，转而更加强调发掘自身潜能，表面上看似乎回归治本，实质仅是空头口号而已。

物资短缺亦是全方位的，尤其以粮食和煤炭最为严重。为解决粮食问题，刘瑶章也算下足了功夫，除积极争取中央政府调运和争取美援面粉，以及查禁囤积居奇外，为达到所谓自救目标，更提倡开辟粮源，吸纳北平周边的粮食入城。其办法，一是政府提供贷款，冀平津协作发给路条证照，委托商人下乡购粮，鼓励外粮内运；一是以布易粮，用棉布折合当日市价换取城郊农民手中存粮。同时，在分配上，实行严格的限购规定与实物配给。可是，以布易粮迟至11月6日才得以正式推动，很快因粮布比

---

① 北京市档案馆编《北平历届市政府市政会议决议录》，北京：中国档案出版社，1998，第729页。
② 《市库七月亏千余亿》，《平明日报》1948年8月8日，第4版。
③ 《北平市政府民国三十七年六至八月施政报告》（1948年9月），北京市档案馆藏，档号J001-007001204。
④ 《诸般难题亟待解决刘市长晋京期不远》，《华北日报》1948年8月21日，第4版。

价等问题不了了之。自11月13日起至30日止，换出布5823匹，换进杂粮1362861斤，[①]于大局无补。

### 三、艰难的市政运作

巧妇难为无米之炊，财政状况如此，市政各种举措自然举步维艰。

首先，日常人员开支都无法维持。公教人员讨要欠薪及配给粮、煤的风潮日益激烈，市府机关日常工作经费也难以维持。8月20日，第六十九次市政会议决议通过了会计处提案，在1948年下半年度市总预算中，除经常费、生补费、退抚补助预备金统筹编列外，各机关临时事业费拟照6000亿元总额按百分比分摊，由各主管机关自行分配，冬季煤炭费、工警冬服费、冬令救济费、重大工程款报请中央核拨专款办理，不列入预算。[②]只能走一步看一步，也注定要有一个难挨的冬天。

预算如此紧张，实际开支便要处处节约。依据制度，上至主管官员出差，下至维修小段公路，开支都须经由市长批准。可是，即使市长同意，也要经过多次公文旅行，甚至到头来经批复的公文成了废纸一张。例如，市府统计长萧振凯因赴南京公务，行前报告拟请暂借旅费金圆500元，返平后依实报销。10月11日，刘瑶章签字批准，并函市银行照借。萧振凯出差返回后，因物价上涨，10月16日至11月11日共计27天，总计费用金圆980元，大大超过预算，于是再行报告申请据实报销，并附上出差旅费报告表一份。在附表中，飞机费672元银圆，去程96元银圆，返程576元银圆，另有膳宿杂费260元银圆，特别费48元银圆，主要是参加各种活动的车资开销。刘瑶章批示准由市库照拨，俟本下年度总预算核准再归纳科

---

① 北平市民食调配委员会关于召开以布易粮会议致会计处函及以布易粮会议记录（1948年11月），北京市档案馆藏，档号J001-005-00788。

② 北京市档案馆编《北平历届市政府市政会议决议录》，北京：中国档案出版社，1998，第701页。

目，至前向市银行暂借款应即归还。①

在这种情况下，想要有所作为，十分困难。为普及教育，参议会第一届第三次大会提议免收国民学校学生学费，可教育、财政两局以为，悉数免费增加市库负担至巨，拟斟酌国民学校实际情况，增加学生免费额，以救济优秀贫苦儿童。第六十九次市政会议决议，城区市小学生免费额由10%增为15%，郊区市小学生免费额由20%增为30%。②只能大打折扣，增加比例很有限。

如此，根本谈不上有成就的市政建设，就连维持现状也极难。9月25日，工务局呈报为满足华北"剿总"交通便利，复兴大街至复兴北街一段拟继续修筑水泥混凝土路，并于复兴北街路侧修筑水泥混凝土泄水管，及整修临时车道、偏沟、停车场，估共需工料费金圆19179.83元。为赶速修筑，工务局请求先于城防工事材料项下拨借水泥1543袋（合77.15吨），折7468.12元，还需另拨工料费11711.26元。10月4日，刘瑶章批复准予如数先拨，再指定科目归纳。10月23日，工务局又报，称原预算系按9月中旬物价核估，时隔一个月，受物价波动影响，实需56518.00元，除已奉拨11711.26元，尚不敷44806.74元，拟请准予补发，并以天气渐寒和免误军用催促快拨。11月11日，刘瑶章批复：市库支绌，无力负担此项巨新工款，改修价廉公路。11月23日，工务局上报改筑清水石砟路预算，共需工料费30654元。除已奉拨11711.26元外，尚须追加18942.74元。12月6日，刘瑶章批准。然而，工程借用城防工事材料项下水泥，待归还时已涨价5倍以上，工务局呈请追加拨款，或在城防工事材料项下出账。刘瑶章批示指斥工务局何以不遵令即时照购，致现价相差悬殊。成为一笔烂账。

军用之市政建设如此，民用工程的境遇就更惨了。9月22日，工务局

① 北平市会计处关于呈请拨发旅费给市政府呈文及市政府指令（1948年12月），北京市档案馆藏，档号J001-005-01406-A。

② 北京市档案馆编《北平历届市政府市政会议决议录》，北京：中国档案出版社，1998，第700页。

局长谭炳训就东单牌楼电车转弯处车辆拥挤，电杆、灯杆等物妨碍视线等事整顿交通，计划将电车轨义道迤东道牙及电杆等物拆除，沿电车轨东侧，打筑洋灰道牙一段，拆退道牙土地改修柏油路，呈请拨发工料费金圆1304.23元。10月8日，刘瑶章批复准予如数先拨，再指定科目归纳。不想这一细小工程却也好事多磨。11月22日，工务局再报，因所需沥青油市面无货，只能变更计划，改修混凝土路面，下加石砟路基一层，重编预算为5570.24元，除已领1304.23元外，尚欠4266.01元。12月2日，刘瑶章批复准予按新编预算拨款，但追加工款应在所拨事业费内匀支。如此答复，工务局极为不满。12月18日，工务局以月事业费仅15000元无法匀支为由，呈请将已拨到工款1304.23元，扣除购头松板、白灰、烟煤三项材料用去的722.24元，所余581.99元如数缴回，工程待明年春天再行请款。刘瑶章所能做的也就是批复准予照办。[①]一项貌似计划周密、手续齐整的细小市政工程，就这样黄了。其实，重大市政建设项目均已停顿，如官厅水库工程队因缺乏经费转移了工地，连中央防疫处的实验也无法正常开展。

公用事业则是不进反退了。当时有报刊生动地描写公用事业的窘况。

摆在每一个公用事业面前的，不都是"财政赤字""开支浩繁""勉为其难"的"维持现象"吗？一般说起来，每种公用事业都有"三怕"，这"三怕"便要了公用事业的命。第一怕是原料缺，器材飞涨；第二怕发放员工薪津，尤其是"月月调整"的生活指数发薪法，这一怕的时间是在月中和月底；第三怕产生原动力热能的燃煤、汽油等疯狂增价。除此以外，有些公用事业还担心着"一害"，那便是军警宪三方联合也取缔不了的"摇头票"了。"三怕一害"像肺痨病菌潜伏在每个公用事业的肺脏，一旦支持不了时，便要整个倒下去了。[②]

---

① 北平市会计处关于工务局请求拨发补修长安街慢行道所需经费等给市长呈及市政府指令（1948年12月），北京市档案馆藏，档号J001-005-01666。

② 《电车公司在喘息中》，《平明日报》1948年8月19日，第4版。

　　受"三怕一害"冲击最大的当推公共交通。刘瑶章接任不久,公共汽车、电车便双双告急,直接因素为汽油、煤价高涨。公共汽车原有131辆,能行驶的只有30辆,7月23日开出的汽车仅10辆,每天油耗则要亏损1亿元。[①]电车公司勉强能用的车还有百辆左右,但每天要有1/4轮流看病。[②]对此,公用局决定现行路线公共汽车照常行驶,经费不足请求政府补贴。市府也无应对良策,只是被动地同意提升票价[③],但也无济于事。8月12日,公共汽车终因汽油价格陡涨全部停驶,由公用局担保向四联贷款800亿元,作为员工遣散费、保管费,并酌还外欠,可又须先扣利息180亿元,实际可资分配的仅600亿元。[④]电车除饱受"三怕一害",更是遭遇暴力打砸、票价冻结、停电、罢工等冲击,一度亦有停驶,尚能勉强维持。

　　其他方面,诸如城市环境亦有所倒退。7月12日,刘瑶章在市党部纪念周上报告施政方针,以为车祸与垃圾是目前亟待解决的两大市政难题。车祸问题主要是军车肇事,傅作义在刘瑶章宣誓就职典礼上保证配合解决。

　　垃圾的问题更使人苦恼,因为垃圾的生产量,与垃圾的运输量,相差太悬殊了,目前运输垃圾的汽车只有三四辆,手车三百余辆,实无能力消除大量的垃圾,其主要原因是经费不足。如果增税加额,则增加了人民担负,我不愿意轻易这样做,如果为此区区小事请求中央补助,又不太像样。由此两件问题可以知道执行市政的一般困难。[⑤]

---

① 《公共汽车开不动了》,《平明日报》1948年7月24日,第4版。

② 本报特写:《电车也走向没落之路》,《华北日报》1948年7月19日,第4版。

③ 7月23日第六十七次市政会议和8月20日第六十九次市政会议分别追认了公用局提升票价的请求,改为分段计价,前次提价自7月20日实行,电车全段6万元,军人不分段,仍为1万元;汽车全程10万元。后次提价自8月16日实行,电车全段15万元,军人票不分段一律改为5万元。北京市档案馆编《北平历届市政府市政会议决议录》,北京:中国档案出版社,1998,第693、700—701页。

④ 《汽车公司终歇业》,《华北日报》1948年8月13日,第4版。

⑤ 《刘瑶章报告施政方针》,《华北日报》1948年7月13日,第4版。

结果或是什么都不做，或是努力了但成效甚微。9月4日，刘瑶章在市府记者招待会上再谈及施政方针，改善环境卫生，清除垃圾秽水，以增进市民健康，被列为下半年市政七项重点工作之一。为此，清洁总队提出，要保证日产2000吨以上的垃圾清理，需用卡车40辆、洒水车6辆，以及人力手车1400辆，原有卡车连同待修理者共35辆，完好的洒水车仅1辆，需添置的人力手车在半数以上。即使能够满足人力、机械需求，清运城内积存垃圾也要40天左右。[①]实际情况更惨。运输工具已多损毁，市府无钱修理，卡车原有40余部，只有七八部可以开动，手车140辆，只有40辆可以使用，清除垃圾预算1000亿元，只可能拿出几百亿。因此，刘瑶章检讨就任以来工作缺点：一是方法不够；二是力量不够，实际成果则或为零，或为小数点下之数目，自己亦感觉不满意。[②]

当然，城市管理亦有一些进步。8月20日，第六十九次市政会议决议通过了参事室复核的《中南海公园管理委员会组织规程》，公园原计划于8月15日开放，因山西来平流亡学生自行入住，延迟至9月5日正式开放，为市民增添了一处游乐休闲场所。不过，园内大部住宅均有居人，道路亦未修整，沿冀西师管区之长墙已有6处坍塌。中南海自民国以来，向为总统府驻在所，后北平政务委员会及冀察政务委员会均在内借一部地点办公，抗日战争胜利后由北平行辕接收，各机关所存公报甚多，为重要历史资料。改公园后，由北平市立图书馆接管，亦将开放供各方研究。[③]

### 四、"乱"和"穷"的市政现象

1948年9月底，市参议会一届四次会议召开，刘瑶章首次向参议会作

① 清洁总队长苏好义关于送处理垃圾及秽水工作计划书的呈（1948年9月），北京市档案馆藏，档号J181-016-02334。
② 《刘市长报告施政方针》，《华北日报》1948年9月5日，第4版。
③ 《中南海开放今起正式售票》《历史的文献》，《大公报》1948年9月6日，第3版。

施政报告并接受质询。在施政报告中，刘瑶章强调了市政工作围绕的三件事，即社会秩序的安定、人民生活的改善和军事要求的配合，以及在安定中求进步和在工作中找重点的两大工作原则，将三个月的工作归纳为九个方面。（一）区公所改隶市府，并采取人才、经费下注办法，加强区保组织，提高干部水平。（二）改进民众自卫组训，划分城郊重点。（三）民警两局共同办理户口登记，并举办特种户口调查。（四）清除匪谍，继续进行。（五）救济难民及各地来平学生。（六）整顿捐税，收支可能逐渐平衡。唯，事业费太少；自治捐欠额太多；城防费、马干差价需要迫切，征收困难。（七）稳定物价，疏导物资，检查囤积，准备主要日用品的配售，在技术上还有不少漏洞，正待研究补救。（八）国民学校、幼稚园、识字班、民教部增班，教职员增加底薪，并增设免费学额，积极扫除文盲。（九）加强环境卫生工作，并扩大防疫及巡回医疗工作。①

十分明显，市府工作偏重配合军事、稳定治安和基层组织建设，借以增强社会控制能力。经济工作基本是失败的，设想很多，投入也大，可是收效甚微，只能抱怨客观环境复杂、主观顾虑太多、基层组织不健全、内部书面工作多于外部动员，以及大刀阔斧的气魄和雷厉风行的精神不够。教育、卫生方面的工作仅是些微小的进步，市政建设和公共事业方面则完全没有提及。因此，三个月施政报告的信息是十分混乱的，甚至是自相矛盾的。

其实，刘瑶章自己也发现了这样的问题，只是位置的改变，只得被动地应付。在会议开幕式的致辞中，刘瑶章讲了施政感想及对今后工作的设想。

北平市当前的地方政治问题，以类别说，千千万万；以性质说，仍然不外配合军事和改善民生；以现象说，最显著的是乱和穷。乱表示没有能

---

① 《刘市长三月施政报告》，《华北日报》1948年9月28日，第4版。

配合军事，穷表示没有能改善民生；乱表示组织力量的不够，穷表示生产力量的不够。①

刘瑶章分析的只是表象。从根本上说，战争造成了生产破坏、交通阻断，以及大量的人力、物力、财力的消耗，是出现乱和穷现象的主要因素，并导致市政工作乱象丛生。诚然，地方政府无力解决内战问题，但想要配合军事和改善民生兼收，则将使市政工作陷入无解的乱和穷的泥淖。

为求解决方案，刘瑶章呼吁参议会共同讨论今后市政工作三要点：（一）如何组训民众，清匪除奸，来配合军事，使得本市的治安秩序日有进步。（二）如何扩大生产，管制经济，来改善民生，使得本市财政经济日益繁荣。（二）如何加强政府和人民的联系沟通，使得真正能相互了解，相互协助，结成有机的一体。尽管态度诚恳，但内容毫无新意。前两点在过去三个月的施政中，已经证明完全失败，特别是第二点，只是官样文章的空谈。刘瑶章真正想要做的是第三点，即加强组织、宣传工作，发动民众，达到施政目标。可是，发动民众并非国民党政府工作长项，亦无正确的政治主张。认识上的本末倒置，施政上的无办法、无重点，驱使北平市政工作转向全面为军事服务。

## 第四节　戒严之下的市政

### 一、机构及其职能的变动

刘瑶章执掌北平市政时间不长，且大半处于战时体制之下，对市政府体制建设及职能的发挥，均产生重大影响。

8月1日，蒋介石批准北平、天津两市划入绥靖区，征兵、征粮系与京沪区实施总体战之原则办理，并不受绥靖区特准豁免之优待。9月6日，

---

① 《刘市长出席致词提出三大工作》，《华北日报》1948年9月26日，第4版。

国防部明令到达北平，由华北"剿总"分电两市政府遵照办理。[①]不久，行政院亦核准平津两市府划归华北"剿总"直辖。11月4日，傅作义飞抵南京面晤蒋介石，获得全权处理华北军事策略的允诺。[②]随之，华北"剿总"决定自11月22日起宣布华北全辖区为警戒区，实施戒严。华北"剿总"开始更为直接、全面地介入北平市政。

如何建立战时体制？华北"剿总"曾数度邀请地方知名之士共同会商，各省市亦以民意机关为主频繁接触，举行各种座谈会，着重研讨原有行政机构的裁撤和工作重点及作风的改变，强调以配合军事为出发点，打破政府机关固守的旧成规。事实上，在所谓军事需要和行政效能之下，军事长官开始主持或介入民政，组织上则实行一体化或一元化[③]，追求权力的高度集中。

华北"剿总"试图下设一个政治、经济综合处理机构，人选以平、津、冀、晋、热、察、绥七省市政府、参议会首长及社会有地位人士组成，下分八组，从事设计、执行与考核，政治上侧重兵粮大政业务之联系，经济上则以华北为经济单位作整体打算。[④]11月21日，华北七省市参议会联合办事处正式成立，在北平市参议会内办公，由北平市参议会议长许惠东担任召集人，决定今后每星期五举行例会，交换对时局意见，并决定向傅作义建议，华北在政务方面应设一个新机构，始能军政灵活配合。[⑤]为集思广益，华北"剿总"决定扩大会报，随时召集在平党政军高级干部举行临时会报，决定一切。在维持秩序方面，特成立党政军督察总监部，以河北

---

① 《实施总体战平津划列绥靖区》，《华北日报》1948年9月7日，第4版。

② 《南京决定华北军略由傅作义全权处理》，《大公报》1948年11月6日，第2版。

③ 据10月14日报载，国民党中常会决议改任楚溪春为河北省党部主任委员，此举动被华北军政当局视为一个重要信号，《平明日报》特发表社论《河北党政一元化》，认为这是要恢复抗战时期的战时体制，是为适应军事需要，党政体制变迁的一般趋势。《平明日报》1948年10月18日，第2版。

④ 《综合处理政经华北剿总筹设新的机构》，《大公报》1948年11月17日，第3版。

⑤ 《七省市参议会昨日举行会议》，《益世报》1948年11月22日，第4版。

省主席楚溪春任总监，12月15日举行首次会议，决议总监部暂设河北省府内，下分五组，每组设组长一人，军法官一人，宪兵三人，警察五人，士兵十人，每日分区乘巡察车至各街衢巡察，遇有破坏治安、抢劫财物、强奸妇女、盗卖侵占毁坏公家物资、擅离职守放弃责任因而影响军事、谣言惑众等不法行为者，当场处决。① 此外，华北"剿总"还出面组织了"协军自卫工作团"，楚溪春为团长，刘瑶章等为副团长，任务是协助军警宪特，参与户口清查及清查存粮、登记封存等活动，直接关涉北平市的军事及治安工作。②

戒严令宣布后，市府组织战时化的步骤加快。11月26日，第八十一次市政会议修正通过参事室拟具的《北平市战时工作要领》、《北平市战时体制组织纲领》和《北平市战时工作》，并提交华北"剿总"会报。12月3日，第八十二次市政会议通过《运用所属人员推行战时管制暂行办法》和《动员设计委员会人员名单》。③ 动员设计委员会以刘瑶章为主任委员，分宣传、人力、财力、物力四组，各设委员6至8人，专管解决有关战时工作问题，并分配到各局处执行。市府各单位集中人力推行战时工作，平时工作得分别轻重暂时停止，其中，警察、民政、社会三局战时工作繁重，必要时得由市府临时酌派人员协助；财政、教育、卫生三局就原本人员加强战时工作；公用、工务、地政三局战时工作较简，均各抽调1/2人员；秘书处（包括外事处）抽调1/3人员，人事、会计、统计三处抽调1/2人员，新闻处工作加强，必要时得酌派人员协助。抽调人员以年富力强、能耐劳苦、担负外勤工作为原则，编组战时工作总队。④ 各局、处亦令所

① 《党政军总监部议定平市战时治安法》，《华北日报》1948年12月16日，第2版。
② 《我任北平市长的七个月》，全国政协文史和学习委员会编《平津战役亲历记（原国民党将领的回忆）》，北京：中国文史出版社，1989，第367页。
③ 北京市档案馆编《北平历届市政府市政会议决议录》，北京：中国档案出版社，1998，第735、736页。
④ 八十二次市政会议市长交议运用所属人员推行战时工作暂行办法（1948年12月），北京市档案馆藏，档号J001-004-00422。

属人员填写调查表格，按照个人兴趣加入人力、物力、财力及宣传四组，再斟酌实际需要，以集中力量，灵活运用原则分配工作。12月7日，市府动员设计委员会在市府西花厅召开成立会。8日，市府战时工作总队成立，共220余人，全系各局、处抽调人员，由前河北省府专员、市府参事高澜波任总队长，下分两大队，按人力、财力、物力、宣传分成若干组，以便集中使用。刘瑶章在训话中要求全体队员发扬自动、主动、创造、积极的工作精神，不要等事做。①

在战时体制下，基层工作依然重要，但是，基层组织建设进程被严重打乱。由市府直接管辖区公所，重建自治机构，为刘瑶章执掌北平市政的最大变动，为能快速实现目标，民政局局长程厚之设想分三步走。第一步确定方针，改革自治机构。第二步训练干部，甄选区保干部，并分别施以两星期短期训练，一部派出工作，一部储材。以上两项工作，计划年底完成。第三步由1949年春正式开始自治工作，主要内容是民选区长，市选保甲长。②11月5日，第七十九次市政会议修正通过民政局签拟的北平市区保自治工作纲领，规定了本年度工作，其中规定：保甲长任期届满及不能胜任者，定期改选（改用提名选举制）。③

实行战时体制后，市府决定暂缓举行区长民选，同时，加快各区保甲长的甄别工作，办事努力、负责、认真者留任，不能胜任者酌情考虑加以调整，办法改行提名候选制，如保长或副保长出缺时，由区长就该保内合于保长资格人士中遴选6人，呈报市府核定3人，再召开保民大会公选；甲长出缺时，由保长遴选6人，由区核定3人，再召开户长会议公选。④由此，基层组织已经不再具有自治形式及内容特征。

---

① 《平战工作总队成立，刘市长训示五点》，《华北日报》1948年12月9日，第3版。

② 《改革自治机构》，《平明日报》1948年9月26日，第4版。

③ 北京市档案馆编《北平历届市政府市政会议决议录》，北京：中国档案出版社，1998，第730页。
《市政会议昨日通过区保自治工作纲领》，《华北日报》1948年11月6日，第4版。

④ 《区长民选决从缓》，《平明日报》1948年12月5日，第4版。

在战时体制下，市府各部门的职能划分亦出现一些变化，最突出的是警察机关的权力得到加强。以户籍管理为例，户政原为战后民政重要职能之一，据1947年4月25日公布的《北平市各级户政机构编制纲要》规定，以民政局为户政主管机关，内设户政科，掌理全市户籍行政之计划、督导、考核、调查、登记及统计等事宜，并经过各区、保进行户政管理。[1]1948年9月，内政部拟定动员戡乱期间警察机关与户政机关查报户口事务要项八点，规定警察机关得随时抽查户口，户口迁徙申报、流动人口查记、在华外侨查记由警察机关办理，身份登记仍由户政机关办理，其死亡一项须随时通知警察机关。[2]区公所改由市府直辖后，户政归属愈加成为市政之激辩问题。

在实际运作上，民众组训、突击检查户口和施行联保连坐制等战时工作，均由警察局主导，民政局落到协助的位置。为求户政工作一元化，1949年1月13日，第八十六次市政会议追认通过民政局拟具的户政机构临时并入警察机构实施办法，将民政局第二科移交警察局成立户政科，又规定国民身份证仍盖民政局印。尽管强调此项变动只是"临时"举措，然而，随着民警两局户政机构及业务的移交工作迅即展开，[3]警察机关的职权扩大，并直入保甲。

另外，为应付战时军事需要，市府还成立了一些临时性组织，如军民合作委员会、城防工事委员会、马干代购及差价筹募委员会等，12月14日，又合并成立北平市军民合作委员会，由市府聘请市参议会议长、警备

---

[1] 北平市政府制定各级户政机构、编制户口调查统计及违反户籍法案件处理等办法、规则的训令（1947年4月），北京市档案馆藏，档号J001-001-01215。

[2] 《内政部关于警察机关与户政机关查报户口要项的规定》（1948年9月），北京市档案馆藏，档号J001-001-01163。

[3] 北京市档案馆编《北平历届市政府市政会议决议录》，北京：中国档案出版社，1998，第744页。北平市警察局关于户政科接办户政业务给民政局的函及民政局复函（1949年1月），北京市档案馆藏，档号J003-001-00386。

司令部政工处处长、华北"剿总"政工处处长、市党部主委、警察局局长、民政局局长，以及商会、工会、银行公会理事长等为委员，许惠东为主任委员，并设总务、筹募、供应、慰劳、宣传、救护等六组及会计、督导两室，分别由各局处长担任。[①]16日，市府命令军民合作委员会在各区设立分站，以警察分局局长兼分站站长，区长兼副分站站长。战时临时机构与常设行政机关的交织，战时工作方法对常规制度的冲击，也成为影响市政工作发展的因素。

虽说在总体战之下，市府的施政工作已成配角，刘瑶章却似开足了马力，四处训话致辞，异常活跃，只不过讲话内容越来越空洞。同时，依然反复要求市府职员保持负责任的、创造性的工作态度，以为战时工作与平时工作有三个截然不同的特点。（一）精神特别紧张，警觉，同时还要沉着而镇定。（二）人人都有责任感，人人都要卖力气，谁也不能再站在不相干的地位，说不负责任的风凉话。（三）事事要争取时间，不能再掂斤拨两地按钟点办公。而且，战时工作多半无先例，无成法，要能用心研究，肯实地考察，有创造精神，不断在工作中检讨改进。[②]并以战时工作加紧为由，要求市府各局、处主任科员以上每日下午办公时间向后延长一小时，星期日上午全部照常办公。[③]但是，在战时体制之下，市政工作重点已经丧失，一切只能穷于应付，也就没有了可依循的工作办法。于是，市府以肃清内部为名，亦出台公务员联保连坐办法，每名职员、雇员，要三人或五人联保，互相保证，一人犯法，全组连坐。要求各局、处职员，各寻友好，自行编组。

战时统制的某些行政措施，也有可能成为城市发展的重要条件。就在华北"剿总"正式接奉蒋介石电令，华北一切物力资源均听由傅作义充分

---

① 《动员全市力量健全军事供应》，《华北日报》1948年12月15日，第3版。

② 《市府展开战时工作，刘瑶章指示三要点》，《平明日报》1948年12月7日，第4版。

③ 《平市府加紧战时工作延长办公星期日不休假》，《平明日报》1948年12月14日，第4版。

统筹运用①的同时，11月23日，河北省府第二六一次会议通过了设立景门市的计划。景门市辖区包括石景山、三家店及门头沟附近八华里以内各村镇，一律划归市区，直隶省府。市府成立前设"景门市政整理筹备委员会"，筹备时间为一个月至三个月，详细疆界仍待勘查。②设市的主要理由，在河北省是为整顿捐税，根除机关、职权纷乱积弊，借以增加财政收入和促进煤炭产销。然而，此刻才能采取行动，则有"剿总"统筹运用的推动，主要是为北平城市发展服务，即确保北平的煤炭供应，以及为西郊新市区及工业建设提供空间。北平和平解放后，这一行政区划很快便并入北平市。

### 二、清查户口、民众组训与征兵

由划入绥靖区到宣布戒严，市政工作倒向全面为军事服务，因此，深入开展清匪除奸运动、彻底清查户口、加强民众组训、完成征兵任务等项工作，便成为市政工作中的重中之重。

户口涉及清匪除奸、配售调查、协助征兵等多项重要工作，抗日战争胜利后的历届市府，均将清查户口作为重要的施政内容。刘瑶章接任之初，傅作义所提市府施政的几项重要工作中，就包括"户口必须调查清楚"，并要求"人民对此要持正确的态度"。③在已得知平津划入绥靖区消息的情况下，刘瑶章对外所谈的施政重要工作，在"巩固社会治安"一项中，亦包含"彻底清查户口"的内容。④

在一般的日常检查及小规模抽查之外，有针对性的、突击的、集中的户口调查、检查、清查时有发生。因北平若干特种机关、学校住户多未办

---

① 《华北物资统筹运用》，《大公报》1948年11月26日，第2版。

② 《门头沟设景门市，筹备处日内成立》，《华北日报》1948年11月26日，第4版。

③ 《傅总司令亲致训词，指示平市施政方针》，《华北日报》1948年7月16日，第4版。

④ 《刘市长报告施政方针》，《华北日报》1948年9月5日，第4版。

理户籍登记及异动报告，以致户口调查难臻精确，9月24日，民政局邀集警备司令部、宪兵团、警察局、区公所等有关单位会商，决定自27日起举行重要户口调查，第一期先就内城七区开始，预计五天完成，其后再展开郊区及外城调查。调查对象为：（一）军事机关、学校、工厂、仓库、医院、联络处、办事处、留守处等固定设置机关；（二）驻防部队营外居住之官兵、夫役及其眷属；（三）公私立专科以上学校及其宿舍；（四）其他机关团体及私人住宅，未经办理登记或调查者。调查由民政局户政人员、警察局官警、警备司令部稽查员、宪兵十九团宪兵四单位合编为三大队，分十五小组，计200余人，以区公所户籍股长及警察分局局员分任正副队长，以保户籍员及派出所户口警分任正副组长。并称调查目的只在明了人口状况。①实则维持治安的用意十分明显。民食调配委员会也以各学校人口向不清晰，平日调查困难甚多，以及防止市民冒领、重领配购证票，借此机会加入调查。

　　11月24日，市府公布《身份证总检查实施办法》，据行政院颁布《戡乱时期制发国民身份证实施办法》之规定，将身份证检查分为全市总检查和分区检查两种。全市总检查由民政局按照实际情形，拟订方案，呈报市府，并会同警备司令部、宪兵团队、警察局于各区同时检查；分区检查由民政局或该管区公所认为有必要时，发动保甲自治人员会同警宪机关实施。检查可在通衢要道、家宅户内和公共场所实施。民政局表示，国民身份证换发工作正在加紧进行中，完竣后即举行总检查。②军警方面认为势态更为严重，措施也更为严厉。11月23日，警备司令部向市府送交《加强管理本市户口实施经常检查办法》，以为近期"市民多有举家南迁者，所遗住屋大部私行顶卖，匪谍最易混入其间"，要求所有户口查管责成警察局负责，尤其是户口异动登记和户口检查，由警备司令部稽查处、宪兵

① 《特种户口下周开始调查》，《华北日报》1948年9月25日，第4版。
② 《身份证总检查实施办法公布》，《益世报》1948年11月25日，第4版。

第十九团、民政局、警察局派员合组"北平市户口检查突击小组"，以突击方式随时抽查。规定除各机关、部队外，所有住户（包括军人、公教人员、学生等）之眷戚属及仆人尚未办理户口登记手续者，统限于11月底前办理完竣，逾期不报一经查出，以匪嫌论，驱逐出境。又规定自12月1日起开始实施户口突击检查。① 市府自然照准。由警察局拟定的户口突击检查实施办法规定，户口检查突击小组共编六组，每组两区，由警察局及宪兵团人员分任正副组长，每组各配警备司令部、宪兵团、警察局及民政局人员两名。又规定本户口突击，除各机关、学校不予突击检查外，不论军民各户，一律实施。② 自12月1日上午9时起，户口突击检查随时发起。

户口登记、管理的职权，明显向警察机关位移。10月29日，第七十八次市政会议通过戡乱期间民政、警察两机关查记户口联系要点，自12月1日起试办。③ 11月22日，北平实行戒严之时，《北平市戡乱时期民政警察两机关查记户口联系要点》正式颁行，并附《北平市户籍登记声请暨处理规则》，规定户口查记有关人民权益之静态的户籍登记及人口统计事项由民政局各级户政机构主办，有关治安之动态的户口查记及管制由警察局各级户口人员主办，以及民警两局之间、区公所与警察分局之间在户政业务上的配合和责任。④

战时体制下的户籍管理与运用，最突出的即是以户籍为基础的联保连坐办法。12月8日，为施行五家联保连坐制度，民政、警察两局举行联席会议，决定由两局分工合作实施：联保方面按保甲户口名册街巷号顺序，每三家至五家编为一组，互相保证；连坐方面如发觉某一家有窝匪藏

---

① 北平市政府关于加强管理本市户口的训令（1948年12月），北京市档案馆藏，档号J001-001-01169。
② 《户口突击检查决于下月开始》，《益世报》1948年11月25日，第4版。
③ 北京市档案馆编《北平历届市政府市政会议决议录》，北京：中国档案出版社，1998，第728页。
④ 北平市政府制定各级户政机构、编制户口调查统计及违反户籍法案件处理等办法、规则的训令（1948年11月），北京市档案馆藏，档号J001-001-01215。

匪等情况，其余四家连带负责，其执行技术归警察局。[①]10日，第八十三次市政会议就动员设计委员会人力组拟具的北平市各区户长联保连坐实施办法，决议由警察局、民政局及参事室会研修正。[②]并决定暂行三项办法。（一）新迁入户应在24小时内凭迁徙证明书呈报户口。（二）无迁徙证明书者，应在24小时内取保呈报户口，或由取得本市户籍之市民二人具保；或由在职公务人员二人保证；或由铺户一家保证。（三）不能依照以上两项办法呈报户口者，从严惩处。[③]然而，却又因编组手续甚繁，非短时间所能奏效，为使区保人员及警察从事更重要工作，互保制度又暂缓施行。[④]可见施政之混乱。

民众组训亦是战后市政的重要工作之一，在战时体制下愈发重要。11月5日，第七十九次市政会议修正通过民政局签拟的北平市区保自治工作纲领，将推进民众组训、增强自卫力量作为区保自治工作要项之一。[⑤]警察局随即展开组训民众调查、编队工作，对象是18岁至45岁的壮丁，限令第一期受训壮丁名册三日内送局备查。[⑥]警察局公布的组训民众纲要规定：

（一）编组方法：以警察分局为组训单位，凡十八岁以上至四十五岁以下之壮丁，及特殊职业之市民，如旅店、酒饭馆、影戏院、澡塘、乐户伙友、汽车司机、粪夫、水夫、摊贩、马车三轮车夫、男女佣工、妓女、艺员、女招待、僧尼等，均不分年龄性别，集体训练之，惟公教人员、学生暂缓召训。

（二）训练实施之要旨，以灌输正确思想，坚定民族意识及国家观念，

①　《五家联保连坐制度警民两局即执行》，《平明日报》1948年12月9日，第4版。

②　北京市档案馆编《北平历届市政府市政会议决议录》，北京：中国档案出版社，1998，第738页。

③　《市府决定市民联保办法》，《平明日报》1948年12月15日，第4版。

④　《市民联保暂缓施行》，《益世报》1948年12月16日，第1版。

⑤　北京市档案馆编《北平历届市政府市政会议决议录》，北京：中国档案出版社，1998，第730页。

⑥　《警局动员市民分期编队组训》，《益世报》1948年11月6日，第4版。

授以军事知识、警察学术，养成服从命令、严守纪律之精神。时间由每晨七时前，由各派出所集合跑步，准时到达训练场所，训练至八时半，准时解散。[①]

训练分期举行，每期10天。城区由警察局主持，以政治训练为主；郊区由民政局会同自卫队主持，以军事训练为主。对拒绝召训，或借故不到者，按情节轻重处以警告、停止配购权利、罚服劳役、拘服兵役及商铺吊销营业执照等。[②]

民众组训工作自11月16日起按纲要正式开始，为期三个月，共拟组训15万人。其中，第一期为整训过去的防护团和义务警察，已于11月6日全16日整训完毕，淘汰老弱10322人。第二期参训32450人，第三期参训32262人，为扩大宣传，分别于11月28日和12月9日举行大规模的结业典礼，刘瑶章均到场训话。第四期预定12月11日开始，参训者也是3万余人。另外，尼姑、女艺员、妓女、女招待、僧道及旅栈酒饭馆乐户伙友等所谓特种职业市民组训也将开始，警察局专门规定了实施办法，训练分集中及小组两种，时间为一星期毕业，每天训练90分钟。[③]并规定女艺员演艺时，还要代作口头宣传。

为能征召足够的兵员，北平市遵照华北"剿总"颁布的《华北各省市戡乱役政互助小组编组实施办法》，自11月6日下半年度征兵起，实行新办法。按照规定，除军政机关、学校、喇嘛庙及外侨户外，以保（甲）为配编调剂单位，将年满18岁至45岁之役龄壮丁户及其他无丁或有丁而不在限龄之殷实户合编为役政互助小组。需要征兵时，市政府以各区适龄壮丁数作40%及财富标准作60%计算，将应征兵额分配到区，各区分配到保，再由保平均分配到各小组，小组适龄壮丁自愿应召，无自愿者抽签决

① 《警局公布组训民众纲要》，《平明日报》1948年11月8日，第3版。

② 《组训民众奖惩办法》，《平明日报》1948年11月19日，第3版。

③ 《特职市民日内组训》，《华北日报》1948年12月9日，第3版。

定。小组内无出征者家庭及商铺按贫富分为五等，缴纳一定数额的荣誉金及征属生活补助费，以鼓励应征者和保障征属生活。中签壮丁逃匿，或在期限内拒不入营者，或入伍壮丁被发现有叛乱行为者，该小组均须负连坐处分。① 下半年度征兵配额为10000名，全市共编为5000个役政互助小组，凡在户籍之市民，不论贫富，有无壮丁，一律编入，并限11月12日完成，自15日起分三期开征，每期五日。民政局局长程厚之称，为办理兵役迅速，提高效率，决采"三必"主义。

开征后五天内必须征齐全部兵额十分之三，第二期必须征足十分之七，第三期即至本月底必须征齐。第一、二期未征齐，区长、保长、小组长均记过，月底不征齐，则未征足额之各区保长一律撤职，决严格执行毫不宽假。②

民政局制定了征收新兵荣誉金标准，所有应征壮丁于入营时按照本市警士两个月薪津及食粮配给为标准，发给荣誉金一次，合金圆400元至500元之间。规定各役政互助小组征收荣誉金，宜核实征收，详细宣告组员，使户户明了，不得浮收滥派。③ 在组织上，11月17日，由"剿总"政工处、冀西师管区、北平团管区、民政局、警察局派员合组征兵督导团，分4个分队20个小组，分别在各区进行巡视、督导。④

其实，所谓役政新办法只是将"兵农合一"搬进了城市，故实行起来问题颇多。首先，编组难以实现"有钱出钱，有力出力"的理想目标，如何实现小组内部的"互助"和"连坐"，并无可行的措施。问题最多的是荣誉金的征收，或执行者把旧日买兵的办法拿来应用，或存在数额分配

① 北平市政府关于发北平市运用役政互助小组实施征兵要点及华北戡乱役政互助小组编组实施办法草案给社会局的代电（1948年11月），北京市档案馆藏，档号J003-001-00319。

② 《程厚之昨报告平市役政概括》，《华北日报》1948年11月14日，第4版。

③ 《征收新兵荣誉金民政局规定标准》，《平明日报》1948年11月18日，第3版。

④ 北平市政府关于派定征兵督导组、实施役政互助给第十五区公所的训令（1948年11月），北京市档案馆藏，档号J016-001-00360。

不公平和拿不起的畸轻畸重现象。至征兵期满，配额尚差4000余人，市府一方面向"剿总"呈请延期十天，至12月10日仍未完成，又延期一天；一方面出台更为严厉的惩处措施。市兵役督导会议决定，自11日起限期十天，凡中签后逃跑之壮丁，一律向各小组报到，否则通缉其本人，拿获后严厉治罪，其家属则驱逐出境，若该丁系商号所出壮丁，即吊销该丁所属商号之营业执照。[①]12月12日，北平市在太和殿前举行欢送新兵入营大会，市府特别发出训令，要求保甲长、役政互助小组组长全体参加，各商号须赠送礼品一份（限饼干、糖果、水果、肉类等食品及纸烟、毛巾、袜子、鞋子、手套、肥皂、牙刷、牙粉等物品），并通知各住户自由捐送，统由各警察分局负责收集、保管、登记，事后由大会登报公布。[②]可是，征兵成绩却不够理想，共8190名，刘瑶章在致辞中称："这次征兵虽然没有足额，但在短短二十多天内造成这样的成绩亦属不易。"[③]

### 三、经济管制与配给

自《财政经济紧急处分令》颁布后，严格进行经济大检查，执行限价、打击囤积拒售和实行必需品的限量配售，便成为市政工作重点，又以检举、严惩奸商为主。

9月7日，市府布告市民，协助检举违反经济管制者。

查本府为切实执行财政经济紧急处分令，曾邀集有关机关，召开经济会报，由本府联合北平警备司令部、宪兵第十九团，暨警察、社会两局五单位，派员编组检查小组，严格查缉地下钱庄，加强取缔投机倒把，囤积居奇。切实监视各商场市场物品交易价格，不得擅自抬高超过八月十九日

---

① 《征兵延至今晚结束》，《华北日报》1948年12月11日，第3版。
② 北平市政府关于发北平市运用役政互助小组实施征兵要点及华北戡乱役政互助小组编组实施办法草案给社会局的代电（1948年12月），北京市档案馆藏，档号J003-001-00319。
③ 《平八千新兵入营太和殿前昨举行大会》，《华北日报》1948年12月13日，第3版。

市价及一切触犯财政经济紧急处分令有关案件之检查，接受市民密告检举，凡根据密告查获之案件，应速处理，依照规定发给告密人奖金以资鼓励。①

经济检查工作一时进行得轰轰烈烈，也曾查出中纺公司囤积布匹等大案。检查小组在西珠市口查获光裕公司囤积布匹680件，在继续侦讯中，交通银行北平分行负责人称，该项布匹实为中纺公司所有，为每月在平配售布匹，先期运平布匹分存中交两行仓库，并由两行代收全部价款，因交行仓库正在修葺，故临时洽存光裕公司。中纺公司亦称，该项布匹系委托北平市企业公司、河北省企业公司、百货售品所三单位向市民平售。社会局则以为，既为交通银行转存，为何用私人名义，其中不无蛛丝马迹可寻，并要继续调查是否确实平售市民。②经济检查工作亦产生了较大的社会反响。为防止不法之徒的冒充敲诈，市府制定了经济检查小组人员检查程序，规定经常赴市场检查人员均须持有检查证，临时出动小组由组长携带市府检查令，上盖市府印鉴及市长名章，并载明出发地点、小组人员姓名；检查时须会同警保人员执行。还有所谓打虎后援会筹备会组织上街宣传，张贴"向奸商富豪开刀""请张厉生向蒋经国看齐"等标语。③来平津督导实施金融改革的行政院副院长张厉生，则一面强调决心以政治力量支持经济改革方案，传令嘉勉经济检查小组的工作，一面又称：

由于平津与京沪的不同，因此我们管制的方法也不一样，对于投机取巧囤积居奇的大户，我们一定要严办，但关于正当的商人却采取保护的态度，即使囤积一定量的物资，但不居奇的商店，我们也不深究。因为实在说起来，北方的正当商人也是苦得很，要担负捐税，要开销。

华北有三个经济问题必须做好，（一）游资的出路；（二）物资的来源；

① 《加强实行经济管制市当局决增设密查组》，《华北日报》1948年9月8日，第4版。
② 《查获存布万余匹案中纺交行均有词》，《华北日报》1948年9月17日，第4版。
③ 《向奸商富豪开刀！》，《益世报》1948年9月11日，第4版。

（三）物价的管制。此三问题应相互配合来做，才能收效，当局一定要疏导游资，疏畅粮源和彻底管制物价。[①]

表达了以行政强制解决经济问题的有限性。

9月19日，由市府、警察局、宪兵团、警备司令部出动2400余人，计城区2000余人，郊区400余人，共编400余组，对公私仓库、粮栈货栈、粮店、商店、菜场、商场、煤栈、工厂和有囤积嫌疑的住户实行突击检查，杨植清任总指挥，刘瑶章在出动前向全体人员训话，强调此次行动为北平一件大事。因事先机密，行动迅速，共查获囤积、抬价违法案件1502件，其中面粉存量300袋、食盐100包（2万斤）、煤炭60余吨、棉布3件（60匹）、纸张70令和其他物资价值在2000元金圆以上的重要囤积案件485件。[②]在处理上原则规定，无照营业及非本业商人囤积大量日用重要物品者，没收囤积物品，并送特刑庭究办。本业商人存货超过营业需要量三个月应没收者，可从宽免予没收，其超过部分应向社会局登记，随时出售。以使正当商民安心本业，兼筹并顾。[③]刘瑶章并保证彻查中纺存布案，认为问题的症结是要查明这些布匹是何时运到北平，准备何时配售？借以强调检查的目的是为了物资流通。[④]其后，市府公布了粮食、煤炭、纸张、颜料、火柴、棉纱、皂碱等物品的批发限价。

经济大检查并未获得预想效果，反成为市参议会对市府施政质询的重要话题。有参议员称：限价开始即遭到困难，市面已买不到粮，买不到肉，同时因为各县粮价较平市高，进入市区的粮食少了起来。亦有相似意见：实行经济检查后，发生了有钱买不着东西的现象。还有人以为经济检

---

① 《张副院长称严惩奸商外并保护正当商人》《市府昨日经济会报张副院长剀切指示》，《平明日报》1948年9月11、12日，第4版。

② 《全市经济突击检查，查获案件千五百起》，《华北日报》1948年9月21日，第4版。

③ 《平查获违法囤积物资处理原则业已规定》，《华北日报》1948年9月22日，第4版。

④ 《刘瑶章表示要彻查中纺的存布》，《益世报》1948年9月23日，第4版。

查没有查出大案，老虎未打成反而扰民。[①]10月31日，行政院举行临时政务会议，决议对财经紧急处分令整理财政及加强管制经济办法之规定进行补充，其中，改善经济管制补充办法为：（一）粮食依照市价交易，自由运销；（二）六大都市配售粮食，仍由政府继续办理；（三）纱、布、糖、煤、盐由中央主管机关核本定价，统筹调节，其他重要物品授权地方政府参酌供应情形，依核本定价原则管理；（四）地方妨碍粮食及其他货物流通之措施，未经行政院核准，一律禁止；（五）市场投机囤积行为及黑市买卖，继续严格取缔；（六）公用及交通事业应核计成本，由主管官署核定调整价格。此举可谓"币值改革所预期的目标是大半失败了"[②]，亦是总体战经济目标的失败。

经济管制的另一个重要内容，即是针对紧缺物资建立华北各省市的统配机构，实行区域经济统制。

9月11日，傅作义在平召集冀、平、津首长会议，决定为调节民食，组织冀平津粮食委员会，由冀平津及"剿总"各派主管人员为委员，共同负责研讨各地食粮需要数量，调查存量，疏导来源。[③]20日，河北省府通令各县府，凡持有冀、平、津购粮执照之粮商，前往采购民粮时，所有价格及运输不得留难与阻碍。25日，遵照傅作义指示，华北煤炭调配委员会假河北省银行开筹备会，由楚溪春任主任委员，刘瑶章等任常委，会址设在史家胡同。29日，华北煤炭调配委员会举行成立大会，负责冀、察、平、津各省市用煤统一购运供应，以充裕内销和统一外销为两大任务，着重调动各种运输工具，经常存储足够供三个月使用之煤炭，原北平煤炭供应委员会及民煤产销委员会之业务合并办理。[④]30日，平津冀行政首长刘瑶

---

① 《大家注意经济检查希望当局打大老虎》，《华北日报》1948年9月28日，第4版。

② 《政府放弃限价政策，经管补充办法公布》、社评：《政府放弃了限价政策》，《大公报》1948年11月1日，第2版。

③ 《调节民食冀平津合组粮食委员会》，《大公报》1948年9月12日，第2版。

④ 《煤炭调配会昨正式成立》，《平明日报》1948年9月30日，第3版。

章、杜建时、楚溪春及参议会议长许惠东、杨亦周、郝濯与华北"剿总"秘书长郑道儒等，于河北省银行召开华北粮食会议，商讨打开平津唐三地壁垒，疏导粮源，加强南粮北运诸问题，决议成立一个类似华北煤炭供应委员会性质的统筹粮食机构，或定名为"华北粮食统一调配采购委员会"，负统一采购分配之责，由天津市财政局局长李金洲负责筹备。① 10月9日，楚溪春重申前令，严饬各县协助购运，使冀省与平津两市间做到"有无相通"的地步。② 13日，华北粮食调节委员会在华北"剿总"召开会议，研讨平津冀各地粮食供应问题，力图对华北粮食问题通盘检讨，并决定今后食粮政策。

10月20日，张厉生在北平市府邀集平津冀政府首长、参议会正副议长等人举行座谈会，对经济管制进行了全面检讨，认为管制物价工作因缺少经验、无充分准备和调查材料不够，估计过于乐观，致使一个月后黑市再度活跃。并称：

希望各方面共同协力把握重点，管制物价，对于食粮煤油盐布等项必需品，研究妥善分配办法，以安定人心，对于其他物品之黑市，亦应加取缔，以免影响粮煤等项生活必需品的价格，生活必需品之配售为稳定物价之根本办法，但在中央统筹之前，为救急起见，故请求中央拨款购买杂粮，作为掌握物资之准备，原请求一千万金圆，经中央核定六百万圆，现拟请求中央再拨四百万圆，以应实际之需要。③

张厉生的谈话，可谓宣告了积极的区域经济统制设想的失败。例如，在杂粮采购问题上，河北省府对区域合作最为积极，但行政控制能力已被严重削弱，且粮食产量有限，更无法保障交通安全，以布易粮也不适合所有的农村地区。对于北平，购粮资金和作为交易物的布匹等物品，大部需要中央拨给或向银行贷款，也无法完全把握，且严禁食粮出口。

因此，在粮食供给问题上，市府工作集中于控制商人和实行更为严格的配售。经济突击检查之后，9月20日，往社会局请领营业执照的私商突增至400余家，检查之前的18日亦有80余家，列队登记的商人举措惶然，又以煤、粮、布三业最多。①然而，大检查并未能够抑制抢购风潮，市府却认为市民竞购为心理作用所造成，并加重了对大检查案件的处罚：（一）售货超价总额在五百金圆以上者，认为情节重大，移送特刑庭处理；（二）售货超价总额在五百金圆以下者，处以超价十倍以下之罚金，或七日以下之拘役，（三）售货超价总额在五百金圆以下而系藏匿物资秘密抬价出售者，处以超价额二十倍以下之罚金，并科七日以下拘留或劳役。②截至10月13日，警察局将大检查查封之粮货栈32家，先后移送社会局处理。10月23日，米面粮业公会理事长、市参议员、粮食市场筹委会主任委员王振廷被捕，送交特刑庭，罪名是利用职权及富厚财力大量高价收购食粮、账外交易、隐藏囤积、操纵黑市、破坏限价、畏罪行贿，随后其所经营粮店被查封。③此举被称为平津打虎第一声，亦被戏称捕获了一个比苍蝇大、比老虎小的米蛀虫。此案与其说是严惩不法奸商，还不如说是官商一体及限价政策的产物。无论如何，政府为管制市场加强对私营商业的控制，甚至于可以取代市场。

在配售方面，战时体制下最突出的变化，则是依据户口登记人口进行生活必需品的限额销售，除计口售粮之外，计口配售种类有所扩大，又因为市府并不掌握物品来源，配售种类、数量和时间均时有变动，无法保障。市府核准公布的《北平市办理收购杂粮配售贫民实施办法》规定：由各发粮处所照贫民清册填妥购粮通知函，注明购粮日期、地点及杂粮种类、数量、

① 《私营商人纷请登记》，《华北日报》1948年9月21日，第4版。
② 《处理查获超限物资市府规定三项处理办法》，《益世报》1948年10月2日，第4版。
③ 《米面粮业公会理事长王振廷昨送特刑庭》，《益世报》1948年10月24日，第4版。

价款，送民食调配委员会核对无误后，再送交邮寄。市民接到通知函后，遵照规定日期持户口单、户主名章及价款，赴指定领粮地点缴款领粮，各发粮站应将购粮人名章及盖有调查戳记之户口单与贫民清册核实人口无误，再行收款发粮，并在市民户口单加盖"发讫"戳记。①手续如此繁复，配售数量仅为每人玉米4市斤、黄豆1市斤，每市斤金圆八角，且时间无法确定。

10月4日，市第六次经济会报修正通过平津两市市民配售布匹办法。两市政府商得中纺天津分公司同意，举行布匹配售，布匹由中纺天津分公司负责按时分别供应，每三个月办理一次，采计口配售方式，对象以曾经办理户籍登记，领有身份证之市民及外侨为限，由社会局发给配购证。每一位市民每次配布5.7码（约合一丈四尺八寸二分，适合一个人之需要量，每匹又恰可分为七段），配售总量视人口数量随时核定，分区轮流配售。配售工作由社会局选定合格之门市布店及合作社委托办理，配售店配售布匹时，应将市民所持配购证上所附本期配购票剪下贴存，并应绝对接受社会局之指导监督。市民购买配售布匹，应在规定限期内到指定地点购买，并得就配售之各种布匹中自由选购，如所选购各色布匹业已售完，应另选他种，不得有所争执，逾期不买者，作为放弃，不予补售。②并决定北平自10月15日开始。9日，市第七次经济会报决议，实行凭户口单购物，以防囤积抢购情形，如发生抢购情形，可随时报告宪警机关，设法制止。③14日，张厉生在市府约集各机关团体代表举行座谈会，认为目前日用必需品并不匮乏，而系分配方法未尽恰当，决定就油、盐、布、煤、粮五种物资，实行定量配售办法，以免套购转手渔利，配售凭证将以户口单为准，已经购买某项物品，即在户口单上登记，在一定期限内不得再套

① 《杂粮配售贫民实施办法市府核准公布》，《华北日报》1948年12月11日，第3版。
② 《配售布匹办法采计口配售方式》，《华北日报》1948年10月5日，第4版。
③ 《严格防止囤积抢购实行凭户口单购物》，《华北日报》1948年10月10日，第4版。

购同样物品。[①]21日，市府饬令社会、警察两局办理经济紧急措施九项办法，包括速拟各项重要物品（暂定粮、煤、盐、布、食用油五种）实行凭户口证限量出售办法。[②]政策设计看似严密，但严格执行尚存在诸多问题，尤其是财政经济补充办法公布后，如何进行经济检查，地方政府如何核本定价，以及是否恢复食粮自由交易等，都缺乏明确的政策规定与可行的措施办法，基本处于凭借经验临时应付状态。不过，政府通过生活必需品的计口配售，也推动了户口登记和检查工作，从而加强了对于社会的控制能力。

至于公教人员配粉或配面，主要受美援及中央调拨、运输的影响，或延迟配售，或降低配额，实行财政经济紧急处分令之后，一度改发代金券，且风传取消配粮，引起恐慌。于是，市府电请行政院仍照过去办法发给面粉，粮食部也出面澄清并无停止配粮之议，报载不确。

在战时体制下，动员民众缓解经济危机并活跃气氛，显得更为重要。除继续开展勤俭建国运动倡导节约外，动作最大的是一圆募捐运动。社会局以冬令救济需款34万金圆，筹措困难，特发起一圆募捐运动，并成立冬令救济委员会负责推行。募款最高目标为20万金圆，由农会、工会、商会、妇女会、学校、童子军、宗教团体、公教人员和其他社会团体分设若干劝募队进行劝募，时间自10月21日至11月4日共两周。[③]又以10月16日至23日为宣传周，内容包括：刘瑶章在北平电台广播《冬令救济问题》；温崇信在市府记者招待会报告运动筹备情况，并发表《谈冬令救济一圆募捐运动》的文章；冬令救济委员会发表文告，呼吁社会各界人士响应运动；社会局邀集红十字会、红卍字会、五台普济佛学会、正字普济会、北平济赈会、公教联合会、蓝卍字会等慈善团体，请求协助冬令救济

① 《油盐布煤粮五种物资决将实行定量配售》，《华北日报》1948年10月15日，第4版。
② 《经济紧急措施平市府昨颁布九项办法》，《平明日报》1948年10月22日，第3版。
③ 《一圆救济募捐运动各界踊跃解囊响应》，《华北日报》1948年10月17日，第4版。

工作；十校童子军500余人将于两周内之周六、周日分组分区参加劝募工作，主要在戏院、电影院、公园、餐馆、旅社、球社等游艺场所进行；以及一批机关、部队、团体、公司、商铺及个人表示响应，并率先捐款。

运动的进行，除童子军分组上街在游艺场所及饭馆劝募外，主要在各机关、部队、团体内部进行，还有各种义映、义演活动。社会部北平社会服务处连续放映舞蹈家戴爱莲在美国摄制的翡翠七彩中国边疆舞影片和美国新闻处提供的五彩影片，捐款一圆即送入场券一张，学生凭学生证两人捐一圆各送入场券一张。亦有其他机关、团体效仿。运动的高潮发生在26日，正在北平的蒋介石夫妇各捐金圆券1000元以示响应。11月4日之后，仍有捐款陆续到来，多为机关、部队、学校、团体捐款，截至11月23日，共募款12.6万圆。[①]一圆募捐运动明显由官方主导，传媒参与炒作，因运动的主题是救济难民、贫民，也确能得到一定的社会响应，但从运动的形式和结果看，社会运动式的经济动员并不成功。

## 第五节　北平走上新生

### 一、最后的坚守

据亲历者回忆，自10月30日始，傅作义表达了举行和平谈判的意愿。[②]11月18日，傅作义经过彭泽湘、符定一与中共接洽谈判事宜，到达石家庄。[③]北平和平谈判正式展开，市府工作也逐步进入最后的职守及移交阶段。

与此同时，战与和的抉择，也是北平各界热议的话题。11月20日，

① 《一圆捐已收十二万圆》，《益世报》1948年11月24日，第4版。
② 《北平和平解放的经过》，全国政协文史和学习委员会编《平津战役亲历记（原国民党将领的回忆）》，北京：中国文史出版社，1989，第279页。
③ 《中央军委关于同傅作义的代表进行谈判的指示的电报》（1948年11月18日），北京市档案馆编《北平和平解放前后》，北京：北京出版社，1988，第43页。

胡适应邀在华北"剿总"周年集会上演讲，在对国内外形势进行了一番分析后声称："和比战难。"因此，必须苦撑待变，希望和平不能太急，并极力为傅作义鼓气，以为华北绝无问题。[①]可实际情况远比胡适的乐观情绪糟糕得多，北平的战事，已经严重影响市府职员士气，自12月以后，各局、处主管官员已有工务局局长谭炳训、财政局局长翟维淇、外事处处长梁致和辞职，各区亦有区长辞职。更有甚者，擅离职守之事情亦有发生，12月15日，教育局局长王季高以解决流亡北平学生经费困难为由搭机飞南京，临行留函请假一周，刘瑶章以时局紧张，教育事务繁忙，即刻去电催促其返平。市参议会对官员纷纷逃离十分不满，21日，市参议会参议员谈话会决定，函请市政府通缉王季高及警察局内四分局局长周云蒸、郊五分局局长朱邵五，并没收其财产。[②]多数官员尚能坚守岗位，可亦难持久，刘瑶章也将妻子和两个女儿撤离北平，飞沪转台。另一方面，11月16日，何思源自台湾返平，意在劝其夫人勿作南迁打算，留居北方。12月8日，市参议会致函何思源，正式赠以北平荣誉市民及金钥匙一把，并对其在华北局势严重声中重回北平深表钦佩。

12月23日，傅作义致电毛泽东称："为求人民迅即得救，拟即通电全国，停止战斗，促成全面和平统一。"[③]同日，孙科内阁在南京就职，声称"用兵的最后目的，仍在求得和平的恢复"。[④]24日，华中"剿总"总司令白崇禧在武汉发出亥电，内称："迅作对内对外和谈部署，争取时间。"[⑤]以和平为名，要求蒋介石下野。1949年1月1日，蒋介石发表元旦文告，将内战责任推给中国共产党，但又宣称：只要共产党有和平诚意，政府愿与

① 《胡适演说和比战难》，《大公报》1948年11月21日，第2版。

② 《市参会函请市府通缉王季高等并没收财产》，《华北日报》1948年12月22日，第2版。

③ 《傅作义致毛泽东的电报》，北京市档案馆编《北平和平解放前后》，北京：北京出版社，1988，第51页。

④ 《政务会昨首次会议孙科阐述施政方针》，《中央日报》1948年12月24日，第2版。

⑤ 贾廷诗等：《白崇禧先生访问记录》下册，台北：中央研究院近代史研究所，1984，第875–876页。

商讨停止战事，恢复和平的具体方法。① 由此，各种谋和活动在北平活跃起来，尤其是报刊上开始公开议论和平的可能性及提出谋和方案，可谓呼吁和平之声四起。

刘瑶章自述未参加与中共的和谈工作，作为市长更强调坚守岗位。在市府元旦团拜会上，刘瑶章称：蒋介石元旦文告影响如何，我们决不去幻想和推测，"目前我们要紧的是守住岗位，把自己眼前最重要的工作做得更确实。"又希望这正是一个好的转机，所谓苦尽甜来。② 10日，在市府朝会上，刘瑶章要求大家对和平"保持理智上的宁静，少掺杂些情感的成分"。③ 17日，在市府朝会训话时刘瑶章承认和平已成为民意的中心，又称还不敢说和平马上到来，依旧训示僚属"要守住岗位，把应该做的事情，也就是人民需要我们做的事情，尽心尽力地去做"。④

在此最后的坚守时刻，市政工作主要集中在四个方面。

其一是加强清查户口，保障社会治安。12月28日，警察局局长杨植清对记者称，因依城展开野战后，附近各县流平难民甚多，警局决定在近期内举行一次严密、普遍的户口总清查，故尚未办理声报户口市民，在三日内向住地派出所声报。有私藏武器者，亦应从速呈报。⑤ 1949年1月3日，警备总司令部召集清查工作准备会议，总司令周体仁特别强调，"对于失败主义者掩护匪谍之情事应严切注意并加意检查。"⑥ 5日晚8时至6日晨8时，华北"剿总"、警备总司令部、宪兵第十九团、民政局、警察局、协军自卫工作团及内外城驻军共出动6000余人，分编856个小组，由杨植

---

① 《总统发表元旦文告愿见中共诚意和谈》，《大公报》1949年1月1日，第1版。

② 《故都庆祝元旦》，《华北日报》1949年1月2日，第2版。

③ 《刘瑶章谈和平》，《平明日报》1949年1月11日，第1版。

④ 《和平尚未来临之前严守岗位尽力工作》，《平明日报》1949年1月18日，第1版。

⑤ 《警察局近期举行全市户口总清查》，《华北日报》1948年12月29日，第2版。

⑥ 北平市民政局关于户口登记及清查户口的训令以及三十八年户口总清查办法（1949年1月），北京市档案馆藏，档号J003-001-00379。

清任总指挥，展开了北平规模最大的一次内外城户口总清查。据称查出漏报户口及身份不明者937案、匪谍嫌疑者3案、发现武器或危险物者5案、发现可疑物资或军用物品者2案、散兵游勇者23案、其他违反法令者64案，为本市户口奠定了精确基础。①

人口管理的另一项重要措施，则是疏散城内人口，尤其是设法资遣难民还乡，以减轻城内粮荒，巩固治安。为奖励市民疏散出境或难民还乡，市府特制定各区公所发给出境证明书暂行办法，规定：市民欲行出境者应径向该管区公所办理，区公所应即填发证明书，不收任何代价，亦不得借故刁难、勒索或推延。市民领得证明书后（有身份证者应即缴销），须于三日内起行，遇有城门哨卡查验时，须立即呈验，不得隐匿。②1月9日起，民政局各难民招待站停止对难民的粮食救济，已登记过的难民，每人发给5斤小米、150金圆和身份证，予以遣散。当局的疏散办法规定，凡收容已达三个月以上者（按市郊收容所每日供粮者共7102人），统限于1月20日前离境，否则不予继续救济。③在围城情况下，人口疏散工作效果有限。

其二是继续粮食、煤炭的运输和配发工作。12月22日，刘瑶章、温崇信召集粮业公会、米面公会、自由市场委员会理监事及负责人训话，刘瑶章一面声称本市存粮足敷三个月应用，一面指责少数不法分子为蝇头小利，制造涨风，希望彼等深加悔悟，否则政府将严加惩处。温崇信称针对涨风原因，议定平抑办法十项，包括：切实管制市场、在城外征购马料、加强空运、按抢运公粮办法协助抢运商粮、加速贫户杂粮配售、售发公教配粉、禁止酿酒造糖等。同日，华北"剿总"党政军督察总监部颁发布告称："倘有军民人等故意操纵倒把高抬物价，一经查出，定依军法严惩不

---

① 《户口总清查结果》，《华北日报》1949年1月7日，第2版。

② 《便利市民出境各区发证明书》，《华北日报》1949年1月9日，第2版。

③ 《助难民还乡》《疏散人口新办法资遣难民还乡去》，《平明日报》1949年1月10、11日，第1版。

贷。"①煤炭抢运同样紧迫，试图自12月20日起，以10天为限，将城外存煤数万吨抢运城内。②其中，包括加强环城铁路运输，协助商民及各机关向城内抢运煤粮。然而，运输手段越来越受限制，尽管从1月中开始空运粮食，至21日空投仍在继续，可数量距离市府要求相差甚大。

自1月3日起，贫民配售杂粮开始，城内共设配粮站20处，凡接获社会局配粮通知单之贫户，可持通知及贫民户口单前往所属粮站购粮，每人配售玉米4市斤、黄豆1市斤，每市斤成本价8角，抢运费2角，共计1圆。至6日止，社会局已发出配粮通知单52504户，基本涵盖了1948年10月普查所得贫民户口数量。考虑到贫民数量持续增加，社会局决定扩大救济范围，积极准备第二期贫户配粮，对象限于关厢入城及漏查新迁之贫户，申请截至1月15日，预期18日即可由社会局发出配粮通知单，旧历年（29日）前即可发粮，可望核准一万户。③内迁贫民配粮于21日开始，至春节前，第二期贫户配粮工作完成约2/3。公教人员配粉11月、12月两月一度改发代金，因与市价相去太远，市府决定电请中央增补。1月6日，民食调配委员会在市府举行调配会议，决定十二月份公教人员重点配粉，学生每人配售面粉15市斤，公教人员暂定每人10市斤，配价每市斤3圆，并扩大了配售范围，铁路、邮政、电力、电讯、电车、自来水等公用事业员工，新闻从业员工，以及保甲长等工作人员，一律加入配售。④

其三是加紧构筑城防工事，以协助军事。12月19日，北平郊区发生战事后，警察局劝告市民修建简易避弹壕，预防炮弹落下之危险。大量征用民夫赶筑城防工事，并称为急务。因每日实征三四千人，需征两万人，

---

① 《总监部布告市民操纵物价者军法从事》，《华北日报》1948年12月23日，第2版。

② 《华北煤炭调配委员会冬煤配售抢运会议记录》（1949年12月），北京市档案馆藏，档号J001-007-01304。

③ 《二期贫户配粮旧年前可发放》，《华北日报》1949年1月14日，第2版。

④ 《十二月份重点配粉配售范围扩大》，《华北日报》1949年1月7日，第2版。

故出现"抓夫"现象，警察局遂草拟民工征派办法。[①]1949年1月9日，市府决定实施《北平市征派民工暂行办法》，内容与役政改革办法大致相似，以有钱出钱、有力出力、彻底动员、劳役平均为原则，凡居住本市18岁至45岁男性均有应派出工协助军事工程之义务，义务长短得照富力高低定之，无服工年龄男性之户而经济优裕者，按照应摊工数缴纳代金，由军民合作委员会统筹代雇，贫苦人民得酌量减工或免工。新变化则是将原排除在民工征用之外的公教人员，纳入征派范围，以资增加人力，以示倡导。规定公务人员及学校教职员、学生应集体出工，每次应参加各单位全人数1/3，自行编组，指定负责人，听从分派。又规定民工每日工作以不超过七小时为原则。[②]11日，市府职员开始编队，各局科长一律参加。13日晨，市府员工200余人乘车至朝阳门外修筑城防工事，刘瑶章于上午十一时亦前往督导工作。尽管刘瑶章以为市府员工出工，部队很高兴，老百姓在精神上也觉得安慰[③]，但已于大局无补。休战协定达成后，警察局通知各分局，自23日起一律停止征夫，各派出所绝不准以任何理由私拉民夫。

其四是尽力维持市政公用设施的运转，以使城市生活基本需要不致中断。12月18日，为市电车通车二十四周年纪念，电车公司为维持市内交通，决定恢复行车，每日由冀北电力公司借用电力600千瓦，暂开20辆机车。1949年1月10日，停顿多日的公共汽车局部恢复，开通前门至鼓楼、西单至东四两条线路。18日，因电源问题解决，自14日全市供水停止基本恢复，自来水公司称如电源中断，亦可利用汽机代替动力。

城内公共卫生问题已经非常严重，皇城根、和平门内的垃圾几与城墙

①《征用民夫已定办法》，《华北日报》1948年12月31日，第2版。

② 北平市政府令发警察局拟定北平市征派民工暂行办法的训令等（1949年1月），北京市档案馆藏，档号J001-001-01205。

③《和平尚未来临之前严守岗位尽力工作》，《平明日报》1949年1月18日，第1版。

一样高，二龙坑、北沟沿一带垃圾同样堆积如山。更糟糕的是，自从城门关闭以后，粪便的清除颇成问题，各户厕所均积满粪便，有粪夫借机大敲竹杠，西城有每户非20圆不管掏粪现象。12月24日，卫生局拟定战时处理粪便临时办法，成立巡回除粪队，下设六组，每组粪夫4人至8人，兽力车24辆，由粪便清理所会同粪夫公会招募，并设视导组随时抽查。粪夫须由粪道主负责保证，粪道主则由3人互相联保。粪夫发给工作人员臂章，上写有姓名，粪夫出入城要佩戴写有姓名之臂章，验明身份证无讹时，即可放行。并规定征收清除粪便劳动费，每户一圆，赤贫免收。经卫生局向督察总监部、"剿总"、警备司令部、宪兵团、警察局去函请予协助粪夫出入城，不得征用粪车，而粪夫臂章至1月3日始得发下。[①]

这些努力至多也就是勉强维持，停电、停水现象依旧发生，电车公司无法支付电费，"点头票"太多，员工生计岌岌可危。此刻，市府人员自身生计亦难保障，高级人员每月收入尚不足一人十日之需，低级公教人员更陷绝境。1月4日，市府及在平各主要机关联衔电呈行政院，呼吁调整待遇。至休战协定成立，市府各局处机关人员1月薪金仅发2/5，其余部分尚无着落。

## 二、实现和平接管

解放军在战场上不断取得胜利，加快了和谈及解放北平的进程。

1948年12月22日，中国人民解放军平津前线司令部宣布约法八章，其中规定国民党各级政府机关人员应各安职守，负责保护各机关资财、档案，听候接收处理。并须在解放军进城前后，维持全城秩序，免遭破坏。[②]1949年1月1日，北平市人民政府宣告成立，以叶剑英为市长，徐

---

① 《粪夫可自由出城如再怠工决严惩》，《平明日报》1949年1月3日，第1版。
② 《中国人民解放军平津前线司令部约法八章》（1948年12月22日），北京市档案馆编《北平和平解放前后》，北京：北京出版社，1988，第78–79页。

冰为副市长，根据约法八章，争取早日解放北平，建设新民主主义的新北平。①19日，解放军前线司令部代表与华北总部代表达成《关于北平和平解放问题的协议书》(以下简称《协议书》)连附件共二十二项。21日，《协议书》获双方批准，正式成立。

《协议书》宣布：为迅速缩短战争，获致人民公意的和平，保全工商业基础与文物古迹，以期促成全国彻底和平之早日实现，使国家元气不再受损伤，经双方协议自本月22日上午10时起休战；过渡期间，双方派员成立联合办事机构，处理有关军政事宜。第七项规定：北平行政机构及所有中央、地方在平之公营公用企业、银行、仓库、文化机关、学校等暂维现状，不得损失遗失，听候联合办事机构处理，并保障其办事人员之安全。②

1月21日，蒋介石发表文告，宣布引退。22日上午10时，李宗仁在南京就代总统职，宣示将努力促进和平实现。下午6时，傅作义在北平发表文告，公布了《协议书》内容，此刻，参加联合办事机构之中共方面人员已经入城，双方基层干部已经开始办公。

1月23日晨8时半，刘瑶章在市府召集各局、处全体人员及市属各校校长进行最后一次市长训话。刘瑶章对北平和平实现，颇感欣慰，以为战争原是一种变态，没有一个人愿意战争，只有和平才是常态。并指示过渡期间市府人员工作的努力方向。

政治是给人民服务的，公务员更要有政治风度，当此过渡时期，万不可松懈，人民需要我们做什么，我们就应去做什么。归纳起来，大家应特别注意三件事。(一)各局处及附属机关暂维现状，勿使工作中断，目前必

① 《北平市人民政府成立布告》(1949年1月1日)，北京市档案馆编《北平和平解放前后》，北京：北京出版社，1988，第88页。
② 《关于北平和平解放问题的协议书》(1949年1月19日)，北京市档案馆编《北平和平解放前后》，北京：北京出版社，1988，第68—69页。

要工作继续进行。（二）城内治安，在过渡时期异常重要，警局应负起责任，并妥实保护文化、古迹、宗教及外侨之安全。（三）案卷、财产、物资各部门要负责保管。我们站在政府的立场上，宜切实履行这三点工作。总之，我们和二百万人民在一起，他们需要我们一天，我们就为他们服务一天。①

刘瑶章最后称："和平实现，中国是有希望的国家，因为中国的和平能有助于世界的和平，而北平的和平又有助于全面和平的实现。"

在最后的坚守阶段及过渡期间，北平市府基本保持了正常的工作秩序，各局、处多数主管官员能够坚守岗位，对和平接管具有积极作用。只有警察局局长杨清植等少数人最后选择辞职，离开北平。

1949年1月28日，刘瑶章与傅作义乘车自复兴门出城，前往西郊傅作义原华北总部。29日，联合办事机构成立，并于2月1日正式命名为北平联合办事处。31日，北平宣告和平解放，国民党军全部开出城外听候改编，解放军入城接管防务。当天，刘瑶章委派民政局局长程厚之、警察局代理局长徐澍、社会局局长温崇信到军管会所在地颐和园，参加有关接管工作安排的会议。2月2日，北平市人民政府入城办公，并先行接管了警察局等机构。3日，人民解放军举行了威武雄壮的北平入城仪式。4日，北平市人民政府接管旧北平市政府仪式在原市府会议厅举行，刘瑶章率领原市府高级官员在门口两侧列队迎候北平市人民政府市长叶剑英、副市长徐冰。交接仪式上，刘瑶章将原北平市政府大印交给叶剑英，并表示旧北平市政府所有官员、职员，听候人民政府处理。自此，北平历史翻开了新的一页。

1949年9月27日，中国人民政治协商会议第一届全体会议一致通过：中华人民共和国的国都定于北平，自即日起，北平改名为北京。

国家及一个城市的新时代开始了！

---

① 《刘瑶章召集市府人员讲话》，《华北日报》1949年1月24日，第2版。

# 后　记

　　本书为北京市社会科学基金重点项目《民国时期北平市长与北平城市发展》的研究成果，主要依托北京市档案馆和北京大学历史学系的科研力量，试图通过北京市档案馆馆藏历史档案和北京地方文献资料的发掘、整理、利用，进一步推动北京城市史的研究。

　　本书是课题组成员对课题研究成果进行的修改、补充和完善，最终确定以"北平市政"为题，重点讨论不同阶段北平市政的发展特点。全书共六章，第一章"北平市政的初创"，作者梅佳；第二章"动荡中的平稳过渡"，作者黄钟燕、王海燕；第三章"北平市政的中兴与转折"，作者王元周、洪瑛媄、宋湛；第四章"战后之复员过渡时期"，作者刘一皋、王一凡；第五章"动荡时局中的市政实践"，作者孙刚；第六章"弃旧迎新的终局"，作者刘一皋。刘一皋教授撰写前言；北京市档案馆副馆长梅佳完成全书统稿工作。

　　本书在充分利用历史档案文献的基础上，对1928年至1948年北平市的发展脉络进行追踪，以市政为骨架，探讨近现代北京城市问题，力图为北京城市建设与发展提供借鉴。由于水平所限，本书中疏漏之处，欢迎读者批评指正。

2023年12月